**Antigypsyism and Film**

Antiziganismus und Film

# Antigypsyism and Film
## Antiziganismus und Film

Edited by
Radmila Mladenova
Tobias von Borcke
Pavel Brunssen
Markus End
Anja Reuss

The conference "Antigypsyism and Film" has been funded by the Federal Commissioner for Culture and Media and the federal programme "Live Democracy!" facilitated by the Federal Ministry for Family Affairs, Senior Citizens, Women and Youth. Funding for printing the conference volume has been provided by the Federal Commissioner for Culture and Media.

Die Tagung „Antiziganismus und Film" wurde mit Mitteln der Bundesbeauftragten für Kultur und Medien sowie im Rahmen des Bundesprogramms „Demokratie leben!" durch das Bundesministerium für Familie, Senioren, Frauen und Jugend gefördert. Der Druck des Tagungsbandes wurde von der Bundesbeauftragten für Kultur und Medien unterstützt.

Die Veröffentlichungen stellen keine Meinungsäußerung der BKM, des BMFSFJ oder des BAFzA dar. Für inhaltliche Aussagen trägt der Autor / die Autorin bzw. tragen die Autoren / die Autorinnen die Verantwortung.

**Bibliographic information published by the Deutsche Nationalbibliothek**
The Deutsche Nationalbibliothek lists this publication in the Deutsche Nationalbibliografie; detailed bibliographic data are available in the Internet at http://dnb.dnb.de.

 This book is published under the Creative Commons Attribution License CC BY-SA 4.0.
The cover is subject to the Creative Commons License CC BY-ND 4.0.

Published by Heidelberg University Publishing (heiUP)
Heidelberg 2020.

The electronic open access version of this work is permanently available on Heidelberg University Publishing's website:
https://heiup.uni-heidelberg.de
urn:   urn:nbn:de:bsz:16-heiup-book-650-2
doi:   https://doi.org/10.17885/heiup.650

Text © 2020, the authors.

Cover illustration: Film spools with equipment, British Film Institute (London), 2019 (© Radmila Mladenova).

ISBN  978-3-96822-013-0 (Hardcover)
ISBN  978-3-96822-012-3 (PDF)

# Table of Contents

Introduction: On the Normalcy of Antigypsyism in Film
*Radmila Mladenova*   1

Die Macht antiziganistischer Bilder
*Romani Rose*   15

**Section One**    Antigypsyism in the Medium of Film   27

Über ‚Zigeuner'-Filme und ihre Technologie
der Wahrheitskonstruktion
*Radmila Mladenova*   29

Filmischer Antiziganismus: zur Trope der Ortlosigkeit
*Habiba Hadziavdic und Hilde Hoffmann*   47

Die Gypsygrotesken des Emir Kusturica:
Balkan, Pop und Mafia
*Hans Richard Brittnacher*   67

Konstruktionen der „Zigeunerin" im NS-Film:
eine vergleichende Analyse
*Frank Reuter*   79

Passings to the Margin: Berlin, 1932
*Andrea Pócsik*   99

When Good Intentions Go Bad: The Stereotypical
Portrayal of Roma Characters in the German Children
and Youth Film *Nellys Abenteuer*
*Pavel Brunssen*   111

## Section Two  The Question of Ethics — 125

Ohne moralische Haltung ist das Filmemachen wertlos
*Peter Nestler* — 127

Eine Ethik des Sehens und Zeigens: Wie demokratisch ist unsere Medienpolitik?
*André Raatzsch* — 133

OPPOSE OTHERING! oder vom Versuch, Filmemachen mit Ethos zu vermitteln
*Rebecca Heiler* — 141

Antigypsyism in French Cinema: Why We Need Gadžology, and What Led to *À bras ouverts*?
*William Bila* — 157

Tagungskommentar: Wir erkennen uns in diesen Filmen nicht wieder, wir sehen Fremde
*Jacques Delfeld* — 173

## Section Three  Strategies of Subversion — 179

Das Bild vom ‚Zigeuner': Alterität im Film – Inszenierungs- und Subversierungsstrategien
*Kirsten von Hagen* — 181

*Con el viento solano:* The Figure of the Criminal 'Gitano' in the New Spanish Cinema
*Ismael Cortés* — 195

Peter Nestler's Depiction of the Everyday Life of Sinti and Roma
*Matthias Bauer* — 203

The Roma in Italian Documentary Films
*William Hope* — 209

**Section Four**  Antigypsyism in Comparison                    223

"Double Coding" in Roma and African American
Filmic Representation: A Diachronic Comparison
*Sunnie Rucker-Chang*                                           225

Black Irish, Wild Irish, and Irish Calibans: Ambivalent
Whiteness and Racialisation in Cultural Stereotypes
of Irishness
*Sarah Heinz*                                                   239

Zwischen Stereotyp und Antisemitismus: jüdische Figuren
im bundesrepublikanischen Film und Fernsehen
*Lea Wohl von Haselberg*                                        251

Tagungskommentar:
Film ist eine Ware mit großem Einfluss
*Antonia Schmid*                                                267

Wer ist wer in diesem Tagungsband
Who Is Who in This Volume                                       281

# Introduction: On the Normalcy of Antigypsyism in Film

Radmila Mladenova

Antigypsyism[1] is a state of normality, both on and off the big screen.

Antigypsyism is so normal to the European eye that hardly anyone has thought of asking why 'gypsies' in film should always be portrayed, metaphorically or not so metaphorically, as 'black.' No filmmaker has ever considered casting a blonde Roma beauty to impersonate the main 'gypsy' figure in a fiction film. One exception is Charlie Chaplin's silent comedy *A Burlesque on Carmen* (1915), which presents, tongue in cheek, the most popular *femme fatale* in cinema[2] as a blonde. When filmmakers cast for 'gypsy' characters, especially among Roma professional and non-professional actors, they seem

---

1 For a working definition of antigypsyism, consult the Reference Paper drafted by the Alliance against Antigypsyism: Antigypsyism – A Reference Paper, accessible at: Antigypysim.eu. [Accessed: 19.9.2019]. For an extensive discussion of the concept, see End, Markus: Antiziganismus. Zur Verteidigung eines wissenschaftlichen Begriffes in kritischer Absicht, in: Antiziganismus. Soziale und historische Dimensionen von „Zigeuner"-Stereotypen, Heidelberg 2015, pp. 54–72.
 A note on the terms used here is in order: In this introductory text, a principle distinction is made between the stigmatising phantasm 'gypsy' and the self-designation Roma, where the latter is used to refer to actual individuals and/or groups of people. This conceptual distinction between the fictional construct and actual people is at the core of Antigypsyism Studies and runs through the entire volume. However, as the reader may observe, many of the volume's authors have devised their own sets of discursive categories in an attempt to account for the fictional construct 'gypsy,' on the one hand, and for filmic representations of Roma, on the other hand, as well as for phenomena on the blurry borderline between fiction and socio-historic reality. These varying analytical terms are, as a rule, accompanied by short definitions or explanatory notes. In a similar way, the volume editors have preserved the variety of gender categories that the authors have chosen to use in their papers, led by the understanding that the preference for one term over another reflects each author's position on gender language politics.
2 Prosper Merimee's tale "Carmen" is the most frequently filmed narrative in the history of cinema, as Ann Davies and Phil Powrie demonstrate in their annotated filmography *Carmen on Screen;* Davies, Ann / Powrie, Phil: Carmen on Screen. An Annotated Filmography and Bibliography, Woodbridge 2006, p. ix.

pre-programmed to select the darker individuals. Anyone who would take the time to look around though, would quickly find out that fair Roma are far from being a rarity and that the members of this minority are, in fact, phenotypically as diverse as most other ethnic groups in Europe.

Antigypsyism is so ubiquitous that feature films from the four corners of Europe stylise and foreground, in a self-congratulatory manner, national majorities as 'white' as opposed to the 'black' minority. This black-and-white lens of perception is so deep-seated that in 2013, when Greek police officers saw a four-year-old blonde girl in the home of a swarthy Roma couple, they automatically assumed that this is a case of child kidnapping. The news and the photographs of the allegedly stolen blonde Maria travelled with the speed of light reaching in no time the front page of *The New York Times*. Later, when it turned out that Maria was a Bulgarian Roma being fostered by the family of Greek acquaintances, unsurprisingly, the media lost interest in the story[3] as well as in the destiny of its ill-treated and publicly humiliated protagonists.

Antigypsyism is so natural for the silver screen that filmmakers do not hesitate to justify their choices with arguments of dramaturgical nature. Films thrive on stark contrasts and, naturally, the motif of child-theft provides the greatest possible rift for the hero's fall: a dramatic descent from the world of European 'whites' into the world of European 'blacks,' where the colours black and white conveniently designate a conflation of social and 'ethno-racial' disparities. For that reason, it is probably not surprising that D. W. Griffith, the Father of Film and the author of the 'white' supremacist drama *The Birth of a Nation*, was ushered into the filmmaking business by a story about the kidnapping of a 'white' girl-child, where the perpetrator is, unsurprisingly, an adult 'gypsy' male. Griffith's debut film *The Adventures of Dollie* (1908) is just one of the many silent films[4] that lucratively exploited the notorious motif. Even Charlie Chaplin tried his hand at this story in his otherwise charming romance *The Vagabond* (1916).

Antigypsyism is so run-of-the-mill, so widely accepted that in 2014, the film project *Nelly's Adventure* – its main theme and title wearily redolent

---

3   See Jara Kehl's article "The Case of 'Maria' – the Worldwide Stigmatization of Roma," which sums up the biased media coverage, the story's domino effect in other countries, as well as the response of the Central Council of German Sinti and Roma; Kehl, Jara: The Case of "Maria" – the Worldwide Stigmatization of Roma, accessible at: https://www.romarchive.eu/en/politics-photography/politics-photography-case-maria-worldwide-stigmatization-roma/. [Accessed: 19.9.2019].

4   As to the motif's virulence during the silent film era, see the annotated filmography in Mladenova's book *Patterns of Symbolic Violence*; Mladenova, Radmila: Patterns of Symbolic Violence. The Motif of 'Gypsy' Child-theft across Visual Media, Heidelberg 2019, pp. 129–172, DOI: https://doi.org/10.17885/heiup.483.

of *The Adventures of Dollie* – received financial backing from a number of German state-funded institutions,[5] their joint contribution amounting to over 935.000 Euro taxpayer's money. In this film, children and youth are invited to empathise with the dramatic descent of blond and blue-eyed Nelly Klabunt who sets off from her sun-lit, affluent, middle-class neighbourhood in Schwäbisch-Hall to find herself abducted by 'gypsy'-looking thugs and brought into the shady, painfully impoverished settlement of Roma underclass, located in the middle of nowhere in Romania. There, Nelly befriends two Roma children, Tibi and Roxana, who assist her on her hero's journey. Interestingly enough, none of the Roma characters in the film are endowed with a surname.

Here, I would leave it to the reader to decide if many German filmmakers would ever consider and, more importantly, secure funding for a well-intentioned narrative in reverse: an edifying story about auburn-haired Nelly (without a surname) whose discordant German working-class family has lived for decades on social welfare in a run-down area and who suddenly experiences a dramatic ascent by befriending fair-haired Roma kids (with surnames) from a closely-knit, well-to-do family and whose home is located in a friendly, upbeat neighbourhood in the capital of Bucharest. Certainly, finding character prototypes in the pro-filmic reality would pose the least problem for the filmmakers, considering the readiness of Dominik Wessely and Jens Becker, the director and the scriptwriter of *Nelly's Adventure*, to embark on research trips to Romania. As emphasised in their official statements, the filmmakers' team made several visits to Sibiu and its surroundings in search of 'authentic' faces and shooting locations. Yet, one cannot fail to notice that the filmmakers' interest in Roma 'authenticity' and culture is unswervingly fixated on the poor of the poor.[6]

---

5   The funders of the film include MFG Filmförderung Baden-Württemberg, Mitteldeutsche Medienförderung, Deutscher Filmförderfonds, Filmförderungsanstalt, Medienboard Berlin-Brandenburg, BKM (for the script).

6   "Yes, the inhabitants of the Roma village that we show live below the poverty line, just as over 25 % of all Romanian Roma – a 6× higher percentage than in the entire Romanian population (according to a 2009 study published by the Romanian government). (...) At the time of our research, the social assistance rate per person in the villages that we visited was 25 euros per month"; in: Statement by Prof. Jens Becker to Pavel Brunssen's Assessment of the Film *Nelly's Adventure*, Berlin, 10.9.2017, p. 3. [My translation into English, R.M.]. ("Ja, die Bewohner des von uns gezeigten Romadorfes leben unter der Armutsgrenze, so wie über 25 % aller rumänischen Roma – ein 6× höherer Prozentsatz als in der rumänischen Gesamtbevölkerung (Angaben nach einer Studie der rumänischen Regierung von 2009). (...) Zum Zeitpunkt unserer Recherchen betrug der Sozialhilfesatz pro Person in den von uns besuchten Dörfern umgerechnet 25 Euro im Monat"; in: Statement von Prof. Jens Becker zum Gutachten von Pavel Brunssen zum Film „Nellys Abenteuer", Berlin, den 10.9.2017, S. 3).

After *Nelly's Adventure* (2016) was aired in 2017 on public TV in Germany, it aroused indignation in many people, in Roma self-organisations and various other institutions, and rightly so. In the present volume, Pavel Brunssen's contribution offers a critical overview of the public debate that surrounded the film broadcast. Stressing the age-old antigypsy tropes that the brainchild of Dominik Wessely and Jens Becker re-produces, Brunssen argues that well-intended films can, also, wittingly or unwittingly, breathe life into discriminatory stereotypes (in reference to Jörg Schweinitz). One main reason why stock characters are so readily employed by filmmakers and for that matter so easily decoded by audiences is the fact that they form part of the collective visual memory. According to the scholar, the emphasis in the film analysis should fall on latent meanings and subconscious biases, approaching the fictional figures in *Nelly's Adventure* as symptoms of society's mentality. Brunssen also takes a critical stance on the impact study conducted by Maja Götz and Andrea Holler from the International Central Institute for Youth and Educational Television, highlighting shortcomings in its methodology and basic assumptions.

I could not agree more with his critical points: the evaluation of the film's impact was nothing but a rash and defensive reaction in the guise of a scientific study. It had the diplomatic aim of supporting the filmmakers' position in the eyes of the public by scaling down the harsh criticism that was voiced against the film's antigypsy ingredients. In the long run, though, the survey does little service to the German filmmaking industry or to the general public. It only makes clear that its authors have little understanding of racism – antigypsyism being one of its particularly complex forms – and of the perfidious ways racism manifests itself in artworks. One of the authors' main conclusions, namely that children spectators are not affected by the racist stereotypes, because they do not see a difference between Roma – who are triple branded in *Nelly's Adventure* as criminal, beggarly and 'black' – and Romanians, has a smack of the similarly racist discourse of balkanism (in reference to Maria Todorova[7]).

What is more, the exchange of arguments and official statements pro and contra *Nelly's Adventure* has exposed certain blind spots in public discussions in Germany as well as the gaping research gap on the intersection of antigypsyism and film studies. So, in February 2018, academics from various fields, but also filmmakers and minority representatives gathered in Berlin to discuss their research outputs, personal testimonies and examples at the international conference "Antigypsyism and Film," and the current bilingual volume is a

---

7   Todorova, Maria: Imagining the Balkans, Oxford 1997. An insightful complementary reading here is the essay "'It must come from Europe.' The Racisms of Immanuel Kant" by Wulf D. Hund, in: Hund, Wulf D. / Koller, Christian / Zimmermann, Moshe (eds.): Racisms Made in Germany, Berlin 2011, pp. 68–98.

documentation of the conference proceedings. Organisers of the conference are the Central Council and the Documentation and Cultural Centre of German Sinti and Roma, the two bodies that initiated the public debate around *Nelly's Adventure*, as well as the Society for the Research of Antigypsyism (GfA). Two important partners of the conference are the Research Centre on Antigypsyism at Heidelberg University, and goEast Festival of Central and Eastern European Film, Wiesbaden.

While planning this very first academic gathering around the topic of "Antigypsyism and Film," it has been our specific goal of bringing together acclaimed scholars and junior researchers, filmmakers and human rights activists, both Roma and non-Roma, both experts from Germany and abroad as a way of highlighting the urgency and the scope of the topic, but also in an attempt to raise the level of public deliberations in Europe, and more importantly, of film production. The conference has been conceived as a platform to address a number of unmet needs, and for the sake of emphasis and clarity these needs are summarised here, with a reference to the relevant volume sections:

There is a need to shine a light on the normalcy of antigypsyism, pinpointing its omniscience in national cinemas across Europe, and beyond.

There is a need to deepen the scholarly understanding of the workings of antigypsyism in the medium of film and to closely examine its semantic structures, its visual forms as well as its political, social, psychological and aesthetic functions both on a national and supranational level. See Section One: Antigypsyism in the Medium Film.

There is a need to create a common language and a shared understanding among academics across disciplines, among film funders, film festival curators and filmmakers, human rights activists and the general public as to what constitutes cinematic antigypsyism. See Section Two: The Question of Ethics.

There is a need to bring to the foreground alternative films, ones that display a self-reflective awareness of antigypsy motifs and conventions, and that come up with successful artistic solutions to counter the latter. See Section Three: Strategies of Subversion.

Finally, there is a need to examine the phenomenon of antigypsyism in a contrastive comparison to other forms of radical Othering, again specifically in the medium of film, in order to make its manifestations strange and thus less normal, exposing antigypsyism for its pathology, for its dehumanising violence and for the crippling effect it has on minorities and national majorities alike. Both on and off the silver screen. See Section Four: Antigypsyism in Comparison.

ROMANI ROSE, chair of the Central Council of German Sinti and Roma, opened up the conference with a welcoming speech, which is published here in a re-worked form under the title "The Power of Antigypsy Images" (in German).

He underlines the need for ethical categories and reflections in filmmaking at all levels and by all institutions involved.

The contributions in the volume are organised in four thematic sections. The papers in SECTION ONE examine the workings of antigypsyism in the medium of film and they do so from various vantage points.

The opening article in SECTION ONE, "Questioning 'Gypsy'-themed Films and Their Technology of Truth Production" (in German) by RADMILA MLADENOVA provides a rough sketch, a freehand map of cinematic antigypsyism that aims at revealing the true scale of this phenomenon in global culture. Drawing on a comprehensive film corpus, the paper locates antigypsy films – along the temporal axis – from the dawn of cinema to present day; in terms of cultural space, it cites concrete film examples from a range of national cinemas: American, British, Bulgarian, Czechoslovak, Danish, Finish, French, German, Macedonian, Polish, Russian, Serbian, etc. The assessment of antigypsy films requires a made-to-measure analytical approach that takes into consideration the complex interplay of film production politics but also the film's narrative content, visual aesthetics, self-marketing strategies as well as socio-political functions. When subjected to such an analysis – outlined in the paper as an algorithm of questions – it becomes evident that antigypsy films stage an 'ethno-racial' masquerade, one that is akin to blackface minstrel shows in its production matrix and functions.

HABIBA HADZIAVDIC and HILDE HOFFMANN apply their critical lens to one particular element of the *mise-en-scène* in antigypsy films – the setting. In their volume contribution "Filmic Antigypsyism: On the Trope of Placelessness" (in German), the scholars review groups of works produced at the two temporal poles of cinematic art – early films from the period between 1890 and 1925 like *Two Little Waifs*, *Zigeunerblut*, or *Das Mädchen ohne Vaterland* and current film production from the years 2005 to 2018, works like *The Forest is Like the Mountain*, *Nellys Abenteuer* or *À bras ouverts*. As the title of their paper betrays, 'gypsy' figures in film are persistently associated with tropes of placelessness. The numerous examples provided by the authors are organised around three thematic areas: "on the road," "in the open" and "non-places" where the 'gypsy' camp stands out as the dominant image. According to the authors, the spatial trope of the 'gypsy' camp facilitates narratives driven by binary oppositions, where one's own homogenised culture is juxtaposed to the homogenised culture of the Other. By focusing attention on the central cinematic tropes of space and their functions for the majority society, Hadziavdic und Hoffmann want to highlight the need for alternative (re-)presentations of Roma that move beyond antigypsy stereotypes.

To Hadziavdic und Hoffmann's collection of non-places HANS RICHARD BRITTNACHER adds another particularly memorable image of homelessness:

a house hanging up in the sky. In his paper "The Gypsy Grotesques of Emir Kusturica: Balkan, Pop and Mafia" (in German), Brittnacher engages in a critical close reading of *Time of the Gypsies* (1989), worldwide one of the best known 'gypsy'-themed films, in which, as the scholar makes a point of stressing, Roma are unabashedly used to impersonate the director's lurid fantasy of 'gypsies.' The film's original title *Dom za vešanje*, literally meaning 'a home to hang up,' not only gives a key to the film's fictional universe but is also re-created in one of its scenes, presenting a condensed visual metaphor of the eternal 'gypsy' uprootedness. As Brittnacher convincingly argues, the central aesthetic principle of Kusturica's works is the grotesque (in reference to Michail Bachtin), and he goes on to uncover the countless intertextual references that make Kusturica's films so irresistibly fascinating. Among the directors whose visions and ideas resurface in *Time of the Gypsies* or later in *Black Cat, White Cat* (1998), one can recognise Frederico Fellini, Alfred Hitchcock, and Andrei Tarkovsky, to name but a few.

FRANK REUTER's article "Constructions of the 'Gypsy' in NS Films: a Comparative Analysis" (in German) is an exploratory study in the under-researched field at the interface of antigypsyism and film production during the Third Reich. The scholar begins by observing that the role of 'gypsy' stereotypes in the countless entertainment films produced between 1933 and 1945 is still a neglected topic. He examines in minute detail two films of that period whose histories of origin and focus could not be more different. The first is the little-known Hungarian entertainment film *Zwischen Strom und Steppe* (Géza von Bolváry, 1938); the second is Leni Riefenstahl's last fiction film *Tiefland/Lowlands* (1954) shot between 1940 and 1944. Riefenstahl's film has been an object of academic and public debates over many years, after it was uncovered that the filmmaker recruited Sinti and Roma from internment camps to perform as film extras and that they were deported to Auschwitz-Birkenau after the film was shot. Frank Reuter analyses the iconography in the two film productions, focusing on the female 'gypsy' figures and the instrumental use made of them at various levels – dramaturgy, figure constellations, visual language, political and ideological context.

Leni Riefenstahl's film *Lowlands* (1954) is used as an advantageous ground for comparison in the next volume contribution "Passings to the Margin: Berlin, 1932" by ANDREA PÓCSIK. The scholar foregoes a close reading of the three films she discusses in her text, namely *Blue Light* (1932), *Lowlands* (1940–1954) and *Urban Gypsies* (1932); instead, the attention is focused on the affectedness of their makers – Leni Riefenstahl and the Hungarian filmmaker László Moholy-Nagy. Central point of interests is the socio-psychological phenomenon of passing or, reformulated as an inquiry, the question what attracted these two influential artists to the subject matter of Sinti and Roma and how they approached their subjects. In Pócsik's theoretical framework, a differentiation is made between representations of Roma that function as a *motif*, as a *model* and as a *theme* (in reference to Arthur C. Danto); so, among other things, Roma are discussed in the paper as a subject of allegorical reference, a poetic tool that expresses the artist's sense of marginality. Set against the figure of Leni Riefenstahl, László Moholy-Nagy's life and work inevitably appear in a strong, positive light. We should still ask, though, how his film *Urban Gypsies* would fare if subjected to a text-immanent reading informed by antigypsyism critique.

Section One closes with Pavel Brunssen's contribution "When Good Intentions Go Bad: The Stereotypical Portrayal of Roma Characters in the German Children and Youth Film *Nellys Abenteuer*," which has been recapped earlier in the introduction. Section Two introduces a caesura in the academic discourse in order to bring to the fore distinct voices from the filmmaking industry and the Sinti and Roma community. First comes Peter Nestler's essay "Without a Moral Stance, Filmmaking is Worthless" (in German), with which the German filmmaker opened the expert discussion on "The Ethics of Filmmaking: by, with or about Sinti and Roma" that took place on February 21$^{st}$, 2018 and was hosted by the Bavarian Representation in Berlin. Relating to the words and the works of Jean-Marie Straub, Sidney Bernstein, Ernst Lubitsch and Charlie Chaplin, Peter Nestler underlines the importance of historical memory; in his understanding, knowledge of the past equips filmmakers with a special awareness that impacts their filmmaking style and choice of cinematic devices, safeguarding them from *faux pas* on the well-worn tracks of prejudice.

In the essay "An Ethics of Seeing and Showing: How Democratic is Our Media Policy?" (in German), André Raatzsch, a visual artist committed to the politics of Roma self-representation, pleads for a socially engaged media culture that upholds democracy, the rule of law and universal human rights. Just like Peter Nestler, he places ethics at the centre of filmmaking, photography and journalism because ethics, as the artist points out, is the safeguard of humanism in the media. Entering into a dialogue with the writings of Susan Sontag and Ariella Azoulay, André Raatzsch calls for a greater self-reflexivity on the side of those who produce images of reality but also for an active resistance on the side of those who consume images of reality.

Ethics, again, is centre stage in Rebecca Heiler's volume contribution, which consists of two elements. First comes a short essay under the title of "OPPOSE OTHERING! or On the Attempt to Teach Filmmaking with Ethos" (in German), in which Rebecca Heiler sketches out her work as a coordinator of goEast project OPPOSE OTHERING! Radical humanity is what this project aims at and it does so by providing cinematic space to groups marked as Other, allowing the audience to embrace them in a common 'we.' The essay is followed by three interviews with the filmmakers Eszter Hajdú, Insa Onken (in German) und Tayo Awosusi-Onutor (in German), who were invited to the conference to show their exemplary works and to discuss with the other participants the practical side of filmmaking, elaborating on the alternative artistic strategies they have devised to counter the various forms of Othering. In the interviews, Eszter Hajdú talks about her documentary film *Judgment in Hungary* (2013), Insa Onken answers questions about *Safet tanzt* (2015), her film portrait of the dancer Safet Misteles, while Tayo Awosusi-Onutor presents her debut work *Phral Mende – wir über uns* (2018).

The Roma activist WILLIAM BILA takes the recent film *With Open Arms/À bras ouverts* (2017) as a starting point for his dissection of antigypsyism, specifically in French cinema and public discourse. His associative essay "Antigypsyism in French Cinema: Why We Need Gadžology, and What Led to *À bras ouverts*?" considers the broader cultural, legal and political context in the country: the laudable fact that the French constitution has abandoned the concept of race, but also how this progressive decision has been used to block debates about institutional racism. In a fit of irony, William Bila adopts a gadžological, i.e. a Romani pseudo-anthropological perspective, in order to better explain the complexities of French society to outsiders.

SECTION TWO closes with the conference commentary delivered by Jacques Delfeld – "We Don't Recognise Ourselves in These Films, We See Strangers" (in German). The Sinto activist makes a review of the media images of 'gypsies' that he has been confronted with since early childhood linking his personal experience to his long-term commitment to the civils rights movement of German Sinti and Roma. Already in the 1990s, the Central Council of German Sinti and Roma demanded that the minority self-organisations be represented in the bodies responsible for overseeing the media, as Jacques Delfeld reminds us. Over the years, he has witnessed many media do as they please when it comes to the topic of Sinti and Roma and the conference presentations provide further confirmation of his critique.

In SECTION THREE, the floor goes back to the academics; the focal point here is on cinematic works that take up the Romani perspective and pursue the task of subverting and deconstructing antigypsy stereotypes. The opening paper "The Image of the 'Gypsy': Alterity in Film – Strategies of Staging and Subversion" (in German) by KIRSTEN VON HAGEN draws a wide arc from early nineteenth century to the present day to underscore the excessive popularity of the 'Gypsy' figure in Western culture, taking the myth of Carmen as one particularly salient example. The scholar first subjects an anthropomorphic letter from 1828 to a close analysis to spell out the hybrid conglomerate of significations condensed in the mythic 'Gypsy,' and then shows in a next step that the same gender and racial stereotypes are revived in the numerous Carmen adaptations during the silent film era. Using an intertextual and intercultural approach to antigypsy manifestations in art works, the analysis also highlights the interplay of literature, opera, anthropology, ethnography, linguistics and film. Against this background, Kirsten von Hagen is able to single out and assess subversive approaches to filmmaking. She considers the cinematic re-workings of the Carmen myth by Charlie Chaplin, Jean-Luc Godard, Carlos Saura, and Peter Brook as well as the alternative strategies to myths and their deconstruction in Tony Gatliff's *oeuvre*, offering a scrutiny of his film *Gadjo Dilo* (1997).

ISMAEL CORTÉS' volume contribution "*Con el viento solano:* The Figure of the Criminal 'Gitano' in the New Spanish Cinema" narrows down the focus on *Nuevo Cine Español*, a 1960s movement during the Spanish Francoist regime (1939–75), influenced by the spirit of Italian Neorealism. The film movement worked on forging a new film language in an attempt to break away from the ideologically distorted folkloric films of the 1950s. The main question that Ismael Cortés raises in his paper is whether the New Spanish Cinema has succeeded in bringing up a shift in the aesthetics of *gitano* representations. The scholar acquaints us with the literary voices that influenced the film movement as well as with its main intellectual platforms – the journals *Nuestro Cine* and *Nuestro Cinema*, to provide an answer to his central query by commenting both on the artistic achievements and shortcomings (in reference to Jacques Derrida) in Mario Camus' work *With the East Wind/Con el viento solano* (1965).

MATTHIAS BAUER's article "Peter Nestler's Depiction of the Everyday Life of Sinti and Roma" is a wholehearted tribute to Peter Nestler's documentary film *Zigeuner sein/ The Stigma Gypsy* (1970). Making us aware of the highly sensitive eye behind the camera, Matthias Bauer explains how the filmmaker succeeds in creating an intimate space of resonance for the traumatic recollections of seven Holocaust survivors. As such, Nestler's work is one of the very first cinematic documents to both acknowledge and record the lived experience of Sinti and Roma during the Second World War and the 1970s, pointing at the causal link between the suffering of the past and the suffering of the present. Shot twelve years before the Nazi genocide of the Sinti and Roma was officially recognised by the German state, *The Stigma Gypsy* was never shown in Germany at the time of its release. As Matthias Bauer rightfully laments, Nestler's act of poetic bravery has not yet received the appreciation it deserves. In order to rectify this negligence, the scholar elaborates on the pioneering uniqueness of Nestler's work, showing how it establishes a connection between narrating voice, authorship and humanity (in reference to Gayatri Chakravorty Spivak).

SECTION THREE closes with WILLIAM HOPE's volume contribution "The Roma in Italian Documentary Films," which examines a plethora of twenty-first-century Italian documentaries made by non-Roma and Roma filmmakers. The scholar compares the approaches adopted by filmmakers who have an outsider's perspective to those of filmmakers with an insider's perspective, weighing up the strengths and weaknesses. The leading question in his analysis concerns the extent to which these new Italian documentaries are successful in creating counter-hegemonic depictions of the Roma (in reference to Gayatri Chakravorty Spivak and Graziella Parati). The paper gives a valuable outline of alternative filmmaking techniques, such as qualitative interviews used as research tools to offer insight into community values, revelatory formats that privilege emotional connection between filmmaker and subject, on-screen interviews that elicit personal testimonies, etc. The socio-symbolic position of women in Roma communities is also discussed in the paper, singling out Laura Halilovic, author of *Me, My Romani Family and Woody Allen* (2009), as the only female director brave enough to tackle issues related to patriarchy and male domination. Overall, William Hope concludes that this new wave of documentaries has generated some progressive impetus in altering the subaltern positions of many Italian and European Roma.

The final SECTION FOUR sets the stage for comparison between antigypsyism and other forms of racial Othering in film. SUNNIE RUCKER-CHANG's paper "'Double Coding' in Roma and African-American Filmic Representation: A Diachronic Comparison" considers two films made by African-American artists with large African-American casts from the 1970s, in juxtaposition to two Southern-European films made by Roma filmmakers with large numbers of Romani people in the cast from the period following the post-EU expansion (2004–present). The selected four films represent their filmmakers' response to the failures of the Civil Rights movement and the Romani Rights movement(s), and they are, namely *The Spook Who Sat Next to the Door* (Ivan Dixon, 1973), *Black Girl* (J. E. Franklin, 1972), *Trapped by Law* (Sami Mustafa, 2015), and *Genesis* (Árpád Bogdán, 2018). The scholar uses the frame of double coding to explore the dialogue about the relationship of the respective racialised minority to the nation, pointing out that the inflected positions of whiteness and blackness continue to hold true both in American and European contexts (in reference to Franz Fanon and Fatima El-Tayeb). Analysing the dual messages embedded in the films, their paradoxical ability to accommodate at least two audiences, Sunnie Rucker-Chang arrives at the conclusion that in spite of the prominence of Roma or Afro-Americans in the productions, the representations of the minority continues to be articulated through the discourse of the majority.

SARAH HEINZ's volume contribution "Black Irish, Wild Irish, and Irish Calibans: Ambivalent Whiteness and Racialisation in Cultural Stereotypes of Irishness" provides a valuable insight into critical whiteness studies and demonstrates the relevance of this interdisciplinary area of research for discussions of the racialisation of specific populations within Europe. The scholar presents a case study of stereotypes of Irishness, arguing that the ambivalent whiteness of the Irish, their positionality in-between existing racial boundaries in nineteenth-century British and American colonial discourses, is particularly instructive for understanding the often-underestimated role of whiteness in European contexts nowadays. Whiteness is defined here as a powerful system of knowledge, a socially and discursively structured process of becoming white that underlies every aspect of daily life and shapes contemporary European's sense of self through representations in the media, the arts, literature, and film (in reference to Steve Garner). Finally, taking a brief look at contemporary cultural production, the author concludes that stereotypes of Irishness are not outdated but resurface not only in American television series like *The Black Donnellys* (2007), or blockbusters like *The Departed* (2006) and *Gangs of New York* (2002), but also in British and Irish films like *The General* (1998), *P.S. I love You* (2007), or *The Crying Game* (1992).

LEA WOHL VON HASELBERG's paper "Between Stereotype and Antisemitism: Jewish Figures in West German Film and Television" (in German) examines the relationship of antisemitism to stereotypes and the (im)possibility of drawing a clear line of distinction between problematic and unproblematic stereotypes. The scholar considers the forms and functions of stereotypes in film, expounding in detail the understanding behind the term "stereotype" in film theory and the way this term differs from the notion of stereotype in the social sciences (in reference to Jörg Schweinitz). Further differentiation is made between "character," "type" and "stereotypical figure," between stable antisemitic stereotypes, stereotypes with mutable contents and stereotypes that appear unproblematic. The paper advances a rough methodological approach to antisemitism in film, outlining three levels of analysis: the semantic level of plot, the formal level of images and the discursive level of paratexts. In conclusion, Lea Wohl von Haselberg discusses the openness of filmic texts and the way their semiotic polyvalence affects the reception and influence of antisemitic and stereotypical representations in films.

The closing contribution in SECTION FOUR is ANTONIA SCHMID's conference commentary entitled "Film is a Commodity of Great Influence" (in German), which brings forward recurrent themes, key questions as well as points of contention in an analytical overview. Being an expert on filmic antisemitism, Antonia Schmid approaches the presented research findings and personal testimonies from a specific and very fruitful position: she has an in-depth understanding of filmic racism and yet is able to assess the debates on filmic antigypsyism at a certain distance. The commentary was delivered during the conference, at the end of its second day, and was later published at the website of the Central Council of German Sinti and Roma. Perusing it, the reader may notice that not all of the event participants are represented in the volume with a paper, so here is the place to mention the scholars IULIA-KARIN PATRUT, LAURA JACOBS, MARTIN HOLLER, KARINA GRIFFITH and MARIA BOGDAN who also gave stimulating talks in Berlin.

I hope that the volume conveys some of the excitement and intellectual joy that we had during the three-day conference in Berlin. It is also to be hoped that the volume – having endowed the topic with its sense of urgency – will pave the way for further interdisciplinary and comparative research in the hitherto underexplored field of antigypsyism and film.

In a final note, on behalf of the editors' team, I would like to say how thankful we are to all conference participants, to all the authors who have contributed to this volume as well as to all individuals and institutions who supported the realisation of the Berlin event. We are particularly indebted to ROLF-DIETER JUNGK and the Bavarian Representation in Berlin for hosting the expert discussion on the first day of the conference. The three-day international gathering would not have been possible without the so very generous support of the German Federal Government Commissioner for Culture and the Media (BKM), the Federal Programme "Live Democracy!," Amadeu Antonio Foundation, Freudenberg Foundation, and Open Society Foundations.

We are grateful to our partners from the Research Centre on Antigypsyism at the University of Heidelberg – EDGAR WOLFRUM, FRANK REUTER and DANIELA GRESS who supported the event in so many ways.

We would like to thank HELEEN GERRITSEN, director of goEast – Festival of Central and Eastern European Film, who chaired the expert discussion, and GABY BABIĆ, former director of goEast Festival, for the manifold support that goes beyond this one event and for their long-term commitment to the cause of the Sinti and Roma.

We thank YASEMIN SHOOMAN from the Jewish Museum in Berlin, JAQUELINE ROUSSETY from Humboldt University of Berlin, ANNA MIRGA-KRUSELNICKA from the European Roma Institute for Arts and Culture (ERIAC), DANIELA GRESS from Heidelberg University, and ISMAEL CORTÉS from Central European University, for chairing the four conference panels. To REBECCA HEILER, ESZTER HAJDÚ, SANDOR MESTER and INSA ONKEN we are thankful for enriching the academic discussion with the filmmakers' workshop.

A special mention goes to JONATHAN MACK from the Central Council of German Sinti and Roma who shouldered a great deal of the invisible organisational work before, during and after the Berlin event. It is difficult to acknowledge all the task areas and outcomes of his tireless involvement: conference design; fundraising, budgeting and financial reporting; internal, external communication and publicity materials; even simultaneous translation in aid to the two amazing conference interpreters, ANNETTE RAMERSHOVEN and MARTINA WEITENDORF. Thank you all!

# Die Macht antiziganistischer Bilder

Romani Rose

## *Nazif Mujić*

*Mit großer Bestürzung hatten wir unmittelbar vor dem Beginn der Tagung „Antiziganismus und Film" vom Tod Nazif Mujićs erfahren, der am 19. Februar 2018 aus noch ungeklärten Umständen verstorben ist. Der bosnische Schauspieler, der 1970 im Kanton Tuzla geboren wurde, hatte 2013 auf den Berliner Filmfestspielen für seine Darbietung in Danis Tanovićs Dokumentarfilm* Eine Episode aus dem Leben eines Schrottsammlers *den Silbernen Bären als bester Darsteller gewonnen.*

*Mujićs Tod warf ein trauriges Schlaglicht auf das Thema unserer Konferenz: Mujić, der an Diabetes erkrankt war, hatte seinerzeit in Deutschland einen Antrag auf Asyl gestellt, der von den Behörden als unbegründet abgelehnt wurde. Der Schauspieler, Vater dreier Kinder, verstarb in tiefer Armut in seinem Heimatdorf. Während der Film seinerzeit von der Kritik gefeiert wurde, musste dessen Protagonist nach seiner Auszeichnung zurückkehren in eine von Armut und Aussichtslosigkeit geprägte Situation. Dies ist eine bittere und letztendlich tödliche Ironie.*

*Es ist gut und wichtig, dass Filme wie der von Danis Tanović die oftmals menschenunwürdigen Lebensbedingungen vieler Roma in ihren Heimatländern zeigen. Aber es ist genauso wichtig, dass das nicht folgenlos bleibt. Hier stehen die Politik und ebenso die Kulturschaffenden, und wir alle in der Verantwortung. Der Tod von Nazif Mujić zeigt uns, dass es eine Welt jenseits des Films, jenseits der Berlinale gibt.*

## Antiziganismus und Film

Es gab und gibt vielfachen Anlass für eine Fachtagung „Antiziganismus und Film". Der vorliegende Beitrag ist das ergänzte und aktualisierte Grußwort zur Eröffnung der Konferenz, die am ersten Tag in der Bayerischen Landesvertretung in Berlin stattfand. Neu hinzugekommen ist der Teil, der auf eine Spiegel-TV-Produktion *Roma: Ein Volk zwischen Armut und Angeberei* eingeht, die im August 2019 von SAT.1 ausgestrahlt und die vom Zentralrat Deutscher Sinti und Roma massiv kritisiert wurde. Es sind derartige Bilder vom „Zigeuner", die in Spielfilmen wie in Dokumentationen immer wieder aufs Neue reproduziert werden und die antiziganistische Stereotype bestätigen und verstärken – im Fall der SAT.1-Dokumentation bis hin zur subtilen Aufforderung zu Gewalt gegen Roma. Genau deshalb war diese Tagung für den Zentralrat Deutscher Sinti und Roma von großer Bedeutung, um nicht nur Wissenschaftler zu versammeln, um einzelne Filme zu analysieren, sondern um damit gleichzeitig ein Forum zu öffnen, bei dem Filmschaffende, Wissenschaftler und Vertreter der Minderheit zusammenkommen konnten, um die jeweiligen Perspektiven auszuloten. Ebenso wichtig ist für uns der Tagungsband, dessen vielfältige Beiträge auch in den Filmfördereinrichtungen, den Rundfunkräten und Medienanstalten, den TV-Redaktionen und den Filmhochschulen rezipiert werden sollen – das wäre zumindest zu hoffen.

Der Antiziganismus ist älter als der Film. Es verwundert deshalb nicht, dass der Antiziganismus die Geschichte des Films von Beginn an begleitet. Die alten Motive des Antiziganismus, vom Kinderraub in einer Vielzahl von Stummfilmen bis Martin Walsers „Tatort"-Figur wurden und werden weitgehend ungebrochen auch im heutigen Filmgeschäft benutzt. Umso mehr fallen positive Beispiele auf: *Eine Braut kommt selten allein* (2017) von Buket Alakuş ist ein solches Beispiel, produziert in Deutschland. International sind Filme wie *Aferim!* (2015) von Radu Jude oder *Django – Ein Leben für die Musik* (2017) von Étienne Comar noch immer die Ausnahme.

Unmittelbarer Anlass für die Filmtagung im Vorlauf der Berlinale 2018 war der Kinderfilm *Nellys Abenteuer*, der 2017 im Kinderkanal von ARD und ZDF gesendet wurde und außerdem auch im SWR-Fernsehen. Der Zentralrat Deutscher Sinti und Roma hatte diesen Film deutlich kritisiert und als antiziganistisch eingestuft.[1] Der Beitrag von Pavel Brunssen geht näher auf diesen Film und die Auseinandersetzung danach ein. Da diese Auseinandersetzung beispielhaft ist für die Art und Weise, wie bis heute das Bild von Sinti und Roma als einer nationalen Minderheit von Medien – und insbesondere vom Film – konstruiert wird, soll auf sie weiter unten nochmals eingegangen werden.

Wenn es um die Darstellung von Sinti oder Roma in Film oder anderen visuellen Medien, wie Fernsehen oder Internet, geht, dann ist eine grundsätzliche Unterscheidung wichtig. Auf den Bildschirmen oder Kinoleinwänden sehen wir in erster Linie Konstruktionen, sei es von „Zigeuner"-Figuren, wie sie in Literatur und Malerei seit Jahrhunderten konstruiert werden, sei es als vorgeblich authentische Dokumentation oder zumindest als vorgeblich authentische Illustration in Filmen wie in TV-Berichten. Das Wort „authentisch" taucht immer wieder auf, um rassistische Darstellungen und konstruierte

---

1 Themenseite: Antiziganismus und Film, abrufbar unter: https://zentralrat.sintiundroma.de/themenseite-film/. [Zugriff: 17.4.2020].

Zusammenhänge in Dokumentationen wie in Spielfilmen zu rechtfertigen. Mit der Begründung, die Kamera bilde die objektive Wahrheit ab, und Roma würden eben oftmals so leben, wie die Bilder es zeigen, wurden gleichermaßen die antiziganistischen Konstruktionen im Kinderfilm *Nellys Abenteuer* wie auch in der auf SAT.1 gezeigten Dokumentation *Roma: Ein Volk zwischen Armut und Angeberei* erklärt und gerechtfertigt.

Die tatsächlichen Menschen kommen dagegen sehr selten selbst zu Wort – und wenn, dann oft genug in herabsetzenden Bildern oder sie werden in diffamierende Kontexte geschnitten. Nur sehr selten wird die Perspektive der Minderheit aufgenommen und in den Filmen oder Dokumentationen sichtbar. Eine frühe und bemerkenswerte Ausnahme ist der Film *Zigeuner sein* (1970) von Peter Nestler, mit dessen einführendem Vortrag zur Ethik des Filmemachens unsere Tagung eröffnet wurde.

Die Auseinandersetzung mit TV- oder Filmproduktionen wie der genannten SAT.1-Dokumentation ist für den Zentralrat wie für die Angehörigen unserer Minderheit immer wieder aufs Neue eine Zumutung. Um die oftmals massiv stigmatisierenden und offen rassistischen Konstruktionen in den Filmen zu untersuchen, müssen sie benannt werden und damit werden die Angehörigen der Minderheit selbst unvermeidlich immer wieder in Verbindung mit diesen rassifizierenden Konstruktionen gebracht. Selbst noch das Zurückweisen von solchen Vorwürfen wie die Zuschreibung von Kriminalität oder von asozialem Verhalten fällt als wirkungsmächtiges Bild immer wieder auf die gesamte Minderheit zurück, solange die Analyse sich immer nur und zuerst auf den vom Rassismus vorgegebenen Feldern bewegt. In dieser Debatte wird den Angehörigen der Minderheit wie dem Zentralrat Deutscher Sinti und Roma und seinen Mitgliedsorganisationen zugemutet, immer wieder aufs Neue zu erklären, dass die Minderheit eben nicht kriminell usw. ist. Dabei wird in einem solchen Zusammenhang selbst der Hinweis auf in ihren unterschiedlichen Berufen erfolgreiche Sinti oder Roma als die Ausnahme von der Regel wahrgenommen – die die Regel damit gleichzeitig scheinbar wieder bestätigt.

Sinti und Roma befinden sich so in einer nahezu ausweglosen Situation: Die von den unterschiedlichen Medien – und gerade auch von staatlichen Institutionen – immer wieder reproduzierten rassistischen Stereotype sind gleichermaßen resistent gegen rationale Argumente wie wirkungsmächtig in der Öffentlichkeit. Es verwundert daher nicht, dass genau diese Stereotype immer wieder auch von der Politik eingesetzt werden.

Dabei geht es, angesichts einer zunehmenden Polarisierung in der Gesellschaft, immer wieder darum, in einer heterogenen Gesellschaft Zonen von Homogenität herzustellen, Themen zu schaffen, denen alle Teile der Gesellschaft zustimmen können. „Zigeuner" sind seit jeher diejenige Minderheit, auf deren Ausgrenzung und Stigmatisierung sich nahezu alle anderen Gruppen und Schichten einer Gesellschaft – einschließlich der Zuwanderer – einigen können. Am Beispiel der Sinti und Roma, vermittelt durch die Konstruktion „Zigeuner", wird damit gleichzeitig allen anderen Gruppen gezeigt, wie sie behandelt werden, wenn sie sich nicht den Normen und Zwängen der (post-) modernen Gesellschaftsordnung unterwerfen wollen.

## Spiegel-TV und SAT.1

Das bereits genannte Beispiel, die Spiegel-TV-Produktion *Roma: Ein Volk zwischen Armut und Angeberei* belegt diese systematische Ausgrenzung und Stigmatisierung. Die Dokumentation beginnt mit einem Sprechertext, der zwei Ausschnitten unterlegt ist, die aus späteren Sequenzen stammen: „Festnahme eines Clan-Chefs. Seine Roma-Familie soll mehrere Millionen Euro erbeutet haben, durch den Betrug an deutschen Rentnern. Das Geld wurde verprasst." Gezeigt wird zuerst, wie eine bewaffnete Polizeieinheit das Haus eines Verdächtigen stürmt. In der direkt folgenden Szene hält ein in offenkundig armen Verhältnissen lebender Mann eine getötete Ratte in die Kamera. Mit diesen beiden Einstellungen ist der wesentliche Gehalt des Filmbeitrags umrissen. Die Filmproduzenten zeigen wohl Ausschnitte der Situation, in der große Teile der Roma-Bevölkerung in Südost-Europa zu leben gezwungen sind, sie zeigen aber nicht deren systematische Benachteiligung als Folge des strukturellen Rassismus und eines zunehmend gewaltbereiten Antiziganismus in diesen Ländern, die ursächlich sind für diese desolate und perspektivlose Situation. Vielmehr wird, während einerseits immer wieder zwischendurch die Lage von armen Familien zwecks „ausgewogener Berichterstattung" eingeblendet wird, die Ursache für die Armut weiterhin den betroffenen Roma zugeschrieben. Illustriert wird diese Armut regelmäßig durch das Zeigen von Ratten, unterlegt mit Kommentaren wie „Seit 25 Jahren lebt er auf der Halde, zusammen mit Kindern, Enkeln, Schweinen und Ratten". Armut und Ausgegrenzt-Sein wird so zu einem Wesensmerkmal von Roma, wird zu einem Teil der ihnen zugeschriebenen Lebensweise gemacht.

In gleicher Weise verbindet der Film immer wieder Kriminalität mit Roma, von der Hausdurchsuchung durch schwerbewaffnete Polizeieinheiten bis zur Armutsmigration, die mit Sozialbetrug verbunden wird. Wiederholt werden Kommentare eingesprochen, die gezielt diesen Zusammenhang herstellen: „Wer wie wann zu wieviel Geld kommt, bleibt bei den Roma ein Familiengeheimnis". Im Kontext einer Familienfeier in Rumänien heißt es: „Die Welt der mittellosen Sozialhilfeempfänger scheint hier so weit weg und ist doch so nah. Unter den Feiernden Roma aus Duisburg."

So wird ein Szenario entworfen, durch das gleichermaßen die Sicherheit und die Gesundheit der Bevölkerung in Deutschland bedroht erscheint: durch die unhygienischen Verhältnisse, die ebenso als geradezu der Lebensweise von Roma zugehörig ins Bild gesetzt werden, wie durch die Kriminalität, die in Verbindung mit „Armutsmigration" und „kriminellen Familienclans" ebenso als abstammungsbedingt dargestellt wird.

Der Zentralrat Deutscher Sinti und Roma hat in seiner Kritik ausdrücklich auf die Nähe der im Film konstruierten Zusammenhänge zu ähnlichen Filmsequenzen in NS-Propagandafilmen verwiesen. Wie im NS-Film über Theresienstadt durchziehen den SAT.1-Film immer wieder Sequenzen, in denen Roma in unterschiedlicher Weise mit Ratten in Zusammenhang gebracht werden, insbesondere die Wohnsituation in den Ghettos in Rumänien wird so charakterisiert. Der Zentralrat hat diesen Film, der sich ohne weiteres in die rassistische Tradition eines Jud Süß, Der ewige Jude oder jenes Nazi-Propagandafilms über das Ghetto Theresienstadt. Ein Dokumentarfilm aus dem jüdischen Siedlungsgebiet (bekannt auch unter dem Titel Der Führer schenkt den Juden eine Stadt) einreiht, bei seinem Treffen im September 2019 mit dem Israelischen Botschafter in Deutschland, Jeremy Issacharoff, zum Thema gemacht.

Auch der Zentralrat der Juden in Deutschland hat eine klare Position bezogen:

> Es ist bestürzend und völlig inakzeptabel, dass SAT.1 ausgerechnet in einer Zeit, in der Hass und Hetze gegen Minderheiten in bisher unbekanntem Ausmaß geäußert werden, einen solchen undifferenzierten und von Vorurteilen strotzenden Film über Sinti und Roma ausstrahlt. Hier handelt es sich nicht um eine Dokumentation, sondern um ein übles Zerrbild, das über eine Minderheit verbreitet wird, deren Kultur und deren Leistungen in dem Film völlig ausgeblendet werden. Damit befördert SAT.1 in unverantwortlicher Weise Vorurteile und Ablehnung gegenüber Sinti und Roma.[2]

Der Zentralrat der Juden in Deutschland wandte sich ebenfalls an die Medienaufsicht mit der Bitte um Prüfung dieses SAT.1-Beitrags.

Der Geschäftsführer von SAT.1, Kaspar Pflüger, antwortete auf die Kritik mit Zurückweisung:

> Wir nehmen Ihre Kritik ernst, weisen sie aber zurück. Die Sendung ist ein ausgewogener, journalistisch einwandfreier Bericht über mehrere Familien in Deutschland und Ost-Europa. Sie

---

2 Botmann, Daniel: Schreiben des Zentralrats der Juden in Deutschland an SAT.1 vom 21.8.2019.

thematisiert gelungene Integrationsprojekte ebenso wie Armut und unzumutbare Lebensumstände. Sie zeigt, dass Roma auch heute noch diskriminiert und ausgebeutet werden. Sie berichtet über Tradition, Werte und Stolz – aber auch über kriminelle Machenschaften einzelner Großfamilien.[3]

Es scheint, als ob auch der Geschäftsführung bei SAT.1, wie der Produktionsfirma Spiegel-TV, jegliche Sensibilität dafür abgeht, wie derartige Darstellungen von Sinti und Roma als Minderheit in der Öffentlichkeit wahrgenommen werden.

Professor Hajo Funke, der auf Anfrage des Zentralrates Deutscher Sinti und Roma den Film begutachtet hat, resümiert:

> Der Film ist schon vom Titel der Sendung her vorurteilshaft. Die Bilder von Ratten bis zur dargestellten Gewalt schüren Angst und potentiell die ohnehin bestehende Gewaltbereitschaft auf der Basis eines entsprechend entfesselten Sozialneids. Der Film ist dazu geeignet – ohne auch nur einmal die Geschichte der Sinti und Roma in Deutschland und in Europa während des Nationalsozialismus zu erwähnen –, diejenige Gruppe, die mit den einer der schärfsten und gröbsten Vorurteile in Deutschland belegt ist, noch einmal mit Vorurteilen, Abwertungen und Demütigungen zu versehen. [...] Der Film ist gegen eine Kultur der Achtung und Anerkennung von Minderheiten und ihren Schutz gerichtet und erfüllt alle Kriterien der Volksverhetzung, und es sollte daher geprüft werden, ob man ein Verbot der Weiterverbreitung erreichen kann.[4]

Gegenwärtig (Dezember 2019) prüft die Landeszentrale für Medien und Kommunikation (LMK) in Rheinland-Pfalz, zuständig für SAT.1, ob eine Rüge oder Strafe entsprechend den gesetzlichen Regelungen für SAT.1 erfolgen muss. Unabhängig vom Ausgang der Prüfung fordert der Zentralrat Deutscher Sinti und Roma, dass endlich Repräsentanten der Minderheit in den entsprechenden Rundfunk- und Medienräten angemessen vertreten sind. Bislang sind Sinti oder Roma nur im Rundfunkrat des SWR und in der LMK Rheinland-Pfalz vertreten.

---

3 Pflüger, Kaspar: Schreiben von SAT.1 an Zentralrat der Juden in Deutschland vom 9.9.2019.
4 Funke, Hajo: Der Film „Roma: Ein Volk zwischen Armut und Angeberei": Vorurteilsdominiertes Sensationsfernsehen, 28.11.2019, abrufbar unter: https://zentralrat.sintiundroma.de/der-film-roma-ein-volk-zwischen-armut-und-angeberei-vorurteilsdominiertes-sensationsfernsehen/. [Zugriff: 15.6.2020].

## *Nellys Abenteuer* (2016)

Entscheidend für die Wirkungsweise von derartigen Konstruktionen sind nicht allein die mehr oder minder guten Absichten von Drehbuchautoren, Regisseuren oder Produzenten, sondern vielmehr die Wahrnehmung durch die Zuschauerinnen und Zuschauer. Konstruktionen vom „Zigeuner" werden nicht auf einen neutralen Schirm projiziert, sondern in eine bereits durch vielfach bestehende Bilder vom „Zigeuner" geprägte Matrix eingebettet. Die einschlägigen Untersuchungen zu Bevölkerungseinstellungen gegenüber Sinti und Roma, wie sie zuerst von der Antidiskriminierungsstelle des Bundes 2014 und dann wiederholt von den Universitäten Leipzig und Bielefeld vorgenommen wurden, dokumentieren eine extrem hohe Ablehnung von Sinti und Roma in Deutschland. Antisemitische Einstellungen lagen – bei allen Vorbehalten, was die Dunkelziffer angeht – in der unmittelbaren Nachkriegszeit bei über 50 Prozent und diese Einstellungen sanken dann durch Programme der politischen Bildung und die demokratischen Entwicklungen in Deutschland langsam auf unter 20 Prozent, mit steigender Tendenz in den letzten Jahren allerdings. Die Ablehnung von Sinti und Roma liegt dagegen noch immer bei über 50 Prozent.[5]

Die Ursachen für diese hohe Ablehnung liegen sicher in der deutschen Nachkriegspolitik, die den NS-Völkermord an den Sinti und Roma leugnete und verdrängte, an der fortgesetzten Sondererfassung durch die Polizeibehörden, und vor allen Dingen auch in der entsprechenden Darstellung in den Medien, vor allem der Printmedien. Die heute produzierten Filme werden in diesen bestehenden Kontext von Vorurteilen und Rassismus, Stigmatisierung und gezielter Politik eingeordnet, es genügen einzelne Bilder, um die entsprechenden Zuordnungen aufzurufen. Gerade gute gemeinte Filme wie *Nellys Abenteuer* transportieren – eingebettet in eine Geschichte, die von sympathischen Darstellern und Darstellerinnen gespielt wird – die altbekannten Vorurteile und rassistischen Stigmatisierungen und tragen so zur Rechtfertigung dieser Stigmatisierungen in erheblichem Maße bei.

Dieser Film wurde von einer Reihe deutscher Filmfördereinrichtungen aus Steuermitteln nicht unbeträchtlich kofinanziert. Weder die Jurys der Filmförderung noch die Redaktionen bei SWR oder KIKA bemerkten das Potential antiziganistischer Stereotype. Diese wurden auch von der Freiwilligen Selbstkontrolle Fernsehen e.V. (FSF) nicht bemerkt, sondern im Gegenteil gerechtfertigt. So erklärt deren seinerzeitiger Geschäftsführer, Prof. Joachim von Gottberg, dass die bevorstehende Zwangsheirat einer der jungen Roma-Protagonistinnen im Film „kulturelle Unterschiede deutlich"

---

5 Decker, Oliver / Brähler, Elmar (Hrsg.): Flucht ins Autoritäre. Rechtsextreme Dynamiken in der Mitte der Gesellschaft, Gießen 2018, S. 103 ff.

mache, und es gehe „nicht um Stigmatisierung, sondern eher um den Versuch des gegenseitigen Verständnisses." Dies ist jedenfalls für einen ehemaligen Vizepräsidenten des Deutschen Kinderhilfswerks eine erstaunliche Einschätzung.

Auch Prof. Joachim von Gottberg attestiert sich selbst wie den Filmförderern und den Medienanstalten, die den Film zeigten, dass ihre „Sensibilität [...] gegenüber Rassismus oder der Bedienung von Vorurteilen gegenüber ethnischen Minderheiten sehr groß ist." Gleichwohl verteidigt er die gezeigten Stereotypen und Vorurteilsmuster als Mittel, Vorurteile aufzubrechen. „Der Film folgt einem bekannten Muster: Vorurteile lassen sich nicht bekämpfen, indem man sie tabuisiert und ignoriert." Da am Ende die beiden jungen Roma, die zuerst die Heldin Nelly bestehlen, ihr dann aber helfen, werde so „beim Zuschauer das Vorurteil auf[gebrochen], Roma seien generell gewissenlose Diebe". Was tatsächlich bleibt ist, dass diese beiden jungen Roma keine „gewissenlosen Diebe" sind, wohl aber Diebe bleiben – der Film zeigt keine Entwicklung der Roma-Figuren.[6]

Im Übrigen folgt der Film den bekannten Mustern. Egal wie unglaubwürdig die Geschichte erscheinen mag, wenn nur am vermeintlich „authentischen Ort" gedreht wird, mit „authentischen" Roma-Darstellern in den (Neben-)Rollen, dann kann der Film nur „authentisch" und damit der Kritik enthoben sein. Dabei, und das ist an dieser Stelle ausdrücklich festzuhalten, sind es nicht nur einzelne Bilder, die diesen Film als dezidiert antiziganistisch zu kritisieren machen. Es ist der von den Drehbuchautoren Uta Kolano und Jens Becker bewusst gewählte Plot, der auf die Differenz zwischen deutschem Mittelstandskind und fremden Roma setzt, der, wie Drehbuchautor Becker es formulierte, die „Fallhöhe" für den Spannungsaufbau braucht und diese „Fallhöhe" gezielt durch die Darstellung von kriminellen Roma herstellt. Ein Zusammentreffen mit Romakindern aus der Mittelschicht oder Akademikerkreisen, wie sie in Hermannstadt ohne weiteres auch zu finden gewesen wären, hätte diesem Anspruch an „Fallhöhe" nicht genügt. Mit anderen Worten, es ging in erster Linie nicht darum, Vorurteile aufzuzeigen, um sie dann zu widerlegen, sondern es ging um Spannung im Film, die durch den Kontrast zwischen deutschem Mittelstandskind und bewusst und gezielt als kriminell charakterisierten Romakindern und deren als massiv kriminell konstruiertes soziales Umfeld hergestellt werden sollte.

---

6 Gottberg, Joachim von: Beurteilung des Filmes „Nellys Abenteuer", Brief vom 20.11.2017, abrufbar unter: https://www.swr.de/-/id=20681510/property=download/nid=5791128/1sulrms/index.pdf. [Zugriff: 15.6.2020].

## „Ohne moralische Haltung ist das Filmemachen wertlos"

Peter Nestler hat seinen Vortrag unter den Titel gestellt: „Ohne moralische Haltung ist das Filmemachen wertlos". Das ist in sehr kurzen Worten der Kern unseres Problems. Filme sind in gewisser Weise ethische Modelle, die die tatsächlichen oder sonst wie erworbenen Erfahrungen des Menschen durch die Fiktion des Films erweitern oder bestätigen.

Hier gibt es nun die Position, dass es nicht zulässig sei, aus der Moral (oder aus der fehlenden Moral) eines Films einen direkten sozialen Effekt abzuleiten. Mit anderen Worten: Vorurteile im Film würden keine Vorurteile produzieren. Die Zuschauer seien sich in der Regel bewusst, dass es sich eben um einen Film handele. Ich meine aber, dass selbstverständlich in Filmen die Erfahrungen – oder eben auch unsere Vorurteile –, die wir im tägliche Leben machen, dann aufgerufen und verstärkt werden, wenn wir sie im Film widergespiegelt sehen. Die Macht der Bilder wird hier eher noch verstärkend wirken.

Gerade bei Filmen über Sinti und Roma kommt noch hinzu, dass die Unterscheidung zwischen Fiktion und Dokumentation oft aufgehoben wird: In Spielfilmen werden scheinbar „authentische" Szenen eingebaut, an „echten" Orten, und – in den Nebenrollen – mit „echten" Roma. Damit entwickelt sich eine Form von „Wahrheit", die aber allein die Wahrheit derjenigen ist, die den Film produzieren, die das Drehbuch schreiben und die Regie führen. Auf diese Art finden sich dann antiziganistische Strukturen in vielen Filmen wieder, die wir aus dem Alltag, aus den Medien oder der Literatur seit jeher kennen. Filme wie *Jud Süß* oder die Filme von Leni Riefenstahl haben genau diesen Mechanismus benutzt, um Juden und unsere Minderheit allein aufgrund ihrer Abstammung nicht nur aus der deutschen Gesellschaft auszugrenzen, sondern ihnen damit das Mensch-Sein abzusprechen.

Deshalb ist für uns diese erste Tagung zum Thema „Antiziganismus und Film" so wichtig, denn um diesen Kreis aus seit Jahrhunderten tiefverwurzelten Vorurteilen und der dauernden Wiederkehr der Produktion von Vorurteilen zu durchbrechen, braucht es den moralischen Blick vor allen Dingen auf Seiten derer, die Filme machen. Das bedeutet, dass Filme nicht allein nach Kriterien der Wirtschaftlichkeit, der Spannung oder der Exotik gemacht werden können. Sie müssen sich auch auf der ethischen Ebene begründen lassen können, und sie müssen sich gegebenenfalls der Frage nach einer Begründung stellen.

An dieser Stelle muss an die Fassbinder-Kontroverse um das bis heute umstrittene Theaterstück *Die Stadt, der Müll und der Tod* erinnert werden. Dieses Stück wurde erst 2009 in Deutschland uraufgeführt, in Frankfurt am Main kam die Aufführung 1985 wegen massiver Proteste von Seiten der Jüdischen Gemeinde nicht zustande. Ursache für die Proteste waren die im Stück zweifellos enthaltenen eindeutig antisemitischen Charaktere und Klischees. Die

Filmförderung verweigerte aus diesem Grund die beantragten 600.000 DM für die Verfilmung des von Rainer Werner Fassbinder bereits fertiggestellten Drehbuches. Im Unterschied dazu wurde der Kinderfilm *Nellys Abenteuer* aus dem Jahr 2016, der die gleichen jahrhundertealten Vorurteile und Klischees gegenüber Sinti und Roma transportiert, mit über 935.000 Euro von den deutschen Filmförderanstalten kofinanziert.

Es geht hier, um auch dies deutlich festzuhalten, nicht darum, dass der Zentralrat Deutscher Sinti und Roma seine Positionen als verbindlich versteht, es geht ausdrücklich nicht um eine Vorzensur von Filmen über Sinti und Roma. Es geht uns darum, gerade auch mit dieser Tagung, einen offenen Dialog zu etablieren. Es geht uns im Kern darum, die Würde aller Beteiligten – und vor allem derjenigen, die sich in einer wenig machtvollen Position befinden – unbedingt zu wahren.

Das wiederum bedeutet, dass es Inhalte gibt, die nicht zu rechtfertigen sind, nämlich dann, wenn sie gegen die Würde von einzelnen Personen oder Gruppen gerichtet sind, oder wenn sie sich gegen demokratische und rechtsstaatliche Prinzipen wenden. Damit wären unter anderem antiziganistische Inhalte erfasst, und wir müssen immer wieder neu und gemeinsam reflektieren, wo hier gegebenenfalls Grenzen zu ziehen wären.

Es sind außerdem aber auch die Medien selbst, insbesondere das Fernsehen und die öffentlich-rechtlichen Anstalten sowie die Filmfördereinrichtungen in der Bundesrepublik Deutschland, die hier gefordert sind. Die Filmfördereinrichtungen und die öffentlich-rechtlichen Anstalten müssen sich fragen lassen, welches Bild sie von der Minderheit der Sinti und Roma vermitteln, und wo gegebenenfalls gerade die öffentlich-rechtlichen Anstalten eine besondere ethische Verantwortung haben.

Die Fragen, die während der dreitägigen Tagung im Februar 2018 in Berlin diskutiert wurden, waren und sind nicht einfach zu beantworten. Aber der Schutz von Minderheiten gehört zum Grundbestand unserer Demokratie und unseres Wertesystems, und entsprechend kann und muss sich dies auch im Bereich der Medien niederschlagen.

Die Tagung „Film und Antiziganismus" ist für den Zentralrat Deutscher Sinti und Roma von großer Bedeutung, und ebenso wichtig ist für uns die Dokumentation der Tagung, die mit diesem Band vorgelegt wird. Ich danke allen, die diese Tagung und den Tagungsband möglich gemacht haben. Dank gilt der Bayerischen Vertretung in Berlin und damit deren damaligem Bevollmächtigten, Dr. Rolf-Dieter Jungk, wo die Tagung mit einem ersten Fachgespräch eröffnet wurde. Dank an die Kooperationspartner der Gesellschaft für Antiziganismusforschung und der Forschungsstelle Antiziganismus am Historischen Seminar der Universität Heidelberg sowie goEast – dem Festival des mittel- und osteuropäischen Films. Dank für die vielfältige Förderung durch die Bundesbeauftragte für Kultur und Medien, das Bundesministerium für Familie, Senioren, Frauen und Jugend im Rahmen des Programms „Demokratie leben!", die Freudenberg Stiftung, die Amadeu Antonio Stiftung und die Open Society Foundations. Großer Dank dann vor allem den Teilnehmerinnen und Teilnehmern der Tagung für ihre bemerkenswerten Beiträge. Dank insbesondere an die Herausgeberinnen und Herausgeber sowie an die Mitarbeiterinnen und Mitarbeiter von heiUP (Heidelberg University Publishing) für den Tagungsband.

Section One
# Antigypsyism in the Medium of Film

# Über ‚Zigeuner'-Filme und ihre Technologie der Wahrheitskonstruktion

Radmila Mladenova

Im Rahmen meiner Arbeit wird eine große Zahl an Spiel- und Dokumentarfilmen mit imaginären ‚Zigeuner'-Figuren/-Repräsentationen der Sinti und Roma gesammelt, auf deren Grundlage die vorherrschenden ästhetischen Tendenzen und Gegentendenzen zu erkennen und zu beschreiben sind. Der vorliegende Aufsatz[1] liefert einen Überblick über dieses Filmkorpus, kommentiert die Relevanz des Begriffs „Maske", den ich für die Filmanalyse einführe und benutze, und konzentriert sich auf die wichtigste ästhetische Tendenz im Film, nämlich die ‚Zigeuner'-Maske zu authentifizieren. Dabei richtet sich das Interesse auf die Technologie der Wahrheit im Foucault'schen Sinne, die in Filmen über ‚Zigeuner' – aus dem europäischen kulturellen Raum und den Vereinigten Staaten – eingesetzt wird. Die weiteren jeweils untersuchten Zuschreibungen werden anhand einer Liste von Filmen, die ich ‚Zigeuner'-Filme nenne, beispielhaft dargestellt; die identifizierten Titel, die um den thematischen Schwerpunkt gruppiert sind, werden in drei weitere Gruppen unterteilt. Da ‚Zigeuner'-Filme zum großen Teil ein weitgehend neues Forschungsfeld für Medien- und Kulturwissenschaften/Postkoloniale Studien darstellen, gibt es ein spürbares Bedürfnis nach einem analytischen Ansatz, der besonders darauf abzielt, ihre Formen und Inhalte zu bewerten. Der vorliegende Aufsatz bietet die Grundlage für eine solche Methodologie, ein Algorithmus an Fragen, der die relevanten Analyseebenen festlegt.

1 Dies ist die etwas bearbeitete deutschsprachige Version des Artikels „Questioning 'Gypsy'-Themed Films and Their Technology of Truth Production", veröffentlicht in: Gómez, Ismael Cortés/End, Markus (Hrsg.): Dimensions of Antigypsyism in Europe, Brüssel 2019, S. 29–43. Der analytische Ansatz zu ‚Zigeuner'-Filmen wurde im Wesentlichen während zweier Seminare zu ‚Zigeuner'-Figuren im osteuropäischen Film und in osteuropäischer Literatur erarbeitet, die Prof. Dr. Urs Heftrich und ich am Slavischen Institut in Heidelberg 2016 und 2017 geleitet haben. Zum ersten Mal wurden die Inhalte dieses Artikels 2017 auf der Konferenz „Culture Beyond Borders" am FXB Center in Harvard präsentiert.

## 1 Über das Filmkorpus

Die Ergebnisse dieses Beitrags beruhen auf einer intensiven Sichtung und Bewertung von Filmen, die ich auf der Basis eines relativ großen Filmkorpus und anderer Materialien durchführte. Das Filmkorpus besteht (aktuell) aus 119 Titeln, die zwischen 1905 und 2016 innerhalb des europäischen kulturellen Raums (Europa und der USA) produziert wurden, und die eine repräsentative Auswahl von Werken zu dem ambivalenten Thema Darstellung von imaginären ‚Zigeunern' auf der einen Seite und Repräsentationen realer Sinti und Roma auf der anderen Seite bilden, wobei die Grenze zwischen diesen Kategorien unscharf ist. Der früheste Titel im Korpus ist das britische Stummfilm-Drama *Stolen by Gypsies* (1905; Regie Edwin S. Porter und Wallace McCutcheon). Der neueste Titel ist der deutsche Kino-Dokumentarfilm *And-Ek Ghes...* (2016; Regie Philip Scheffner und Colorado Velcu). Die Titel dazwischen sind relativ gleichmäßig über den Zeitraum verteilt mit einer wachsenden Anzahl jüngerer Filme. Das Korpus beinhaltet 93 Spielfilme (einschließlich 22 Stummfilme, drei Fernsehfilme, vier Fernsehserien und einen Zeichentrickfilm) und 26 Dokumentarfilme (einschließlich eine Fernsehreportage, zwei kurze Stummfilme, zwei Online-Video-Clips und einen Studentenfilm).

## 2 Die „Maske" als Analysemodell

Als ich meine Perspektive auf ‚Zigeuner'-Figuren im Film entwickelte, benutzte ich den etwas holperigen Begriff „die imaginäre Figur des Zigeuners", um zu betonen – sowohl lexikalisch als auch orthographisch –, dass der Gegenstand meiner Analyse ein fiktionales Artefakt ist, das seinen Ursprung in der europäischen Literatur und Kunst seit dem 15. Jahrhundert[2] hat, aber auch, um eine klare Trennungslinie zwischen dem fiktionalen Phantasma „Zigeuner" und dem Ethnonym „Roma" zu ziehen.[3] Das Ethnonym „Roma"

---

2   Die ersten überlieferten Aufzeichnungen über ‚Zigeuner' in Europa sind in Chroniken aus dem 15. Jahrhundert zu finden. In seiner bahnbrechenden Arbeit *Europa erfindet die Zigeuner* weist Klaus-Michael Bogdal kurz und geistreich darauf hin: „Am Anfang war die Chronik". Hier liegt das Hauptproblem: Die Chronisten waren keine Augenzeugen und produzierten Geschichten und Illustrationen für ein Publikum, das sich nicht für die real existierenden Menschen interessierte, sondern vielmehr für ihre Repräsentationen; Bogdal, Klaus-Michael: Europa erfindet die Zigeuner. Eine Geschichte von Faszination und Verachtung, Berlin 2011, S. 23–25.

3   Andere Begriffe, die mit gleichen Absichten geprägt wurden, sind „screen gypsies" (Imre), „celluloid gypsy" (Dobreva), „als Rom_nja markierte Figuren" und „natio-ethno-kulturell markierte Figuren" (Kraft). Im Unterschied zu diesen Autoren zieht Homer in seiner Analyse

ist im öffentlichen Raum ein relativ neuer Begriff, der seit 1971[4] international in Gebrauch ist, innerhalb der Minderheit(en) aber schon deutlich früher eine Eigenbezeichnung war und real existierende Menschengruppen mit Minderheitsstatuts bezeichnet.

In meiner vorliegenden Arbeit führe ich zum ersten Mal den Begriff „Maske" als zentrale Analyse-Kategorie[5] ein, der den Begriff „imaginäre Figur" ergänzen und möglicherweise ersetzen soll. Aus mehreren Gründen verspricht der Begriff „Maske" eine gelungene, weil genauere Begriffswahl zu sein. Zunächst ist er kurz, fungiert als ein Ideogramm für ein kulturelles Konstrukt und bezeichnet ein materielles Objekt, das Künstlichkeit gleichermaßen visualisiert und bedeutet. Außerdem macht der Begriff deutlich, dass Repräsentationen nebst anderem eine Reihe von Konventionen darstellen, die auf ein konkretes künstlerisches Medium angewendet und als solche verstanden werden müssen, nämlich als eine Technologie zu deren Herstellung. In meiner Analyse von Filmbildern betrachte ich das

keine terminologische Trennlinie zwischen fiktionalen Figuren und real existierenden Menschen und benutzt die Begriffe „Roma" und „Zigeuner" als Synonyme. Homer hinterfragt ‚Zigeuner'-Filme und deren Anspruch auf Authentizität, und schon im Titel seines Aufsatzes werden seine Ergebnisse zusammengefasst: „Die Roma existieren nicht". Während der Autor eine aufschlussreiche Analyse von Filmbildern liefert, desavouiert er damit gleichzeitig die Existenz der realen Sinti und Roma; Imre, Anikó: Screen Gypsies, in: Framework: The Journal of Cinema and Media 44.2 (Herbst 2003), S. 13–33; Dobreva, Nikolina: Constructing the ‚Celluloid Gypsy'. Tony Gatlif and Emir Kusturica's ‚Gypsy Films' in the Context of the New Europe, in: Romani Studies 17.2 (2007), S. 141–54; Kraft, Hendrik: Bedrohlich anders. Narrationen natio-ethno-kultureller Differenz im populären Kino der Gegenwart. Ein rumänisch-deutscher Filmvergleich, Berlin 2014; Homer, Sean: ‚The Roma Do Not Exist'. The Roma as an Object of Cinematic Representation and the Question of Authenticity, in: Objects: Material, Psychic, Aesthetic. Gramma: Journal of Theory and Criticism 14 (2006), S. 183–197.

4 Die Selbstbezeichnung „Roma" wurde 1971 auf der Ersten Welt Romani Kongress angenommen. Mit Delegierten aus vierzehn Ländern fand der Kongress in Orpington (Südost London) statt; Kenrick, Donald: The World Romani Congress – April 1971, in: Journal of the Gypsy Lore Society (3rd Series) 50 (1971), S. 101–108.
Gleichwohl sind Roma keine homogene Gruppe, siehe die Begriffsbestimmung des Europarats.

5 Der Begriff der Maske wird hier in der von Hans Belting entwickelte Bedeutung verwendet. In seinem Buch *Faces* arbeitet der Autor mit den Konzepten Gesicht und Maske und definiert ihren Zusammenhang im Kontext der Repräsentationskünste neu: er bezieht sich auf die ursprüngliche Bedeutung der Maske in Kultritualen, wo sie nicht ein Objekt, sondern vielmehr eine Rolle darstellte. Es war wenig wichtig, wie die Maske aussah, und viel signifikanter, wo und wie sie eingesetzt wurde. In der Moderne kehrt die Maske auf die Theaterbühne zurück, so Belting, verkörpert durch das Gesicht. Anders gesagt, unter dem Begriff der Maske wird folgendes verstanden: eine Rolle die mit dem eigenen realen Gesicht und dem ganzen Körper gespielt wird; Belting, Hans: Faces. Eine Geschichte des Gesichts, München 2013, S. 44–55 und S. 63–83.

Konzept der Maske im Verhältnis zum Licht, zur Beleuchtung, um die Materialität des Lichts und dessen Rolle zur Produktion – im buchstäblichen Sinne des Wortes – von Hautfarbe und ‚Rassen'-Differenz auf der Leinwand hervorzubringen. Außerdem macht der Begriff der Maske deutlich, dass die Dekonstruktion der ‚Zigeuner'-Maske von der Dekonstruktion des Weiß-Seins abhängt, das heißt von der Dekonstruktion der Repräsentation der ‚weißen' Identität, die ich deshalb ‚weiße' Maske nennen werde. So verstanden erleichtert der Begriff der Maske den Vergleich zwischen der Reihe von Konventionen einerseits, die benutzt werden, um den universellen Menschen als essenziell europäisch und weiß zu konstruieren, ein Studienfeld, das von Kritischer Weiß-Sein-Forschung reklamiert wird, und der Reihe von Konventionen andererseits, die benutzt werden, um die imaginäre ‚Zigeuner'-Figur als essenziell nicht-europäisch, nicht-weiß / farbig / schwarz zu konstruieren, ein Studienfeld, das im Bereich Antiziganismusforschung liegt. Meine zentrale These lautet, dass die ‚weiße' Maske und die ‚Zigeuner'-Maske die zwei Seiten des europäischen kulturellen Bewusstseins darstellen und seine zwei Blickregime oder zwei Modi des Machtausübens reflektieren. Dabei ist es offensichtlich, bis zu einer Tautologie, dass die zweidimensionale ‚Zigeuner'-Maske nicht identisch mit dem mit ihr assoziierten Menschen ist, dass sie unabhängig vom tatsächlichem menschlichen Gesicht ist (und damit nahe an *blackface minstrel shows*[6]) und, am wichtigsten, dass sie nicht notwendigerweise mit den Repräsentationen von Sinti und Roma identisch ist. Die Autonomie der ‚Zigeuner'-Maske kann eine Erklärung zu ihrer außergewöhnlichen Bildhaftigkeit und auch zu ihrer beliebten Verwendung durch einzelne Menschen oder Gruppen[7] liefern. Schließlich lenkt der Begriff der Maske die Aufmerksamkeit auf das menschliche Gesicht, das wichtigste und stets sorgfältig durchdachte Artefakt auf dem Bildschirm.

---

6 Zur Diskussion der *blackface minstrel shows* und deren Funktionen, siehe Rogin, Michael: Making America Home. Racial Masquerade and Ethnic Assimilation in the Transition to Talking Pictures, in: Discovering America: A Special Issue. The Journal of American History 79.3 (Dec., 1992), S. 1050–1077; Saxton, Alexander: Blackface Minstrelsy and Jacksonian Ideology, in: American Quarterly 27.1 (März 1975), S. 3–28.

7 Im Showbusiness etwa, wo die ‚Zigeuner'-Maske eine hochpreisige Ware ausmacht, wird sie sowohl von Angehörigen der Sinti-und-Roma-Minderheit als auch von Angehörigen der jeweiligen nationalen Mehrheit beansprucht. Beispiele sind die mazedonische Roma-Sängerin Esma Redžepova, die sehr stolz darauf ist, als „Königin der Zigeuner" (Queen of the Gypsies) etikettiert zu werden, oder die aus Manhattan stammenden Nicht-Roma-Musiker „Gogol Bordello", die sich als Gypsy-Punkband inszenieren.

## 3 Die Gestaltung des Lichts für ‚Weiß-Sein' und ‚Nicht-Weiß-Sein' im Film: ein Beispiel

*Die unterhaltendste Fläche auf der Erde
für uns ist die vom menschlichen Gesicht.*
Georg Christoph Lichtenberg, „Sudelbücher"

Die Screenshots weiter unten stammen aus dem polnischen biografischen Film *Papusza* (2013). Genauer: beide sind aus der Eröffnungssequenz, die die Poetin der Roma, Papusza, vorstellt. Sie werden hier gegenübergestellt, um die Rolle der Beleuchtung bei der Ausformung der ‚weißen' Maske und der ‚Zigeuner'-Maske im filmischen Medium zu betonen. Abb. 1 zeigt eine Frau von der polnischen Mehrheit, eine Figur ohne Namen (eine Mitarbeiterin des Kultusministers), die nebensächlich für die Geschichte ist. Im Gegensatz dazu wird im zweiten Bild (Abb. 2) Papusza, die Hauptfigur im Film, gezeigt.

**Abb. 1 und 2** Screenshots aus Papuszas Vorstellungssequenz: (links) eine polnische Frau (Maja Meissner), die eine Nebenfigur darstellt; (rechts) die erste Nahaufnahme der Hauptfigur Papusza (Jowita Budnik), *Papusza* (2013).

Das Gesicht der polnischen Dame wird im Modus der ‚weißen' Maske verhandelt: Es wird in Vollansicht mit 3-Punkt-Beleuchtung präsentiert, was dazu beiträgt, dass das Gesicht konventionell ‚weiß' erscheint; seine Farbe wird durch den Rahmen, der aus ihren dunklen Haaren und ebenso dunklen Pelzaufschlägen und auch dem schattigen Hintergrund besteht, hervorgehoben. Das Gesicht der Frau bekommt eine ‚normale', das heißt individualisierende Sichtbarkeit und als solches würde es keine besondere Aufmerksamkeit auf sich ziehen. Das Publikum würde es als die gegebene Art und Weise, eine filmische Figur zu inszenieren und auszuleuchten, wahrnehmen. Gleichzeitig liefert das Gesicht der polnischen Frau einen wichtigen Maßstab[8] – nicht

---

8 Mein Ansatz bezieht sich auf Dyers Diskussion über die Techniken der Filmbeleuchtung und die Konstruktion von Weiß-Sein. Dyer konzentriert sich auf Gesichtsausleuchtung und erklärt ihre Funktionen, wobei er betont, dass „the face is seen as both the most important

nur für die hier diskutierte Szene, sondern für den ganzen Film –, denn die Kamera verleiht Papusza niemals das Privileg der ‚Normalität'. Es gibt keine einzige Nahaufnahme ihres Gesichts bei Tageslicht oder mit 3-Punkt-Beleuchtung. Die unvorteilhafte Behandlung der Hauptfigur sorgt für noch größere Verwirrung, wenn man sich daran erinnert, dass die Rolle der erwachsenen Papusza mit Jowita Budnik besetzt ist; eine bekannte polnische Schauspielerin mit einer breiten Gefühlspalette und einem fesselnden Gesicht, das der Kamera viel zu bieten hat.

## 4 Die dominante ästhetische Tendenz aufgezeigt anhand einer Liste von Filmen

Das Ziel meiner Recherche ist es, dominante Tendenzen und Gegentendenzen bei der Produktion von ‚Zigeuner'-Filmen zu identifizieren und zu beschreiben. Hier soll die erste und dominierende ästhetische Tendenz bei der Inszenierung der ‚Zigeuner'-Maske im Medium Film betrachtet werden, nämlich die Tendenz, die ‚Zigeuner'-Maske zu authentifizieren.[9] Diese Tendenz manifestiert sich in einer signifikanten Reihe von Spielfilmen, die im europäischen Raum produziert werden und die davon ausgehen, dass bestimmte, als ‚Zigeuner' etikettierte Menschengruppen auf eine inhärente, objektivierbare Weise andersartig sind und dass diese Filme einen direkten Zugang zu dieser Wahrheit haben und dem Zuschauer diesen Zugang ebenfalls bieten können. Um einen Überblick über diese Filme und ihre komplexe Technologie der Wahrheitsproduktion gewinnen zu können, werden ganze Segmente des Filmkorpus präsentiert, in dem die Filme entlang dem thematischen Spektrum gruppiert werden, so dass die zentralen und peripheren

---

thing in an image, and also, as a consequence, the control of the visual quality of everything else." Außerdem, „[m]ovie lighting of the face is at the heart of ordinary production"; Dyer, Richard: White, London 1997, S. 88–89.

9 Zusätzlich zur dominanten Strömung der ‚Zigeuner'-Filme habe ich zwei gegenläufige Tendenzen ausgemacht: eine Reihe von Filmen, die die ‚Zigeuner'-Maske neu definieren, und eine Reihe von Filmen, die über die ‚Zigeuner'-Maske hinausgehen; diese beiden letzteren Tendenzen werden hier nicht diskutiert. Einige dieser Filme, die ein alternatives Blickregime herstellen, wurden im Rahmen der von mir kuratierten Berliner Filmreihe „Fakten/Fiktionen: Menschen im Objektiv" 2017/2018 gezeigt bzw. präsentiert: die Dokumentarfilme *Zigeuner sein* (1970, Regie: Peter Nestler), *Das falsche Wort* (1987, Regie: Melanie Spitta und Katrin Seybold), *Revision* (2012, Regie: Philip Scheffner) und *And-Ek Ghes...* (2016, Regie: Philip Scheffner und Colorado Velcu), *Dui Rroma* (2013, Regie: Iovanka Gaspar), *Taikon* (2015, Regie: Lawen Mohtadi, Gellert Tamas); und die Spielfilme: *Sündige Apostel der Liebe* (1995, Regie: Dufunja Vishnevskij), *Aferim!* (2015, Regie: Radu Jude), *Der Müllhubschrauber* (2015, Regie: Jonas Selberg Augustsén).

Repräsentationen der Haupttendenz aufgezeigt werden können. Als nächstes richten wir unsere Aufmerksamkeit auf einen Algorithmus von Fragen, auf dessen Grundlage die Filmkategorisierung und -bewertung durchgeführt wurde und der während der Filmsichtung induktiv entwickelt wurde. Der Algorithmus an Fragen, oder besser gesagt die Antworten darauf, ermöglichen es mir dann, die Technologie der Wahrheitsproduktion in fünf Schritten zusammenzufassen.

Die erste Gruppe von Spielfilmen, die den Kern des Korpus ausmacht, umfasst Filme, die die konstruierte Gegenwelt der ‚Zigeuner' zum Hauptthema machen und die diese Welt als ein separates, autonomes Universum mit wenig oder keinem Kontakt zur jeweiligen ‚weißen' dominanten Kultur abbilden. In dieser Gruppe von Werken[10] wird der zentrale dramatische Konflikt innerhalb des ‚Zigeuner'-Universums angelegt, wobei die eingesetzten ‚weißen' Figuren als Kontrast dienen und Nebenrollen spielen. Die spiegelverkehrte Gegenüberstellung zwischen der ‚Zigeuner'-Maske und der ‚weißen' Maske, die den Effekt des radikalen Othering produziert, wird hier auf einer eher impliziten Weise kommuniziert. Die folgenden Filme (re-)produzieren dieses ‚Zigeuner'-Regime des europäischen Blicks:

*The Gypsy Charmer / Mustalaishurmaaja.* Finnland, 1929

*Hot Blood.* USA, 1956

*Ich traf sogar glückliche Zigeuner / Skupljači perja.* Jugoslawien, 1967

*Das Zigeunerlager zieht in den Himmel / Табор уходит в небо.* UdSSR, 1976

*König der Zigeuner / King of the Gypsies.* USA, 1978

*Angelo, My Love.* USA, 1983

*Die Zeit der Zigeuner / Дом за вешање / Dom za vešanje.* Vereinigtes Königreich | Italien | Jugoslawien, 1989

*Gipsy Magic / Циганска Магија.* Mazedonien, 1997

*Schwarze Katze, weißer Kater / Црна мачка, бели мачор / Crna mačka, beli mačor.* Jugoslawien | Frankreich | Deutschland | Österreich | Griechenland, 1998

---

10 Diese und die folgenden Filmauflistungen stellen eine Auswahl typischer Filme dar. Für eine detailliertere Diskussion der Auswahlkriterien und der Gruppierung der Filmtitel in diesen drei Kategorien siehe meine bevorstehende Dissertation „The 'White' Mask and the 'Gypsy' Mask in Film".

Als zweite Gruppe kann ich Spielfilme auflisten, in denen die Welt der ‚Zigeuner' nochmals das zentrale Spektakel ausmacht, hier aber wird der Konflikt zwischen einem ‚weißen' und einem ‚Zigeuner'-Protagonisten ausgetragen. In diesen Filmen gibt es erzählerisch und visuell eine explizite Gegenüberstellung zwischen der ‚weißen' Maske und der ‚Zigeuner'-Maske und der von ihnen vertretenen mythologischen Welten. Das dramatische Zusammentreffen dieser zwei Welten wird bewusst mit dem Ziel benutzt, die Grundwahrheit über ‚Zigeuner' im Film zu bestätigen, das heißt ihre ‚ethnisch-rassische' Alterität. Diese ideologische Botschaft ist auch präsent in den wenigen Fällen, in denen der Protagonist als eine Ausnahme von der ‚Zigeuner'-Gruppe und mit positiven Eigenschaften kodiert wird. Mit einigen Variationen werden ‚Zigeuner' als Agenten von Destruktion, sozialem Unfrieden, Desintegration und als (metaphorisch) ‚nicht-weiß' gesehen. Die folgenden Filme zeigen diese zwei Modi des europäischen Blickes und seine bipolare Struktur auf:

*The Adventures of Dollie.* USA, 1908

*Das Mädchen ohne Vaterland.* Deutschland, 1912

*Zigeuneren Raphael.* Dänemark, 1914

*Betta the Gypsy.* Vereinigtes Königreich, 1918

*Carmen / Gypsy Blood.* Deutschland, 1918

*Das Mädel aus dem Böhmerwald / The Bohemian Girl.* USA, 1936

*Der Walzer des Vagabunden / Kulkurin valssi.* Finnland, 1941

*Madonna der sieben Monde / Madonna of the Seven Moons.* Vereinigtes Königreich, 1944

*Liebesnächte in Sevilla / The Loves of Carmen.* USA, 1948

*Teufelsweib / The Gypsy and the Gentleman.* Vereinigtes Königreich, 1965

*Rosige Träume / Růžové sny.* Tschechoslowakei, 1976

*Pokriv / Покрив.* Bulgarien, 1978

*Gucha / Гуча! Distant Trumpet.* Serbien | Bulgarien | Österreich | Deutschland, 2006

*Papusza – Die Poetin der Roma / Papusza.* Polen, 2013

*Der Glöckner von Notre Dame / The Hunchback of Notre Dame* (vielzählige Filmversionen)

Diese beiden Gruppen der Spielfilme stehen im Zentrum meiner Analyse und machen deshalb den Großteil der von uns sogenannten ‚Zigeuner'-Filme aus. Aus mehreren Gründen ist es wichtig, diese Filme einzeln aufzulisten und zu bewerten. Einige dieser Filme sind für ihre wahrheitsgetreue Darstellung der ‚Zigeuner'-Kultur berühmt, einige gelten sogar als veritable ethnographische Dokumente. Einige dieser Filme haben zur Zeit ihrer Veröffentlichung enorme Popularität erlangt, viele davon wurden mit renommierten (inter-)nationalen Preisen ausgezeichnet und genießen immer noch Lob und Anerkennung in professionellen Kreisen und in der populären Kultur. Außerdem werden, was von besonderer Bedeutung ist, viele der hier erwähnten ‚Zigeuner'-Spielfilme immer noch auf Festivals als Beitrag zur Kultur der Sinti und Roma gezeigt und sie gehören nach wie vor zum Kanon der ‚Zigeuner'-Filme, die als originär und künstlerisch besonders überzeugend gelten. Als solche haben sie bis heute einen starken Einfluss sowohl auf die Selbst-Wahrnehmung der Sinti und Roma als auch auf die aktuelle Arbeit von zeitgenössischen Filmemacher_innen.

Die dritte und letzte und tatsächlich zahlenmäßig größte Gruppe von Spielfilmen ist im Kontext meiner Analyse peripher und umfasst Werke, die die ‚Zigeuner'-Figur lediglich in Nebenrollen einsetzen und die die mit ihnen assoziierte mythologische Welt in relativ kurzen Sequenzen beschwören, ohne dass diese Welt weiter in den Fokus der Darstellung gerät. Daher werden diese Filme von mir nicht als ‚Zigeuner'-Filme im engeren Sinne gewertet und sind deshalb im Korpus am wenigsten repräsentiert. Gleichwohl würde die ‚Zigeuner'-Figur in den Nebenrollen eine eigene Untersuchung verdienen.

*Jánošík.* Tschechoslowakei, 1935

*Chocolat – Ein kleiner Biss genügt / Chocolat.* Vereinigtes Königreich | USA, 2000

*Snatch – Schweine und Diamanten / Snatch.* Vereinigtes Königreich | USA, 2000

*Borat – Kulturelle Lernung von Amerika, um Benefiz für glorreiche Nation von Kasachstan zu machen / Borat: Cultural Learnings of America for Make Benefit Glorious Nation of Kazakhstan.* Vereinigtes Königreich | USA, 2006

## 5 Die dominante ästhetische Tendenz aufgezeigt als Technologie zur Herstellung von Wahrheit

Die im Filmkorpus aufgeführten Titel wurden anhand eines Fragenkatalogs[11] untersucht, der die Techniken der Wahrheitsproduktion bei der Inszenierung der ‚Zigeuner'-Maske offenlegt. Die Fragen kristallisierten sich während der Phase der Filmidentifikation und -bewertung heraus und können die Grundlage für eine Methodik zur Analyse und Bewertung von ‚Zigeuner'-Filmen bilden. Der Algorithmus der Fragen hebt fünf wichtige Ebenen der Analyse hervor:

1) Produktionsbedingungen,
2) Inhalt der ‚Zigeuner'-Maske – Charakterdarstellung und Handlung,
3) Form der ‚Zigeuner'-Maske – filmische Mittel und Konventionen wie Beleuchtung und Gestaltung, Mise-en-Scène, Farbe, Kostüme, Casting, Musik, kinematografischer Stil,
4) Anspruch auf Wahrheit – visuelle Ästhetik, Genre und Selbstdarstellung der Filme in Paratexten,
5) Funktionen der ‚Zigeuner'-Maske im gegebenen historischen Kontext.

Ein Beispiel für eine detaillierte Filmanalyse, die diesem fünfstufigen Ansatz folgt, findet sich in meinem Artikel „The Figure of the Imaginary Gypsy in Film: *I Even Met Happy Gypsies* (1967)".[12] Es folgt eine Reihe von Fragen zu jeder der fünf Analyseebenen. Die Befunde werden zusammengefasst, sie gelten allgemein für die in Unterkapitel 4 aufgeführten ‚Zigeuner'-Filme. Das heißt nicht, dass alle, wohl aber die meisten der hier beschriebenen Eigenschaften in diesen Filmen zu beobachten sind.

---

11 Die hier vorgeschlagene Analyse vermittelt die Ideen und Perspektiven, die von Shohat und Stam in ihrer Arbeit *Unthinking Eurocentrism* entwickelt wurden. Die Autoren betonen die Notwendigkeit einer nuancierten und mehrstufigen Analyse von subalternen Darstellungen im Film und diskutieren eine beeindruckende Anzahl von Werken mit Repräsentationen von Minderheiten aus der ganzen Welt; vgl. Shohat, Ella / Stam, Robert: Unthinking Eurocentrism. Multiculturalism and the Media, London 1994, S. 178–219. Doch interessanterweise gibt es in ihrem umfangreichen Buch keine ‚Zigeuner'-Filme, ein symptomatisches Zeichen dafür, dass das ‚Zigeuner'-Phantasma ein blinder Fleck nicht nur bei europäischen Studien, sondern auch bei postkolonialen Studien ist.

12 Mladenova, Radmila: The Figure of the Imaginary Gypsy in Film. *I Even Met Happy Gypsies* (1967), in: Romani Studies 26.1 (2016), S. 1–30.

## 5.1 Produktionsbedingungen

Fragen zur Produktion: Wer hat die Macht, die Wahrheit über ‚Zigeuner' zu definieren? Wer entscheidet, wie Aussehen, Verhalten und Lebensstil dargestellt werden soll; an welchen Geschichten sollen sie teilnehmen und welche Eigenschaften sollen sie als Menschen aufweisen? Wer ist für das Drehbuch zuständig? Basiert das Drehbuch auf früheren Texten oder Artefakten oder ist es von solchen beeinflusst? Wer führt die Regie? Wer sitzt hinter der Kamera? Wer wählt die Schauspieler aus? Wer besetzt die Hauptrollen? Wer besetzt die Nebenrollen?

Zusammenfassung der Ergebnisse: Die Analyse des Produktionsaufbaus bringt die Asymmetrie der Repräsentationsmacht ans Licht. Bei der Produktion der ‚Zigeuner'-Filme werden alle Entscheidungen über Drehbuch, Regie, Kameraarbeit, Kostüme und Requisiten, Montage, Musik usw. von ‚weißen'[13] Fachleuten getroffen. Das Drehbuch basiert oft auf einem Roman, der wiederum von einem ‚weißen' Schriftsteller geschrieben wurde. Oft sind ‚Zigeuner'-Filme Autorenfilme, in denen der Regisseur mehrere Aspekte der Filmarbeit bestimmt, wie beispielsweise Drehbuch, Montage, Musik, usw. Die Hauptrollen werden durch nationale oder internationale ‚weiße' (Hollywood-)Prominente besetzt, was die Ähnlichkeit der Filme zu *blackface minstrel shows* etabliert. Gleichzeitig werden in ‚Zigeuner'-Filmen Roma oft als Kompars_innen eingesetzt, eine verbreitete Authentifikationsstrategie, die diese Filme mit der Zur-Schau-Stellung von Menschen in den damaligen Völkerschauen verbindet.[14] Kurz gesagt, die ‚Zigeuner'-Filme werden durch ‚Weiße' für die Unterhaltung des ‚weißen' Publikums produziert, mit ‚weißen' Schauspielern in den Hauptrollen, die oftmals – zwecks Authentizität – von Roma-Komparsen unterstützt werden.

## 5.2 Inhaltliche Analyse der ‚Zigeuner'-Maske: Charakterdarstellung und Handlung

Fragen zur Charakterdarstellung: Wie ist die ‚Zigeuner'-Maske im Film kodiert? Ist sie explizit oder implizit der ‚weißen' Maske gegenübergestellt? Welche Eigenschaften werden ihr direkt (durch Sprechakte) oder indirekt (durch Handlungen

---

13   An dieser Stelle verwende ich im Rahmen der Organisation der Filmproduktion den Begriff ‚weiß', um im Gegensatz zur ‚weißen' Maske real existierende Personen in einer Machtposition zu bezeichnen, d.h. Personen, die Nicht-Roma und in der Regel Vertreter einer nationalen Mehrheit sind.

14   Völkerschauen waren als anthropologisch-zoologische Schauen in Deutschand bis ins frühe 20. Jahrhundert populär und wurden vorzugsweise in zoologischen Gärten gezeigt; sie orientierten sich an der damaligen Form der Rassenkunde.

und Zustände) zugeschrieben? Welche Aspekte der menschlichen Existenz reflektieren diese Eigenschaften (persönliche Integrität, soziale und berufliche Integration, Elternschaft, Sexualität, religiöser Glaube, Sprachbeherrschung und Bildung, Ernährung, Gesundheit und persönliche Hygiene usw.)? Welche Art von Cluster bilden diese Eigenschaften? Ist die ‚Zigeuner'-Figur individualisiert? Hat sie einen Namen und wie ist sie durch ihren Namen gekennzeichnet? Wie ist sie in Bezug auf Zeit (Tag gegen Nacht / linear gegen zyklisch) und Raum (Licht gegen Schatten / Stadt gegen Wald / Natur) aufgestellt?

Fragen zur Handlung: In welcher Art von Handlung wird die ‚Zigeuner'-Figur eingesetzt? Ist die ‚Zigeuner'-Figur der Held oder die Heldin in der Geschichte und falls ja, besteht für ihn / sie die Möglichkeit, die Reise des Helden zu vervollständigen, seine / ihre begrenzten Umstände zu transzendieren und ein höheres Maß an Individuation zu erreichen? Wenn die Handlung die Beziehung zwischen einer ‚Zigeuner'-Figur und einer ‚weißen' Figur, ein Mitglied der nationalen Mehrheit, verhandelt, wird die Möglichkeit der Koexistenz (eine Liebesbeziehung oder Ehe) für realistisch und tragfähig gehalten?

Zusammenfassung der Ergebnisse: Jeder Film konstruiert seine eigene ‚Zigeuner'-Welt und fertigt seine eigene ‚Zigeuner'-Maske in expliziter oder impliziter Opposition gegen die ‚weiße' Maske. Um dieses Element der künstlerischen Besonderheit zu erhalten und herauszustellen, wird meiner Analyse von einer taxonomischen Auflistung von ‚Zigeuner'-Stereotypen[15] absehen. Es wird vielmehr darauf abgezielt, die Eigenschaften und Werte der ‚Zigeuner'-Maske exemplarisch in einer Reihe von Filmen in Form von Schlüsselbegriffen zu abstrahieren. So werden wir zeigen, dass die ‚Zigeuner'-Maske mehrere Bedeutungsschichten aufweist, die sich gegenseitig verstärken und en bloc aktivieren: ihre mythologische, sozial-kulturelle, religiöse, ‚ethnisch-rassische', etc. Ebene. Dieser Ansatz wirft ein Licht auf die Plastizität und Künstlichkeit der ‚Zigeuner'-Maske und bietet eine Erklärung, warum ihr nahezu alles Deviante zugeschrieben werden kann. Gleichzeitig zeigt dieser Ansatz ihre Universalität, ihre einfache Grammatik: ‚Zigeuner' bedeutet entweder Abwesenheit oder Unzulänglichkeit eines normgebenden Wertes (zum Beispiel ist die ‚weiße' Maske mit dem Wert der „Sauberkeit" kodiert, die bei der ‚Zigeuner'-Maske fehlt, diese wird im Gegenteil mit dem Unwert des „Schmutzes" kodiert) oder seine falsche Anwendung (zum Beispiel ist die ‚weiße' Maske mit dem Wert „richtige Verwendung der Sprache / gute Beherrschung der Sprache" kodiert, während die ‚Zigeuner'-Maske

---

15 Für eine ausführliche Untersuchung von ‚Zigeuner'-Motiven in der Literatur, siehe Brittnacher, Hans Richard: Leben auf der Grenze. Klischee und Faszination des Zigeunerbildes in Literatur und Kunst, Göttingen 2012; in der Fotografie, siehe Reuter, Frank: Der Bann des Fremden. Die fotografische Konstruktion des „Zigeuners", Göttingen 2014.

mit „unsachgemäßer Benutzung der Sprache / minderwertige Beherrschung der eigenen Sprache" kodiert ist). Alles in allem wird die ‚Zigeuner'-Maske verwendet, um ein Amalgam von heterogenen Werten darzustellen, das in direkter Opposition zu den Werten und Normen der ‚weißen' Mehrheit steht.

In Bewegung gesetzt führt die ‚Zigeuner'-Maske den Mythos[16] der menschlichen Selbstzerstörung auf. Sie stellt den Antihelden dar, der nicht in der Lage ist, die Reise des Helden zu vollenden und der, weil er seine Natur nicht kontrollieren kann, sich selbst ins Verderben führt. Dergestalt ist die ‚Zigeuner'-Maske der individualisierten Figur des ‚weißen' Helden dienlich, ihr Ziel ist es, eine Warnung zu geben, indem sie das Spektakel der Strafe inszeniert. Wenn sie wie in den ‚Zigeuner'-Filmen eine Hauptrolle spielt, steht die ‚Zigeuner'-Maske im Gegensatz zu ihrem üblichen Gebrauch. Um diesen Widerspruch aufzulösen, neigen die Filmemacher dazu, den Haupt-‚Zigeuner'-Helden zu de-individualisieren und damit zu de-zentrieren, indem sie den Helden als einen Vertreter der gesamte Gruppe fungieren lassen. Dem ‚Zigeuner'-Held oder der ‚Zigeuner'-Heldin fehlt oft eine komplexe Individualität sowohl auf der Ebene der Charakterdarstellung als auch auf der Ebene der Handlung. So wie im Film noir ist dieser Antiheld nicht in der Lage, seine / ihre Natur / ‚Blut', Lebensstil oder Umwelt zu transzendieren und wählt für sich selbst die Niederlage und einen vorhersehbaren, nicht-tragischen Tod. Filme über eine ‚weiße' und eine ‚Zigeuner'-Figur erklären eine Beziehung zwischen beiden als unmöglich, erniedrigend oder sogar tödlich; diese Filme dienen oft als Warnungsgeschichten, in denen die ‚Zigeuner'-Figur als eine (tödliche) Gefahrenquelle dargestellt wird.

## 5.3 Formale Analyse der ‚Zigeuner'-Maske

Fragen zu filmischen Mitteln: Wie ist die ‚Zigeuner'-Maske visuell charakterisiert im Verhältnis zu Beleuchtung, Gestaltung, Farbe, Make-up, Haarpflege, Kostümen und Requisiten? Welche Eigenschaften werden ihr zugeschrieben?

---

16  Hier verwende ich den Begriff „Mythos" im Lotman'schen Sinne: Es handelt sich um einen texterzeugenden Mechanismus, der im Rahmen einer zyklischen Zeit organisiert ist, und dessen Aufgabe es ist, „ein Bild der Welt" zu schaffen. Mythologische Texte erzählen von Ereignissen, die „out of time, endlessly repeated, and in this sense, unchangeable" sind und damit Informationen über die für die Welt immanenten Gesetze liefern. In ihrer Struktur können Mythen auf die folgende grundlegende Folge von Ereignissen reduziert werden: „entry into a closed space – exit from it". Lotmans schematische Wiedergabe von Mythos-Plots entspricht Campbells Beschreibung der Monomyth, in dem die Heldenreise in sechs Stufen aufgeteilt wird, die aber um die gleiche zweistufige Bewegung herum organisiert ist: Eintritt in einen geschlossenen, dunklen Raum und Rückkehr zu einem offenen, beleuchteten Raum; Lotman, Yuri M.: Universe of the Mind. A Semiotic Theory of Culture, Indianapolis 1990, S. 152, S. 158 und S. 28–29.

Stellt der Film ausdrücklich einen Unterschied auf der Ebene der Hautfarbe her? Welche ästhetischen Strategien verfolgt der Film, um dieses Ziel zu erreichen? Wie ist die ‚Zigeuner'-Maske auf der Ebene der Filmsprache, insbesondere der Schnitttechnik, kodiert?

Zusammenfassung der Ergebnisse: Die allgemeine Tendenz besteht darin, ‚Zigeuner'-Protagonisten als metaphorisch oder buchstäblich ‚nicht-weiß'/‚schwarz' in einem realistischen Modus darzustellen, der oft Anleihen bei der Autorität ethnographischer Dokumentation macht, indem er die zentralen ‚Zigeuner'-Helden auf bloße Stellvertreter- Figuren reduziert, denen eine komplexe Individualität verweigert wird. Aber nochmals sei wiederholt: Die cineastischen Instrumente sind so vielfältig, dass eine detaillierte Untersuchung ihrer Anwendung in einzelnen Filmen unabdingbar ist.

### 5.4 Anspruch auf Wahrheit und Authentifizierungsstrategien

Fragen zu Genre und Selbstdarstellung: Wie präsentieren sich der Film und seine Beziehung zur historischen Welt? Erhebt der Film einen Anspruch auf Authentizität? Wenn ja, welche ästhetischen Strategien benutzt der Film, um seine Wahrhaftigkeit zu beglaubigen? Welche Paratexte werden zur Unterstützung der Wahrheitsansprüche des Films verbreitet?

Zusammenfassung der Ergebnisse: Das annoncierte Ziel der ‚Zigeuner'-Filme ist es, die Wahrheit über ‚Zigeuner' überhaupt zu enthüllen. Dabei wird der kulturellen Erwartung entsprochen, dass diese Minderheit in Europa intrinsisch, radikal und unwiderruflich anders ist. Diese Spielfilme machen die ‚zigeunerische' Lebensweise zu ihrem zentralen Anziehungspunkt, indem sie die Authentizität durch einen strategischen Einsatz von Roma-Komparsen, traditioneller Roma-Sprache, Musik, Kostüme usw. inszenieren. Bei ‚Zigeuner'-Filmen wird in Realismus als Effekt investiert, um Wahrheitsansprüche zu unterstützen, indem sie Themen, Motive, stilistische Mittel und ästhetische Techniken als Anleihe aus ethnographischen Dokumentarfilmen übernehmen. Der Anspruch, dass diese Filme die ansonsten unzugängliche Wahrheit über ‚Zigeuner' enthüllen, wird auch durch verschiedene Paratexte erhoben: von DVD-Klappentexten und Werbeplakaten bis hin zu Making-ofs und Interviews mit den Filmemachern.

### 5.5 Funktionsanalyse der ‚Zigeuner'-Maske

Fragen zum historischen Kontext und zur Rezeption: Was ist der unausgesprochene Zweck der im Film inszenierten ‚Zigeuner'-Maske? Wie wird der Film rezipiert? Wer wird berühmt und profitiert direkt von seinem Erfolg?

Zusammenfassung der Ergebnisse: Die Inszenierung der ‚Zigeuner'-Maske teilt die Funktionen, die für die *blackface minstrel shows* relevant sind: Sie kann von Filmemachern benutzt werden, um die normgebende ‚weiße' Maske zu stabilisieren, indem Abweichungen bestraft wird (Disziplinierungsfunktion); um aufgestauten Gefühlen freien Lauf zu lassen und tabuisierte Themen anzusprechen (Karnevalsfunktion); um die ‚weiße' Maske zu kritisieren und Alternativen für den sozialen Zusammenhalt vorzuschlagen (subversive Funktion). Schließlich kann die Performance in der ‚Zigeuner'-Maske, wie bei *blackface minstrel shows*, einen starken positiven Einfluss auf den beruflichen Erfolg und die Integration der ‚weißen' Filmemacher-Crew, insbesondere des Filmregisseurs und der Hauptdarsteller haben (sozial integrative Funktion).

Der Panorama-Überblick über ‚Zigeuner'-Filme hier liefert genügend Belege für die Behauptung, dass sie hochkomplexe Artefakte mit einer spezifischen inneren Struktur darstellen, die sie von anderen Filmgruppen unterscheidet und ihnen eine spezifische Rolle in der Dynamik nationaler Kulturen zumisst. In Anlehnung an die zusammenfassende Beschreibung von ‚Zigeuner'-Filmen können wir dem Leser auch einige ironisch unterlegte Leitlinien anbieten, um den Rassen-Essentialismus, der sich hinter diesem ästhetischen Phänomen verbirgt, noch einmal und in verdichteter Form aufzuzeigen.

## 6 Wie man einen ‚Zigeuner'-Film in fünf Schritten produziert

**Schritt No. 1:** Holen Sie sich ein Team von ‚weißen' Filmemachern, um einen Film über ‚Zigeuner' zu produzieren – das Drehbuch dafür zu schreiben, Regie zu führen und die Kameraarbeit zu übernehmen. Laden Sie ‚weiße' Promi-Schauspieler für die Hauptrollen ein und, wenn nötig, holen Sie noch ein paar Roma-Komparsen.

**Schritt No. 2:** Drehen Sie eine unterhaltsame und gleichzeitig lehrreiche Geschichte, die Tod und Bestrafung eines ‚Zigeuner'-Helden erzählt. Vermeiden Sie es, diesen Anti-Helden in einem tragischen Licht darzustellen, machen Sie stattdessen deutlich, dass ‚Zigeuner'-Blut und ‚Zigeuner'-Lebensweise an seinem Verderben schuld sind. Verknüpfen Sie ihn mit der seitenverkehrten mythologischen Welt (Nachtzeit, Schatten, zyklische Zeit und Wald), um den Effekt des radikalen Othering zu erreichen. Wenn ein ‚weißer' Charakter unklug genug ist, um sich mit dem ‚Zigeuner'-Helden gemein zu machen, zeigen Sie deren gemeinsamen Untergang. Individualisieren Sie den ‚Zigeuner'-Helden nur teilweise, und betonen Sie stattdessen, dass er/sie eine repräsentative Figur ist.

**Schritt No. 3:** Visualisieren Sie die ‚Zigeuner'-Maske als Verkörperung der Dunkelheit (= Abwesenheit von Licht). Zementieren Sie diese archetypische Wahrnehmung, indem Sie die ‚Zigeuner'-Figur in Verbindung mit Schatten, Nacht, bunten und/oder schwarzen (Kostüm-)Farben und ‚nicht-weißer'/ ‚schwarzer' Hautfarbe bringen.

**Schritt No. 4:** Halten Sie sich an Realismus als Effekt und mobilisieren Sie Beleuchtung, Schminke, Kostüme, Requisiten, Roma Komparsen sowie Romani-Musik und -Sprache. Fügen Sie unabhängig vom Filmgenre Sequenzen ein, die Sie so gedreht haben, als ob Sie ein Ethnograph wären, der die Lebenszyklus-Rituale (Taufe, Heirat, Beerdigung) und Details aus dem täglichen Leben dokumentiert.

**Schritt No. 5:** Und vergessen Sie nicht, dass Sie die ‚Zigeuner'-Maske als eine Projektionsfläche verwenden, um wichtige (politische, ästhetische, ethische usw.) Fragen zu stellen, die für die nationale Mehrheit relevant sind, aber in der Öffentlichkeit nicht aufgeworfen werden können. Alle Kunst braucht Mut, und so auch das Filmemachen!

## Filmographie

***Adventures of Dollie, The.*** Regie: D. W. Griffith. Drehbuch: Stanner E. V. Taylor. USA: Biograph Company, 1908.

***Aferim!*** Regie: Radu Jude. Drehbuch: Radu Jude, und Florin Lazarescu. Rumänien: Studiokanal, 2015.

***And-Ek Ghes…*** Regie: Philip Scheffner, und Colorado Velcu. Drehbuch: Colorado Velcu, Merle Kröger, und Philip Scheffner. Deutschland: Pong Film, 2016.

***Angelo, My Love.*** Regie: Robert Duvall. Drehbuch: Robert Duvall. USA: Robert Duvall, 1983.

***Betta the Gypsy.*** Regie: Raymond Charles. Großbritannien: Famous Pictures, 1918.

***Bohemian Girl, The.*** Regie: James W. Horne, und Charley Rogers. Drehbuch: Frank Butler. USA: Hal Roach Studios, 1936.

***Black Cat, White Cat / Црна мачка, бели мачор / Crna mačka, beli mačor.*** Regie: Emir Kusturica. Drehbuch: Emir Kusturica, Gordan Mihić, und Karl Baumgartner. Jugoslawien: Pandorafilm, 1998.

***Borat: Cultural Learnings of America for Make Benefit Glorious Nation of Kazakhstan.*** Regie: Larry Charles. Drehbuch: Sacha Baron Cohen, Anthony Hines, Peter Baynham, und Dan Mazer. USA: Twentieth Century Fox, 2006.

***Carmen / Gypsy Blood: A Love Tale of Old Spain.*** Regie: Ernst Lubitsch. Drehbuch: Norbert Falk, und Hanns Kräly. Deutschland: PAGU, 1918.

***Chocolat.*** Regie: Lasse Hallstroem. Drehbuch: Robert Nelson Jacobs. Großbritannien: Miramax, 2000.

***Das Falsche Wort: Wiedergutmachung an Zigeunern (Sinti) in Deutschland?*** Regie: Katrin Seybold. Drehbuch: Melanie Spitta. Deutschland: ZDF, 1987.

***Dui Rroma.*** Regie: Iovanka Gaspar. Österreich: Krizanits, 2013.

***Garbage Helicopter, The / Sophelikoptern.*** Regie: Jonas Selberg Augustsén. Drehbuch: Jonas Selberg Augustsén. Schweden: TriArt Film, 2015.

***Gipsy Magic / Циганска Магија.*** Regie: Stole Popov. Drehbuch: Vladimir Blazhevski, und Stole Popov. Mazedonien: Vardar Film/Triangle, 1997.

***Gypsy and the Gentlemen, The.*** Regie: Joseph Losey. Drehbuch: Janet Green. Großbritannien: Rank, 1957.

***Gypsy Charmer, The / Mustalaishurmaaja.*** Regie: Valentin Vaala. Drehbuch: Valentin Vaala, und Teuvo Tulio. Finnland: Fennica, 1929.

***Gucha – Distant Trumpet / Gucha!*** Regie: Dušan Milić. Drehbuch: Dušan Milić. Serbien: Pallas Film, 2006.

***Hot Blood.*** Regie: Nicholas Ray. Drehbuch: Jean Evans, und Jesse Laske. USA: Columbia Pictures, 1956.

***Hunchback of Notre Dame, The.*** Regie: William Dieterle. Drehbuch: Sonya Levien. USA: RKO Radio Pictures, 1939.

***Hunchback of Notre Dame, The.*** Regie: Jean Delannoy. Drehbuch: Jean Aurenche, und Jacques Prevert. Frankreich: Paris Film Productions, 1956.

***Hunchback of Notre Dame, The.*** Regie: Michael Tuchner. Drehbuch: John Gay. Großbritannien: Rosemont Productions, 1982.

***Hunchback of Notre Dame, The.*** Regie: Gary Trousdale, und Kirk Wise. Drehbuch: Tab Murphy, Irene Mecchi, Bob

Tzudiker, Noni White, und Jonathan Roberts. USA: Buena Vista Pictures, 1996.

*I Even Met Happy Gypsies / Skupljači perja.* Regie: Aleksandar Petrović. Drehbuch: Aleksandar Petrović. Jugoslawien. Avala Film, 1967.

*Jánošík.* Regie: Martin Frič. Drehbuch: Karel Hašler, Martin Frič, und Karel Plicka. Tschechoslowakei: Lloydfilm, 1935.

*King of the Gypsies.* Regie: Frank Pierson. Drehbuch: Frank Pierson. USA: Dino De Laurentiis Company, 1978.

*Loves of Carmen, The.* Regie: Charles Vidor. Drehbuch: Helen Deutsch. USA: Columbia Pictures, 1948.

*Madonna of the Seven Moons.* Regie: Arthur Crabtree. Drehbuch: Roland Pertwee. Großbritannien: Gainsborough Pictures, 1945.

*Pink Dreams / Ružové sny.* Regie: Dušan Hanák. Drehbuch: Dušan Hanák, und Dušan Dusek. Tschechoslowakei: Slovak Film, 1976.

*Papusza.* Regie: Joanna Kos-Krauze, und Krzysztof Krauze. Drehbuch: Joanna Kos-Krauze, und Krzysztof Krauze. Poland: Agromedia Productions, 2013.

*Queen of the Gypsies / Табор уходит в небо.* Regie: Emil Loteanu. Drehbuch: Emil Loteanu. UdSSR: Mosfilm, 1975.

*Revision.* Regie: Philip Scheffner. Drehbuch: Merle Kröger, und Philip Scheffner. Deutschland: Pong Film, 2012.

*Romany Spy, A / Das Mädchen ohne Vaterland.* Regie: Urban Gad. Drehbuch: Urban Gad. Deutschland: Deutsche Bioscop GmbH, 1912.

*Roof, A / Покрив.* Regie: Ivan Andonov. Drehbuch: Kancho Atanasov, und Boyan Papasov. Bulgarien: Studiya za igralni filmi „Boyana", 1978.

*Snatch.* Regie: Guy Ritchie. Drehbuch: Guy Ritchie. Großbritannien: Columbia Pictures, 2000.

*Stolen by Gypsies.* Regie: Edwin S. Porter, und Wallace McCutcheon. Großbritannien: Edison Manufacturing Company, 1905.

*Sinful Apostles of Love / Грешные апостолы любви.* Regie: Dufunya Vishnevsky, und Vladimir Dmitrievskiy. Drehbuch: Vladimir Dmitrievskiy, Viktor Merezhko, und Dufunya Vishnevsky. Russland: Tsyganskij Tsentr 'Romale', 1995.

*Taikon.* Regie: Gellert Tamas, und Lawen Mohtadi. Drehbuch: Lawen Mohtadi, und Gellert Tamas. Schweden: TriArtFilm AB, 2015.

*Time of the Gypsies / Дом за вешање / Dom za vešanje.* Regie: Emir Kusturica. Drehbuch: Emir Kusturica und Gordan Mihić. Jugoslawien: Forum Sarajevo, 1989.

*Vagabond's Waltz, The / Kulkurin valssi.* Regie: T. J. Särkkä. Drehbuch: Mika Waltari. Finnland: Suomen Filmiteollisuus, 1941.

*Zigeuner sein.* Regie: Peter Nestler, und Zsóka Nestler. Drehbuch: Peter Nestler, und Zsóka Nestler. Deutschland: Absolut Medien, 1970.

*Zigeuneren Raphael.* Regie: unbekannt. Drehbuch: Richard Lund. Dänemark: Filmfabrikken Danmark, 1914.

# Filmischer Antiziganismus: zur Trope der Ortlosigkeit

Habiba Hadziavdic und Hilde Hoffmann[1]

Seit den frühen 2000er Jahren sind, parallel zu einer Serie europäischer Initiativen,[2] außergewöhnlich viele Filmproduktionen entstanden, die sich mit Sinti und Roma beschäftigen.[3] Die Filmemacher_innen reagieren damit auf die miserablen Lebensbedingungen vieler Rom_nja in Europa, die mit circa zwölf Millionen Menschen die größte Minderheit innerhalb europäischer

---

1 Der vorliegende Text bezieht sich auf zwei Forschungsarbeiten von Habiba Hadziavdic und Hilde Hoffmann: Zu Stereotypen europäischer Roma und ihrem Verhältnis zu verschiedenen Formen der Gewalt vgl. Hadziavdic, Habiba / Hoffmann, Hilde: Violent Fantasies. The Persisting Stereotypes of European Roma, in: Stereotypes and Violence. Global Humanities: Studies in Histories, Cultures, and Societies 2016.4 (2017), S. 139–157. Zur Kontinuität filmischer Repräsentationen von Rom_nja vgl. Hadziavdic, Habiba / Hoffmann, Hilde: Moving Images of Exclusion. Persisting Tropes in the Filmic Representation of European Roma, in: Identities 24.6 (2018), S. 701–719, DOI: https://doi.org/10.1080/1070289X.2017.1380269.

2 Die *EU Roma Summits,* die *Decade of Roma Inclusion* 2005–2015, das *EU Framework for National Roma Integration Strategies by 2020* und viele weitere Projekte von Rom_nja und Nicht-Rom_nja.

3 Wir benutzen den Begriff Rom_nja für Menschen extrem heterogener Gruppen, die von Mitgliedern der Dominanzgesellschaft (sowie teils auch von sich selbst) als „Zigeuner", „Gypsy", „Gitano" u. v. m. bezeichnet werden. Wir beziehen uns damit auf den *1st World Romani Congress* (1971), der ethnische Bezeichnungen abgelehnt und stattdessen Roma als selbstgewähltes Ethnonym angenommen hat; vgl. Jovanovic, Zeljko: On International Roma Day, a Call for Courage and Clarity, 7.4.2016, abrufbar unter: www.opensocietyfoundations.org/voices/international-roma-day-call-courage-and-clarity. [25.6.2020].

Obwohl dieser Begriff eine Ablehnung der stigmatisierenden Bezeichnungen darstellt, wird auch mit diesem Begriff inzwischen häufig ein Großteil antiziganistischer Wissensbestände aufgerufen. Um dieses zu kennzeichnen verwenden wir in Anschluss an Markus End (2014) verschiedene Schreibweisen im Text: Rom_nja nutzen wir als Selbstbezeichnung realer Menschen, die Begriffe „Zigeuner" und „Roma" verwenden wir in Anführungszeichen, wenn wir auf die antiziganistische Vorstellung der Dominanzgesellschaft also eine imaginäre Figuration verweisen.

Bei den frühen Filmen zitieren wir den Begriff „Zigeuner", bei den aktuellen Filmen zitieren wir den Begriff „Roma". Die Begriffe „Zigeuner" und „Roma" kennzeichnet zwar eine verschiedene Geschichte, unterschiedliche diskursive Verknüpfungen und punktuell verschiedene Konnotationen, es sind jedoch auch viele überlappende Bedeutungen festzustellen.

Nationalstaaten darstellen. Viele der aktuellen Filme verstehen sich als politisches und ästhetisches Gegengewicht zur oftmals stereotypen und stigmatisierenden Medienberichterstattung über Rom_nja.[4]

Gleichzeitig stehen die aktuellen Filme in der langen Tradition europäischer Filmgeschichte. „Zigeunerfiguren" waren viele Jahrhunderte entscheidend für Selbstbeschreibung und Abgrenzung in der europäischen Ideengeschichte.[5] Auch das durchgehend intensive Interesse des Kinos, von einem der ersten Filme überhaupt, *Campement des Bohémiens* (Georges Méliès, FRA 1896), bis zu der Vielzahl neuer Produktionen, verweist auf die zentrale Rolle dieser Figur in der kollektiven Vorstellungswelt Europas. Die noch heute geläufigen stigmatisierenden Zuschreibungen und Stereotype wie „parasitär", „arbeitsscheu" oder „diebisch" wurzeln im sozio-historischen Prozess der Normeinführung und -durchsetzung Europas.[6] Die Figur des „Zigeuners" wurde während dieses tiefgreifenden Wandels hin zu kapitalbasierten Nationalstaaten zum Instrument der Disziplinierung sowie zur Projektionsfläche. Auch konnten die gescheiterten Versuche, die neuen Werte und Regeln zu leben, auf diese Gegenfiguren projiziert werden.[7] [8]

In diesem Prozess entstanden eine große Anzahl von Erzählungen, Bildern und Figuren über „Zigeuner", die Ende des 19. Jahrhunderts in einem

---

4 Zur Analyse stereotyper und stigmatisierender Medienberichterstattung in Printmedien und Fernsehformaten siehe: End, Markus: Strategien und Mechanismen medialer Kommunikation. Studie für das Dokumentations- und Kulturzentrum Deutscher Sinti und Roma, Heidelberg 2014, abrufbar unter: https://dokuzentrum.sintiundroma.de/wp-content/uploads/2019/12/140000_Langfassung_Studie_Antiziganismus.pdf. [26.6.2020]; ders.: Subtle Images of Antigypsyism. An Analysis of the Visual Perception of "Roma", in: Identities 24.6 (2018), S. 668–683, DOI: https://doi.org/10.1080/1070289X.2017.1380265; Schneeweis, Adina / Foss, Katherine A: ‚Gypsies, Tramps & Thieves'. Examining Representations of Roma Culture in 70 Years of American Television, in: Journalism & Mass Communication Quarterly 94.4 (2017), S. 1146–1171, DOI: https://doi.org/10.1177/1077699016682723; Tremlett, Annabel: Demotic or Demonic? Race, Class and Gender in ‚Gypsy' Reality TV, in: The Sociological Review 62.2 (2014), S. 316–334, DOI: https://doi.org/10.1111/1467-954X.12134.

5 Vgl. Patrut, Iulia-Karin: Phantasma Nation. ‚Zigeuner' und Juden als Grenzfiguren des ‚Deutschen' (1770–1920), Würzburg 2014, S. 8.

6 Vgl. End, Markus: History of Antigypsyism in Europe. The Social Causes, in: Kyuchukov, Hristo (Hrsg.): New Faces of Antigypsyism in Modern Europe, NGO Slovo 21, Prag 2012, S. 7–15, hier S. 13, abrufbar unter: http://jaroslavbalvin.eu/wp-content/uploads/2014/10/AG_04.pdf. [26.6.2020].

7 Vgl. Hund, Wulf D.: Das Zigeuner-Gen. Rassistische Ethik und der Geist des Kapitalismus, in: ders. (Hrsg.): Zigeuner. Geschichte und Struktur einer rassistischen Konstruktion, Duisburg 1996, S. 11–35.

8 Hier zeigen sich Berührungspunkte sowie Unterschiede zum Phänomen Antisemitismus; siehe hierzu: Wippermann, Wolfgang: Wie die Zigeuner. Antisemitismus und Antiziganismus im Vergleich, Berlin 1997.

reichen Reservoir von Wissen mündeten.⁹ Der frühe Film hat dieses Wissen aufgenommen und nach eigenen filmspezifischen Mechanismen und Interessen geformt. Das anhaltende Interesse des Films hat über alle Genre und Gattungen hinweg zu filmischen Konventionen und ästhetischen Stereotypen geführt. Im Dokumentarfilm ebenso wie im fiktionalen Film wiederholen sich über mehr als hundert Jahre eine Reihe ähnlicher Motive, Figuren, Erzählungen und Settings: nomadischer Lebensstil, das Leben in und mit der Natur, Großfamilien ohne feste soziale Ordnung, Kriminalität, leidenschaftliche Musik und – nicht zuletzt – viele Bilder von Armut. Die oft problematischen filmischen Darstellungen werden erst seit kurzer Zeit von Wissenschaftler_innen und Aktivist_innen adressiert. Noch gibt es wenig Forschungsliteratur. Für den englischsprachigen Bereich sind unter anderem Iordanovas *Images of Romanies in Cinema: A Rough Sketch*,¹⁰ Imres *Screen Gypsies*,¹¹ oder Gay y Blascos *Picturing 'Gypsies'* ¹² zu nennen.

Einige dominante semantische und visuelle Elemente der filmischen Darstellung von „Roma" lassen sich im Gros der frühen sowie der aktuellen Filme identifizieren. Diese wiederkehrenden Elemente werden wir beispielhaft an der für die Darstellung von „Roma" zentralen Trope der Ortlosigkeit darstellen, dem „Zigeunerlager". Auch wenn Tropen flexibel und mehrdeutig sind, auf sehr unterschiedliche Weise gelesen werden können und es keine fixierte, ‚korrekte' Bedeutung gibt,¹³ sind sie im gegebenen diskursiven Kontext – so unsere These – entscheidend für die anhaltende antiziganistische Sinnproduktion. Hierbei sind die Fragen, welche Funktionen diese Trope für die Dominanzgesellschaft hat und welche Effekte sie möglicherweise für Rom_nja mit sich bringt, besonders relevant. Indem wir diese Trope aufzeigen und ihre Formen und Bedeutungen analysieren, wollen wir Räume für andere Vor- und Darstellungen von Rom_nja öffnen und allen Aspekten von Antiziganismus etwas entgegensetzen.

Um zentrale Kontinuitäten filmischer Vor- und Darstellungen von „Zigeunern" und „Roma" über mehr als 125 Jahre Filmgeschichte

---

9 Vgl. Bogdal, Klaus-Michael: Europa erfindet die Zigeuner. Eine Geschichte von Faszination und Verachtung, Berlin 2011; ders.: Europe Invents the Gypsies. The Dark Side of Modernity, Eurozine, 24.2.2012, abrufbar unter: https://www.eurozine.com/europe-invents-the-gypsies/. [26.6.2020].
10 Iordanova, Dina: Images of Romanies in Cinema. A Rough Sketch, in: Framework: The Journal of Cinema and Media 44.2 (2003), S. 1–8.
11 Imre, Anikó: Screen Gypsies, in: Framework: The Journal of Cinema and Media 44.2 (2003), S. 15–33.
12 Gay y Blasco, Paloma: Picturing ‚Gypsies'. Interdisciplinary Approaches to Roma Representation, in: Third Text 22.3 (2008), S. 297–303, DOI: https://doi.org/10.1080/09528820802204235.
13 Stam, Robert: New Vocabularies in Film Semiotics. Structuralism, Poststructuralism, and Beyond, London 1992.

herausarbeiten zu können, haben wir eine große Anzahl von Filmen der zwei äußersten Pole filmischen Schaffens untersucht, frühe Filme aus dem Zeitraum 1890–1925 und aktuelle Filmproduktionen der Jahre 2007–2018. Der Blick auf die zeitlich weit entfernten Produktionsperioden ermöglicht den prägnanten Vergleich und zeigt Spezifika kinematographischer Repräsentation von „Roma".

Wir verstehen Tropen im Sinn Haydn Whites als „semantische Figuren, die größere Sinneinheiten produzieren"[14] und zeichnen nach, wie in Verbindung mit den genannten Tropen Bedeutung entsteht. Charakteristisch für Tropen ist eine Abweichung vom Gesagten zum Gemeinten. Es sind Ausdrücke oder Wendungen mit übertragener, bildlicher Bedeutung, die als Stilmittel unter anderem dem Beleben und der Veranschaulichung der Erzählung dienen. Wenn die zusätzliche Bedeutung eingeführt ist und sich über die Zeit etabliert, wird sie mit zunehmender Nutzung auch über Genre- und Gattungsgrenzen beobachtbar. In diesem Stadium kann eine Trope ohne Kontextualisierung die entsprechenden Bedeutungen aufrufen und zum naturalisierten Charakteristikum werden.

*Filmische Tropen* nehmen in der Regel zwei Formen an: Die filmische Metapher entsteht durch filmische Montage von zwei Bildern, die inhaltlich in keiner direkten Beziehung stehen, in der Kombination aber eine neue tropische Bedeutung erhalten. Ein Spielfilm, der mit der Musik eines Violine spielenden Straßenmusikers eröffnet, impliziert zum Beispiel, dass es sich um einen Film über „Roma" handelt. Schon mit den ersten Klängen öffnet sich ein ganzes Tableau von Vorstellungen, Stigmatisierungen und Stereotypen. Tropen im Film können auch filmische Metonymien sein. *Filmische Metonymien* beruhen auf dem Kamerablick. Die gezielte Auswahl eines Bildausschnittes, der nur einen Teil des Gegenstandes zeigt, aber gerade dadurch über die Denotation hinaus eine konnotative Bedeutung freisetzt,[15] wie zum Beispiel der bunte schwingende Rock, der gleichermaßen sexuelle Herausforderung und Sehnsucht konnotiert oder der mit Hausrat beladene Pferdewagen, der zugleich „vom Leben unterwegs" erzählt.

---

14 White, Haydn: Metahistory. The Historical Imagination in Nineteenth-Century Europe, Baltimore 1973.
15 Bordwell, David / Thompson, Kristin: Film Art. An Introduction, 8. Aufl., Boston 2008.

## Trope der Ortlosigkeit im frühen Film

### Das „Zigeunerlager"

Die Trope „Zigeunerlager" ist fester Bestandteil der frühen Filme. Das „Zigeunerlager" umfasst eine Reihe von Elementen, die durch Malerei und Literatur des 17., 18. und 19. Jahrhunderts visuell und narrativ schon eingeführt sind. Hierzu gehören die Feuerstelle, der Pferdewagen, Musik und Tanz sowie eine Vielzahl Kinder und Tiere unter freiem Himmel.[16] Das „Zigeunerlager" strukturiert die Erzählung. Oft unterstreicht ein Zwischentitel das spektakuläre Moment und erhöht die Aufmerksamkeit (Abb. 1a). Das Lager wird als Ort der Erotik, Ausschweifung, Kriminalität und Armut gezeigt. Das Lagerleben und das Lagerfeuer, an dem musiziert und getanzt wird, ist in den frühen Filmen visuelle Attraktion (Abb. 1b, 1c, 1d, 1e, 1f). Oft wendet sich der Kamerablick hierbei Einzelheiten zu und zeigt Tätigkeiten wie das Sammeln und Zubereiten von Nahrung, Tanzen oder Musizieren im Detail. Wie zum Beispiel in den frühen Filmen *Little Waifs* (James Williamson, GBR 1905), *Zigeunerblut* (Peter Urban Gad, GER 1911), *Das Mädchen ohne Vaterland* (Peter Urban Gad, GER 1912), *Zigeuner Raphael* (DNK 1914), *Aniula. The Gypsy Girl, The Love of the Gypsy Horde* (unbekannt, HUN 1919), *Die Tochter der Landstraße* (Peter Urban Gad, GER, 1915), *Amarant. Die Liebe einer Zigeunerin* (Martin Haras, GER 1916), *A Day with the Gypsies* (Cecil Hepworth, GBR 1919) oder *Mustalaishurmaaja* (Valentin Vaala, FIN 1929).

---

16 Das frühe Kino hat ein großes Repertoire filmischer Funktionen und stereotyper Bilder für die Figur des „Roma-Musikers" oder „Roma-Musik". Als Eröffnung oder *establishing shot*, als schnelle Milieuschilderung, als Charaktereinführung, als Dekor oder als ethnischer Marker, „Roma-Musiker" sind in frühen Filmen Außenseiter, Eindringlinge oder gefährliche „Fremde"; siehe hierzu Hadziavdic, Habiba: The Construct ‚Gypsy'. The Representations of Sinti and Roma as Nomads and Entertainers: From Circus to the Early Silent Films, PhD-Dissertation, University of Illinois at Chicago 2007; Hadziavdic, Habiba / Hoffmann, Hilde: Moving Images of Exclusion. Persisting Tropes in the Filmic Representation of European Roma, in: Identities 24.6 (2018), S. 701–719, DOI: https://doi.org/10.1080/1070289X.2017.1380269.

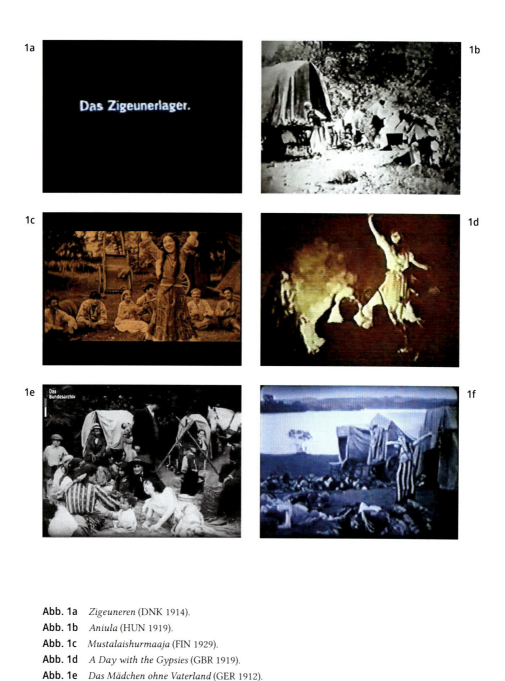

Abb. 1a  Zigeuneren (DNK 1914).
Abb. 1b  Aniula (HUN 1919).
Abb. 1c  Mustalaishurmaaja (FIN 1929).
Abb. 1d  A Day with the Gypsies (GBR 1919).
Abb. 1e  Das Mädchen ohne Vaterland (GER 1912).
Abb. 1f  Zigeuneren Raphael (DNK 1914).

## Unterwegs

Das „Zigeunerlager" hat in keinem dieser frühen Filme einen Namen oder eine geografische Bezeichnung, es wird als temporär und instabil gezeigt. Das improvisierte Leben im Freien impliziert immer schon den Aufbruch. Weder der Aufbau noch die Auflösung muss über die filmische Narration erklärt werden, die Instabilität ist vorausgesetztes Charakteristikum. Der Wechsel zwischen dem Lager als Handlungsort und der Auflösung des Lagers kommt dem filmischen Erzählen entgegen, es treibt die Narration voran und bietet erneut visuelle Attraktionen. Der Aufbruch leitet jeweils die Darstellung von Unterwegs-Sein ein (Abb. 2a, 2b, 2c).

**Abb. 2a**  *A Day with the Gypsies* (GBR 1919).
**Abb. 2b**  *Aniula* (HUN 1919).
**Abb. 2c**  *Zigeuneren Raphael* (DNK 1914).

## Im Freien

Die frühen Filme zeigen ihre Protagonisten meist im Freien. Die Figuren leben in und mit der Natur und streifen durch Wald und Felder, die das „Zigeunerlager" umgeben (Abb. 3a, 3b, 3c). Es gibt keine lokalisierbaren Städte oder Dörfer mit Namen. Der gezeigte Aufenthalt in der Natur ist in der Regel für die Narration nicht entscheidend. Die Nähe zur Natur wird zur mit dem „Zigeunerlager" verbundenen Charakteristik. Das Verhältnis zur Natur wird mitunter als Einklang gezeigt, meist jedoch steht es in engem Zusammenhang mit Unberechenbarkeit oder Schrecken, so zum Beispiel, wenn einer der Lagerbewohner plötzlich aus dem Unterholz tritt wie in *Zigeuner Raphael*, in *Aniula*, in *Die Tochter der Landstraße* oder in *Amarant*, wenn Giftschlangen gesammelt werden wie in *Aniula*, oder wenn durch ein offen stehendes Fenster ein Kind von „den Zigeunern" gestohlen und in den Wald verschleppt wird, wie in *Zigeuner Raphael*.

**Abb. 3a**   *Aniula* (HUN 1919).
**Abb. 3b**   *A Day with the Gypsies* (GBR 1919).
**Abb. 3c**   *Zigeuneren Raphael* (DNK 1914).

## Nicht-Orte

Das „Zigeunerlager" geht mit dem In-der-Natur- und Unterwegs-Sein sowie mit dem Fehlen regulärer Orte bürgerlichen Lebens einher. In allen genannten Filmen fehlen die Innenräume, der bürgerliche Haushalt und der Raum des Privaten. Sind diese Räume in den frühen Filmen zu sehen, werden sie immer als der Dominanzgesellschaft zugehörig gezeigt. Die dargestellten „Zigeuner" sind in diesen Räumen Eindringlinge. Sie sind Gefahr oder Attraktion, die plötzlich im Garten, im Salon oder auf der Straße auftauchen und wieder verschwinden. Gleichermaßen verhält es sich mit institutionellen Orten wie Schule, Gericht oder Militär. Auch diese Orte sind in den frühen Filmen immer Angehörigen der Dominanzgesellschaft vorbehalten.

Neben der Abwesenheit dieser materiellen Orte ist das „Zigeunerlager" ebenfalls verbunden mit dem Fehlen „imaginärer" Orte und Gemeinschaften.[17] Abstrakte Orte wie Zuhause, Heimat, Vaterland oder Nation werden als ausschließlich der Dominanzgesellschaft zugehörig gezeigt, das „Zigeunerlager" fungiert als Gegenüber. Beispielhaft werden in *Two Little Waifs* zwei Geschwister von „Zigeunern gestohlen" und ins „Zigeunerlager" verschleppt. Der Film entwickelt sich bis zur Rückkehr in „ihre neue Heimat" und der überstürzten Auflösung des „Zigeunerlagers" über Binäroppositionen: Die Kollektivität im „Zigeunerlager" steht dem großbürgerlichen Leben in einer Villa gegenüber; die ohne feste soziale Ordnung zusammenlebenden „Horde" wird zum Gegensatz der liebevollen Kleinfamilie, und den ortlosen „Zigeunern" steht das „Zuhause" der sesshaften Dominanzgesellschaft gegenüber. Wie in vielen frühen Filmen, wird die ausgestellte Armut des „Lagerlebens" gegen die (groß-)bürgerliche Umgebung abgesetzt, Zwischentitel dienen oft der Verdeutlichung der dargestellten Gegensätze (Abb. 4a, 4b).

Auch in *Das Mädchen ohne Vaterland* wird über das „Zigeunermädchen" Zidra der Wert abstrakter Orte wie Heimat, Vaterland und Nation identifiziert. Aus finanziellem Interesse stiehlt Zidra geheime Militärdokumente. Bestürzt von ihrem Verrat, erklärt ihr Geliebter, ein Offizier, Zidra die Bedeutung von „Vaterland". Ihr Unverständnis: „Habe ich Böses getan? Vaterland? ...Was ist Vaterland?" verweist auf Zidras völlige Unkenntnis dieser, der Dominanzgesellschaft zugeordneten Konzepte. Durch die Montage der Bilder von Zidra mit Aufnahmen des „Zigeunerlager im Aufbruch" werden sie und ihre Unkenntnis zum Pars pro toto aller „Zigeuner" und zum Gegenüber des Offiziers. Der Offizier hingegen, als Pars pro toto der Dominanzgesellschaft und Angehöriger des Militärs, übernimmt Verantwortung

---

17 Vgl. Anderson, Benedict: Imagined Communities. Reflections on the Origin and Spread of Nationalism, New York 2006 [1983].

**Abb. 4a**   Two Little Waifs (GBR 1905): Zwischentitel.
**Abb. 4b**   Die bürgerliche Kleinfamilie als „Neue Heimat", nur der Dominanzgesellschaft vorbehalten.
**Abb. 5a**   *Das Mädchen ohne Vaterland* (GER 1912): Zwischentitel.
**Abb. 5b**   „Das Volk ohne Vaterland auf der Flucht".

für seine Nation und bezahlt Zidras Verrat mit seinem Leben.[18] Auch hier unterstreichen und bestätigen Zwischentitel „Zigeuner" als „ohne Vaterland", immer „auf der Flucht" und leiten die Bilder des Unterwegs-Seins ein (Abb. 5a, 5b).

Das „Zigeunerlager" ist im frühen Filmen mit über das Bild hinausreichenden Wissensbeständen verbunden und hat mit ihm an Selbstständigkeit gewonnen. Die Trope „Zigeunerlager" entsteht in Verbindung mit der dargestellten Nähe zur Natur, dem unsteten Unterwegs-Sein und der Armut. Die aufgerufenen Bedeutungen markieren jeweils das Gegenteil der Selbstbeschreibungen der Dominanzgesellschaft. Die Nähe zur Natur wird als Gegenüber der Zugehörigkeit zur Kultur gesetzt, das Unterwegs-Sein wird zum

---

18   Im etwas später produzierten Heimatfilm *Wenn die Abendglocken läuten* (GER 1930) erhält ein weiterer abstrakter Ort, hier eine völkische Vorstellung von Heimat, erst durch das „Zigeunermädchen" Saffy Kontur. Der Protagonist Hans muss die verführerische Saffy verlassen, um mit dem Ausruf „Ah, Annerl – Heimat" zu seiner „deutschen Frau" zurückzukehren und damit narrativ und visuell am Ende des Films wieder Teil der Dorf- und ‚Volksgemeinschaft' zu werden.

Gegenteil von Stabilität und Sesshaftigkeit, so wie die Armut als erschreckendes Gegenüber von (auch ökonomischer) Sicherheit gezeigt wird.

Die von Claudia Breger (1998) für die deutschsprachige Literatur um 1800 dargestellte Identifikation von „Zigeunern" als „ortlose Fremde"[19] bestätigen und erweitern die frühen Filme. Es sind die Abwesenheit realer Orte, gleichermaßen wie der Mangel abstrakter Orte und Konzepte wie Heimat oder Nation, die im frühen Film mit der Trope „Zigeunerlager" miterzählt werden. Das „Zigeunerlager" ist immer auch die aufgeführte Ortlosigkeit der hiermit Beschriebenen. Diese Ortlosigkeit ist mit dem frühen Filmen zugleich zum Raum von Alterität geworden. Die Trope „Zigeunerlager" ist ein Charakteristikum sowie die Annahme von unhintergehbarer Differenz, sie ist bildhafte Bezeichnung der Spannung zwischen der Binäropposition von ‚Eigenem' und als ‚fremd' Markiertem.

## Die Trope der Ortlosigkeit im aktuellen Film

### Das „Lager"

Ein Jahrhundert später ist die Trope „Zigeunerlager" in aktuellen Filmen weiterhin bestimmend.[20] Das ländliche „Roma-Dorf", die „Roma-Siedlung" im Nirgendwo oder das Ghetto am Stadtrand hat in den aktuellen Filmen die gleichen Attribute und Funktionen wie das „Zigeunerlager" im frühen Film (Abb. 6a, 6b, 6c, 6d, 6e, 6f). Wie in den frühen Filmen ist die Trope „Zigeunerlager" Charakteristikum und Bestimmung von Differenz. Sie bietet weiterhin eine schnelle Orientierung und dient der Schaulust. Das „Zigeunerlager" des frühen Films (re)produzierte und erneuerte eingeführte Zuschreibungen und Stereotype und verdichtete die Vorstellungen vom „Zigeuner". Auch in aktuellen Dokumentar- und Spielfilmen werden „Roma" über die Trope des

---

19  Breger, Claudia: Die Ortlosigkeit des Fremden. „Zigeunerinnen" und „Zigeuner" in der deutschsprachigen Literatur um 1800, Köln 1998.

20  Der Begriff des „Zigeunerlagers" hat seit dem frühen Film eine zusätzliche historische Bedeutung erhalten. Bereits ab 1935 waren in vielen deutschen Städten Zwangslager für Sint_ezza und Rom_nja eingerichtet worden, die von der Dominanzgesellschaft „Zigeunerlager" genannt wurden. Die Lager waren zumeist umzäunt, unzureichend ausgestattet und wurden von Angehörigen der Polizei, SA oder SS bewacht. Auf der Grundlage von Heinrich Himmlers Erlass zur „Bekämpfung der Zigeunerplage" vom 8. Dezember 1938 sowie dem Verbot des Wohn- und Arbeitsplatzwechsels für Sinti und Roma durch das Reichssicherheitshauptamt entstanden nach Kriegsbeginn zunehmend „Zigeunergemeinschaftslager" oder „Anhaltelager". In diesen Lagern verblieben die Inhaftierten bis zur 1940 beginnenden Deportation in das besetzte Polen. In das „Zigeunerlager" im Konzentrations- und Vernichtungslager Auschwitz-Birkenau deportierten die Nationalsozialisten etwa 22.600 Sinti und Roma aus Deutschland und anderen europäischen Ländern.

„Lagers" charakterisiert und homogenisiert. So zum Beispiel in den aktuellen Filmen *Zigeuner* (Stanislaw Mucha, GER/SVK 2007), *Khamsa* (Karim Dridri, FRA 2008), *Cigán* (Zigeuner; Martin Šulík, CZE/SVK 2011), *The Gypsy Vote* (Jaroslav Vojtek, CZE/SVK 2012), *Just the Wind* (Bence Fliegauf, HUN/FRA/GER 2012), *An Episode in the Life of an Iron Picker* (Danis Tanović, BIH/FRA/SVN/ITA 2013), *Geronimo* (Tony Gatlif, FRA 2014), *The Forest Is Like the Mountain* (Christiane Schmidt/Didier Guillain, ROU/GER 2014), *Nellys Abenteuer* (Dominik Wessely, GER 2016) und *À bras ouverts* (Philippe de Chauveron, FRA 2017).

**Abb. 6a** *Cigán* (CZE/SVK 2011).
**Abb. 6b** *Khamsa* (FRA 2008).
**Abb. 6c** *Nellys Abenteuer* (GER 2016).
**Abb. 6d** *The Gypsy Vote* (CZE/SVK 2012).
**Abb. 6e** *À bras ouverts* (FRA 2017).
**Abb. 6f** *Zigeuner* (GER 2007).

## Unterwegs

Viele aktuelle Dokumentarfilme widmen sich abgelegenen Orten, die Bilder ähneln sich und erinnern an die frühen Filme: zeit- und ortlose „Roma-Siedlungen" mit unbefestigten Straßen, umherstreunende Tiere, Gruppen winkender Kinder sowie Musik und Tanz unter freiem Himmel, meist ohne Verbindung zur filmischen Narration. Das Unterwegs-Sein ist oft Teil der filmischen Struktur: So zum Beispiel in den Dokumentarfilmen *Zigeuner*, der uns mit auf eine klischeebeladene Reise durch die slowakische Landschaft, von Armutssiedlung zu Armutssiedlung, nimmt, oder *The Gypsy Vote*, der den Aktivisten Vlado Sendrey auf seiner Wahlkampftour über die „Roma-Dörfer" begleitet. Im Vorbeifahren schauen „wir" auf die Verhältnisse, die Kamera nimmt „unsere" Perspektive auf die „Anderen" ein.

In der Mehrzahl der Dokumentar- sowie Spielfilme wird die Bewegung der Protagonisten durch die Landschaft zum zentralen Element. Ihr sind große Anteile des Films gewidmet, sei es im Auto (Abb. 7a), auf dem Motorrad (Abb. 7b), rund um Dorf oder Siedlung zu Fuß (Abb. 7c), im Bus, auf dem Pferd unterwegs in der Natur oder auf dem Weg zu den weit entfernten Orten der Dominanzgesellschaft wie in den Dokumentarfilmen *Zigeuner, The Forest Is Like the Mountain, An Episode...*, und in den Spielfilmen *Cigán, Just the Wind, Geronimo, Khamsa* und *Nellys Abenteuer*.

7a
7b
7c

**Abb. 7a**   *Geronimo* (FRA 2014).
**Abb. 7b**   *Khamsa* (FRA 2008).
**Abb. 7c**   *The Gypsy Vote* (CZE / SVK 2012).

## Im Freien

Auch der Wechsel der Jahreszeiten strukturiert einige Filme (zum Beispiel in *The Forest Is Like the Mountain, An Episode..., Cigán*).[21] Oft sind die Protagonist_innen explizit der Witterung ausgesetzt, der Hitze wie in *Just the Wind* (Abb. 8b) oder der Kälte wie in *An Episode...* (Abb. 8a) und *Cigán*. Genauso abgelegen und verlassen wie die ländlichen Schauplätze sind die urbanen Settings: Verlassene Fabriken, Schrottplätze und verwahrloste Wohnsilos mit brennenden Ölfässern werden Bühne für das Unterwegs-Sein, für Musik und Tanz wie in *Khamsa* und *Geronimo*. Das Im-Freien-Sein ist wichtiger Teil der Differenzproduktion, es visualisiert oft die Gegenüberstellung von zwei als unvereinbar gezeigten Lebensentwürfen und ermöglicht den Blick auf das „Fremde" (Abb. 8a, 8b, 8c). Bei der Komödie *À bras ouverts* findet diese Gegenüberstellung auf engstem Raum statt: Die „Roma" campieren im Garten einer wohlhabenden französischen Familie, mit der „wir" durch ihr Wohnzimmerfenster auf das nicht norm-gerechte Verhalten unter freiem Himmel blicken. Im Familienfilm *Nellys Abenteuer* muss die deutsche Protagonistin Nelly erst lernen mit den unbefestigten Straßen, dem Leben im Freien im „Roma-Dorf" und der Fortbewegung auf dem Pferd umzugehen. Selbst engagierte, sorgfältige Filme verzichten nicht ganz auf diese Darstellungskonvention: Der biographisch angelegte Spielfilm *Django* (Etiènne Comar, FRA 2017) beginnt an einer Feuerstelle mit folkloristischer Musik in einem nicht näher lokalisierten Wald, während der Großteil des Films ansonsten in Paris spielt. Und auch der progressive aktivistische Dokumentarfilm *Container 158* (Stefano Liberti / Enrico Parenti, I 2013) meint auf schwingende Röcke und Tanz unter freiem Himmel nicht verzichten zu können.[22]

---

21 Die Bilder extremer Armut, harter vorindustrieller Arbeit und Hilflosigkeit angesichts Entwicklungen der Gegenwart bedienen Erzählungen des „edlen Wilden", der in Harmonie mit der Natur lebt. Die Tableaus in den empathischen Filmen *The Forest Is Like the Mountain* oder *An Episode...* erinnern an ikonisch gewordene Gemälde des harten bäuerlichen Lebens im 19. Jahrhundert. Die Ernte sieht aus wie in Jean-François-Millets Malerei, z. B. *Die Ährenleserinnen* (1857), das Sammeln von Feuerholz erinnert an Camille Pissaros *Der Holzfäller* (1878). Zur Geschichte dieser schwärmerischen Stereotypisierungen siehe Ellingson, Ter: The Myth of the Noble Savage, Berkeley 2001.

22 100 Jahre später bleibt diese Trope als ethnischer Marker bestehen. Viele aktuelle Filme setzen „Roma-Musik" weiterhin zur folkloristischen Ausschmückung, zur Charakter- oder Storyentwicklung oder auch zur ethnischen Einordnung ein: in Form eines bunten Intros mit volkstümlicher Musik, Tanzenden unter freiem Himmel und streunenden Tieren. Mit „Roma-Musik" geht im Bild meist das dekorative Heraufbeschwören von „Lagerleben" einher. Die im frühen Film angelegte Charaktereinführung über „Roma-Musik" ist zudem weiterhin festes Element stigmatisierender Medienberichterstattung über Roma.

8a
8b
8c

**Abb. 8a**  *An Episode…* (BIH / FRA / SVN / ITA 2013).
**Abb. 8b**  *Just the Wind* (HUN / GER 2012).
**Abb. 8c**  *Nellys Abenteuer* (GER 2016).

## Nicht-Orte

Wie im frühen Kino werden „Roma" auch in vielen aktuellen Filmen über Nicht-Orte charakterisiert. Noch immer bedeutet das „Lager" / „das Roma-Dorf", die „Roma-Siedlung" / das „Ghetto" gleichzeitig immer auch die Abwesenheit realer und abstrakter Orte, die der Dominanzgesellschaft selbstverständlich sind. In allen genannten Filmen fehlen die realen Räume bürgerlichen Lebens, der familiäre Haushalt und Raum des Privaten oder der Arbeitsplatz. Gleichermaßen fehlen auch abstrakte Orte, wie ein Zuhause, Heimat oder die Zugehörigkeit zu einer nationalen Gesellschaft. Die entworfenen Gegenbilder fungieren als Vergewisserung der eigenen kulturellen und nationalen Identität der Dominanzgesellschaft.

Viele fiktionale Filme übernehmen ästhetische Schemata des Dokumentarischen. Sie arbeiten mit Originalschauplätzen, beziehen sich auf historische Ereignisse und arbeiten mit Romani sprechenden Laiendarstellern, wie in *Cigán*, aufgenommen in einer echten „Roma-Siedlung", in *Just the Wind*, einem Film über eine reale Mordserie in Ungarn, der acht Rom_nja zum Opfer fielen und in *Episode im Leben eines Schrottsammlers*, dessen Protagonist_innen ihre eigene Lebensgeschichte darstellen. So wird Authentizität produziert und gesellschaftlich bedingte Vorstellungen naturalisiert.[23] Zudem verschafft die Übernahme tradierter stereotyper Darstellungsweisen den dargestellten Aspekten Plausibilität (zum Beispiel arrangierte Kinderehen in *Nellys Abenteuer* und *Cigán* oder die Vorliebe für Maulwurfbraten in *À bras ouverts*). Der „vermeintlich authentische Drehort verstärkt das grundsätzlich große realistische Potential filmischer Darstellungen zusätzlich und

---

23 *Just the Wind* und *An Episode…* vermeiden erfolgreich die Reproduktion stigmatisierender Stereotype, auch wenn sie die hier genannten Darstellungskonventionen bedienen.

**Abb. 9a und 9b**  *Cigán* (CZE / SVK 2011): (links) Orte ohne Handyempfang; (rechts) endlos entfernt: zu Fuß auf der Straße.
**Abb. 9c und 9d**  *An Episode in the Life of an Iron Picker* (BA / F / SLO / I 2013) – ethnographische Bilder: (links) Feuerholz schlagen und (rechts) Metallschrott zerlegen.

ermöglicht den Rezipienten, die Filmhandlung umso enger an ihre ohnehin bestehenden Vorstellungen über Roma zu binden".[24]

Zu dieser Authentizität der Darstellung und der auch im Spielfilm häufig zu beobachtenden „Aufforderung zur dokumentarisierenden Lektüre"[25] kommt eine spezifische Blickanordnung, die sich im Besonderen an den Bildern vorindustrieller Arbeit und dem Leben in Armut darstellen lässt. Die Beobachtung des schweren Alltags – Wasser holen, Teig kneten, Feuerholz schlagen (Abb. 9c), Feldarbeit oder das langsame Zerlegen eines Autowracks mit Axt und bloßen Händen (Abb. 9d) –, wird in vielen Filme zur ethnographischen Studie wie in *The Forest Is Like the Mountain, An Episode..., Cigán*. Dieser Blick stellt eine Grundkonstellation der Ethnographie dar, die aus einer privilegierten Position auf „Andere" schaut und diese im Prozess des *othering* erst zum Objekt und „Fremden" macht.

Die aktualisierte Trope „Zigeunerlager" befördert die Erzählung in Binäroppositionen. Die homogenisierte eigene Kultur steht der homogenisierten „fremden" Kultur der „Roma" unvereinbar gegenüber. Diese Differenzkonstruktion

---

24 Brunßen, Pavel: Gutachten zum Kinder- und Jugendfilm „Nellys Abenteuer", im Auftrag des Zentralrats Deutscher Sinti und Roma, 15.9.2017, S. 1–12, hier S. 14, abrufbar unter: http://zentralrat.sintiundroma.de/gutachten-zum-kinder-und-jugendfilm-nellys-abenteuer/. [29.6.2020].

25 Odin, Roger: Kunst und Ästhetik bei Film und Fernsehen. Elemente zu einem semio-pragmatischen Ansatz, in: montage AV. Zeitschrift für Theorie und Geschichte audiovisueller Kommunikation 11.2 (2002), S. 42–57.

erfordert die andauernde (Wieder-)Herstellung von Distanz. Die Distanz auf realer Ebene zeigt sich in der Weite der Natur rings um die „Roma-Siedlungen" ohne Handyempfang (Abb. 9a, 9b), den Bushaltestellen im Nichts, den endlosen Wegen zu den Orten der Dominanzgesellschaft (Abb. 9b). Die imaginierte zeitliche Distanz manifestiert sich in den ethnographischen Bildern vorindustrieller Arbeit und den exzessiv produzierten Armutsbildern (Abb. 9a, 9c, 9d) wie zum Beispiel in *Zigeuner* (Stanislaw Mucha, GER/SVK 2007), *Khamsa* (Karim Dridri, FRA 2008), *Cigán* (Zigeuner; Martin Šulík, CZE/SVK 2011), *The Gypsy Vote* (Jaroslav Vojtek, CZE/SVK 2012), *Just the Wind* (Bence Fliegauf, HUN/FRA/GER 2012), *An Episode in the Life of an Iron Picker* (Danis Tanović, BIH/FRA/SVN/ITA 2013), *Geronimo* (Tony Gatlif, FRA 2014), *The Forest Is Like the Mountain* (Christiane Schmidt/Didier Guillain, ROU/GER 2014), *Nellys Abenteuer* (Dominik Wessely, GER 2016) und *À bras ouverts* (Philippe de Chauveron, FRA 2017).

Das filmisch dargestellte geographische und zeitliche Abgehängt-Sein wird zur visuellen Performanz von Alterität (Abb. 9a, 9b, 9c, 9d).

## Schluss

Die dominante Trope „Zigeunerlager" der frühen Filme ist über 100 Jahre hinweg auch im Gros der aktuellen Filme auffindbar. Auch in den sich selbst als politisch verstehenden Filmen finden sich vielfältige Referenzen an das frühe Kino und dessen konventionalisierte Bilder. Die dargestellten Figuren werden weiterhin durch ihre Ortlosigkeit, bzw. die ihnen zugeordneten Orte charakterisiert. Der ethnographische Blick auf vorindustrielle Arbeits- und Lebensbedingungen hat zu spektakulären Armutsbildern geführt, die ohne historische oder politische Kontextualisierung positionslos und frei verfügbar für sehr unterschiedliche Zwecke werden. Diese in einer hierarchischen Tradition stehenden Bildtypen produzieren neben Empathie immer auch Distanz zwischen der Dominanzgesellschaft und den „Roma".

Durch diese Trope der Ortlosigkeit wird das Reservoir meist stigmatisierenden historischen Wissens aufgerufen und aktualisiert. Viele aktuelle Filme perpetuieren damit – oft ungewollt – die symbolische Exklusion. Viele der engagierten Filme werden nicht als progressiv lesbar, da sie nicht ausreichend Distanz zu antiziganistischer Semantik haben, sie werden hierdurch ihrem eigenen Anspruch nicht gerecht. Auch werden die Filme durch die Bedeutungsproduktion eines stigmatisierenden öffentlichen Diskurses und durch die politische Realität überschattet.

Gleichzeitig gibt es aktuell auch erfolgreiche Verabschiedungen vom Status quo. Filme, die Formen fernab eingeführter Tropen gefunden haben und Perspektiven verschieben oder die Rolle der Dominanzgesellschaft in den Blick nehmen. Filme, die einer gesellschaftlich bedingten Situation nicht durch Essentialisierungen das Politische entziehen.[26]

Indem wir diese zentrale Trope aufzeigen, ihre Formen analysieren und ihre Effekte darstellen, wollen wir Räume für andere Vor- und Darstellungen von Rom_nja öffnen und Vorschläge machen, wie die filmische Fortschreibung antiziganistischer Muster vermieden und diese vielleicht sogar durch Film in Frage gestellt werden kann. Denn auch im 21. Jahrhundert werden Romn_ja als Fremde imaginiert und instrumentalisiert, um nationale und europäische Entwicklungen zu kanalisieren.[27]

Wenn Film der antiziganistischen europäischen Realität etwas entgegensetzen will, dann müssen die ästhetischen Formen tiefgreifend überdacht werden. Filmemacher_innen müssen Bilder und Töne nach ihren Beziehungen zu historischen Vorbildern und den umgebenden Tönen und Bildern der Massenmedien befragen. Wir brauchen eine Anordnung von Bildern, Tönen und Stimmen, die bestehende Wissensanordnungen verunsichert und eine andere Art des Sehens, Zuhörens und Denkens überhaupt erst möglich werden lässt. Die Sensibilisierung für stigmatisierende Wissensbestände und Motive, die entscheidend für den anhaltenden Antiziganismus und den symbolischen Ausschluss sind, ist eine Aufgabe für Bildung auf unterschiedlichen Ebenen. Die Verfolgungsgeschichte sowie die Bürgerrechtsbewegung von Rom_nja muss Teil von Schulbildung und der öffentlichen Debatte werden. An den Filmhochschulen genauso wie in der Ausbildung von Journalist_innen müssen Routinen in der Berichterstattung sowie in der Wort- und Bildwahl in Frage gestellt werden. Und wir benötigen eine Filmförderung, die Projekte genau anschaut, eine Beteiligung der Minderheit an allen Bereichen der Medienproduktion fördert und Anderem eine Chance gibt.

---

26 Neben vielen sorgfältigen, engagierten und auch empathischen Filmen wollen wir hier einige Filme nennen, die Formen fernab eingeführter Darstellungskonventionen gefunden haben, und von Rom_nja, nicht von „Roma" erzählen, so z. B. die aktuellen Dokumentarfilme *Dui Rroma* (Iovanca Gaspar, AUT 2013), *Revision* (Philip Scheffner, GER 2012), *And-Ek Ghes* (Philip Scheffner / Colorado Velcu, GER 2016) oder die Spielfilme *Aferim!* (Radu Jude, ROU 2015) und *Django* (Étienne Comar, FRA 2017).

27 Auf politische Zäsuren in der Europäischen Union folgen immer noch die Intensivierung stigmatisierender und kriminalisierender Diskurse, die oft direkte rechtliche und polizeiliche Konsequenzen für Rom_nja haben.

## Filme

*À bras ouverts* (Philippe de Chauveron FRA 2017)
*A Day with the Gypsies* (Cecil Hepworth, GBR 1919)
*Aferim!* (Radu Jude, ROU 2015)
*Amarant. Die Liebe einer Zigeunerin* (Martin Haras, GER 1916)
*An Episode in the Life of an Iron Picker* (Danis Tanović, BIH/FRA/SVN/ITA 2013)
*And-Ek Ghes* (Philip Scheffner/Colorado Velcu, GER 2016)
*Aniula. Die Liebe vom Zigeuner-Stamm* (*Aniula. The Gypsy Girl, The Love of the Gypsy Horde*; unbekannt, HUN 1919)
*Campement des Bohémiens* (Georges Méliès, FRA 1896)
*Cigán* (*Zigeuner*; Martin Šulík, CZE/SVK 2011)
*Container 158* (Stefano Liberti/Enrico Parenti, ITA 2013)
*Das Mädchen ohne Vaterland* (*Zidra. A Romany Spy*; Peter Urban Gad, GER 1912)
*Die Tochter der Landstraße* (Peter Urban Gad, GER 1915)
*Django* (Étienne Comar, FRA 2017)
*Dui Rroma* (Iovanca Gaspar, AUT 2013)
*Geronimo* (Tony Gatlif, FRA 2014)
*Just the Wind* (Bence Fliegauf, HUN/FRA/GER 2012)
*Khamsa* (Karim Dridri, FRA 2008)
*Mustalaishurmaaja* (Valentin Vaala, FIN 1929)
*Nellys Abenteuer* (Dominik Wessely, GER 2016)
*Revision* (Philip Scheffner, GER 2012)
*The Forest Is Like the Mountain* (Christiane Schmidt/Didier Guillain, ROU/GER 2014)
*The Gypsy Vote* (Jaroslav Vojtek, CZE/SVK 2012)
*Wenn die Abendglocken läuten* (Hanns Beck Gaden, GER 1930)
*Wildfeuer. Zigeuner Raphael* (*Zigeuneren Raphael, Mest tsyngánki*; unbekannt, DNK 1914)
*Zigeuner* (Stanislaw Mucha, GER/SVK 2007)
*Zigeunerblut* (Peter Urban Gad, GER 1911)
*Zwei kleine Wesen* (*Two Little Waifs*, James Williamson, GBR 1905)

# Die Gypsygrotesken des Emir Kusturica: Balkan, Pop und Mafia

Hans Richard Brittnacher

Mit seinen bildgewaltigen und tragikomischen Filmen aus dem Leben der südslawischen Volksgruppen hat sich Emir Kusturica – der nach seiner Konversion zum serbisch-orthodoxen Glauben Nemanja Kusturica genannt werden will – viele Preise und ein hohes Ansehen erworben, von dem die Bezeichnung „Fellini des Balkans" zeugt. Einen erheblichen Teil am Erfolg dieser Filme – ich spreche vor allem über *Time of the Gypsies* (1989) und über *Schwarze Katze, weißer Kater* (1998) – hatte die Musik von Goran Bregović, eine einzigartige Mischung aus westlicher Rock- und Popmusik und der regionalen Musik des Balkans.

 Beides, die Fellini-Qualität der Filme Kusturicas und der Balkan-Pop von Bregović, machen mich zu einem denkbar ungeeigneten Referenten – ich bin kein Filmwissenschaftler und zudem auch noch bedauerlich unmusikalisch. Noch weniger verfüge ich über die politische Kompetenz oder gar die lebensgeschichtliche Berechtigung, Kusturicas politische Statements, seine Provokationen und pro-serbischen Stellungnahmen, mit denen er sich immer wieder zu Wort meldet, angemessen zu beurteilen. Allerdings habe ich mich lange mit der literarischen und bildkünstlerischen Inszenierung der „Zigeuner" beschäftigt, also einer Ethnie, deren meiste Vertreter selbst so nicht genannt werden wollen, weil mit dem Terminus, einer Fremdbezeichnung, erhebliche diskriminierende Zuschreibungen verbunden sind, das dürfte spätestens seit dem Holocaust klargeworden sein.[1]

 Was ich im Folgenden bieten kann, ist ein Kommentar zu Kusturicas beiden „Zigeuner"-Filmen hinsichtlich seiner Inszenierung dieser Gruppe. Ich werde dabei zu dem nicht wirklich überraschenden, auch schon von anderen geäußerten Befund gelangen, dass Kusturica jedes, aber auch wirklich jedes Stereotyp, das über diese drangsalierte Ethnie im Umlauf ist, bestätigt. Aber, und auf dieses Aber kommt es an, es gelingt ihm, aus seinen Fabeln aus dem Leben einer Ethnie, die in den Bildern seiner Filme als eine archaische

---

1 Vgl. dazu Brittnacher, Hans Richard: Leben auf der Grenze. Klischee und Faszination des Zigeunerbildes in Literatur und Kunst, Göttingen 2012.

und asoziale Gemeinschaft erscheint, ein solches Maß an ästhetischer Energie und poetischem Furor zu entbinden, dass die Qualifizierung dieser Filme als antiziganistische Machwerke zu kurz greift. Sie sind vielmehr Manifeste eines ‚jugoslawischen Textes', eine schwermütige ästhetische Reflexion über ein Land, das zum Zeitpunkt der Entstehung des ersten Films im Sterben lag,[2] aber auch eines ästhetischen Vitalismus, der dem Kapitalismus und der Welt der Moderne ein gutgelauntes Requiem fiedelt.

Die terminologischen Bedenken bei der Verwendung des Begriffs „Zigeuner" interessieren Kusturica nicht. Er spricht, gleichsam ohne mit der Wimper zu zucken, durchweg von „Zigeunern". Um es pointiert zu sagen: In den Filmen von Kusturica gibt es keine Roma, nur „Zigeuner". Oder, noch pointierter: Kusturica benutzt Roma, um „Zigeuner" darzustellen, also um in seinen Filmen eine ästhetische Konstruktion präsent zu halten, der keine ethnographische Realität entspricht. Selbst die Figuren seines Films sprechen ungeniert von sich als „Zigeunern", und sie tun es zudem in einer aufschlussreichen Weise. Die ersten Szenen von *Time of the Gypsies* – das Original lautet *Dom za vešanje*, also etwa: ein Haus zum Aufhängen – zeigen eine weinende Braut im Hochzeitskleid, erzürnt, weil der Bräutigam sich am Hochzeitstag besinnungslos betrunken hat. Nach dieser tragikomischen Einstimmung kommt ein erstes programmatisches Statement: Denn ein dem Irrenhaus Entlaufener – ein Motiv, das wir aus Fellinis *Amarcord* kennen, aber auch ein altes literarisches Motiv, das dem Wahnsinnigen, also dem der Gesellschaft und der Vernunft exterritorialen Wesen, besondere Weisheiten anvertraut – wendet sich zu Beginn des Films mit einem kleinen Monolog an den Zuschauer. Mit der Autorität des Wahnsinns klagt er über die Zeit, die er im Irrenhaus verbrachte, wo er elektroschockbehandelt, wo ihm seine Freiheit genommen, seine Flügel gestutzt und seine Seele beschnitten wurde. Während diese Worte sich durchaus als Kommentar zum Schicksal der Roma in der Gesellschaft der Sesshaften lesen ließen, wo sie zwangsassimiliert, zwangstherapiert, zwangsalphabetisiert werden, verdichtet der Wahnsinnige in seinen nächsten Worten jedoch sein Schicksal und das seiner Ethnie zu einem mythischen Verhängnis: „When God came down to the earth, he couldn't deal with the Gypsies. So he took the next flight back."

Die Worte des Wahnsinnigen am Beginn des Films wollen als – natürlich filmisch inszenierte – Selbstauskunft der „Zigeuner" gelesen werden: Sie sind ein gottverlassenes Volk, sie sind die Menschen, von denen Gott sich abgewandt hat. Dem entsprechen der Habitus und das Aussehen des Wahnsinnigen: ein kahlköpfiger, von Stromstößen in der Psychiatrie traumatisierter

---

2 Vgl. Gotto, Lisa: Lustig ist das Zigeunerleben. Komik und Grenzgang in Emir Kusturicas *Schwarze Katze, weißer Kater*, in: Glasenapp, Jörn / Lillge, Claudia (Hrsg.): Die Filmkomödie der Gegenwart, Paderborn 2008, S. 88–108, hier S. 90.

Mann mit schlechten Zähnen und flackerndem Blick, dessen Regenschirm mit zerbrochenen Speichen und zerfleddertem Stoff kaum Schutz vor dem heftigen Regen bietet. Zugleich verwandelt der Regen die Welt, in der er steht, in einen Sumpf – ein von Kusturica in diesem Film noch mehrfach verwendetes Motiv, das jeweils ein neues Kapitel einleitet. Der Sumpf erinnert an den Urzustand der Erde, bevor Gott als erstes Schöpfungswerk Wasser und Erde trennte und damit die Erde bewohnbar machte. Hier aber, wo Gott sich aus dem Staub – oder vielmehr: aus dem Schlamm – gemacht hat, bleiben nach Gottes Abflug nur Matsch, Morast und Sumpf zurück: Er ist die *prima materia*, in der das Leben gärt, in der es freilich auch enden wird. Ich komme auf dieses Thema zurück.[3]

In dieser Welt des Schlamms lebt Perhan, die Hauptfigur des Films, ein junger, schmächtiger, sehbehinderter Mann mit telekinetischen Begabungen und einem Truthahn, mit seiner jüngeren, gehbehinderten Schwester Danira, seinem Onkel Merdzan, einem haltlosen Spieler und Unglücksvogel, und seiner innig geliebten Großmutter Hatizda, die einen Ofen zum Kalkbrennen betreibt und über heilende Kräfte verfügt. Die niedliche Schwester, der anfangs etwas gehandicapt wirkende Perhan, der verlotterte Onkel und die beleibte Großmutter – es handelt sich überwiegend um Laiendarsteller aus einer Romasiedlung am Rande von Skopje – leben in den Tag hinein. Perhan versucht seinen hässlichen Truthahn zu hypnotisieren (auch dies eine an Fellini erinnernde Szene), die Großmutter brennt Kalk, die kleine Schwester leidet an einem zu kurzen Bein, Merdzan träumt davon, endlich mal beim Kartenspiel zu gewinnen. Die Siedlung präsentiert sich als eine gefallene, gleichwohl vitale Schöpfung: Gänse laufen in Schwärmen durchs Bild, flattern durch Küche und Schlafzimmer, Kinder plärren, Hunde streunen, auf einem Leiterwagen fahren Musikanten durch die Siedlung. Sie alle leben in eigentümlicher Zufriedenheit. Ihre Gleichmut gegenüber der Armut, ihrem Schicksal, sogar ihrem Leiden, gehört seit Beginn der literarischen Wahrnehmung dieser marginalisierten Gruppe, etwa seit Cervantes' Erzählung „La gitanilla" von 1613, also seit mehr als 400 Jahren, nach Auskunft der Literatur unweigerlich zum „Zigeuner"-Leben: „Lustig ist das Zigeunerleben", so heißt es im Volkslied, denn „Zigeuner" erdulden gleichgültig Ungerechtigkeit, Misshandlungen, sogar Schmerzen, und sind dennoch zumeist gutgelaunt. Merdzan, der Onkel, zeigt gelegentlich in seinen Chaplin-Imitationen komödiantische Begabungen, wird aber auch in seiner Spielsucht zur tragikomischen Figur. Als er beim Kartenspiel wieder mal buchstäblich ‚bis auf die Haut' ausgezogen wurde, durchwühlt er verzweifelt die Habseligkeiten seiner Mutter, um ihr

---

3  Es ist vielleicht kein Zufall, dass einer der neueren, mittlerweile zu einem Klassiker des Genres avancierte Film, *I Even Met Happy Gypsies* von Aleksandar Petrović von 1967, dem Leben der Roma in schlammigen Siedlungen zu ikonischem Standard verholfen hat.

erspartes Geld zu finden, verbindet schließlich das Hausdach mit der Anhängerkupplung eines Lkw und hebt das Haus, eine Bretterbude, in die Höhe: Im strömenden Regen stehen Hatizda, Danira und Perhan unter dem wie ein Damoklesschwert über ihnen schwebenden Haus. Auch diese Szene lässt sich als romafeindliche Phantasie des Drehbuchs deuten: Die „Zigeuner" sind die ewigen Nomaden. Selbst wenn sie scheinbar sesshaft leben, ist ihre Bleibe nur eine armselige Unterkunft, ein vorübergehender Aufenthalt in einem Leben ewiger Mobilität. Das ist wohl auch der Sinn des ursprünglichen Titels: *Ein Haus zum Aufhängen*. Der Titel stellt keine kritische Anspielung auf die zum Suizid treibenden Lebensverhältnisse dar, sondern zielt auf das burleske Bild eines hoch im Himmel hängenden Hauses. Die obdachlos gewordenen Bewohner nehmen ihr Schicksal gelassen hin, Perhan spielt das Akkordeon, und alle singen sie begeistert *ederlezi*.

Zu Problemen kommt es, als Perhan sich in die schöne Azra verliebt. Ein Traum gibt Kusturica die Möglichkeit, seine visionäre filmische Kraft zu entfalten: Es ist der St.-Georgs-Tag, ein alter, wohl heidnischer Feiertag eines Frühlingsfestes, aber natürlich auch der Patronatstag des Heiligen Georg, der als besonders heiliger Tag im Leben der Roma gilt. In der Abenddämmerung treiben brennende Reisigbündel auf dem Wasser, am Ufer schwingen junge Männer brennende Fackeln, Mädchen mit Blumen im Haar umschwimmen den als Vogelscheuche auf einem schwimmenden Altar installierten Heiligen, die Gelb- und Brauntöne geben der Szene die Wärme des Abendlichts, und Perhan sieht zu, wie seine Azra sich entkleidet. Nach dieser Erfahrung eines paradiesischen Erkennens ist Perhan, bislang einäugig, endlich sehend geworden: nicht nur im übertragenen, auch im wörtlichen Sinne. Von nun an sehen wir ihn nicht mehr mit der auf einem Auge blinden Brille. Er weiß, dass Azra die Frau seines Lebens ist, aber hat nicht die erforderlichen Mittel, seine Braut zu kaufen: Auch der käufliche Erwerb von Frauen, ob mit Goldstücken bezahlt wird, mit Kamelen oder, wie hier, eher mit Gänsen und anderem Federvieh, gehört als fester Eintrag in jenes Sündenregister der „Zigeuner", über das die Mehrheitsgesellschaft in ihren Romanen und Filmen gewissenhaft Buch zu führen meint.

Mit Perhans aussichtsloser Brautwerbung ist eine Mangelsituation vorgegeben, die etwa im Zaubermärchen oder im Melodram und so auch hier zur Voraussetzung der weiteren Entwicklung wird: Aus der Ferne ist, begleitet von jubelnden Kinderhorden, Scheich Ahmed im Mercedes mit angehängtem Wohnwagen ins Dorf gekommen. Ahmed ist der Don Corleone der „Zigeuner"-Welt, hofiert von seinen Brüdern und einem Zwerg; er verteilt Geldscheine an Kinder und geistig Minderbemittelte, lässt sich die Hand küssen und wirbt für die Möglichkeiten, die sich im Ausland unter seiner Protektion bieten, um dort so reich zu werden wie er selbst. Als Ahmeds kleiner Sohn zu ersticken droht, kann die Großmutter mit blutmagischen Praktiken

Hilfe leisten. Auch die Magie, nicht nur als betrügerisches Wahrsagen und Handlesen, zählt zu den besonderen Begabungen, mit denen sich die Ethnie der „Zigeuner" mitten in Europa als anders, als fremd, zuletzt auch als nicht assimilierbar erweist: „Zigeuner" bleiben in einer voraufgeklärten Weltsicht befangen, was ihnen Vermögen verleiht, die von den sesshaften Europäern im Laufe ihrer zivilisationsgeschichtlichen Entwicklung zumeist aufgegeben wurden, die sie als Erinnerung an einst womöglich selbst besessene Vermögen faszinieren, die ihnen aber als drohender Rückfall in eine überwundene Stufe der Entwicklung auch unheimlich erscheinen.[4]

Nach der Rettung seines kleinen Sohnes der heilkundigen Großmutter Perhans verpflichtet, verspricht Ahmed, die kleine Danira nach Ljubljana in ein Krankenhaus zu bringen, um sie operieren zu lassen, denn dafür reichen die magischen Kräfte Hatizdas nicht aus. Perhan begleitet die Karawane von Scheich Ahmed, die Schwester sieht aus dem Fenster einen wehenden Schleier, den ihre Kinderseele als Erscheinung der verstorbenen Mutter identifiziert, die ihr aus dem Himmel heraus als Windsbraut beisteht. „Ist sie schön?", fragt Perhan. „O ja", bestätigt Danira, „sie hat Augen, Mund, Nase, – alles." In einem animistischen Weltbild, in dem die Figuren des Films gefangen sind, gibt es keine Zufälle, nur bedeutungsvolle Zeichen, die mit einer improvisierenden Phantasie zu tröstlichen Geschichten konfabuliert werden. Aber es zählt zu der eigentümlichen Ästhetik Kusturicas, nicht nur neben der Trauer auch immer der Komik zum Ausdruck zu verhelfen, sondern auch den Trost, den er seinen Figuren schenkt, durch triste Details einer erbärmlichen Realität wieder einzudunkeln. Denn unterwegs lädt Ahmed einige Prostituierte, eine mit Zwillingen Schwangere, einige Jugendliche und Säuglinge in seinen Wagen. Perhan sieht, wie Ahmed die Familienmitglieder für die ihm ausgelieferten Kinder bezahlt: „Wer verkauft Dir kleine Kinder?", fragt Perhan – „Die, die genug haben", antwortet der ungerührte Ahmed.

Damit kommt das nächste und wohl auch übelste „Zigeuner"-Stereotyp zum Einsatz, zudem in einer boshaften Abwandlung. Das Stereotyp besagt, dass „Zigeuner" Kinder stehlen.[5] Warum sie dies tun sollten, da die gleiche Stereotypenschmiede doch auch immer vom enormen Kinderreichtum der „Zigeuner" phantasiert, ist nicht ersichtlich. Trotz dieses Widersinns ist die Literatur voll von Beispielen, wie reichen, oft aristokratischen Familien ihre Kinder von herumvagierenden Banden geraubt werden, die dann bei den

---

4  Vgl. dazu den instruktiven Aufsatz von Maciejewski, Franz: Elemente des Antiziganismus, in Giere, Jacqueline (Hrsg.): Die gesellschaftliche Konstruktion des Zigeuners. Zur Genese eines Vorurteils, Frankfurt a. M. 1967, S. 46–86.

5  Vgl. dazu die Beiträge in dem Sammelband: „Denn sie rauben sehr geschwind jedes böse Gassenkind." ‚Zigeuner'-Bilder in Kinder und Jugendmedien. Hrsg. von Petra Josting, Caroline Roeder, Frank Reuter, und Ute Wolters, Göttingen 2017.

„Zigeunern" aufwachsen, und schließlich, weil die Kolportage, sogar die von Miguel de Cervantes, Victor Hugo oder Johann Wolfgang Goethe, gerne mit den immergleichen Klischees arbeitet, an einem Mal erkannt und wieder in die Familien der Sesshaften integriert werden. Tatsächlich war und ist es genau andersrum: Seit den Versuchen des Aufklärungszeitalters, sich die staatenlosen Nomaden kameralistisch nutzbar zu machen, also etwa sie als Soldaten zu gebrauchen oder in Manufakturen arbeiten zu lassen, sie anzusiedeln, werden ihnen auch die Kinder weggenommen, um diese zwangsweise zu alphabetisieren und als ‚nützliche' Mitglieder der bürgerlichen Gesellschaft heranwachsen zu lassen. Noch nach dem Zweiten Weltkrieg hat es etwa in der Schweiz solche Maßnahmen mit den Kindern der Jenischen gegeben.[6] Nach dem Mechanismus der Projektion wird eben dieses Verhalten nun den „Zigeunern" unterstellt: Sie tun, was eigentlich wir mit ihnen tun – bzw. getan haben. Vielleicht mit schlechtem Gewissen, was die Emergenz des Themas in der Literatur erklärt. Wir bereuen, was wir getan haben, aber wir schlagen unser Mea culpa an der Brust der „Zigeuner".

Hier, in Kusturicas Film, wird die Spirale der Vorurteilsproduktion jedoch noch weitergedreht: Die „Zigeuner" stehlen immer noch Kinder, aber sie stehlen sie ihren eigenen Leuten, um diese Kinder dann an kinderlose Familien der Sesshaften zu verkaufen, denen die staatlichen Adoptionsprogramme zu langsam oder beschwerlich sind, oder um diese Kinder in qualvollen Prozeduren zum Betteln und Stehlen abzurichten. Mit diesem Schicksal wird auch Perhan konfrontiert: Denn er kann nicht bei der kranken Schwester bleiben, lässt sich vom gerissenen Ahmed dazu überreden, ihn zu begleiten und an seiner Seite reich zu werden, um wie im Märchen aus der Fremde als reich gewordener Mann wiederzukehren und seine geliebte Azra endlich heiraten zu können. Also folgt er Ahmed ins gelobte Land, nach Italien, wo die Bande am Stadtrand von Mailand, in einer aus Brettern und Müll zusammengenagelten Unterkunft sich niederlässt und wo den einzelnen Mitgliedern ihre neuen Aufgaben zugewiesen werden: Die Säuglinge werden verkauft, die Kinder zum Betteln abgerichtet, der Zwerg nutzt seine Körpergröße für akrobatische Diebstähle, die Prostituierte gibt sich im Wohnwagen an die Schlange stehenden Freier hin und alle zahlen an Ahmed. Perhan versucht zunächst, auf ehrliche Weise Geld zu verdienen, aber wird von Ahmeds Brüdern gedemütigt und gefoltert. Halbnackt, gefesselt, mit Pfeffer auf den Genitalien hopst und springt er durch den Schlamm des Lagers, begleitet von den schnatternden Gänsen: Hier, im Schlamm, endet seine Kindheit und hier, im Schlamm, wird

---

6 Vgl. dazu Huonker, Thomas: Fremd- und Selbstbilder von „Zigeunern", Jenischen und Heimatlosen in der Schweiz des 19. und 20. Jahrhunderts aus literarischen und anderen Texten, in: Uerlings, Herbert/Patrut, Iulia-Karin (Hrsg.): ‚Zigeuner' und Nation. Repräsentation – Inklusion – Exklusion, Frankfurt a. M. 2008, S. 311–364.

Perhan als Verbrecher wiedergeboren. Hinfort steigt er in leerstehende Häuser ein, stiehlt Geld und Schmuck, aber versteckt einen Teil seiner Beute.

Diese Schwellendimension des Schlamms, der tötet und wieder zu neuem Leben entlässt, erfährt auch Ahmed, der Clanchef: Während er eines der renitenten Kinder züchtigt, erleidet er einen Schlaganfall und bricht im Schlamm zusammen – und ist fortan, mit hängender Gesichtshälfte, ein Pate auf Abruf. Seine Brüder verraten ihn, laufen mit den Frauen, den Krüppeln und den Kindern davon. Perhan wird in einer Zeremonie, die auffällig an Francis Ford Coppolas *Godfather* erinnert, zu Ahmeds Nachfolger ernannt und nach Hause geschickt, um Nachschub an Frauen, Schwangeren, Kindern und Krüppeln zu organisieren. Hier aber muss Perhan erfahren, immer nur belogen worden zu sein: Ahmed hat ihm nicht das versprochene Haus bauen lassen, die Schwester wurde nicht operiert, sondern nach Rom gebracht, um dort als mitleiderregend Hinkende betteln zu gehen, der Onkel hat sich an Azra vergangen, sie ist schwanger. *Pater semper incertus est:* Perhan glaubt nicht, dass er der Vater ist, aber lässt sich von der Großmutter bewegen, Azra zu heiraten. Das Kind aber will er, ein gelehriger Schüler, in Italien verkaufen.

Wir alle kennen und lieben das Märchenschema, das Aschenbrödel zur Königsbraut, den Habenichts zum Märchenprinzen verwandelt. Dieses Schema wird von Kusturica gründlich revoziert. Und es kommt noch schlimmer: Azra stirbt bei der Geburt, Ahmed ist verschwunden, und das Geld, das Perhan versteckt hat, ist einer Überschwemmung zum Opfer gefallen. Zwar findet er nach Jahren die Schwester wieder und sieht endlich auch ein, der Vater des kleinen Perhan zu sein, aber sein Versuch, Rache zu nehmen – auch dies nach dem Vorbild von Coppolas *Godfather,* nämlich bei einer Hochzeit –, geht tödlich aus. Zunächst kann er noch seine telekinetischen Fähigkeiten nutzen, Ahmed eine Gabel in den Hals zu rammen. Dann versetzt er einem der Brüder, der gerade auf der Toilette sitzt, einige Messerstiche, so dass dieser zusammen mit dem Dixiklo durch die Landschaft wankt, bis er in seinem eigenen Unrat stirbt, aber wird selbst von der enttäuschten Braut Ahmeds erschossen – eine Widergängerin jener Braut, die zu Beginn des Films auf die Männer schimpfte, die Frauen ihre Hochzeiten verderben.

Die vorletzte Szene des Films zeigt den aufgebahrten Perhan, dem man, wie es die Sitte verlangt, Goldstücke auf die Augen legte, um den Fährmann für die Fahrt ins Reich des Todes zu bezahlen. Während die Familienangehörigen auf den Toten trinken, schleicht sich der kleine Perhan zur Bahre, stibitzt die Goldstücke und läuft, den unverbesserlichen Onkel auf den Fersen, davon – im strömenden Regen, der das Land wieder in einen Sumpf verwandelt, der die letzte Ruhestätte des großen Perhan wird und in dem der kleine Dieb seine Karriere als der neue Perhan startet. Die folgende letzte Szene schließt an die religiöse Selbstauskunft des Wahnsinnigen vom Filmbeginn an: Einer der Trauernden betet zu einem von der Wand herabgefallenen

Kruzifix, das er vom Boden aufhebt und wieder an die Wand hängt. Doch als er versucht, mit Gott zu handeln, im Gebet Vergünstigungen zu erwirken, ist die göttliche Antwort unmissverständlich: Das Kreuz fällt wieder zu Boden.

Kusturicas Film scheint die Sätze zu bestätigen, mit denen Miguel Cervantes, immerhin der Autor des *Don Quijote,* seine Erzählung „La gitanilla" eröffnet hat:

> Es scheint, als würden Zigeuner und Zigeunerinnen nur geboren, um Diebe zu sein; ihre Eltern sind Diebe, unter Dieben wachsen sie auf; sie erlernen das Diebshandwerk und werden schließlich mit allen Salben geschmierte Diebe. Die Lust am Stehlen ist ihnen so zur zweiten Natur geworden, daß nur der Tod sie davon abbringt.[7]

Dass Angehörige der Roma seit dem 15. Jahrhundert aktiv die Kultur des Balkans mitgestaltet haben, Teil des *nation-building* waren, findet keine Berücksichtigung in einem Film, der nach dem Muster amerikanischer Großproduktionen über das Treiben sizilianischer Einwanderer eine Story von *rise and fall* eines Mafioso erzählt: Ein Teenager wird zum Mann, ein unschuldiger Bursche zum Mafiapaten, der in einem turbulenten Showdown alles verliert. Kein Detail aus der Folklore von Armut und Kriminalität, wie sie die Ästhetik der Kolportage seit Jahrhunderten pflegt, wird ausgespart: die brutale, sogar sadistische Abrichtung von Kindern, das diebische Talent, das Betrügen beim Kartenspiel. Nach dem Vorbild der deutschen Romantik bezweifelt Kusturica nicht die Vorurteile, sondern bestätigt sie, weil sich ihnen ein ästhetischer Mehrwert abgewinnen lässt.[8] Die exotischen Gebräuche eines munteren kleinen Völkchens, seine Leidenschaft für Musik und Tanz, seine angebliche Neigung zu kleiner und zur Not auch zu großer Kriminalität, hat der Regisseur in einem Interview jedoch auch biologisch abgeleitet: „Sie sind Menschen, die sich ständig in einem Notstand befinden. Sie erleben alles sehr intensiv, sehr schnell, sehr stark. Auch physisch scheinen sie anders als wir zu sein: Ihr Körper erreicht und übersteigt oft vierzig Grad."[9] Diese abenteuerliche Theorie vom Leben im beständigen Fieber erkläre es auch, warum „Zigeuner" mit

---

7 Cervantes, Miguel de: Das Zigeunermädchen, in: Gesamtausgabe in vier Bänden, Bd. 1., hg. u. neu übers. von Anton M. Rothbauer, Frankfurt a. M. 1963, S. 93–176, hier S. 93.

8 Vgl. dazu Oesterle, Günter / Oesterle, Ingrid: Die Affinität des Romantischen zum Zigeunerischen oder die verfolgten Zigeuner als Metapher für die gefährdete romantische Poesie, in Helbig, Holger (Hrsg.): Hermenautik – Hermeneutik, Wiesbaden 1996, S. 95–108.

9 Vgl. Moldovan, Laura: Romani Voices. Teil 1: Emir Kusturica und seine „Zigeuner" von Laura Moldovan, abrufbar unter: http://www.romblog.at/2018/04/16/meinung-romani-voices-teil-1-emir-kusturica-und-seine-zigeuner-von-laura-moldovan/. [Zugriff: 1.7.2020].

dreißig oft älter als wir mit sechzig seien. Das ist ein eklatantes Beispiel für die Gefahr biologischer Erklärungen sozialer Sachverhalte: Nicht die bedrängenden und diskriminierenden Lebensverhältnisse lassen „Zigeuner" altern, sondern ihre erhöhte Körpertemperatur. Diesem Denkmodell zufolge ist auch das frühe Sterben – man denke an die Roma, die auf Müllkippen leben müssen[10] – zu verschmerzen, weil die Fülle der Erfahrungen die wenigen Jahre des Lebens aufwiegt.

Gottlob gilt für Filme wie auch für literarische Texte, dass sie oft klüger sind als ihre Autoren oder Regisseure. Der Unfug, den Kusturica in Interviews von sich gibt, wird durch die visuellen Argumente seiner Filme entkräftet. Er feiert seine Figuren nicht als Vertreter einer marginalisierten Ethnie, sondern als Virtuosen der Lebenskunst, deren Arrangement mit den Verhältnissen einer überfeinerten, ausschließlich an Profitmaximierung und rücksichtsloser Ausbeutung natürlicher Ressourcen orientierten Kultur wie der unseren eine anarchische Welt gegenüberstellt. Während an *Time of the Gypsies* noch die Spuren eines beengten, ausgegrenzten Lebens haften, die bittere Erfahrung von Armut und Unterdrückung sich nicht ganz vermeiden lässt, mag sie auch durch den anarchischen Übermut der Protagonisten an den Rand gedrängt werden, zeigt sich die schwärmerische Darstellung des unbehausten Lebens knapp zehn Jahre später, in *Schwarze Katze, weißer Kater,* voller Übermut. Auch hier geht es um Mafia und Gangsterclans, aber das alles in drollig-komischer Exuberanz. Es ist eine vor archaischer Kraft strotzende Welt, für die das filmische Genie Kusturicas immer wieder hinreißende Bilder, für die sein Drehbuch bezaubernde Formeln findet: Ob es die naive Improvisation ist, mit der Danira die liebende Mutter im wehenden Tüllschleier erkennt, das Staunen über die Bewegung von Dosen und Gabeln, die Perhans Phantasie antreibt, die Erheiterung über die Pappkartons, die sich wie von Geisterhand bewegen, während sich tatsächlich kleine Jungs in ihnen verstecken, ob es eine Musikkapelle ist, die wie eine Parodie auf Lenaus „Drei Zigeuner", an einem Baum hängt und vergnügt weitermusiziert: All dies sind Momente einer grotesken Ästhetik, die von der Unzerstörbarkeit des Lebens in einer dem Tod verfallenen Welt sprechen.

Ob es der Slapstick ist, der Figuren fallen und stolpern lässt, und mit ihnen auch die Werte des aufrechten Ganges, des erhabenen Leidens und des ‚Standes der Dinge', ob es das Schwein ist, das in mehreren Szenen des Films genüsslich die Pappkarosserie eines Trabbi vertilgt, die immer wieder sich ins Bild drängenden Tiere, die Hunde und Gänse, die Truthähne und Pfauen, die Schweine und Esel, die Hühner und Schafe, – es ist eine paradiesische

---

10 Eindrucksvoll dazu der Bericht von Gauss, Karl-Markus: Die Hundeesser von Svinia, München 2006.

Welt, in der alle Kreaturen, sogar Männer und Frauen, in Eintracht leben, und in dem auch die gelegentlichen Schusswechsel verfeindeter Clans letztlich keinen großen Schaden anrichten, zumal wenn die beiden verstorbenen alten Clanchefs, Grga Pitic und Zarije, wegen einer anstehenden Hochzeit im Dachboden buchstäblich auf Eis gelegt, aus ihrem vermeintlichen Todesschlaf erwachen und sich angeregt unterhalten. „Die Toten amüsieren sich nicht schlecht da oben", meint Matko, der zuvor noch seinen Vater für „definitiv mausetot" erklärt hatte.

Zur volkstümlichen Ästhetik der Groteske zählt auch der unbefangene Umgang mit Unrat und Schmutz. Wenn Kusturicas ärgste Bösewichte im Abort enden, wie der Bruder Ahmeds in *Time of the Gypsies*, oder wenn in *Schwarze Katze, weißer Kater* Zare aus Zorn über eine arrangierte Heirat die Sitzgelegenheit eines Plumpsklos ansägt, so dass Dadan beim Besuch jener Örtlichkeit buchstäblich bis zum Hals in der Scheiße steckt, wenn Dadan, nachdem er sich aus dem Unrat freigekämpft hat, nach der nächsten Gans greift, um sich sauber zu wischen, so folgt diese derbe Ästhetik des skatologischen Schwanks einer alten volkstümlichen Tradition. Deren Effekt besteht nicht nur in der Überwindung des Ekels, sondern dient auch der Entlastung vom Zwang zur Seriosität und Ernsthaftigkeit – und erinnert an die belebende Kraft von Sumpf, Schlamm und Morast, die in *Time of the Gypsies* eine so dominante Rolle spielt.

Das zentrale ästhetische Prinzip der Filme Kusturicas ist die Groteske, die der russische Literaturtheoretiker Michail Bachtin vor vielen Jahrzehnten eindringlich analysiert hat.[11] Es sind die Außenseiter, die dank ihrer exzentrischen Position die Werte der dominanten Mehrheitsgesellschaft überzeugend relativieren können, es sind Menschen mit größerer Bodenhaftung, mit einer höheren Dosis wirklich ge- und erlebter Erfahrung, die das Drama und die Komik des Lebens anschaulich verkörpern, denen es gelingt, das befremdliche Mit- und Nebeneinander von Tod und Komik dazustellen, sogar die Topoi des Todes und der Sexualität miteinander zu verbinden, „nicht als abstoßende Reaktion, sondern als komplementäre Reaktion".[12] Die Ästhetik des Grotesken verdankt ihre überwältigende Wirkung der Verbindung der Gegensätze, des Geheiligten mit dem Profanen, des Hohen mit dem Niedrigen. Sie verbindet das Unglück (das in der schwarzen Katze seine sprichwörtliche Metapher findet) mit der Unschuld (die von der weißen Katze verkörpert wird), zeigt Riesen, die mit Zwergen vor den Hochzeitsalter treten. Das Groteske lässt sich auf keine eindeutigen Stellungnahmen ein: Grga Pitic trägt ein Medaillon, das sowohl den Davidsstern als auch das christliche Kreuz und die isalemische

---

11  Bachtin, Michail: Literatur und Karneval. Zur Romantheorie und Lachkultur, Frankfurt a. M. 1985.
12  Gotto: Zigeunerleben, S. 95.

Mondsichel enthält. Die Ästhetik des Grotesken stellt das Drama des unzerstörbaren Lebens aus und macht alles Drohende lächerlich. Als groteske *ars combinatoria* gegensätzlicher ästhetischer Tendenzen verbinden Kusturicas Filme Elemente des Märchens und des Kriminalromans, der Komödie und des Melodrams, und enttäuschen sie zugleich. Andrew Horton hat mit einer irritierenden Formulierung eine durchaus richtige Beobachtung zu Kusturicas Filmen geliefert: „Kusturica, like a gypsy, has stolen from everyone."[13] Was er meint, ist die extreme Intertextualität von Kusturicas Filmen, die Szenen und Ideen nicht nur von Fellini, sondern auch von Hitchcock, Tarkowski, Kaurismäki, Jim Jarmusch, Miloš Forman und Jiří Menzel verbindet. Der Klassiker des melodramatischen Films schlechthin, Michael Curtiz' *Casablanca,* ist auch der Lieblingsfilm im Heimkino des Gangsters Grga Pitic, in dem er sich immer wieder das Gespräch zwischen Humphrey Bogart und Claude Rains ansieht, die sich versichern, am Beginn einer wunderbaren Freundschaft zu stehen. Dieses Verfahren der *bricolage,* des Montierens von dutzenden Klischees, hat Umberto Eco am Beispiel von *Casablanca* als die spezifische Ästhetik der Intertextualität pointiert.

> Gerade weil die Archetypen hier alle versammelt sind, gerade weil *Casablanca* tausend andere Filme zitiert und jeder Schauspieler eine bereits woanders gespielte Rolle spielt, hört der Zuschauer unwillkürlich das Echo der Intertextualität. [...] Zwei Klischees sind lächerlich, hundert Klischees sind ergreifend.[14]

Das gilt für *Casablanca.* Kusturicas Filme sind eher nicht ergreifend, sondern erschütternd, gelegentlich auch zwerchfellerschütternd. Kusturicas filmischer Enthusiasmus für Archaik und für Anarchismus, für den ästhetischen Dilettantismus seiner Musikanten, für die Kreativität, mit der seine Protagonisten sich im Zivilisationsmüll einrichten, findet seinen Schwerpunkt im Phantasma der „Zigeuner", das für Mobilität, nicht für Sesshaftigkeit, für Andersartigkeit, nicht für Zugehörigkeit, für beständige Grenzgängerei steht. Dass Kusturica dabei immer wieder die Verwechslung mit der Realität der auf dem Balkan lebenden Roma riskiert, zieht seinem Plädoyer für einen fröhlichen Primitivismus und seiner Ästhetik der *counterculture* eine schmerzliche Grenze.

---

13 Horton, Andrew: Cinematic Makeovers and Cultural Border Crossings. Kusturica's *Time of the Gypsies* and Coppolas *Godfather I* and *Godfather II*, in: ders./MacDougal, Stuart Y. (Hrsg.): Play It Again, Sam. Retakes or Remakes, Berkeley 1988, S. 172–190, hier S. 180.
14 Zit. nach Gotto: Zigeunerleben, S. 105.

# Konstruktionen der „Zigeunerin" im NS-Film: eine vergleichende Analyse

Frank Reuter

Die Rolle des Antiziganismus in der filmischen Produktion des „Dritten Reiches" ist ein bislang wenig erforschtes Feld. Es gibt keine Filme mit dezidiert antiziganistischer Stoßrichtung, die hinsichtlich ihrer gesellschaftlichen Reichweite mit antisemitischen Propagandastreifen wie *Jud Süß* oder *Der ewige Jude* vergleichbar wären. Eine andere Frage ist die nach der Verwendung von „Zigeuner"-Stereotypen innerhalb des kaum überschaubaren Korpus der zwischen 1933 und 1945 entstandenen Unterhaltungsfilme.[1] Hierzu steht eine systematische Untersuchung noch aus.

In diesem Beitrag werden zwei Filmproduktionen vergleichend analysiert, die mit Blick auf ihre Entstehungsgeschichte und inhaltliche Ausrichtung unterschiedlicher kaum sein könnten. Der erste Film ist ein nahezu unbekannter, Ende der 1930er Jahre gedrehter Unterhaltungsfilm mit dem Titel *Zwischen Strom und Steppe*. Der zweite Film ist dagegen schon seit Jahrzehnten Gegenstand wissenschaftlicher wie öffentlicher Diskussionen: Die Rede ist von *Tiefland*, dem letzten Spielfilm Leni Riefenstahls. Bei den Debatten ging es vor allem darum, dass die Regisseurin Sinti und Roma aus den KZ-ähnlichen Zwangslagern Salzburg-Maxglan und Berlin-Marzahn als Komparsen rekrutierte. Viele von ihnen wurden später nach Auschwitz-Birkenau deportiert und ermordet. Da diese Zusammenhänge inzwischen gut erschlossen sind,[2] wird dieser Aspekt hier nicht vertieft. Vielmehr liegt ein besonderer Fokus dieses Beitrags auf der Ikonografie. Im Zentrum der Analyse steht die Figur der „Zigeunerin", die in beiden Filmen eine wesentliche Rolle spielt. Typologisch

---

1 Von den 1.094 Spielfilmen, die im „Dritten Reich" entstanden, werden 14 % den Propagandafilmen zugerechnet, nahezu die Hälfte der Gesamtproduktion waren Komödien. Siehe Witte, Karsten: Film im Nationalsozialismus. Blendung und Überblendung, in: Jacobsen, Wolfgang / Kaes, Anton / Prinzler, Hans Helmut (Hrsg.): Geschichte des deutschen Films, Stuttgart 2004 (2. Auflage), S. 117–166, hier S. 155.
2 Eine gute Zusammenfassung hierzu bietet Trimborn, Jürgen: Riefenstahl. Eine deutsche Karriere, Berlin 2002, S. 333–341; siehe außerdem Tegel, Susan: Leni Riefenstahl's Gypsy Question Revisited. The Gypsy Extras in „Tiefland", in: Historical Journal of Film, Radio and Television 26.1 (2006), S. 21–43.

markieren die Ausdeutungen dieser Figur jedoch einen radikalen Gegensatz. Diesem Antagonismus und der jeweils zugrunde liegenden Funktion soll im Folgenden nachgegangen werden. Untersucht wird der instrumentelle Gebrauch der als „Zigeuner" markierten Figuren auf unterschiedlichen Ebenen: Filmimmanente Aspekte – wie Dramaturgie, Figurenkonstellation oder Bildsprache – und politisch-ideologische Kontexte werden dabei gleichermaßen berücksichtigt. Für das Verständnis ist es erforderlich, auf das Handlungsgerüst der Filme einzugehen und einzelne Szenen im Detail zu betrachten, um die darin enthaltenen Exklusionsmechanismen zu erschließen.

# 1  *Zwischen Strom und Steppe*

Die 1938 entstandene und Anfang 1939 uraufgeführte deutsch-ungarische Koproduktion *Zwischen Strom und Steppe*[3] trägt den Untertitel *Pusztaliebe* (Abb. 1). In der Literatur wie in der Populärkultur ist die Verbindung zwischen der weiten Steppenlandschaft der Puszta und „Zigeunern" geradezu topisch.[4]

Der überaus positiv gezeichnete Held des Films trägt den Namen Silo. Er nennt sich selbstbewusst einen Landstreicher, dem seine Freiheit über alles geht. Silo ist der schwärmerische Naturromantiker par excellence, die Verkörperung einer von allen Zwängen befreiten Existenz. Trotz oder gerade wegen seines Wanderlebens sind die Autoren des Films darum bemüht, den Protagonisten von den „Zigeuner"-Figuren in aller Schärfe abzugrenzen. Silo fungiert als

---

3  Es handelt sich um die filmische Bearbeitung einer Romanvorlage von Michael Zorn. Informationen zu Credits, technischen Daten, Dreharbeiten sowie zur Ur- bzw. Erstaufführung findet man unter https://www.filmportal.de/film/zwischen-strom-und-steppe_e7ab3e819c65484bae9bac75d3fca89e. [Zugriff: 11.2.2019]. Eine 35-mm-Kopie des Films befindet sich im Bundesarchiv (Abteilung Filmarchiv) unter der Archivsignatur 15816 (Eingangsnummer K 173323-1 sowie K 182227-4), ergänzende Materialien (Programmheft, Zeitungsausschnitte, Fotos etc.) unter der Archivsignatur FILMSG 1/20328. Die Friedrich-Wilhelm-Murnau-Stiftung verfügt ebenfalls über eine 35-mm-Verleihkopie (Archivsignatur T221) und eine Archivkopie. Von einem Händler in den USA wird der Film auf DVD im Internet angeboten; https://www.rarefilmsandmore.com/zwischen-strom-und-steppe-1938#.XBug1N-YV1Y. [Zugriff: 11.2.2019]. Die vom Autor dieses Beitrags verwendete DVD hat Prof. Dr. Urs Heftrich vom Slavischen Institut der Universität Heidelberg während eines Forschungsaufenthalts in den USA erworben und der Forschungsstelle Antiziganismus zur Verfügung gestellt; dafür sei ihm herzlich gedankt.

4  Beispiele aus der Literatur und aus historischen Kinderbüchern siehe Bogdal, Klaus-Michael: Europa erfindet die Zigeuner. Eine Geschichte von Faszination und Verachtung, Berlin 2011, S. 229; Reuter, Frank: Strategien der visuellen „Zigeuner"-Konstruktion. Bildanalysen am Beispiel historischer Kinder- und Schulbücher, in: Josting, Petra/Roeder, Caroline/ders./Wolters, Ute (Hrsg.): „Denn sie rauben sehr geschwind jedes böse Gassenkind …". „Zigeuner"-Bilder in Kinder- und Jugendmedien, Göttingen 2017, S. 113–140, hier S. 116–119.

Konstruktionen der „Zigeunerin" im NS-Film: eine vergleichende Analyse 81

**Abb. 1** Cover „Illustrierter Film-Kurier" (Sammlung des Dokumentations- und Kulturzentrums Deutscher Sinti und Roma, Heidelberg).

„weißer" Gegenentwurf zu diesen. Er preist die Gastfreundschaft der Menschen in Ungarn und geht jedem hilfsbereit zur Hand; selbst bei den Gendarmen ist er beliebt. In einer Szene gibt er sich als ungarischer Patriot zu erkennen: Beim Betrachten des Nachthimmels imaginiert er in die Sternbilder die ruhmreichen Könige aus der ungarischen Vergangenheit auf ihren Pferden. Er ist im Bootsbau ebenso versiert, wie er den Fischern nützliche Hinweise für eine bessere Vermarktung ihres Fangs in der Stadt gibt. Ungeachtet seiner selbst gewählten Existenz als „Landstreicher" kehrt der Film nicht nur Silos altruistisches Wesen und seinen Dienst an der Gemeinschaft hervor, sondern auch die tiefe Verbundenheit mit seiner ungarischen Heimat und deren Menschen – also Eigenschaften, die den „Zigeuner"-Figuren des Films kategorisch abgesprochen werden.

Zum besseren Verständnis sei der Plot des Films in groben Zügen wiedergegeben. Beim Beobachten einer „Zigeunerin" namens Panna am Ufer der Theiß wird Silo jäh rücklings niedergestochen. Fischer nehmen den Verletzten in ihrem Dorf auf. Es keimt eine zarte Liebe zwischen Silo und Maria, die unglücklich mit dem Fischer Alexander Renka verheiratet ist. Dieser trifft sich des Nachts heimlich mit Panna. Eines Morgens wird er erstochen am Flussufer gefunden, neben ihm liegt Silos Messer, so dass dieser unter Verdacht gerät. Doch Silo spürt den wahren Täter, nämlich den von Eifersucht getriebenen Geliebten Pannas – einen „Zigeuner" – in ihrer Hütte auf. Es kommt zu einem dramatischen Kampf auf der Steilklippe, beide Männer stürzen in den Fluss. Während Pannas Geliebter in den Fluten ertrinkt, kann sich Silo schwer verletzt retten. Zum Krüppel geworden, muss er sein Wanderleben aufgeben. Er lässt sich als Fährmann nieder und findet am Ende sein Glück mit Maria. Die Figurenkonstellation folgt somit einem simplen Schwarz-Weiß-Schema: Silo und Maria sowie Panna und ihr Geliebter stehen sich als Paare antagonistisch gegenüber.

Bei ihrem ersten Auftritt bereitet die „Zigeunerin"[5] ein Feuer vor ihrer Hütte am Steilufer vor, während die Boote der Fischer passieren [ab 3:22]. Regisseur Géza von Bolváry beutet das erotische Potenzial der Figur weidlich aus: Panna bietet sich mit weit geöffneter Bluse dem Zuschauer dar – ein Effekt, der durch die Untersicht der Kamera verstärkt wird (Abb. 2 und 3). Der erste Fischer des Zuges bekreuzigt sich bei ihrem Anblick und fordert die anderen auf, schneller zu rudern, um dem Bannkreis der „Zigeunerin" zu entkommen,[6] woraufhin Panna triumphierend von oben herab lacht (Abb. 4). Das in

---

5   Die Darstellerin der Panna, Margit Symo, hat in mindestens drei weiteren Filmen eine „Zigeunerin" verkörpert. In *Zigeunerblut* aus dem Jahr 1934 sowie in *Andalusische Nächte* von 1937/1938 (eine Adaption des Carmen-Stoffes) spielt sie eine Tänzerin. In der deutsch-spanischen Produktion *Carmen de la Triána* (1938) verkörpert sie die Figur der Dolores; siehe https://www.filmportal.de/person/margit-symo_d1c460b7721b4a9eaca9bd89e2cbe111. [Zugriff: 11.2.2019].

6   In dieser Szene finden sich deutliche Anklänge an die von den Dichtern der Romantik popularisierte Sagenfigur der Loreley und an den Sirenengesang aus der Odyssee.

Konstruktionen der „Zigeunerin" im NS-Film: eine vergleichende Analyse 83

**Abb. 2**   Panna blickt auf die vorbeifahrenden Fischerboote.
**Abb. 3**   Erotische Inszenierung der „Zigeunerin".
**Abb. 4**   Die lachende Panna neben ihrer provisorischen Behausung.

**Abb. 5**  Panna in verführerischer Pose.
**Abb. 6**  Konfrontation: erste Begegnung zwischen Panna und Silo.

der Populärkultur vielfach reproduzierte Klischee der „Zigeunerhexe", wie sie die Fischer nennen, wird hier auf trivialste Weise zelebriert.

Die Figur ist dem literarischen Archetyp der „Carmen" nachgebildet und schließt wie diese das antiziganistische Leitmotiv des Magisch-Dämonischen mit ein.[7] Panna, die sich demonstrativ allen Bindungen verweigert,[8] steht in unauflöslichem Gegensatz zum Kollektiv der sesshaften Fischer. Die Macht ihrer Sexualität, die sie jenseits bürgerlicher Normen frei auslebt, erweist sich im weiteren Handlungsverlauf als Bedrohung für die Einheit der dörflichen Gemeinschaft. Silo indes ist immun gegen Pannas Verführungskünste (Abb. 5 und 6). Bei ihrer ersten Begegnung macht sie Silo eindeutige erotische Angebote [31:54: „Willst du mich?"]. Doch dieser stößt sie brüsk von sich und fordert sie auf, die Gegend zu verlassen: „Pack dein Bündel und verschwinde. Männer findest du überall" [32:03].

Géza von Bolváry setzt altbekannte antiziganistische Topoi gezielt als dramatische Effekte, aber auch als – teils komödiantisch gefärbte – Unterhaltungselemente ein. Ein Beispiel für Ersteres ist eine Eifersuchtsszene, in der Pannas Geliebter diese wegen ihrer Untreue schlägt. Sie beschimpft ihn als „verfluchtes Dreckschwein" [53:02], es kommt zu einem Handgemenge der beiden vor der Hütte. Dem Zuschauer werden die blinden, unkontrollierten Affekte der „Zigeuner" als Ausdruck ihrer primitiven Natur demonstriert. Die rasende Eifersucht des Mannes, ausgelöst durch die völlig ungebundene

---

7   Zum Motiv der „schönen Zigeunerin" siehe Brittnacher, Hans Richard: Leben auf der Grenze. Klischee und Faszination des Zigeunerbildes in Literatur und Kunst, Göttingen 2012, S. 93 ff.; zum Motiv des Magisch-Dämonischen siehe ebd., S. 223 ff.

8   Panna lebt ganz für sich in einer isoliert am Steilufer stehenden provisorischen Hütte, deren Form an ein Zelt erinnert und auf eine nomadische Existenz verweist. Auf Silos Frage, zu welchem Stamm sie gehöre, antwortet sie selbstbewusst: „Ich bin frei. Ich gehöre dem, der mir gefällt" [31:50 bis 31:54].

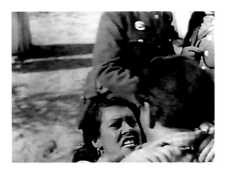

**Abb. 7**  Letzter Auftritt: Panna stürzt sich rachgierig auf Silo.

Sexualität Pannas, führt nicht nur zum Mord am Fischer Alexander Renka, sondern erweist sich als Movens der filmischen Handlung. Denn natürlich war es Pannas Geliebter, der Silo eingangs hinterrücks niedergestochen und damit die Geschichte erst in Gang gebracht hat.[9] Zudem stellt sich heraus, dass er der Dorfgemeinschaft Fische stiehlt. Das betrügerische Wesen der „Zigeuner" wird in einer weiteren, dezidiert burlesken Szene vorgeführt [46:35 bis 47:11].[10] Ein „Zigeuner" versucht, den alten Fährmann zu prellen, indem er seine Frau in einem Sack (der angeblich Melonen enthalte) auf die Fähre schmuggeln will. Doch dieser durchschaut den allzu plumpen Trick: Er schlägt mit seiner Rute auf den prallen Sack, worauf der Mann diesen loslässst und die eingeschlossene Frau zum Vorschein kommt. Der Zuschauer darf sich über die Unbedarftheit der „Zigeuner"-Figuren, die der Lächerlichkeit preisgegeben werden, amüsieren und das Gefühl eigener Überlegenheit auskosten.

Bei ihrem letzten Auftritt [1:07:45 bis 1:08:22] wird die verführerische Panna demaskiert. Getrieben von Rachegelüsten gegenüber Silo, dem sie den Tod ihres Geliebten anlastet, gesteht sie den Gendarmen in naiv anmutender Freimütigkeit, dass Letzterer den Fischer aus Eifersucht erstochen habe, und befreit Silo damit – wenngleich ungewollt – vom Verdacht, ein Mörder zu sein. In dieser letzten Sequenz ist von ihrer stolzen erotischen Aura nichts mehr übrig: Sie erscheint nur noch abstoßend, degradiert zu einer hässlichen Fratze. Obgleich ihre Untreue der eigentliche Auslöser aller Gewalttaten ist, schreit sie die Gendarmen unflätig an, man möge Silo hängen, und versucht sich auf ihn zu stürzen (Abb. 7). Das Fehlen jeglichen moralischen Bewusstseins, so die offenkundige Botschaft, ist der Kern ihres Wesens. Die Filmemacher setzen alles daran, die Figur, deren Exotik sie ausgeschöpft haben, am

---

9  Wie aus einer späteren Szene hervorgeht, hat er Silo mit Alexander Renka, den Panna nachts heimlich empfängt, verwechselt.

10 Solche komödiantischen, von der eigentlichen Handlung losgelösten Szenen werden als wohldosierte Unterhaltungselemente mehrfach eingesetzt.

Ende zu entwerfen. Die Szene kann als Spiegelung von Pannas erstem Auftritt gedeutet werden und soll vor Augen führen, dass die Macht ihrer Sexualität gebrochen ist.

Im Kontrast zur affektgetriebenen und von Gewalt dominierten Beziehung zwischen der „Zigeunerin" und ihrem Geliebten ist die Liebe zwischen Silo und Maria geprägt von Entsagung. Auf einer Wallfahrt fleht Maria eine Kirchenstatue der Mutter Gottes – die Namensgleichheit ist natürlich nicht zufällig – an, sie möge ihr helfen, Silo aus ihren Gedanken zu verbannen und eine treue Ehefrau zu bleiben [1:00:16 bis 1:00:38]. Nach dem gewaltsamen Tod des Fischers dauert es noch ein ganzes (Trauer-)Jahr, bis Maria und Silo zueinanderfinden. Vorher muss aus Silo ein sesshafter Fährmann werden, selbst um den Preis der Verkrüppelung. Erst dieser heroische Akt der Entsagung macht den Weg zu Maria frei.

Die holzschnittartigen „Zigeuner"-Figuren werden in bewährter Manier instrumentell eingesetzt, um die Handlung voranzutreiben und die dramaturgischen Konflikte aufzulösen.[11] Erst die vom „Zigeuner" begangene Bluttat (verursacht durch Pannas Untreue) befreit Maria aus einer unglücklichen Ehe und ermöglicht die Vereinigung mit dem geliebten Silo. Dieser wiederum zieht sich im entscheidenden Kampf mit Pannas Geliebtem jene Verletzung zu, die ihn dauerhaft zur Sesshaftigkeit zwingt: eine weitere Voraussetzung für das Happy End. Es entspricht der Ideologie des „Dritten Reiches", dass Silo ungeachtet der positiven Charakterzeichnung sein Fernweh überwinden, mithin sein ungebundenes Wanderleben auf der Landstraße opfern muss, um als Fährmann ein vollwertiges und nutzbringendes Mitglied der Gemeinschaft zu werden. Als Lohn für diese Läuterung erhält er Maria. Demgegenüber fungieren sämtliche „Zigeuner" des Films als negative Kontrastfiguren. Sie leben auf Kosten der Dorfgemeinschaft und drohen diese mit ihren zerstörerischen Trieben zu unterminieren. Erst ihr Ausschluss – symbolisch verdichtet im Tod von Silos Gegenspieler – stellt die soziale Harmonie wieder her.

Der Film schöpft aus dem vertrauten Fundus antiziganistischer Figuren, Motive und Handlungsmuster, die in den Dienst der Unterhaltung gestellt werden: an erster Stelle die von „Carmen" inspirierte Figur der Panna.[12] Auch finden sich dezidiert romantisierende Elemente wie eine leidenschaftlich

---

11 Auch Hans Richard Brittnacher hebt den instrumentellen Gebrauch von „Zigeuner"-Figuren in der Literatur hervor. Diese dienten „in erster Linie als eine Art narrativer Verfügungsmasse"; ders.: Leben auf der Grenze, S. 17.
12 Dies spiegelt sich in den von mir ausgewerteten Presserezensionen wider, die den romantisch-exotischen Charakter des Films und seinen Unterhaltungswert herausstreichen. Die Figur der Panna wird mit den Attributen „männerbetörend", „schön", „wild" und „sinnlich" versehen.

aufspielende „Zigeunerkapelle".[13] Der kommerzielle Aspekt – das Bedienen von Zuschauererwartungen – ist dabei ein wesentlicher Faktor. Zwar steht die antiziganistische Motivik im Einklang mit dem nationalsozialistischen Welt- und Menschenbild, doch sie lässt sich ebenso in einen ideologischen Rahmen bürgerlicher oder christlich-katholischer Prägung einordnen. Auf der filmimmanenten Ebene ist eine direkte Verbindung zur NS-Rassenideologie nicht zu erkennen.

Bei der Einordnung und Bewertung des Films ist der konkrete zeitgeschichtliche Hintergrund jedoch mit zu berücksichtigen. Mit dem „Anschluss" Österreichs im März 1938 gelangten auch die 8.000 bis 9.000 Roma des Burgenlandes, das bis 1921 unter ungarischer Verwaltung gestanden hatte, in die Verfügungsgewalt des NS-Staates und seiner Rassengesetzgebung. Die meisten Roma-Familien lebten seit Generationen in eigenen Siedlungen am Rande der burgenländischen Dörfer. Sie waren vor allem als Hilfskräfte und Tagelöhner in der Landwirtschaft tätig; viele arbeiteten nebenher als Handwerker oder Musiker.[14]

Alsbald gerieten die burgenländischen Roma in den Fokus der nationalsozialistischen Propaganda. Treibende Kraft war der im März 1938 als Landeshauptmann und Gauleiter des Burgenlandes eingesetzte Tobias Portschy, ein promovierter Jurist.[15] Die von Portschy im August 1938 veröffentlichte Denkschrift „Die Zigeunerfrage" steht für einen Radikalisierungsschub antiziganistischer Politik im Burgenland. Portschy forderte darin unter anderem strengste Bestrafung von „Rassenschande", Schul- und Berufsverbote für „Zigeuner", Verbot ihrer Behandlung in öffentlichen Krankenhäusern sowie ihren Ausschluss aus dem Wehrdienst.[16] Die Vorbereitung des Films *Zwischen Strom und Steppe* und die Dreharbeiten in Ungarn fielen genau in jene Phase im Sommer und Herbst 1938, in der die Burgenland-Roma massiver

---

13   Es handelt sich um eine sonntägliche Tanzszene in einem Landgasthof, einzelne Musiker werden in Großaufnahme gezeigt [37:49 bis 40:15]. Eine Zeitungskritik pries „die mitreißend sinnliche Gewalt des Tschardasch"; Neues Wiener Tagblatt, 17.1.1939, S. 12.

14   Vgl. dazu Baumgartner, Gerhard / Freund, Florian: Die Burgenland Roma 1945–2000. Eine Darstellung der Volksgruppe auf der Basis archivalischer und statistischer Quellen, Eisenstadt 2004; dies.: Der Holocaust an den österreichischen Roma und Sinti, in: Zimmermann, Michael (Hrsg.): Zwischen Erziehung und Vernichtung. Zigeunerpolitik und Zigeunerforschung im Europa des 20. Jahrhunderts, Stuttgart 2007, S. 203–225.

15   Das Burgenland wurde allerdings schon im Oktober 1938 aufgelöst und zwischen den Reichsgauen Niederdonau und Steiermark aufgeteilt; Portschy war danach stellvertretender Gauleiter der Steiermark; vgl. Zimmermann, Michael: Rassenutopie und Genozid. Die nationalsozialistische „Lösung der Zigeunerfrage", Hamburg 1996, S. 104 und S. 415.

16   Die Denkschrift ist abgedruckt in: Dokumentationsarchiv des österreichischen Widerstandes (Hrsg.): Widerstand und Verfolgung im Burgenland 1934–1945. Eine Dokumentation, Wien 1983 (2. Auflage), S. 258.

Repression, begleitet von einer Pressekampagne,[17] ausgesetzt waren. Auch wenn eine direkte politische Einflussnahme auf die Filmmacher nicht nachweisbar (und wenig wahrscheinlich) ist, so muss die Rezeption des Films doch im Kontext dieser verschärften Ausgrenzungspolitik gegenüber den burgenländischen Roma – und gegenüber der Minderheit der Sinti und Roma als Ganzes – betrachtet werden.

Ungeachtet der Banalität der dramaturgischen Konstellation und der Schwarz-Weiß-Figurenzeichnung sind Unterhaltungsfilme wie *Zwischen Strom und Steppe* aufgrund ihrer Massenwirksamkeit als Schlüsselmedien für das Festschreiben antiziganistischer Denkmuster einzustufen, weshalb die Antiziganismusforschung dieser Quellengattung verstärkte Aufmerksamkeit widmen sollte.

## 2  Tiefland

Machen wir nun einen Sprung zu einem ganz anderen filmischen Genre, dem Melodram. *Tiefland* gehört zu den finanziell aufwändigsten Produktionen des „Dritten Reiches". Gedreht zwischen 1940 und 1944, erlebte der Film seine Uraufführung erst 1954 in Stuttgart. Leni Riefenstahl führte nicht nur Regie, sondern zeichnete auch für das Drehbuch verantwortlich.[18]

Ort der Handlung ist ein Dorf am Rande der spanischen Pyrenäen gegen Ende des 18. Jahrhunderts. Im Zentrum der Geschichte steht der tyrannische Großgrundbesitzer Don Sebastian. Als er in einem Wirtshaus zufällig die fahrende Tänzerin Martha sieht, lädt er sie in sein Kastell ein und macht sie zu seiner Geliebten. Die junge Martha steht ganz im Bann des herrischen Marqués, der die Bauern grausam knechtet. Ihre Versuche, sich für die Unterdrückten einzusetzen, bleiben erfolglos. Was sie nicht ahnt: Don Sebastian ist hoch verschuldet und daher gezwungen, die Tochter eines reichen Bürgermeisters zu heiraten. Um Martha weiterhin als Geliebte in seiner Nähe zu haben, verheiratet er sie zum Schein an den Berghirten Pedro und stellt dem Paar seine Mühle zur Verfügung. Pedro, der Martha aufrichtig liebt, ahnt nichts von diesen Machenschaften.

---

17  Vgl. dazu Reuter, Frank: Der Bann des Fremden. Die fotografische Konstruktion des „Zigeuners", Göttingen 2014, S. 183–186.

18  Riefenstahls Vorarbeiten zu *Tiefland* reichen ins Jahr 1934 zurück. Zur komplizierten Produktionsgeschichte siehe Trimborn: Karriere, S. 318 ff.; sowie Kinkel, Lutz: Die Scheinwerferin. Leni Riefenstahl und das „Dritte Reich", Hamburg 2002, S. 226 ff. Im Folgenden beziehe ich mich insbesondere auf die instruktive Interpretation von Herbert Uerlings, an die meine Analyse anknüpft, wenngleich ich nicht mit allen Teilaspekten seiner Deutung übereinstimme; siehe Uerlings, Herbert: Inkludierende Exklusion. Zigeuner und Nation in Riefenstahls „Tiefland" und Jelineks „Stecken, Stab und Stangl", in: ders./Patrut, Iulia-Karin (Hrsg.): ‚Zigeuner' und Nation. Repräsentation – Inklusion – Exklusion, Frankfurt a. M. 2008, S. 67–134. Die Screenshots und Zeitangaben basieren auf der „Arthaus"-DVD von *Tiefland* aus dem Jahr 2004.

**Abb. 8**  Die „Betteltänzerin" Martha, markiert als „Zigeunerin".

In der Hochzeitsnacht kommt es in der Mühle zum Kampf zwischen dem Hirten und dem Marqués, an dessen Ende Pedro den Großgrundbesitzer erwürgt. Das Schlussbild zeigt Pedro und Martha auf ihrem Weg in die Berge.

Leni Riefenstahl hat das Handlungsgerüst aus der gleichnamigen Oper von Eugen d'Albert aus dem Jahr 1903 (die wiederum auf dem Drama „Terra baixa" des katalanischen Schriftstellers Àngel Guimerà basiert) übernommen, gegenüber diesen Vorlagen jedoch eine Reihe weitreichender Veränderungen vorgenommen.[19] Eine der gravierendsten Änderungen besteht darin, dass die Regisseurin aus der Figur der Martha – in der Oper führt sie nach dem Tod ihres Ziehvaters die Mühle des Marqués – eine tanzende „Zigeunerin" gemacht hat, deren Rolle Riefenstahl selbst übernahm.[20] Im Film taucht der Begriff „Zigeuner" an keiner Stelle auf, stattdessen wird Martha im Vorspann als „spanische Betteltänzerin" tituliert. Die Art der Inszenierung lässt allerdings keinen Zweifel daran, dass Riefenstahl bewusst an die Ikonografie der „Zigeunerin" anknüpft (Abb. 8).[21]

---

19  Im Filmvorspann heißt es: „Nach Motiven der Oper in Bildern erzählt von Leni Riefenstahl". Gerlinde Ulm-Sanford hat einen systematischen Vergleich zwischen dem 1896 erschienen Bühnenstück Guimeràs, der Oper sowie der filmischen Bearbeitung des Stoffes vorgenommen und Riefenstahls inhaltliche Modifikationen im Einzelnen dargelegt; siehe Ulm-Sanford, Gerlinde: Flucht in Vergangenheit, Romantik und Schönheit? Überlegungen zu Leni Riefenstahls Film „Tiefland", in: Maske und Kothurn. Internationale Beiträge zur Theater-, Film- und Medienwissenschaft 46.1 (2001), S. 123–134.

20  Zwar taucht das Tanzmotiv in der Oper ebenfalls auf, jedoch lediglich am Rand in Form einer Rückschau. In einem traurigen Lied im 2. Akt schildert Martha, dass sie als heimatloses Bettlerkind für einen alten Mann auf Jahrmärkten gegen Geld tanzen musste, bis Don Sebastian sie eines Tages sah und mitnahm. Den alten Mann machte er zum Müller, Martha zu seiner Geliebten; vgl. Ulm-Sanford: Flucht, S. 127 und S. 129.

21  In ihren Memoiren schreibt Riefenstahl, sie habe in *Tiefland* eine „Zigeunertänzerin" bzw. „die schöne Ziehtochter eines armen Zigeuners" verkörpert; zit. nach Uerlings: Inkludierende Exklusion, S. 74.

Als „klassische" Marker sind insbesondere zu nennen: die Halskette mit Goldmünzen,[22] die auffälligen Ohrringe, das rüschenbesetzte Kleid mit weitem Ausschnitt, die Kastagnetten und nicht zuletzt der klapprige Wagen samt Esel.

Mit dem verführerischen Tanz der „Zigeunerin" rekurriert Riefenstahl auf einen Topos, der bis in die Frühe Neuzeit zurückreicht.[23] Die beiden ausgedehnten Tanzszenen im Wirtshaus und im Kastell[24] haben einen prominenten Stellenwert innerhalb der Filmhandlung. Mittels einer minutiös ausgefeilten Choreografie und durch den differenzierten Einsatz filmästhetischer Mittel (rhythmische Montage bzw. schneller Wechsel von Kameraeinstellungen und -perspektiven, Hell-Dunkel-Kontraste) versucht Riefenstahl, die Suggestionsmacht der von ihr verkörperten Tänzerin in expressive Bilder zu übersetzen. Im Falle der Tanzszene im Wirtshaus kommt der Einsatz zahlreicher Komparsen hinzu.[25] Auch dramaturgisch ist der Auftritt der Tänzerin in der Schenke eine Schlüsselszene, markiert sie doch die erste Begegnung Marthas mit den beiden männlichen Hauptprotagonisten und späteren Rivalen, Don Sebastian und Pedro. Beide sind gleichermaßen von ihrer Darbietung gebannt, was bereits auf den finalen Kampf vorausweist.

Dass Adolf Hitlers Lieblingsregisseurin, die wie keine andere Filmschaffende an der Selbstinszenierung des NS-Regimes Anteil hatte, mitten im Krieg – als die systematische Vernichtung der Sinti und Roma in vollem Gang war – eine faszinierende „Zigeunerin" verkörpert, verlangt nach einer Erklärung. Die Antwort liegt in der Art und Weise, *wie* Riefenstahl diese Rolle inszeniert und zugleich ausdeutet. Der entscheidende dramaturgische Kunstgriff der Regisseurin besteht in einer Aufspaltung der „Zigeuner"-Figur.

Riefenstahl zeichnet die Tänzerin Martha als naive junge Frau von geradezu kindlicher Unschuld, deren Tanz zwar hypnotische Macht über die Männer hat, die sich ihrer erotischen Ausstrahlungskraft aber gar nicht bewusst zu sein scheint. Der Lauterkeit ihres Charakters entspricht die Makellosigkeit ihres Äußeren, wobei die Lichtregie immer wieder ihre helle Hautfarbe akzentuiert (Abb. 9). Martha steht ganz in der Tradition der „weißen Zigeunerin", einer Kunstfigur, die in der europäischen Kulturgeschichte tief verwurzelt

---

22 Die Figur der Panna in *Zwischen Strom und Steppe* trägt eine ganz ähnliche Kette mit Goldmünzen, was deutlich macht, dass die filmische Inszenierung der „Zigeunerin" auf einem standardisierten Repertoire von Markern basiert.
23 Zum Motiv der tanzenden „Zigeunerin" siehe Brittnacher: Leben auf der Grenze, S. 113 ff.
24 23:00 bis 27:08 sowie 32:38 bis 34:41.
25 Es handelt sich vor allem um die aus dem Zwangslager Berlin-Marzahn rekrutierten Sinti und Roma. Siehe Tegel: Gypsy Question Revisited, S. 33 und S. 35.

**Abb. 9**  Betonung des Weißseins Marthas durch die Lichtregie.

ist.[26] Herbert Uerlings spricht hier treffend von „symbolische[r] De-Ethnisierung".[27]

Die Gegenfigur ist ihr Begleiter bzw. Ziehvater.[28] Er wird vorgeführt als ein haltloser Trinker, der betrügerische Kartentricks beherrscht. Seine Lebensgrundlage ist die Ausbeutung der jungen Tänzerin, die er zudem misshandelt. Seine dunkle Haut- und Haarfarbe, im Kontrast zum Weißsein Marthas, wird von der Lichtregie explizit betont; ihre Differenz wird „als eine ethnische markiert".[29] Wie Riefenstahl die Kontrastierung der beiden „Zigeuner"-Figuren unter Rückgriff auf antiziganistische Marker filmgestalterisch umsetzt, soll anhand der Szenenfolge nach ihrem Eintreffen im Kastell des Marqués [ab 27:40] im Detail aufgezeigt werden.

Beide betreten gemeinsam den Innenhof, doch der Mann verbleibt einige Schritte hinter Martha im Schatten. Sein verwahrlostes Äußeres – das

---

26  Das Motiv der „weißen Zigeunerin", die Schönheit und Tugend in sich vereint, wurde vor allem durch die Figur der Preciosa aus Cervantes' Novelle „La Gitanilla" (erschienen 1613) geprägt. Sie ist untrennbar mit dem Motiv des Kinderraubs verbunden: Wie sich im Laufe der Erzählung herausstellt, wurde Preciosa als kleines Kind von einer alten „Zigeunerin" entführt und ist in Wirklichkeit adeliger Herkunft. Zur Wirkungsgeschichte des Motivs siehe Solms, Wilhelm: Zigeunerbilder. Ein dunkles Kapitel der deutschen Literaturgeschichte. Von der frühen Neuzeit bis zur Romantik, Würzburg 2008, S. 159 ff.; Mladenova, Radmila: Patterns of Symbolic Violence. The Motif of ‚Gypsy' Child-Theft across Visual Media, Heidelberg 2019.
27  Uerlings: Inkludierende Exklusion, S. 86.
28  Aus einem Dialog zwischen dem Marqués und Martha geht hervor, dass es sich weder um ihren Vater noch um ihren Geliebten handelt. Diese Konstellation verweist ebenfalls auf die Figur der „weißen Zigeunerin" nach dem Vorbild von Cervantes' Preciosa, die zwar unter „Zigeunern" aufgewachsen ist, aber einer Adelsfamilie entstammt. Im Filmvorspann tauchen die Figur des Ziehvaters und der Name des Darstellers nicht auf. Susan Tegel geht davon aus, dass die Rolle von einem der zwangsrekrutierten Komparsen gespielt wurde und führt dafür einige Indizien an. Einen sicheren Beleg für diese These gibt es aber nicht; Tegel: Gypsy Question Revisited, S. 33–35.
29  Uerlings: Inkludierende Exklusion, S. 80.

unrasierte Gesicht, die ungepflegten Haare, die fleckige und vernachlässigte Kleidung – wirkt abstoßend und bildet einen augenscheinlichen Gegensatz zum untadeligen Erscheinungsbild der Tänzerin, deren helles Gesicht sich deutlich von der dunklen Hautfarbe des „Zigeuners" abhebt (Abb. 10). In der nächsten Einstellung sieht man, wie sich der Ziehvater übertrieben devot vor dem eintretenden Marqués verbeugt, während Martha ihren Gastgeber in aufrechter Haltung direkt anschaut (Abb. 11). Daraufhin schickt der Marqués den Mann in die Küche zum Gesinde, Martha hingegen geleitet er wie eine vornehme Standesgenossin in den Speisesaal. In der sich anschließenden Sequenz wird dieser Antagonismus der beiden „Zigeuner"-Figuren konsequent fortgeführt. Während Martha das angebotene Glas mit Rotwein (das sie zunächst ablehnt und erst auf Drängen des Marqués akzeptiert) mit aristokratisch anmutender Eleganz in der Hand hält, stürzt ihr Begleiter in der Gesindeküche ein übervolles Weinglas so gierig herunter, dass ein Großteil der Flüssigkeit über seinen Hals in die schmutzige Kleidung rinnt (Abb. 12 und 13). Danach führt er dem Verwalter des Marqués einen billigen Kartentrick vor und lacht hämisch. Doch dieser präsentiert anschließend in einer sarkastisch anmutenden Sequenz einen weitaus verblüffenderen Kartentrick, so dass der „Zigeuner" auf dem ihm angeblich ureigenen Feld übertrumpft, ja regelrecht verhöhnt wird.[30] Der Film führt ihn als primitiv-vulgäre, ganz und gar verkommene Person vor, die beim Zuschauer offenkundig Abscheu hervorrufen soll. Umso heller erstrahlt die Figur der Martha.

Die von Riefenstahl konzipierte Figur des männlichen „Zigeuners" steht für Verworfenheit und Degeneration, damit aber auch für das Element des biologisch-rassisch Minderwertigen im Sinne der NS-Ideologie. Nicht zufällig bleibt er im Film namenlos, ein bloßer Typus ohne Subjektstatus. Marthas Ziehvater erscheint wie eine Personifizierung des Konstrukts vom „Lumpenproletariat", das der führende NS-„Zigeunerforscher" Robert Ritter in seinen Schriften propagierte.[31] Die Bildsprache weist ihm einen subhumanen Status zu und rückt ihn in die Nähe des Animalischen. In einer Schlüsselszene [ab 38:55] schwenkt die Kamera von Tauben, die Krumen vom Boden aufpicken,

---

30 Es handelt sich um die einzige Sequenz mit spöttisch-komödiantischer Färbung überhaupt, die gänzlich aus dem Rahmen fällt und die totale Entwertung des Ziehvaters auf einer zusätzlichen Ebene unterstreicht [32:16 bis 32:38].

31 Der Psychiater Robert Ritter war Leiter der „Rassenhygienischen und Bevölkerungsbiologischen Forschungsstelle", die eine Schlüsselrolle bei der rassenbiologischen Klassifikation der im Deutschen Reich lebenden Sinti und Roma spielte und dabei eng mit dem SS- und Polizeiapparat kooperierte. Für Ritter waren die „Zigeunermischlinge", denen er über 90 Prozent der im Deutschen Reich als „Zigeuner" geltenden Personen zurechnete, das Resultat einer jahrhundertelangen Vermischung von „Zigeunern" mit den „minderwertigen" Teilen der Mehrheitsbevölkerung, weshalb er sie als „form- und charakterloses Lumpenproletariat" stigmatisierte; vgl. Zimmermann: Rassenutopie, S. 135.

Konstruktionen der „Zigeunerin" im NS-Film: eine vergleichende Analyse 93

Abb. 10 Ankunft im Kastell.
Abb. 11 Begrüßung durch den Marqués.
Abb. 12 Martha trinkt mit dem Marqués ein Glas Rotwein.
Abb. 13 Inszenierung des „Zigeuners" als haltloser Trinker.

hin zu seinen abgerissenen Schuhen und von dort langsam aufwärts, bis man ihn aus einem Weinschlauch trinken sieht. Er hat danach Mühe, sich auf den Beinen zu halten, und stützt sich an einer Säule ab. In der nächsten Einstellung trottet ein Hund herbei und bellt ihn feindselig an. Als der hinzutretende Don Sebastian den „Zigeuner" am Kragen packt und gewaltsam vor sich herschiebt, gibt dieser unartikulierte tierhafte Laute von sich (Abb. 14). Nachdem der Marqués ihn niedergestoßen hat und er hilflos vor ihm auf dem Boden liegt, picken die Hühner neben seinem Kopf (Abb. 15). Es ist der „Untermensch", der hier in Szene gesetzt wird. Dass der Marqués als Repräsentant der Herrschaft diese Inkarnation des Minderwertigen unter der Androhung, er lasse die Hunde auf ihn hetzen, aus dem Tal vertreibt, ist sowohl auf einer symbolischen als auch auf einer konkret-politischen Ebene zu lesen: als Ausschluss eines als unwert denunzierten „Zigeunertums" aus der menschlichen Gesellschaft respektive der NS-„Volksgemeinschaft".

**Abb. 14**  Der Marqués schiebt Marthas Ziehvater gewaltsam zum Ausgang des Kastells.
**Abb. 15**  Filmische Inszenierung des „Untermenschen".

Don Sebastian wirft dem am Boden Liegenden mit verächtlichem Lächeln einen Beutel mit Geld zu: eine Kompensation für den Verlust der Tänzerin, seiner bisherigen Lebensgrundlage. Es handelt sich um eine Demonstration schierer Macht, nicht um eine Geste der Großzügigkeit. Während der Marqués aus seiner Verachtung des Geldes auch in anderen Passagen keinen Hehl macht,[32] greift der zutiefst erniedrigte Ziehvater nach dem Beutel und macht sich schleunigst davon [40:22]. Die Analogie zu den Tauben und Hühnern, die kleinste Überreste vom Boden aufpicken, ist offensichtlich. Durch diese mit filmischen Mitteln erzeugte Assoziation wird eine tief verwurzelte, vor allem im ethnologischen Diskurs wirkungsmächtige Vorstellung evoziert: die vom „Zigeuner" als einer primitiven Entwicklungsstufe des Jägers und Sammlers, der sich von den Resten der Zivilisation nährt.

---

32  Siehe Uerlings: Inkludierende Exklusion, S. 90 f.

Martha dagegen, bislang willfähriges Objekt ihres Ziehvaters, legt in der Folge alle Attribute, die sie vorher zur „Zigeunerin" gemacht haben, ab. Sie bewegt sich so selbstverständlich in den Kleidern einer Adeligen, mit denen sie der Marqués ausstaffiert, als sei dies ihr ureigenes Milieu.[33] Gibt sich Martha dem Machtmenschen anfangs wie willenlos hin, versucht sie sich später aus ihrer Abhängigkeit zu lösen. Sie reift allmählich zu einem eigenständigen, moralisch tief empfindenden Individuum, das sich bis zur Selbstlosigkeit mit dem Leid der geknechteten Bauern solidarisiert. Besonders deutlich wird dies in einer Szene, in der sie der Frau des verschuldeten Müllers heimlich ein Schmuckstück gibt, das ihr der Marqués zuvor geschenkt hat. Martha wird in der Großaufnahme fast im Gestus einer Heiligen inszeniert, die früheren Kennzeichen der „Zigeunerin" sind verschwunden (Abb. 16). Sie ist sowohl von ihrem Erscheinungsbild wie von ihrem inneren Wesen her ein radikaler Gegenentwurf zur Figur der Panna, die ebenso selbstbewusst wie bedenkenlos ihre egoistischen Triebe auslebt und keine moralische Verantwortung kennt.

**Abb. 16**  Martha inszeniert im Gestus einer Heiligen.

Die im Vergleich zur Opernvorlage neu konzipierte Figur der „Zigeunertänzerin", die zum Dreh- und Angelpunkt der filmischen Handlung avanciert, eröffnete Riefenstahl zugleich die Möglichkeit, ihre eigene Rolle als Künstlerin zu beleuchten. Dabei sind konkrete Anknüpfungspunkte zur Biografie Riefenstahls, die ihre Karriere als Tänzerin begann, evident.[34] Diese

---

33  Wie sehr beide Figuren in dieser Phase der Handlung eine Einheit bilden, wird auch in den Szenen deutlich, in denen Martha, gekleidet wie eine Marquesa, hinter Don Sebastian auf dem Rücken eines Pferdes sitzt, um sich dessen Kampfstiere zeigen zu lassen [41:23 bis 42:30].

34  Riefenstahl musste 1924 aufgrund einer Knieverletzung ihre internationale Karriere als Tänzerin aufgeben und wandte sich anschließend dem Genre des Bergfilms zu: zuerst als Schauspielerin, später auch als Regisseurin; Trimborn: Karriere, S. 56 ff. Indem Riefenstahl

Indienstnahme des „Zigeuner"-Mythos für die künstlerische Selbstreflexion ist vor allem seit der Romantik ein bekanntes Muster.[35] Vor diesem Hintergrund kann die idealisierte Figur der Martha als Allegorie oder Utopie eines reinen unschuldigen Künstlertums gelesen werden. Als solches hat es im verdorbenen Tiefland mit seinen rigiden Herrschaftsstrukturen und Abhängigkeitsverhältnissen keinen Raum. Am Ende findet Martha gemeinsam mit Pedro ihren Platz in den ätherischen Höhen der Berge, wo sie – wie der Landstreicher Silo – gleichsam sesshaft wird. Der hochgradig stilisierte Charakter dieser Schlusssequenz ist dabei unübersehbar: Die beiden Figuren schreiten wie auf einem religiösen Gemälde in aufrechter Haltung den lichten Höhen entgegen, untermalt von pathetischer Musik (Abb. 17).

**Abb. 17**   Idealisierte Schlusssequenz: Pedro und Martha auf dem Weg in die Berge.

In dieser Schlusssequenz bricht Riefenstahl endgültig mit jeglichem Realismus oder einer plausiblen Psychologie ihrer Figuren. Die der aufgehenden Sonne zugewandte Martha, die wie zu Beginn das schlichte Kleid der Tänzerin trägt, erscheint wie die Inkarnation einer autonomen, gleichsam absoluten Kunst, die sich von allen sozialen Bindungen und politischen Abhängigkeiten freigemacht hat. Die Figur der Martha und insbesondere die symbolträchtige Schlusseinstellung des Films fügen sich nahtlos in die narzisstisch aufgeladenen Selbstkonstruktionen ein, die für Riefenstahl und ihr Werk kennzeichnend sind.[36] In diesem Kontext findet auch der romantische „Zigeuner"-Mythos

---

in *Tiefland* die Rolle der Tänzerin selbst übernahm, konnte sie ihre Fähigkeiten auf diesem Feld noch einmal demonstrieren.

35   Dazu exemplarisch Kugler, Stefani: Kunst-Zigeuner. Konstruktionen des ‚Zigeuners' in der deutschen Literatur der ersten Hälfte des 19. Jahrhunderts, Trier 2004.

36   Siehe Kirchmann, Kay: Die Selbstkonstruktion der Filmkünstlerin. Narzisstisches Allmachtsphantasma und Allegorien der Selbstbehauptung in Leni Riefenstahls „Das blaue Licht", in: Glasenapp, Jörn (Hrsg.): Riefenstahl revisited, München 2009, S. 23–37. Auch in ihren zahllosen Interviews und vor allem in ihren Memoiren, so Kirchmann, habe Riefenstahl „sich selbst als titanische Künstlerin im Sinne des Weimarer Geniekults, und damit als

seinen Ort, der für soziales Außenseitertum, aber ebenso für eine freie künstlerische Existenz jenseits aller normativer Vorgaben und gesellschaftlicher Erwartungen steht.

Zu bedenken sind nicht zuletzt die besonderen Umstände der Entstehung von *Tiefland*. Um ein Projekt dieser Größenordnung zu realisieren, benötigte Riefenstahl die finanzielle und logistische Unterstützung führender Repräsentanten des NS-Regimes bis hin zu Hitler persönlich, der den Film aus privaten Mitteln finanzierte.[37] Vor diesem Hintergrund erscheint die These vom „Tyrannenmord", die in *Tiefland* eine verschlüsselte Kritik an Hitler und seinem Regime sehen will, schlicht abwegig.[38] Vielmehr lassen sich in Riefenstahls Inszenierung Übereinstimmungen mit zentralen Elementen der nationalsozialistischen Weltanschauung ausmachen.[39] Besonders deutlich wird dies in der Figurenzeichnung der „Zigeunerin", die Riefenstahl ganz von der Kategorie der „Rasse" loslöst. Dadurch, dass sie das Element des Minderwertigen auf den ethnisch markierten männlichen „Zigeuner" projiziert sowie fokussiert und diesen symbolisch ausschließt, legitimiert Riefenstahl nicht nur die biologistische Leitideologie des NS-Staates, sondern bewahrt zugleich den romantischen „Zigeuner"-Mythos, um sich diesen für den eigenen Künstler-Mythos zunutze zu machen. Man kann es auch anders formulieren: Um die in der „weißen Zigeunerin" zur Anschauung gebrachte utopische Idee eines unschuldig-reinen Künstlertums für die Überhöhung der eigenen Künstlerexistenz zu vereinnahmen, bedurfte es unter den ideologischen Bedingungen des „Dritten Reiches" der komplementären Figur des „Untermenschen". Indem Riefenstahl dessen Entmenschlichung in wirkungsmächtige Bilder kleidete, adaptierte sie bereitwillig das rassistische Paradigma des NS-Regimes.

---

zwangsläufig transpolitisch und -moralisch agierend und zeitlebens nur dem ‚schönen Bild' verpflichtet" entworfen; ebd., S. 24.

37  Trimborn: Karriere, S. 324 f.

38  Sanders-Brahms, Helma: Tyrannenmord. „Tiefland" von Leni Riefenstahl, in: Grob, Norbert (Hrsg.): Helma Sanders-Brahms. Das Dunkle zwischen den Bildern. Essays, Porträts, Kritiken, Frankfurt a. M. 1992, S. 245–251. Herbert Uerlings hat diese (Fehl-)Deutung auch auf inhaltlich-ikonografischer Ebene überzeugend widerlegt; Uerlings: Inkludierende Exklusion. Als weitere Gegenpositionen zu Sanders-Brahms sei verwiesen auf Sicks, Kai Marcel: Siegfrieds Rückkehr. Intermediale Referenzen und nationalsozialistische Ikonographie in Leni Riefenstahls „Tiefland", in: Glasenapp, Jörn (Hrsg.): Riefenstahl revisited, München 2009, S. 115–135; Kalscheuer, Daniela: Spuren des Faschistischen in Leni Riefenstahls „Tiefland". Eine Bestandsaufnahme, in: Leni Riefenstahl. Film-Konzepte 44 (Oktober 2016), S. 39–51.

39  Auch Daniela Kalscheuer kommt zu dem Ergebnis, dass sich „sämtliche Hauptmotive [...] konsequent einem faschistischen Weltbild zuweisen" lassen; dies.: Spuren des Faschistischen, S. 49.

## 3 Eine kurze Bilanz

Beide Filme bauen ein Spannungsfeld zwischen negativ gezeichneten „Zigeuner"-Figuren und deren „weißen" Antipoden auf. Während Silo und Martha eine Entwicklung durchlaufen und am Ende ihre vermeintlich „zigeunerischen" Attribute (die sich als bloß äußerlich erweisen) ablegen, fungieren Panna, ihr Geliebter und Marthas Ziehvater als per se entwicklungsunfähige, typologisch gezeichnete Gegenfiguren. Panna und ihr eifersüchtiger Partner sind dem antiziganistischen Repertoire in Literatur und Populärkultur entlehnt. In die Figur des Ziehvaters ist die „rassische" Minderwertigkeit eingeschrieben. Die Lösung der konstruierten Konflikte besteht in beiden Filmen in der Exklusion der als „Zigeuner" markierten Figuren.

Die vergleichende Analyse hat erkennbar werden lassen, dass das „Zigeuner"-Konstrukt aufgrund seiner vielschichtigen ambivalenten Struktur in ganz unterschiedliche Richtungen hin ausgedeutet und ausgebeutet werden kann. Dies eröffnet Räume für Instrumentalisierungen vielfältiger Art. Im Falle von *Tiefland* findet die Ausbeutung auf zwei Ebenen statt: auf der symbolischen Ebene des „Zigeuner"-Mythos und auf einer ganz realen Ebene, als Ausbeutung jener aus den Zwangslagern heraus verpflichteten Sinti und Roma, die auf Wunsch der Regisseurin „das spanische Kolorit verstärken"[40] sollten. Für viele endete der Weg in Auschwitz-Birkenau. Das Beispiel *Tiefland* zeigt eindrücklich, auf welch komplexe Weise sich die Kategorien Fiktionalität und Realität im Medium Film durchdringen können.

*Zwischen Strom und Steppe* ist vordergründig ein Paradebeispiel filmischer Massenware: ein trivial-sentimentaler Streifen, der sich altbekannter Ungarn-Stereotype bedient, einschließlich der „Zigeuner"-Romantik. Dessen ungeachtet entfalten die im Film eingesetzten antiziganistischen Motive, selbst wenn sie komödiantisch daherkommen, vor dem konkreten zeitgeschichtlichen Hintergrund eine eigene Dynamik, indem sie den rassistisch motivierten Ausschluss der Sinti und Roma aus der NS-„Volksgemeinschaft" implizit rechtfertigen und mit vorantreiben. Erst in diesem Kontext offenbart ein scheinbar harmloser Unterhaltungsfilm sein inhumanes Potenzial.

---

40 So Riefenstahl in ihren Memoiren; zit. nach Sicks: Siegfrieds Rückkehr, S. 118.

# Passings to the Margin: Berlin, 1932

Andrea Pócsik

The title I have given to this paper is partly the title of my recently published book: *Passings. The (An)archaeology of Roma Image Making*.[1] It contains a chapter, in which I analyse two very different artistic attitudes toward the Roma, two differing forms of *passing* during the time span of two decades. László Moholy-Nagy, the prestigious Bauhaus artist and teacher, and Leni Riefenstahl, the ambitious dancer, actress, and in this film, screen-writer and director, both made a film connected to the Roma although in very different genres and styles. The history of their reception symptomatically shows that the formal analysis and the dynamics of the surrounding social space are equally important.

Let me start with a crucial reference to Trinh T. Minh-ha – a feminist, a postcolonial theoretician, a film director, and a composer – whose approach to Otherness called "speaking nearby," expressed in the film titled *Reassemblage* (D: Trinh T. Minh-ha, 1983), has influenced me a lot. This approach is a form of *epistemic resistance,* which means (at least in my understanding) a high awareness of the fact that every single writing is part of the global knowledge production that determines power relations in society.[2] In my case, this has meant a decision to choose not a descriptive, systematising analysis of Roma related films that in my view strengthens and does not undermine existing power relations, ("speaking about"), but rather the more complex approach of cultural studies ("speaking nearby"). The methodology I use derives from content-driven media archaeology practiced by many outstanding German film historians. Among them, the most influential is Thomas Elsaesser who argues that film is "the century's memory and imaginary."[3] Its history teaches us to

---

1 Pócsik, Andrea: Passings. The (An)archaeology of Roma Image Making, Budapest 2016.
2 It could be 'paired' with the term of epistemic violence used by Angéla Kóczé in her article about Roma bodies constructed in media by racist gaze and discourse. The term derives from Chakravorty Spivak postcolonial theoretician. See Kóczé, Angéla: A rasszista tekintet és beszédmód által konstruált roma férfi és női testek a médiában, accessible at: http://uj.apertura.hu/2014/nyar-osz/kocze-a-rasszista-tekintet-es-beszedmod-altal-konstrualt-roma-ferfi-es-noi-testek-a-mediaban/. [Accessed: 19.11.2019].
3 Elsaesser, Thomas: Film History as Media Archaeology. Tracking Digital Cinema, Amsterdam 2016.

recognise, identify the factors that make us construct cultural identity in our "imagined communities" (Benedict Anderson).[4]

Thus, I have chosen in each important film-historical period one or more related films and revealed the history of their origin and reception, and the discursive fields surrounding them (Roma representation in other arts, social sciences, etc.). My intension is to show how these are all connected and how what we call a stereotype and a prejudice usually shapes the same patterns in literature, popular cultural products and even in ethnographic research.

But how did media archaeology become (an)archaeology? Through *passings*. Even if I am aware of the political importance of films produced by Roma filmmakers, I have nevertheless focused on films by non-Roma authors. I pay attention to emancipation in my teaching,[5] in my curatorial[6] and academic practice.[7]

Another important theoretical cornerstone of my research is a writing by Arthur C. Danto about "moving images." This philosophical essay on art was written in a postmodern media environment at a time when film and video recordings, as well as technical images overwhelmed art. Drawing parallels and pointing out the differences between theatre, fine art, photography and film, Danto calls attention to the "interpretational" frame, the "deal" between the perceiver and the artist. He differentiates between the *motif* (attributing meaning to a character or a pattern in its own reality), or as a subject of allegorical reference *(model)* and a *par excellence* representation of its own *(theme)*.[8] I argue that we can "unlearn the inherent dominative mode"[9] in Roma representation when we learn to differentiate between the Roma as a model (seeing it as a poetic tool, e.g. the allegory of freedom), as a motif (seeing it determined by its sociological and anthropological factors) and as a theme (being aware of the reality-based works of Romani artists).

---

4   See: Elsaesser: Film History.
5   In 2011, I founded Roma Visual Lab, a film club, university course where Roma images have been analysed. Romakép Műhely, http://www.romakepmuhely.hu/. [Accessed: 29.8.2019].
6   Cineromani, http://www.berlin.balassiintezet.hu/images/institutes/berlin/Events/Politik_Gesellschaft_Roma/2013/201305_Cineromani_Leporello_web.pdf. [Accessed: 29.8.2019].
7   Romarchive, https://www.romarchive.eu/de/collection/p/andrea-pocsik/. [Accessed: 29.8.2019]. A series of events I organised together with Romani artists (André J.e Raatzsch artist, curator, Rodrigó Balogh actor, theatre director) highlights this fact performatively. In the framework of an exhibition opening, we bought "Roma ethnicity" for our film club; http://hu.tranzit.org/file/roma_the_contract_to_sell.pdf. [Accessed: 1.5.2018]. The book I wrote about Roma representation in a critical approach is part of my imaginary contract.
8   Danto, Arthur C.: Mozgó képek, Metropolis, in: ősz (1997), pp. 8–21; originally published with the title „Moving Pictures," in: Quarterly Review of Film Studies 4.1 (1979), pp. 1–21, here pp. 9–10.
9   Said, Edward W.: Orientalism, New York 1979, p. 28.

Let me try to show these functions at work in an (an)archaeological case study about Berlin in 1932.

## *Kunstwollen* and *Machtwollen* during the Weimar Republic film culture

In my analysis, I create a dialogue between films produced very close together in time and space, but very distant in genre and approach. Thus, I argue that films are memory patterns and we can analyse in parallel the "poetics and politics" of very different films. My establishing idea is to map the biographical spaces of the above-mentioned artists and reveal the history of origin and reception (and in those the possible connections) of their works.

Both films were made around 1932 at the threshold of the National Socialist regime.

László Moholy-Nagy made two documentary films between 1931 and 1932 in Berlin.[10] I call these "images of resistance," because the intention of the prestigious Bauhaus artist and pedagogue was to capture, to show "truly" the life and environment of the lower social classes, such as workers and Sinti, despite of all the threatening political and social changes.[11] Initially, I intended to collect sources about and examine two films, but then two became three: *Urban Gypsies* (*Großstadt-Zigeuner,* 1932) and Leni Riefenstahl's *Blue Light* (*Das blaue Licht,* 1932), *Lowlands* (*Tiefland,* 1940–1954). I am now going to discuss the first one and connect it to the last one at the end of the paper as important puzzle pieces of the Romanies' historicised memory.

I also take into consideration Moholy-Nagy's conceptions about the documentary film-plans and I treat them as "informative situations" that can partly reveal the complexity of experiences available in the late Weimar Republic. In his theorisation of biographical spaces, Zsolt K. Horváth argues that this methodological change means that

> the facts of biography do *not* determine the future author, 'do not lead his hand' while painting a picture, writing a poem or a study, all in all create the rhythm with the performative force of the experience and the pattern of the creative imagination of the subject, and at the same time create borderlines of the possible spaces for the construction of social reality (...) In this sense mapping and

---

10  *Urban Gypsies* (*Großstadt-Zigeuner;* D: László Moholy-Nagy, 1932); *Berlin Still Life* (*Berliner Stilleben;* D: László Moholy-Nagy, 1931).
11  In the autumn of 2016, in the framework of a DAAD scholarship, I spent two months in Berlin doing research about the late Weimar Republic film culture.

describing the 'overlapping' political, cultural, social, aesthetic contexts around the subject becomes the unavoidable source of the subject's formulation and elaboration.[12]

László Moholy's documentaries made in the late Weimar Republic, during the rise of National Socialism in Berlin, have been usually neglected by art and film historians compared to his experimental, artistic, and pedagogic activities and other avant-garde film movements. In the volume of collected essays of the so-called Bielefeld Symposium held in 1995, celebrating the 100th anniversary the artist's birth, we can find a few references to these films. Krisztina Passuth, who wrote an important monograph about Moholy-Nagy, characterises *Berliner Stilleben* as a work "stuck on the half way."[13] Another art historian, Christiane Heuwinkel, says that "his films are less autonomous, finished works of art, but rather efforts to win the obstacles of different genres."[14]

A few film historians used slightly different argumentations and tried to reveal in their analyses the characteristics of these documentaries, thus placing them in avant-garde filmmaking, among the important genre of city symphony films. We can see Moholy-Nagy as one of the forerunners of this genre, since he wrote a script in 1921–22 and published it in Lajos Kassák's journal *Ma (Today)* in 1923, titled "The Dynamics of a Metropolis."[15] In the 1920s, many avant-garde filmmakers – Walter Ruttmann, Alberto Cavalcanti, Joris Ivens, Dziga Vertov, Jean Vigo[16] – took this genre *seriously,* some of them not just as a formal experience but as a tool for raising social awareness. I argue that Moholy-Nagy's intentions in the late twenties and early thirties were similar and even more radical and brave because of the completely different social and political environment. And yet most film historians judged them to

---

12　K. Horváth, Zsolt: Az életrajzi térről, Szempontok a biográfiai módszer és a szinoptikus szemlélet történeti alkalmazásához, in: Korall 44 (2011), pp. 154–176, here pp. 156–157.

13　Passuth, Krisztina: Moholy-Nagy und Berlin. Berlin als Modell der Metropole, in: Jäger, Gottfried / Wessing, Gudrun (eds.): Über Moholy-Nagy. Ergebnisse aus dem Internationalen László Moholy-Nagy-Symposium, Bielefeld 1995, zum 100. Geburtstag des Künstlers und Bauhauslehrers, Bielefeld 1997, pp. 37–44, here p. 44.

14　Heuwinkel, Christiane: Dynamik der Bilder. László Moholy-Nagy und der Experimental- und Avantgardefilm heute, in: Jäger, Gottfried / Wessing, Gudrun (eds.): Über Moholy-Nagy. Ergebnisse aus dem Internationalen László Moholy-Nagy-Symposium, Bielefeld 1995, zum 100. Geburtstag des Künstlers und Bauhauslehrers, Bielefeld 1997, pp. 199–214, here p. 201.

15　Moholy-Nagy, László: A nagyváros dinamikája. Filmvázlat. Egyszersmind tipofotó, MA 1923 / IX 8–9

16　Symphony of a Metropolis (D: Walter Ruttmann, 1927); Rien que les heures (D: Alberto Cavalcanti, 1926); Man with the Movie Camera (D: Dziga Vertov, 1929); A Propos de Nice (D: Jean Vigo, 1929–30).

be "pure experiments," with the sole intention of revealing the new medium and did not take into account the social responsibility they expressed.

This situation is changing, as I can see, due to the strengthening influence of critical, cultural approaches in film studies. Film and media archaeology, the influence of the memory and cultural turn undermine the descriptive, systematising aspects that take into account mostly formal devices, separating "the poetic from the political."

In my research on Roma image making, *affectedness* is a central term. Originally, it comes from political sciences and democracy theories, but it is often used in public language describing groups of people who are the objects of a certain socio-economical initiative, and find themselves in life circumstances that ought to be changed. I use it in a broader and slightly different sense, since to be affected also means to be influenced, touched. That is, in my understanding affectedness means *a certain degree of empathy, solidarity which comes from either a similar life situation, or similar ethnic, class origin, or professional interest.*

László Moholy-Nagy was a bourgeois, middle-class artist of social responsibility and a Hungarian-Jewish emigrant, a stranger and a target of strengthening discrimination. So, in a way he was distant. In 1932, the year when *Großstadt-Zigeuner* was shot, he was excluded from the Association of German Filmmakers (Gesellschaft Deutscher Lichtbildner), and the postproduction itself was stopped and the distribution prohibited. A few cinemas screened his short documentaries a couple of times in Germany, and after his emigration to Holland, England and finally to the United States, a few academic events were organised. The reception was very limited, a few articles were published in newspapers, but rarely analysing, mostly just stating the fact that shooting had taken place.

After the end of the war and the early death of László Moholy-Nagy, the first biographical volume was written by his second wife, Sibyl Moholy-Nagy, whom he met before shooting these documentaries and who put together a memoir with many important subjective recollections (and yet, we have to be aware of the fact that the memoir was written not long after her husband's death). But we can formulate a detailed picture about his plans, and the circumstances. Interestingly, she does not describe the interaction with workers but only with the Sinti, e.g. the difficulties and obstacles of approaching them, persuading them to cooperate.[17]

What I call "passing" in this intercultural filmmaking is how the "affected" author builds the interaction on his/her cultural identity, how he/she

---

17 Moholy-Nagy hired a sort of mediator, a Jewish woman who lived with the community. She was his assistant and helped him organize the shooting. Moholy-Nagy, Sibyl: Experiment in Totality, Cambridge, MA 1969, p. 68.

approaches a certain community, a person who is similar in one way or another to him/her but not identifiable so he or she dissembles in order to get close. I argue that the "Romaphilia" described by the sociologist Éva Kovács[18] as one side of the attitude toward the Roma is connected to this socio-psychological phenomenon.

In the mid 1930s in National Socialist Germany, many cities started to round up Roma and Sinti and forced them to live in small concentration camps. The one built in Marzahn in Berlin in 1936 has crucial importance to my research, but I will explain that later.

It is difficult to judge the consequences of these actions on public opinion. The romantic attraction mixed with fear toward a supposed culture of "vagabonds," the appropriation of an imagined freedom-loving closeness to nature, or an equally imagined resistance to modernism as represented in art, just as the hatred towards Roma and Sinti and their stigmatisation as criminals was represented in the press.

According to Sibyl Moholy-Nagy, those he perceived as 'Gypsies' aroused nostalgia in Moholy-Nagy, but the film itself does not reflect this emotional attitude. I agree with the arguments of several film historians, namely that it is rather an avant-garde experimental documentary in the spirit of the Bauhaus programme-like *Sinneserweiterung*. I would add that its object is the gaze, the camera-eye of the outsider, the intruder. Every tenth shot is a self-reflective one, the decomposed shots with strange camera angles make the viewer aware of the voyeuristic act. It evidently bears the impact of Dziga Vertov whose conceptions about filmmaking impressed Moholy-Nagy, and his theoretical writings and the concept of "vision in motion" support this argument. The shots that record the community's rejection of the filmmaker create exceptional grotesque moments of Roma representation. From another point of view, they can be opposed to the "aesthetics of misery," of the important trend of social criticism represented by the *Neue Sachlichkeit*. This "matter-of-fact approach," often opposed to expressionism, was meant to represent members of marginalised groups and their surroundings focusing on their socially determined position thus victimising them. László Moholy-Nagy turns his camera to the "human" reactions. He lets the characters look frequently into the lens, thus heightening the level of reflectivity, and does not delete rejections, e.g. when some women turn and show their bottoms, laughing at the cameraman or simply shut the door in his face.

In my opinion, the constant borderline-crossing captured in the film makes this documentary an eternal metaphor of Otherness, and reflects the affectedness of the author, since its characters cross the "border" in their

---

18   Kovács, Éva: Fekete testek, fehér testek, in: Beszélő 14.1 (2009), pp. 74–92, here p. 77.

interaction with the urban citizens and the filmmaker himself crosses the border with his intruding presence. And formally, it is a borderline-crossing work of art since Moholy-Nagy's constructivist experiments with light and shadow are expressed through black and white moving images, the new medium of "camera-truth" and recall his diary-note from 1932: "Every human life has got shadows. There isn't any human without shadows."[19] But talking about border-crossing, we can easily get confused about "inside and outside" when we think about the "Germanness" of the Sinti and Roma, stigmatized as "Zigeuner" and excluded from the "imagined community" of the nation and when we think about László Moholy-Nagy, who spent his adult life in constant emigration, being a foreigner, a Hungarian, often actually associated with the Roma, and changing from a Bauhaus artist to a Jew excluded from society and forced into emigration again. That is why I would call his "passing" allegoric in the Walter Benjaminian sense: not as a symbol of solidarity with the poor Roma as a middle-class artist, but as the allegory of Otherness (an outcast Jew) – not as a playful poetic technique but as an expression like language or writing.

As I mentioned above, his short documentaries reached a very small audience. Cinema-goers were longing for melodramas and, as Thomas Elsaesser argues, "this genre meant the overwhelming hegemony of the attraction to "victim role" *(Opferrolle)* of the "world middle class" *(Weltmittelklasse)*.[20] Just as in the most important genre of National Socialism, the mountain films (Bergfilme). Leni Riefenstahl, the celebrated star of the genre made her first feature film, the *Blue Light (Das blaue Licht)* in the same year (with the collaboration of another important Hungarian emigrant, the excellent film theoretician Béla Balázs). She also starred in the film as an outcast village girl, a mysterious girl, Junta. After she became one of the most important directors of the Nazi propaganda machine, she started another feature film in 1940, *Lowlands (Tiefland)*, a mega-production, that was finished long after the war, in 1954.

In Riefenstahl's story, I would like to highlight her intention (what I call the "Machtwollen," or "urge for power" that is rooted in her biography and her career and, by the way, I juxtapose elsewhere[21] with Moholy-Nagy's "urge for art," "Kunstwollen"), and also a term that is central to my Roma image

---

19  Moholy-Nagy, Sibyl: Laszlo Moholy-Nagy. Ein Totalexperiment, Mainz 1972, p. 79.
20  Elsaesser, Thomas: Gefühlte Opfer. Die mediale Inszenierung einer prominenten Rolle, in: Metelmann, Jörg / Beyes, Timon (eds.): Die Macht der Gefühle. Emotionen in Management, Organisation und Kultur, Berlin 2012, pp. 109–126, here p. 111.
21  Pócsik, Andrea: Images of Resistance in Our Historicized Memory. Kunstwollen: Formal Experiences of Social Force, in: László Moholy Nagy's Documentaries, accessible at: https://www.romarchive.eu/en/collection/lecture-by-andrea-pocsik-images-of-resistance-in-our-historicized-memory-kunstwollen-formal-experiences-of-social-force-in-laszlo-moholy-nagys-documentaries/. [Accessed: 19.11.2019].

analyses: *passing*. I extend its usage from the way it is widely understood in social psychology, where it describes a coping strategy for distancing oneself from a stigmatised identity by generating situations where the individual evokes (race, gender) norms in everyday life performances through "cheating," camouflage, or covering up. I have collected "cases" from Hungarian film history, where we can witness a fictitious rearticulating of racial and class (sometimes gender related) belonging.

There are many examples of this popular melodramatic motif: a secret love affair, forced marriage or marriage for love between a man and a woman of different social backgrounds, where one of the partners, usually the woman, is a Roma. These are cases of *intersectionality*, which the Oxford Dictionary defines as: "The interconnected nature of social categorizations such as race, class, and gender as they apply to a given individual or group, regarded as creating overlapping and interdependent systems of discrimination or disadvantage." It can be represented in different ways, but "the Roma" character always adds some romanticised, exoticised, or victimised attribution. The most well-known trope of the independent, seductive Roma woman, which returns from time to time in similar patterns in film history, is Carmen in the opera by Bizet.

*The Blue Light* and *Tiefland* were two important milestones in Leni Riefenstahl's career. In both films, she is the protagonist and the director. In *The Blue Light,* she plays an outcast village girl with supernatural powers and extraordinary physical skills that enable her to climb mountains. And she knows how to get the precious crystals from the cave of Monte Cristallo. She is also placed morally above the greedy village inhabitants, where the young men are seduced by her beauty and her powers. Their attraction is paralleled in their greed. In *Tiefland*, her attractive power derives from her beauty and her dance skills and she is the target of the amoral, erotic desires of the wealthy landowner Don Sebastian. In *The Blue Light,* the emphasis is on her special Otherness rather than her "Gypsiness." Actually, there aren't any clear references to her ethnic origin except for her flowery clothes, but she was identified as Junta, "the Gypsy girl," in reviews and in work by Siegfried Kracauer published after the war. We can read these female characters as two alter egos of Riefenstahl at different stages of her carrier: at the time of her upheaval and at the time of her downfall. Both are connected to the National Socialist era: the fact that Riefenstahl referred to *The Blue Light* as clear proof of her untainted talent (and this was also pointed out in several receptions of the film) became a recurring element of her self-victimisation. *Tiefland* is a totally different story: it is more about the powerless, exploited female character's struggle.

One possible explanation for Riefenstahl's *passings* – becoming a Roma outcast empowered with erotic, seductive strength and talent – can be interpreted in terms of the facts of her own biography. She was born from a marriage between the daughter (one of twelve children) of a poor mason and a wealthy building contractor. According to her biographical notes, both her mother and she were subordinated to the will of an authoritarian husband and father. In spite of opposition from her father, she was allowed to start a dancing career. Then, after a series of foot injuries, she continued as an actress in *Bergfilme*, acting as one of the few female characters who could ski and climb mountains, both traditionally male sports. At the same time, her ambitions leant towards filmmaking: a totally male-dominated profession in that period.

How is all this connected to her Roma characters? I think that this imaginary "Gypsyness," where the woman is endowed with great independence, could be paralleled with the women's emancipation movement. Other lower social-class female protagonists did not have the same appeal. The struggle was part of Riefenstahl's life-blood. (In fact, her book about her early career, published in 1933, was titled *Kampf in Schnee und Eis (Struggle in Snow and Ice)*.

Her original film project, after the Nazi propaganda films, was titled *Penthesileia* and was about the last Queen of the Amazons in Greek mythology. It might have ensured the continuation of the Nazi attraction to Greek harmony and the cult of the body. But she gained approval for the shooting of *Tiefland* – no doubt the success of the opera was a strong argument for it. If *The Blue Light* represented a symbolic transition from the Weimar Republic to National Socialist film culture, *Tiefland* represented its totality. Riefenstahl said that she wanted to go beyond the *Bergfilme* and to create a production where "women are more important than mountains."[22] I would add that, whereas *Tiefland* was a super-production (it was one of the most expensive films of the Nazi era), with power as the dominant theme, what we witness in *The Blue Light* is a poetic, allegoric *passing* (and that was mainly due to Béla Balázs's contribution both as a scriptwriter and a director). In *Tiefland*, what Riefenstahl achieves is a *passing* which is egocentric, power-driven, and morally perverted.

She requested Roma and Sinti extras from internment camps, mainly children, who were then sent on to concentration camps. (It was not her idea, but it was a standard practice in the Babelsberg Film Studio to hire extras as forced labour.) This fact was revealed shortly after the war in 1949 in the Munich magazine *Revue*, before the film was even completed and premiered. Riefenstahl responded aggressively by suing the editor and winning the case. After a long production process, the film was finished and premiered in 1954. I will point out a few crucial facts in its reception history.

---

22 Rentschler, Eric: Hochgebirge und Moderne. Eine Standortbestimmung des Bergfilms, in: Film und Kritik 1.1 (1992), pp. 6–27, here p. 23.

This is a long story revealed in a painstaking research by the British film historian Susan Tegel,[23] and I mention it here because as *memory patterns* (Jan Assmann) *Großstadt-Zigeuner, Das blaue Licht* and *Tiefland* are connected. The characters of Moholy's film lived in Marzahn where a detention camp for Sinti and Roma was built just before the Olympic Games in 1936, and were probably taken there (as the first city injunctions wanted to "clean" the neighbourhood, and hide the disorder from the foreigners). In *Tiefland*, Leni Riefenstahl hired Roma extras from Maxglann and Marzahn to create an authentic Spanish environment. The whole story – I will not go into details now – with Riefenstahl's Holocaust denial and survivors' testimony is analysed by Tegel. But her research results are not mentioned, of course, in the DVD of *Tiefland* which is commercial. And what is more striking, the largest German film database gives the production dates of the film incorrectly. Instead of 1940–1954, it states 1940–1944, which is incredibly important for the history of reception. We are not informed about the extras and the processes, there is only a link to the general description of National Socialist film industry. But when we search for *Tiefland,* we get two other matches. One is the documentary by Nina Gladitz that investigated the story and was banned from distribution following an initiative by Riefenstahl in 1982, a year after the film's release.[24] The other match is even more interesting: it is an article titled: "Force Labour in a Film Studio."[25] It reveals that it was a usual practice during the Nazi period to use extras from forced labour camps in the Babelsberg Film Studio where UFA films were made. They were usually "not noticed," not even in Max W. Kimmich's *Germanin* that takes place in Africa with three hundred French black war prisoners and Riefenstahl's *Tiefland,* in which 68 Roma and Sinti, who were interned at the Marzahn camp, appeared as forced extras. We cannot know if Moholy's lively community took part in the shooting of *Tiefland,* but theoretically this is possible. What we know is that most of them died in concentration camps.

As a conclusion, I would stress that nowadays "knowledge production" is becoming a crucial term and has political consequences. RomArchive, the huge digital database, is one example, a precious initiative and an important project: the portent of more to come. In a text written for the photo section curated by André J. Raatzsch, I have stressed the importance of forgetting and

---

23  Tegel, Susan: Riefenstahl's "Gypsy Question," in: Historical Journal of Film, Radio and Television 23.1 (2003), pp. 3–10; Tegel, Susan: Riefenstahl's "Gypsy Question" Revisited. The Gypsy Extras in Tiefland, in: Historical Journal of Film, Radio and Television 26.1 (2006), pp. 21–43.
24  Filmportal, http://www.filmportal.de/film/zeit-des-schweigens-und-der-dunkelheit_005ed2a3f22549ea9548c7ef584b2ac0. [Accessed: 19.11.2019].
25  Filmportal, http://www.filmportal.de/en/node/1173318. [Accessed: 19.11.2019].

remembering, adding as a third psychological term "unlearning." In memory studies, we often refer to the debate between two outstanding German scholars, Christian Meier and Aleida Assmann[26] about the role of forgetting in societal changes. When Assmann gives arguments for the dialogical memory politics instead of the monologic one, she refers to the thoughts of the postcolonial thinker Edward Said, about how nation building and remembering are tightly connected, stressing its transformative power. Here, I refer to another work of Said, *Orientalism,* where he states, as is often quoted in postcolonial critical theory, that in order to deconstruct power politics which determine representation, we need „to unlearn the inherent dominative mode."[27] László Moholy-Nagy resisted the tradition of victimisation in the shadow of the systematic persecution and represented the Roma as seen *motifs* of inherent Otherness, but created an anthropological context for the purpose of deeper understanding. Leni Riefenstahl highlights victimisation and exploitation for melodramatic purposes creating *models,* allegories of powerlessness and transcends all ethical norms in order to attain success. In my understanding, we could practice "unlearning" by *re-writing, re-interpreting, re-thinking, re-telling our narratives* in the light of the memory and cultural turn and *decolonizing all the archives and databases in order to recover.*

---

26 Meier, Christian: Das Gebot zu vergessen und die Unabweisbarkeit des Erinnerns. Vom öffentlichen Umgang mit schlimmer Vergangenheit, München 2010; Assmann, Aleida: Az emlékezet átalakító ereje, in: Studia Litteraria 51.1–2 (2012), pp. 9–23.
27 Williams, Raymond: Culture and Society 1780–1950, London 1958, p. 376.

# When Good Intentions Go Bad: The Stereotypical Portrayal of Roma Characters in the German Children and Youth Film *Nellys Abenteuer*

Pavel Brunssen

The tax-funded film *Nellys Abenteuer (Nelly's Adventure)* was supposed to be an educational tool to foster intercultural understanding among children. Yet, the film (re-)produces[1] a line of difference between Germans and Roma and was therefore strongly criticised. Although the director wanted to show that, through their relationships, the Roma characters evolve and grow in their moral thinking, they are nonetheless portrayed as stereotypical images.

The film for children and young adults was produced in Germany and Romania and was first shown in cinemas in 2016. The broadcast of the film by the German public television station *Südwestrundfunk* on November 12th, 2017, and later on by the children's television channel *Kinderkanal,* was accompanied by a public debate about antigypsyism in film.[2] Several meetings between the film team (mainly the producers, screenwriters, and director), the TV-stations, and the *Central Council of German Sinti and Roma* took place ahead of the planned broadcasting. In addition, more than a dozen statements were

---

1  The film's images of Roma are congruent with widespread stereotypical portrayals of Roma. By using these images, the film contributes to their continuance – the film produces and reproduces them.
2  Antigypsyism is a specific form of *ressentiment* directed towards Sinti, Roma, Travelers, and others who are stigmatized and discriminated against as 'Gypsies.' I understand antigypsyism as an analytical term meant to describe the public imagination about 'Gypsies' which is not related to how Roma are or are not. For a discussion on the term "Antigypsyism/Antiziganism" please see: End, Markus: Antiziganismus. Zur Verteidigung eines wissenschaftlichen Begriffs in kritischer Absicht, in: Dokumentations- und Kulturzentrum Deutscher Sinti und Roma (ed.): Antiziganismus. Soziale und historische Dimensionen von „Zigeuner"-Stereotypen, Heidelberg 2015, pp. 54–72; Selling, Jan/End, Markus/Kyuchukov, Hristo/Laskar, Pia/Templer, Bill (eds.): Antiziganism. What's in a Word? Proceedings from the Uppsala International Conference on the Discrimination, Marginalization and Persecution of Roma, 23–25 October 2013, Newcastle 2015.

published by the *Central Council,* the film team, organizations of Sinti and Roma, and others.³ The *Central Council* published a review of the portrayal of Roma in *Nellys Abenteuer* and a one-hour TV debate followed the broadcast of the film on *Südwestrundfunk*.⁴

The *Central Council* criticised that Roma in the film were portrayed according to antigypsyist stereotypes and argued that the film enhances antigypsyism among children. The Roma's activities and characteristics in the film follow antigypsyist tropes. According to such tropes, Roma appear in the film as small-time criminals, con artists, beggars, as doing 'traditional' dances, as kidnappers of children, etc.⁵ In contrast, the film team proclaimed that the critics had not understood the film and insisted on good intentions and on the film's message of evoking understanding among different cultures.

3 See for instance: Becker, Jens: Statement von Prof. Jens Becker zum Gutachten von Pavel Brunssen zum Film „Nellys Abenteuer", accessible at: http://indifilm.de/wp-content/uploads/2017/10/Stellungnahme-Jens-Becker-zu-Gutachten-Brun%C3%9Fen.pdf. [Accessed: 10.5.2018]; Brunssen, Pavel: Gutachten zum Kinder- und Jugendfilm „Nellys Abenteuer", accessible at: http://zentralrat.sintiundroma.de/download/6645. [Accessed: 29.5.2018]; Heftrich, Urs: Anmerkungen zu den Stellungnahmen von Prof. Jens Becker und Prof. Dr. Dieter Wiedemann betreffend den Film „Nellys Abenteuer", accessible at: http://zentralrat.sintiundroma.de/stellungnahme-von-prof-dr-urs-heftrich-zum-film-nellys-abenteuer/. [Accessed: 5.10.2018]; Gielnik, Arek/Ratsch, Dietmar: Stellungnahme Antiziganismusvorwürfe „Nellys Abenteuer", accessible at: http://indifilm.de/stellungnahme-antiziganismusvorwuerfe-nellys-abenteuer/. [Accessed: 6.11.2017]; Kolano, Uta/Becker, Jens/Wessely, Dominik/Gielnik, Arek: Antwortschreiben von Vertretern des Filmteams von „Nellys Abenteuer" auf den Antiziganismus-Vorwurf des Zentralrates der Deutschen Sinti und Roma, accessible at: http://indifilm.de/wp-content/uploads/2017/10/Nelly_unsere_Stellungnahme.pdf. [Accessed: 11.10.2018]; Roma Trial. Stellungnahme zum Film Nellys Abenteuer: Bad publicity Is Good Publicity?, accessible at: http://romatrial.org/en/aktuell/stellungnahme-zum-film-nellys-abenteuer/. [Accessed: 5.10.2018]; Zentralrat Deutscher Sinti und Roma: Zentralrat Deutscher Sinti und Roma appelliert an KIKA und SWR: Antiziganistischen Kinderfilm nicht senden, accessible at: http://zentralrat.sintiundroma.de/zentralrat-deutscher-sinti-und-roma-appelliert-an-kika-und-swr-antiziganistischen-kinderfilm-nicht-senden/. [Accessed: 5.10.2018]; Zentralrat Deutscher Sinti und Roma: Zentralrat Deutscher Sinti und Roma erneuert Vorwurf des Antiziganismus gegen den Film „Nellys Abenteuer", accessible at: http://zentralrat.sintiundroma.de/zentralrat-deutscher-sinti-und-roma-erneuert-vorwurf-des-antiziganismus-gegen-den-film-nellys-abenteuer/. [Accessed: 5.10.2018].

4 Brunssen: Gutachten; SWR – Südwestrundfunk: Diskussion zum Film „Nellys Abenteuer", accessible at: https://www.ardmediathek.de/tv/Deb%C3%BCt-im-Dritten/Diskussion-zum-Film-Nellys-Abenteuer/SWR-Fernsehen/Video?bcastId=8758348&documentId=50509864. [Accessed: 29.5.2018].

5 For an in-depth analysis of these tropes, see: Brunssen: Gutachten. A shortened version of the review is also available in English: Brunssen, Pavel: Review [Summary] of the Children and Youth Film *Nellys Abenteuer* (*Nelly's Adventure*), accessible at: http://zentralrat.sintiundroma.de/en/download/481. [Accessed: 11.10.2018].

The storyline of the film is as follows: Nelly and her parents, the Klabunt family from Germany, are planning to spend their summer holidays in Romania. There, Nelly learns that her parents plan to move to Romania due to a job opportunity for her father. Furious about this, Nelly runs away and gets kidnapped by two Roma, Hokus and Iancu, who hide her in a Roma village. It turns out that the German non-Roma Reginald Wagner is behind the kidnapping of Nelly, with the aim of preventing her father from working on wind energy development in Romania, which competes with Wagner's dam project. Nelly is finally successful in escaping with the help of Tibi and Roxana, two Roma children from the village. Together the children fight Wagner and save the Roma village, which is endangered from flooding by his dam project. At the end of the film, Nelly and her parents decide to move to Romania.

Now, what is it about this film that caused such a heated public debate? In order to discuss this question, I will address key points concerning both the film and the debate. First, I will examine whether a difference between Roma and non-Roma is (re-)produced in the film, and if so, in what way is this problematic? Second, by explaining how the academic areas of film studies and minority studies differ in their understandings of what a character is and what a stereotype is, I will be able to discuss the relationship between the film team's intention (they claimed to have anti-racist objectives) and the actual film product.[6] Third, I will analyse two scenes from the film in order to emphasise how stereotypical images are inscribed in what appears on the film's surface – its manifest meaning structure – and in what needs to be detangled – the film's latent meaning structure. I will argue that a film is always an expression of a society's collective visual memory.

*Nellys Abenteuer* is of specific interest for several reasons. First, the film was well placed to succeed: *Nellys Abenteuer* was financed with over 900,000 euros worth of tax money, was shown at a variety of film festivals, won multiple awards, and was produced in cooperation with public television, namely *Südwestrundfunk* and *Saarländischer Rundfunk*. Most importantly, the film's target audience is children. The film's website provided a

---

6   The film team's intentions have been challenged by *Roma Trial*, a transcultural organisation of Roma and non-Roma with an emphasis on film projects. *Roma Trial* claimed in a statement that they have been asked to contribute to the film with their knowledge and experience, e.g. they were supposed to read the film script and to help with the cast. However, after a few meetings and a letter of intent written by *Roma Trial* that helped *IndiFilm* to raise funding, the collaboration ended: "The collaboration was good as long as the production company INDI Film needed us for their purposes." ["Aus der Sicht unseres Vereins lief die Zusammenarbeit solange gut, wie uns die Produktionsfirma INDI Film für ihre Zwecke benötigte."] Moreover, parts of *Roma Trial's* statement of intent were used without permission by the film distributor for their press kit. Roma Trial: Stellungnahme. The film team later rejected *Roma Trial's* claims: Kolano et al.: Antwortschreiben.

contact address for schools that would like to screen the film as well as a link to "extensive educational materials."[7] Today, the film's website still makes material available for download but the strongly criticised "educational material" has disappeared from the website.[8] Children are often regarded with specific concern as they are connected to ideas of innocence, hope, and the future. Therefore, a strong reaction to a film that is perceived as enhancing antigypsyist stereotypes is not surprising, as such a film contradicts pedagogical efforts against antigypsyism. The film's impact on children was one of the central topics of the debate. In this context, an impact study was conducted by Maja Götz and Andrea Holler from the *International Central Institute for Youth and Educational Television*.[9] In addition to the aforementioned aspects, I will also discuss the results and the methodology of the impact study.

## Creating Difference in *Nellys Abenteuer*

Despite being a story about the developing friendship between Nelly and the two children from the Roma village, Tibi and Roxana, the film (re-)produces an essentialised difference between Roma and non-Roma. The line of difference becomes evident by examining both the film's content and its form.

At the beginning of the film, Nelly's father is introduced as permanently busy with his smartphone. He has no time for his wife and daughter. Similarly, Nelly's mother is described by her daughter as "very stressy."[10] She is portrayed as a person who educates her daughter to be diligent and to always endeavour: "If you are not practicing on a regular basis, it will all come to nothing!" is what she says to rebuke Nelly when she refuses to take her flute with her to their family holidays in Romania [00:02:38–00:02:40].[11]

---

7 Nellys Abenteuer, www.nellysabenteuer.de. [Accessed: 20.2.2018].
8 In my review of the film I argued that the educational material continued to create a difference between Roma and non-Roma in a way that did not provide a differentiated perspective. An exercise sheet on "The Roma" ["Die Roma"] evoked generalising and stereotypical answers. For instance, questions on the exercise sheet were: "Which problems they have" ["Welche Probleme sie haben"], "Where and how they live" ["Wo und wie sie leben"], and "What characterises their way of live" ["Was ihre Lebensweise auszeichnet"]; Brunssen: Gutachten, p. 16. My translation.
9 Götz, Maya / Holler, Andrea: Rezeptionsstudie zum Film Nellys Abenteuer, Internationales Zentralinstitut für das Jugend- und Bildungsfernsehen 2017.
10 ["voll anstrengend"]. My translation.
11 ["Wenn du nicht ständig übst, dann wird das nichts!"]. My translation. All time references are related to the DVD of the film and are in the format [Hours:Minutes:Seconds]: *Nellys Abenteuer* (D: Dominik Wessely, Germany 2017).

The German Klabunt family is introduced and portrayed as a disciplined and hard-working family from a German townhouse in Schwäbisch-Hall.

The portrayal of Nelly's home in Germany could hardly differ more from what she experiences during her first encounter with the Roma village. The scene in Germany takes place in a clean and modern middleclass townhouse that appears in bright light, filmed with a stable, cinematic camera. In contrast, the Roma village appears as pre-modern, dirty, and is shown in a dark and rainy environment. Here, Nelly finds herself in a totally different setting when she arrives, just after being kidnapped, in the Roma village.[12] The entrance to the village is filmed from the inside of the car. At first, approximately 50 percent of the screen is occupied by the car. This way, a barrier to the outside is constructed. The viewer finds him- or herself at a distance from the outside and also in discomfort because the car wobbles due to the bad condition of the street. As the car slowly occupies less space on the screen, the Roma village appears (Fig. 1). Here, a group of people stand shoulder to shoulder to watch the arrival. Gloomy sounds underscore the impression of foreignness and intimidation.

Now, the camera shows Nelly's arrival from two perspectives: First, the third-person camera is on Nelly, who is surrounded, touched, and intimidated by the Roma from the village (Fig. 2). Hokus guides her through the group.

Second, the first-person camera takes Nelly's perspective (Fig. 3). Whereas the camera from the car created distance, the camera's perspective now demonstrates the encroaching attack on Nelly's privacy [00:36:04–00:37:03].

This scene not only creates a difference between Nelly and the village people, but is also reflective of the deep-rooted antigypsyist stereotype of Roma not being able to respect personal boundaries, instead being undisciplined and carefree.[13] Furthermore, the unstable, wobbling, documentary camera style intensifies not only the perception of an uncomfortable and threatening environment but also the perception of difference between Roma (represented by the people from the village) and Germans (represented by Nelly); the civilised, modern, and disciplined Germans on the one side, and the uncivilised, pre-modern and undisciplined Roma on the other.

---

12   The notion that Roma are kidnappers of children is a deeply ingrained stereotype. It has been literature foremost that established this image over the last centuries: from Cervantes to Karl May, it has been 'Gypsies' who stole children from their families; Brittnacher, Hans Richard: Das Märchen von den Kinderdieben. Zur Unverwüstlichkeit eines Vorurteils, in: Josting, Petra / Roeder, Caroline / Reuter, Frank / Wolters, Ute (eds.): „Denn sie rauben sehr geschwind jedes böse Gassenkind". ‚Zigeuner'-Bilder in Kinder- und Jugendmedien, Göttingen 2007, pp. 56–78.

13   See for instance: End, Markus: Antiziganismus in der deutschen Öffentlichkeit. Strategien und Mechanismen medialer Kommunikation, Heidelberg 2014.

**Fig. 1** The Roma village appears on the screen (Screenshot taken from: Wessely, *Nellys Abenteuer* [00:36:21]).

**Fig. 2** Nelly's arrival (Screenshot taken from: Wessely, *Nellys Abenteuer* [00:36:52]).

**Fig. 3** The first-person camera takes Nelly's perspective (Screenshot taken from: Wessely, *Nellys Abenteuer* [00:36:55]).

The documentary camera style strengthens the notion of authenticity. Interestingly, the film team proclaimed that specific scenes of *Nellys Abenteuer* were filmed in a real Roma village and that these scenes are therefore authentic. At the same time however, they proclaimed that *Nellys Abenteuer* is a feature film that will not be perceived as authentic or real by the audience. While ambivalence remains, there is more: Besides the frequent use of a documentary camera style when Roma are portrayed, the film's setting in Romania needs critical attention. "The closer to 'home,' the more 'authentic' the film" may be the logic here. Romanians are frequently perceived as Roma and vice versa.[14] In addition, it is worth mentioning that *Nellys Abenteuer* is Dominik Wessely's first feature film as a director. Before that, he was the director of more than fifteen documentaries. To choose a documentary filmmaker for *Nellys Abenteuer* may be interpreted as an expression of the longing for authenticity when it comes to Roma film figures in German film productions. In *Nellys Abenteuer*, the stereotypical portrayal continues in supposedly 'positive' displays: In addition to the negative stereotypes described above, viewers are also shown a romanticised image of a presumably joyful life filled with dance, card tricks, music, and 'traditional' clothing. These representations of alleged 'traditions' do not break with stereotypical portrayals, but rather complement them. Fascination and disdain are two sides of the same coin.

## Stereotypes & Characters – Film Figures as Symptoms of the Collective Visual Memory

How stable is the created line of difference between Roma and non-Roma? Does the development of friendship between Nelly, Roxana, and Tibi break through this line of difference? The screenwriter of *Nellys Abenteuer*, Jens Becker, wrote in a statement that Tibi, Roxana, their mother Roza and the kidnapper Hokus are characters in the sense that each and every one of them has his or her own character arc.[15] In fact, there is no doubt that Tibi, Roxana, and Roza are, from Nelly's perspective, at first a threat but later allies. However, at the same time, these characters are portrayed stereotypically throughout the film. It is important to understand that the term "stereotype" means something different in film making than in social psychology: While a stereotype in the field of social science is understood as an

---

14  Ibid.
15  Becker, Jens: Stellungnahme von Prof. Jens Becker zum Gutachten von Prof. Dr. Urs Heftrich zum Film „Nellys Abenteuer", accessible at: http://indifilm.de/wp-content/uploads/2017/10/Jens-Becker_Stellungnahme-zu-Statement-Prof.-Heftrich.pdf. [Accessed: 29.5.2018].

ingrained prejudice, a stereotype in film theory is understood as a figure that has a function without depth or development (in contrast to a character).[16] A figure-stereotype ("Figurenstereotyp") does not have to be identical with the social psychological understanding of a stereotype.[17] However, film characters can be based on a stereotypical perception of the 'other.' Exactly this is the case in *Nellys Abenteuer*.

Lea Wohl von Haselberg states that the way a film is made expresses not solely intentional, but also unintentional choices by the film team.[18] The film team's intention and the actual images in the film may differ. In his influential book *From Caligari to Hitler*, the German film theorist Siegfried Kracauer indicates that "films of a nation reflect its mentality."[19] Even though racism in Germany is socially and publicly frowned upon, antigypsyism is still widespread and deeply entrenched in the collective visual memory.[20] Therefore, it comes as no surprise that the film team of *Nellys Abenteuer* claims to take an antiracist stand while their film (re-)produces antigypsyist stereotypes rather than deconstructing them.

According to Kracauer, what films reflect are "not so much explicit credos as psychological dispositions – those deep layers of collective mentality which extend more or less below the dimension of consciousness."[21] He states that a film mirrors the collective mentality of a society for two reasons. First, films are not the product of an individual: "Since any film production unit embodies a mixture of heterogeneous interests and

---

16  Schweinitz, Jörg: Film und Stereotyp. Eine Herausforderung für das Kino und die Filmtheorie, Berlin 2016.
17  Wohl von Haselberg, Lea: Und nach dem Holocaust? Jüdische Spielfilmfiguren im (west-)deutschen Film und Fernsehen nach 1945, Berlin 2016, p. 48; see also Lea Wohl von Haselberg's contribution in this volume.
18  Wohl von Haselberg: Und nach dem Holocaust?, p. 41.
19  Kracauer, Siegfried: From Caligari to Hitler. A Psychological History of the German Film, Princeton 1947, p. 5.
20  A study published in 2016 – the same year the film premiered – found that 57.8 % of the German population claimed that it would be a problem for them if Sinti and Roma lived in their neighborhood, 49.6 % agreed that Sinti and Roma should be banned from city centers, and 58.5 % agreed that Sinti and Roma tend to be criminals. Although these measurements come with methodological problems, the numbers still give a sense of how alarming antigypsyism in Germany is; Decker, Oliver / Kiess, Johannes / Eggers, Eva / Brähler, Elmar: Die „Mitte"-Studie 2016. Methode, Ergebnisse und Langzeitverlauf, in: Decker, Oliver / Kiess, Johannes / Brähler, Elmar (eds.): Die enthemmte Mitte. Autoritäre und rechtsextreme Einstellung in Deutschland. Die Leipziger Mitte-Studie 2016, Gießen 2016, pp. 23–66, p. 103. The study continued in 2018. The results remained stable. See therefore: Brähler, Elmar / Decker, Oliver (eds.): Flucht ins Autoritäre. Rechtsextreme Dynamiken in der Mitte der Gesellschaft. Die Leipziger Autoritarismus-Studie 2018, Gießen 2018.
21  Kracauer: Caligari, p. 6.

inclinations, teamwork in this field tends to exclude arbitrary handling of screen material, suppressing individual peculiarities in favour of traits common to many people."[22]

Second, as producers do not 'know' their audience, films are produced to address an assumed anonymous multitude: "Popular films – or, to be more precise, popular screen motifs – can therefore be supposed to satisfy existing mass desires."[23] The historian Frank Reuter shows in his work that meanings and understandings of images are always related to predominant societal discourses.[24] He describes the meaning production of images as a twofold process: Images are created both on the side of the image producer and on the side of the image consumer.[25] Roma film figures can be perceived as Roma if their portrayal relates to attributed characteristics. Therefore, the portrayal of Roma in film is often related to the (supposed) Roma images of the audience. These images function properly because they are repeated again and again and thereby form the images ingrained in a society's collective visual memory.

A collective visual memory is linked to the collective societal roots of the images. In Germany, this means a connection to the long history of antigypsyist images, starting in the fifteenth century, culminating in the era of Nazism, and continuing into the Federal German Republic. Over centuries, these images had a strong influence on the perception of Roma as the 'other' through displays in art, music, literature, music, and film.[26] Film figures are often an expression of the collective visual memory linked to the history of a specific society. As such, film figures can be described as symptoms of societal images about specific groups as Lea Wohl von Haselberg analyses so brilliantly in her dissertation.[27]

---

22  Ibid., p. 5.
23  Ibid.
24  See also Frank Reuter's contribution in this volume.
25  Reuter, Frank: Der Bann des Fremden. Die fotografische Konstruktion des „Zigeuners", Göttingen 2014, p. 472 f.
26  See for instance: Bogdal, Klaus-Michael: Europa erfindet die Zigeuner. Eine Geschichte von Faszination und Verachtung, Berlin 2011; Josting, Petra/Roeder, Caroline/Reuter, Frank/Wolters, Ute (eds.): „Denn sie rauben sehr geschwind jedes böse Gassenkind". ‚Zigeuner'-Bilder in Kinder- und Jugendmedien, Göttingen 2017; Peritore, Silvio/Reuter, Frank (eds.): Inszenierung des Fremden. Fotografische Darstellung von Sinti und Roma im Kontext der historischen Bildforschung, Heidelberg 2011.
27  Wohl von Haselberg: Und nach dem Holocaust?, p. 41.

## Hidden Meanings – About the Latent and the Manifest

In order to understand how collective visual images are inscribed into films, it proves fruitful to focus on latent meaning structures. To emphasise this argument, I will now discuss two scenes from *Nellys Abenteuer* – the first to exemplify the manifest, and the second to exemplify the latent meaning structures of the stereotypical portrayal of Roma film figures in *Nellys Abenteuer*. Manifest meaning structures are usually inscribed explicitly, consciously, and intentionally, while latent meaning structures are often hidden, unconscious, and unintentional.[28]

One example of the manifest meaning structure in *Nellys Abenteuer* is the first encounter between Nelly, Tibi, and Roxana: While in Romania for family holiday, Nelly finds out that her parents plan to move there permanently. Nelly reacts furiously, screams at her parents and runs off. She finds herself alone in the centre of Sibiu, where Tibi performs card tricks on the street while his sister Roxana is begging. As Nelly tries to give her some money, Roxana steals her wallet and, together with Tibi, runs off with it. Moments later, Tibi and Roxana are shown trying to make money with dancing and card tricks in the streets. At the end of the day, Hokus picks up Tibi and Roxana in his black Mercedes and Roxana reluctantly hands over the money she made (Fig. 4).

This fast sequence links the Roma portrayal in the film to the antigypsyist image of a daily routine of a so called *'Bettelmafia'* ('begging mafia'), as it is often illustrated in antigypsyist media coverage on Roma – especially in connection to migration from Romania and Bulgaria to Germany.[29] The portrayal of Roma as a 'clan' coming into the city to steal and betray is deeply inscribed into the collective visual memory.[30] Roma are seen as unable to produce on their own; they live on a society without contributing to it in a productive way.[31]

While this scene seems to be very explicit and direct, the latent meaning structure in *Nellys Abenteuer* must be deconstructed in more detail. To analyse the latent inscription of antigypsyist societal images in the film, a scene showing Nelly's parents searching for her kidnapped daughter is paradigmatic: In a hotel, Nelly's father asks the receptionist if she saw a "Roma boy" and a

---

28  The distinction between manifest and latent functions goes back to Merton, Robert K.: Social Theory and Social Structure. Enlarged to Include Two New Essays on Theoretical Sociology, New York 1968.
29  End: Antiziganismus, pp. 117–219.
30  See for instance: Schreiter, Nikolai: „Eingeschleppte Parasiten" – Antiziganismus und die Bettelmafia als pathische Projektion, in: sans phrase 7 (2015), pp. 49–62.
31  End, Markus: „Wer nicht arbeiten will, der soll auch nicht essen", accessible at: https://phasezwei.org/hefte/artikel/wer-nicht-arbeiten-will-der-soll-auch-nicht-essen-60/. [Accessed: 20.11.2018].

**Fig. 4** Roxana hands over the money to Hokus (Screenshot taken from: Wessely, *Nellys Abenteuer* [00:26:13]).

"blonde girl." The way he asks this question (there is no other description of Tibi besides that he is Roma) postulates a common understanding between the father, the receptionist, and the film's audience regarding how a "Roma boy" looks. The receptionist's answer reaffirms this understanding: "To be honest, I have never seen a blond girl and a Roma boy together."[32] Unlike Tibi, whose only characteristic is being a "Roma boy," Nelly is described as "blonde." Here, a "Roma boy's" appearance needs no further explanation, as the presumed audience understands what is meant due to the images inscribed in the collective visual memory.

## How to (not) Measure a Film's Impact

One outcome of the debate on *Nellys Abenteuer* was an impact study conducted by Maja Götz and Andrea Holler from the *International Central Institute for Youth and Educational Television*.[33] They undertook a questionnaire-based survey with 72 children, aged 9 to 11, before and after showing the film.[34]

In this study, the authors rightly stress that children consume media actively and that individuals have different interpretations of a film.[35] Therefore, assumptions about a direct influence of media products may be too

---

32 ["Ehrlich gesagt habe ich noch nie ein blondes Mädchen und einen Roma-Jungen zusammen gesehen."] [01:19:44–01:20:02]. My translation.
33 The reception study was published on www.indifilm.de, the website of the film's production company. The *International Central Institute for Youth and Educational Television* is affiliated with the public television station *Bayerischer Rundfunk*.
34 Götz / Holler: Rezeptionsstudie, p. 9 f.
35 Ibid., p. 6.

simplistic. However, the authors also stress, in reference to cultural theorist Stuart Hall, that the way an individual absorbs and interprets the inscribed meaning of a film depends on his or her existing knowledge, cultural context, communicative discourses etc. In this context, it is important that the authors state in their introduction that constantly repeated images and ascriptions of meanings form the worldview of the audience.[36]

The study consists of three research questions: First, do children, aged 9 to 11, know what the term "Roma" means? If yes, what do they associate with it?

None of the children had pre-knowledge of the term "Roma," whereas one in three had pre-knowledge of the term "Gypsy" ("Zigeuner"), often connected with "clear negative and antigypsyist tendencies."[37] After the film, most of the kids agreed that "Roma" are the inhabitants of Romania. The authors of the study conclude as follows: "This means, that all possible stereotyping is related to the children´s images about Romanians."[38] In the logic of the authors, therefore, none of the answers contain antigypsyist tendencies.[39]

Second, how do the children understand the storyline of the film? How do they interpret its moral message?

Here, the children were asked in an open-ended question what can be learned from the film. Almost one in two answered that one should not get into the car of a foreigner or trust foreigners.[40] Most of the children answered the question in a way that expressed social distance. Only few said that "one can find friends, no matter when and where one is."[41] While the authors conclude that no explicit antigypsyist tendencies could be found by most of the children,[42] it would be interesting to put these results into a broader perspective. For instance, social distance is a common measuring instrument for antigypsyism in society. In 2016, a study conducted by a working group from the University of Leipzig, found that 57.8 % of the German population agrees with the statement that they would consider it as a problem if Sinti and Roma lived in their neighbourhood.[43]

Third, does the film produce or reproduce antigypsyist stereotypes?

---

36  Götz / Holler: Rezeptionsstudie, p. 7.
37  ["Es zeigt sich also bei denjenigen, die eine innere Vorstellung von dem Wort Zigeuner haben, dass diese oft mit deutlich negativen und antiziganistischen Tendenzen verbunden sind."]. Ibid., p. 16. My translation.
38  ["Dies bedeutet, dass alle möglicherweise stattfindenden Stereotypisierungen sich auf das Bild der Kinder von Rumän*innen beziehen."]. Ibid., p. 21. My translation.
39  Ibid., p. 25.
40  Ibid., p. 26.
41  ["man Freunde finden kann, egal wann und wo man ist"]. Ibid. My translation.
42  Ibid., p. 28.
43  Decker et al.: „Mitte"-Studie 2016, p. 51.

Here, it becomes clear that the impact study is no more than a first approximation of the topic and that the results are anything but representative (something that the authors themselves also emphasised in the study). The impact study produced some interesting results but did not make use of its full potential. Most importantly, the study did not take the current state of research on antigypsyism into account. This results in an approach which tries to measure antigypsyism by asking standardised questions about the relationship between physical traits and personal character, although antigypsyism is not necessarily tied to physical traits. Finally, the authors' conclusion is as follows: "Since the children interpret Roma as Romanian in general and not as an ethnic minority in particular, this cannot be viewed as antigypsyist but rather understood as stereotyping Romanians."[44]

Putting these results in a broader perspective, one may come to a fundamentally different conclusion. In his study on media portrayals of Roma in Germany, Markus End found that the medial discourse often fails to differentiate Roma and migrants from Romania and Bulgaria.[45] Repeatedly, any migration from Romania or Bulgaria is portrayed as Roma-migration, often linked to the portrayal of a so called 'poverty-driven migration' ('Armutsmigration'). In this regard, misconceptions about Roma and Romanians may enhance antigypsyist tendencies rather than being a separate phenomenon.

Furthermore, the authors of the study say that there are no explicit anti gypsyist tendencies because the children do not have the same world knowledge as adults.[46] While it is important and interesting to look at children´s perspectives, it would have been necessary to inquire about not explicit but implicit antigypsyist tendencies in order to get appropriate results. What happens if the children are confronted with the world view of an adult? What happens if the audience is not aged 9 to 11 but 12 to 14? What happens if the kids are asked about the film again five years from now? What happens if a wallet is stolen in class on Monday and there is a Roma girl from Romania in class? What happens if a child in the audience shouts: "They are Roma. I know Roma – they are the same as Gypsies." What happens if the authors ask Roma children and not children coming from the majority society? The perspective on the film may be fundamentally different. One example: In September 2017, a young Roma girl of elementary school age reacted to the film by saying:

---

44 ["Da die Kinder aber Roma als Rumän*innen im Allgemeinen und nicht als ethnische Minderheit im Besonderen interpretieren, kann dies nicht als antiziganistisch, sondern wenn, dann stereotypisierend für Rumän*innen gesehen werden."]. Götz / Holler: Rezeptionsstudie, p. 50. My translation.
45 End: Antiziganismus, pp. 161–164.
46 Götz / Holler: Rezeptionsstudie, p. 25.

"Hello, I am a Roma child too, but I do not steal, I always ask before I take something."[47]

## Conclusion

The aim of this paper was to analyse the portrayal of Roma in *Nellys Abenteuer*. In doing so, I focused on four key aspects of the film and the debate around its broadcasting in public German television. First, the film (re-)produces a line of difference between Germans and Roma. This difference is based on stereotypes, portraying Roma as uncivilised, pre-modern, and dangerous. The self-concept of the German majority society uses the 'other' as a foil for comparison – Germans are portrayed as civilised, modern, and disciplined. Second, there is no breaking through this line of difference in *Nellys Abenteuer* although the Roma film figures develop, and Nelly becomes friends with Tibi and Roxana. Even though the Roma film figures are characters, they are portrayed according to stereotypical images. Roma film figures can be understood as such if they are portrayed as expected. Thus, the collective visual memory gets inscribed into films. Third, a film is linked to a society's collective visual memory. This can be understood by analysing those film scenes in which such images are inscribed unintentionally and unconsciously. It becomes evident that even a well-intended film can be problematic. Fourth, context matters when it comes to impact studies. Films must be studied by putting them into societal and historical context. A fruitful approach may be to focus on the hidden, the unconscious, and the latent meaning structures of stereotypical images to gain a deeper understanding of how films (re-)produce societal images, which in Germany are linked to a long history of antigypsyism. It needs to be considered that a film is not broadcasted into an empty space but made by producers and perceived by an audience socialized by a society that inherits deeply rooted antigypsyist images in its collective visual memory. Whether intended or not, this collective visual memory is not least shaped by films like *Nellys Abenteuer*.

---

47  Ayyadi, Kira: „Nellys Abenteuer" – ein zutiefst rassistischer Kinderfilm, accessible at: http://www.belltower.news/artikel/%E2%80%9Cnellys-abenteuer%E2%80%9C-%E2%80%93-ein-zutiefst-rassistischer-kinderfilm-12647. [Accessed: 28.5.2018].

Section Two
# The Question of Ethics

# Ohne moralische Haltung ist das Filmemachen wertlos

Peter Nestler

Ich bin dankbar für die Einladung zu dieser Konferenz und für die Ehre, zu diesem Thema etwas sagen zu dürfen. Zwar ist es riskant, einem Filmemacher das Wort zu erteilen, weil wir in unserer Arbeit jeweils eine sehr eigene Herangehensweise haben. Und die müssen wir durchsetzen und verteidigen, wenn etwas Brauchbares entstehen soll. Manchmal erfordert das auch Sturheit, weil der Wind einem oft ins Gesicht bläst.

Seit meinen ersten Filmen habe ich beim Drehen immer versucht, den für mich kürzesten Weg zu der mir vorgenommenen Sache zu gehen, zum Kern der Sache zu kommen, zu dem, was ich als wahrhaftig empfinde. Diese Wahrhaftigkeit ist bei vielen Filme- und Bildermacher/innen gemeinsames Ziel, trotz unterschiedlicher Handschriften. Und da gibt es Widerstände, die mit dem Warencharakter unserer Produkte zu tun haben, aber auch mit Moden. Es gibt die meist unausgesprochene Forderung, sich den schlechten Gewohnheiten anzupassen, sich zu unterwerfen.

Der absolute Gegensatz einer moralischen Haltung beim Filmemachen ist leicht zu finden. Extremfälle sind die erschreckenden Propagandafilme der begabten Leni Riefenstahl, und die von Veit Harlan. Die wichtigen deutschsprachigen Regisseure der Zeit zwischen den Weltkriegen emigrierten nach Frankreich, England und in die USA. Viele mussten auch fliehen, weil der wachsende Rassismus ihr Leben bedrohte. Andere emigrierten, um sich nicht anpassen zu müssen.

Jean-Marie Straub hat 1993 in einem Film von Manfred Blank[1] eine sehr treffende Einteilung des Verhaltens von Filmemacher/innen vorgenommen, ohne Aufteilung in Spiel- oder Dokumentarfilmregisseur/innen. Ich habe diesen Text schon einmal zitiert, voriges Jahr bei einem Rencontre in der Akademie der Künste, aber es ist wert, ihn kurz zusammenzufassen. Jean-Marie Straub:

---

1 *Die Beharrlichkeit des Blicks* (Manfred Blank, 1993, Beta SP, 37 min., Copyright 1993 bei Blankfilm, Hessischer Rundfunk-ARTE).

> Und sonst glaube ich ganz einfach, dass es überhaupt – was Kunst betrifft – nur zwei Familien von Künstlern gibt: Diejenigen, die sich anmaßen – manchmal genial, manchmal nur mit Arroganz – die Welt umzuformen; und diejenigen, die versuchen, die Welt zu sehen und ein Spiegel zu werden, der so sauber ist wie möglich. Bei Cocteau heißt es auch: Les miroirs feraient bien de réfléchir davantage. Die Spiegel täten gut daran (…) mehr zu reflektieren.

Etwas später sagt Straub im Statement:

> Außerdem habe ich Unrecht gehabt, es gibt eine dritte Familie von Künstlern, das sind die Fallschirmjäger. Und die sind heutzutage zu 99 % vertreten im Kino. Das sind Leute, die einfach vom Himmel herunterfallen irgendwo, und Hopps, schon dreht die Kamera. Und die filmen etwas, was die nicht einmal gesehen haben, sich nicht einmal die Zeit genommen haben, es anzugucken. Und um etwas zu zeigen, muss man es gesehen haben, um etwas zu sehen, muss man es jahrelang angeschaut haben. Und das tat der Cezanne.

Etwas später:

> Aber man muss sagen, Film ist auch nicht Malerei. Film arbeitet mit der Photographie. Und das ist eine Gnade.
> Es gibt auch nichts Schlimmeres als viele junge Leute heutzutage, die einem zweimal im Jahr ein Drehbuch schicken und wo man liest am Anfang: „Hier fährt man so entlang und da muss das Licht von Goya sein oder von Vermeer." Das ist alles Quatsch, denn man muss die Dinge beleuchten wie sie sind, und den Raum versuchen zu verstehen, indem man seine Personen aufnimmt, und so weiter.

Diese von Straub angeprangerte Oberflächlichkeit und Ignoranz ist auch Missachtung der Menschen vor der Kamera, ob sie nun als Schauspieler figurieren oder in einem Dokumentarfilm Leute sind, die etwas bestätigen sollen, etwas im Kopf des Filmemachers oder der Filmemacherin Vorbereitetes und nun Erwartetes. Sie sollen Schwung in die Erzählung bringen und es passt gut, wenn die Figurierenden ungewöhnlich oder fremdartig erscheinen. Diese Personen sollen etwas symbolisieren, was dem Zuschauer bekannt erscheint und deshalb als „wahr" akzeptiert wird. Der Film soll überrumpeln und dadurch jeden Widerstand des Betrachters vermeiden, jedes nachdenkliche und bewusste Betrachten des Dargebotenen. Der Zuschauer soll dazu verführt werden, auch mit Hilfe seiner Vorurteile, in einer getrampelten Spur zu laufen, sich hinzugeben. In so einer Erwartungshaltung des Betrachters kann der Spiel- oder Dokumentarfilm sein Feuerwerk entzünden, Spannung anbieten und allerlei überraschenden Firlefanz, in der Absicht, das Interesse und die Emotionen wachzuhalten. Auch eine dem Film verpasste Musik soll nicht als eine zur Handlung parallellaufende Arbeit von Musiker/innen erscheinen und bewusst gehört werden. Die den Film untermalende Musik dient auch der Verführung. So eine Vorgehensweise erfordert ein gewisses Maß an handwerklichem Geschick, deutet aber auch hin auf mangelndes Wissen über die Sache, die man filmt, über die aufgenommenen Personen; oder – noch schlimmer – sie deutet hin auf eine zynische Haltung bei der Produktion einer Ware, die mit Gewinn verkauft werden soll, aber nichts zu sagen hat, nichts Wahrhaftiges, und deshalb wertlos ist.

Vor drei Wochen, am Tag des Gedenkens an die Opfer des Holocaust, sah ich in der Stockholmer Kinemathek den Film *German Concentration Camps Factual Survey,* in der Regie von Sidney Bernstein unter der Produktionsleitung des russischen Filmemachers Sergei Nolbandov. Er hatte seine Premiere vor vier Jahren im Forum-Programm der 64. Berlinale, ist aber seither nicht viel gezeigt worden. Es ist ein endlich fertiggestellter Dokumentarfilm, dessen Aufnahmen meist schon im April 1945 gedreht wurden, als englische, amerikanische und russische Soldaten die noch lebenden Gefangenen in Konzentrationslagern befreiten. Die Kamerateams der Alliierten hatten 151 Stunden Filmmaterial gedreht, das im Sommer 1945 in England zu einem Kinofilm montiert wurde. Diese fast beendete Arbeit wurde plötzlich im Juli 1945 durch das britische Außenministerium gestoppt und alles Material verschwand in den Archiven des *Imperial War Museums* in London. Jetzt in Stockholm sah ich Aufnahmen, die mir von älteren Dokumentarfilmen bekannt waren. Offensichtlich wurde Bernsteins nicht beendeter Film jahrzehntelang als eine Art Materialbank benutzt.

Wir alle im großen Saal der Stockholmer Kinemathek saßen unbeweglich, vollkommen still. Und doch war allen bekannt, was in den Lagern geschehen war.

Ich selbst wusste als achtjähriger Junge gegen Ende des Krieges, dass die Worte „ins KZ kommen" Unsagbares bedeuteten, dass es mit Sterben zu tun hatte, mit Mord. Es gab die Ermahnungen der älteren Kinder und der Erwachsenen: „Wenn du das tust (oder das sagst), kommst du ins KZ!"

In meinem 1988 in Frankfurt am Main gedrehten Film die *Die Judengasse* spricht Valentin Senger,[2] ein Überlebender. Die Meldekarte seiner Familie mit

---

2 Valentin Senger (1918–1997), Schriftsteller und zeitweise Redakteur beim Hessischen Rundfunk.

dem Wort „mosaisch" hat ein Polizist verschwinden lassen. Und so konnte diese Familie als *einzige* unentdeckt in Frankfurt überleben.

Valentin Senger:

> In der Zeit, als ich in Frankfurt lebte, also die ganze faschistische Zeit, habe ich mit Staunen feststellen können, wie ein diktatorisches, ein faschistisches Regime Angst benutzen kann, um ein ganzes Volk in Bann zu schlagen.
>
> In einer so geschickten Weise hat man die Menschen in Angst versetzt, für alles, was neben der Norm war, strenge Bestrafungen angedroht, sodass die Menschen in Angst erstarrt sind, und in dieser Angst Dinge getan haben, die sie in einer normalen Situation nie getan haben würden und, wenn man dann weitergeht, nach '45 erschrocken sind, dass sie in diesem Angstzustand Dinge getan haben, über die sie lange, lange, nachzudenken hatten.[3]

Wir, die Nachkommen der Täter und Mitläufer, oder der nur Zuschauenden oder Wegschauenden, der in Angst Erstarrten oder der viel zu Wenigen, die widerstanden haben, wir können uns nicht freimachen von diesem Dunkel der deutschen Geschichte und der europäischen Kollaboration. Es sitzt uns im Nacken, lebenslang.

Im Jahr 2015 hat Romani Rose bei seiner Ansprache am Volkstrauertag gesagt:

> Ziel unserer heutigen historischen Aufklärungsarbeit kann ganz gewiss nicht sein, den Enkeln und Urenkeln der Generation, aus der die NS-Täter stammen, irgendeine Form von Schuld anzulasten. Dies wäre schlicht absurd. Es geht vielmehr um Wahrhaftigkeit und um gelebte Verantwortung für jene demokratischen Werte, die das geistige Fundament Europas bilden. Historisches Erinnern ist ein wesentlicher Beitrag für unsere heutige Zivilgesellschaft, in der Diskriminierung von Minderheiten oder die Ausgrenzung Andersdenkender keinen Platz mehr haben dürfen.[4]

---

3 *Die Judengasse* (Peter Nestler, 1988, 16 mm, 44 Minuten, für ARD / SWF).
4 Rose, Romani: Ansprache, Hamburg, 15. November 2015, abrufbar unter: https://zentralrat.sintiundroma.de/wp-content/uploads/2016/06/ansprache_rr_hamburg_15-11-15.pdf. [Zugriff: 14.6.2020].

Wahrhaftigkeit und gelebte Verantwortung sind eben diese notwendige moralische Haltung, auch beim Filmemachen. Das historische Erinnern ist nur möglich, wenn wir Einsicht nehmen, uns Kenntnisse verschaffen.

Und das ist eine ständige Arbeit, der wir uns unterziehen müssen, auch wenn sie manchmal schwer zu ertragen ist.

Historisches Erinnern muss nicht in jedem Film bewiesen oder dargestellt werden, aber es ändert die Handschrift und die Auswahl der Möglichkeiten, verhindert Fehltritte in die Trampelpfade der Vorurteile.

Historisches Erinnern wird spürbar auch in Komödien, bei Ernst Lubitsch zum Beispiel und bei dem genialen Charles Chaplin, in dessen Filmen hinter dem Lachen die Trauer steckt. Chaplin hatte in den USA zusammen mit vielen anderen Stellung bezogen gegen die allzu langwährende Tatenlosigkeit der USA, was den in Europa grassierenden und mörderischen Faschismus betraf. Nach dem Krieg, in der Periode des Joseph McCarthy hat man von ihm behauptet, er sei Kommunist, vor allem wegen seiner Freundschaft mit Hanns Eisler. „Ich bin kein Kommunist", sagte Chaplin, „ich bin ein Friedenshändler *(a Peace Monger)*". „Einer, der für die Menschheit nicht mehr will, als dass jeder ein Dach über dem Kopf hat."[5]

Chaplin war der Meinung, dass Super-Patriotismus zum Hitlerismus führe.[6] Und er hat gefordert, die Waffen der Massenvernichtung, die Kernwaffen, abzuschaffen. In seiner schwarzen Komödie *Monsieur Verdoux* war er deutlich geworden.

Aber diese moralische Haltung ist ihm teuer zu stehen gekommen, trotz seiner Welterfolge als Filmemacher. Nach einer Englandreise 1952 wurde Chaplin die Rückkehr in die USA verwehrt. Er ließ sich mit seiner Familie in der Schweiz nieder. Erst 1972 besuchte Chaplin die USA, um einen Ehren-Oscar für sein Lebenswerk anzunehmen.

Bevor man ihm nach einem zwölf Minuten langen und stehenden Applaus die Statuette überreichte, wurde aus dem 1940 gedrehten Film *Der große Diktator* zitiert. Das waren Sätze aus der Rede an die Soldaten, am Ende des Films:

> We think too much and feel too little.
> More than machinery, we need humanity.
> More than cleverness, we need kindness and gentleness.
> Without these qualities, life will be violent, and all will be lost.

---

5 Niland, Lauren: 1952. Charlie Chaplin Banned from the US, The Guardian, 17.2.2012, abrufbar unter: https://www.theguardian.com/theguardian/from-the-archive-blog/2012/feb/17/charlie-chaplin-1952-communist. [Zugriff: 15.6.2020].

6 Mr. Chaplin's Defense, The Guardian, 23.9.1952, abrufbar unter: https://www.theguardian.com/century/1950-1959/Story/0,,105162,00.html. [Zugriff: 15.6.2020].

Jetzt, in diesen Wochen des Februar 2018, hörte ich Radioreportagen der Schwedin Alice Petrén[7] über westafrikanische Flüchtlinge, die von Italien, dem Piemont aus über hohe und tief verschneite Bergpässe nach Frankreich wandern und klettern. Sie haben keine Winterkleidung, kämpfen sich durch den tiefen Schnee bei um die zwölf Grad minus, manche haben nur Turnschuhe an. Vom französischen Ort Briançon kommen täglich helfende Leute, retten den meist sehr jungen Afrikanern das Leben dort auf der Höhe, bringen sie ins Dorf. Sie dürfen in Privathäusern wohnen, auch im Gemeindehaus, bekommen zu essen und erholen sich. Nach etwa einer Woche reisen sie weiter, oft nach Paris – viele haben Verwandte in Frankreich, die ihnen Unterkunft und vielleicht Arbeit vermitteln können. Manchen sind aber Hände und Füße erfroren. Einem jungen Mann, Mahmadou aus Mali, mussten die Füße bis zu den Knöcheln amputiert werden. Nach der Operation lag er vier Monate im Krankenhaus. Jeden Tag bekam er Besuch von verschiedenen Leuten aus Briançon. „Plötzlich hatte ich eine sehr große Familie", sagt er.

1925 hat Chaplin den Film *Gold Rush* gedreht, in dem einleitend das Wandern über tief verschneite Berge beschrieben wird – eindringliche Szenen. Tausende sind unterwegs ins Fundgebiet am Klondike-Fluss, in Alaska. Unter ihnen gibt es Abenteurer, aber die meisten sind arme und desperate Menschen (unter ihnen der Tramp), und sie setzen ihr Leben aufs Spiel. Mit diesem wahren Hintergrund aus der Zeit Ende 1800 wurde *Gold Rush* zu einem wahnsinnig lustigen, aber auch berührendem Meisterwerk.

---

7  Sveriges Radio, das Nachrichtenprogramm „Dagens Eko" im 1. Programm (P 1).

# Eine Ethik des Sehens und Zeigens: Wie demokratisch ist unsere Medienpolitik?

André Raatzsch

> *Nicht der Schrift-, sondern der Photographieunkundige wird,*
> *so hat man gesagt, der Analphabet der Zukunft sein.*
> *Aber muss nicht weniger als ein Analphabet ein Photograph gelten,*
> *der seine eigenen Bilder nicht lesen kann?*[1]
> Walter Benjamin, 1931

## Gegenrede – Bilder und Texte ohne Würde

Seit der Erfindung des Fotografierens und Filmemachens wird unsere visuelle Kultur von Millionen bewegter und unbewegter Bilder beeinflusst. Sie werden in Zeitungen abgedruckt, in Nachrichten eingeblendet und in Büchern illustriert. Wir haben die Möglichkeit, zuhause in aller Ruhe Fernsehen, Nachrichten, Dokumentationsfilme und YouTube-Videos anzuschauen oder letztere sogar selbst zu erstellen. Früher waren es Gemälde, Grafiken und Theaterstücke, die als Vermittler von visuellen Botschaften fungierten. Auch heute geht es darum, etwas in Kürze zu zeigen und Informationen maximal zu verdichten. Ob sie dann noch die Wirklichkeit widerspiegeln, ist eine andere Frage. Das grundlegende Ziel besteht darin, die wichtigsten gesellschaftlichen und politischen Ereignisse zu dokumentieren und zu verbreiten, die unsere gesellschaftliche Kommunikation über Kultur, Politik gestalten, damit wir unsere moralischen Haltungen und Handlungen messen und kritisch mitbestimmen können. Durch eine demokratische Nutzung der Medien Film und Fotografie wird unser Wertesystem bewahrt und gewährleistet. Aber sind die gängigen Darstellungen und Berichterstattungen von Krieg und Gewalt in den aktuellen medienpolitischen Diskursen noch hinnehmbar? Was passiert, wenn

---

1 Benjamin, Walter: Gesammelte Schriften, Bd. II/2, Frankfurt a. M. 1977, S. 385.

die Bildbetrachter*innen nicht mehr selbst entscheiden können, ob diese die Wirklichkeit sind oder nur aus dem Kontext gerissene Fragmente unserer komplexen Wahrheiten?

Welche Auswirkungen hat es auf die Abgebildeten und Betrachter*innen, wenn die Bilder, die den normalen Alltag von sogenannten Anderen oder Migrant*innen zeigen, nicht bekannt sind, sondern stattdessen nur die Bilderflut von Armut, Elend und Exotismus fortschreiben? Welche Auswirkungen hat es, wenn ständig und mit voller Wucht diese Bilder auf die Betrachter*innen zukommen? Ist das Nicht-Zeigen von Alltagsbildern eine Zensur? Welche Auswirkungen hat es auf die gesellschaftliche Kommunikation über die nationalen, kulturellen, ethnischen, sexuellen und religiösen Minderheiten, über die Rolle von Frauen und Männern? Wie wird der Kampf dagegen möglich sein, wenn die Betrachter*innen dieser Filme und Bilder die rassistischen, diskriminierenden, antisemitischen und antiziganistischen Inhalte nicht als solche erkennen können?

Warum gibt es immer wieder die gleichen Repräsentationen seitens der Fotograf*innen und Filmemacher*innen, seitens der Redakteur*innen und Drehbuchschreiber*innen, die in ihrem „rassifizierenden Blick" die Personen als Fremde oder Andere kategorisiert darstellen? Wie kritisch soll und kann die Presse- und Meinungsfreiheit einer „Ethik des Sehens und Zeigens" den Abgebildeten entsprechen und Filme und Bilder, die Personen nicht erniedrigend und diskriminierend darstellen, produzieren? Wieviel Zeit wird für eine vertiefende, politische Bildrezeption und ein sozial engagiertes Bildermachen benötigt? Gibt es in den ökonomischen Strukturen von Zeitungen und staatlichem Fernsehen noch die Möglichkeit, Gesellschaften (politisch) so zu bilden, dass wir und unsere Nachkommen nicht, wie Walter Benjamin es formuliert, ‚die Analphabeten der Zukunft' werden, sondern mit einem ethischen Sehen, Zeigen und Machen von medialen Darstellungen aller Art bewusst umgehen können und uns so für den Erhalt unseren humanistischen Werte und Menschenrechte einsetzen?

## »[D]en kritischen Blick vom [...] Objekt zum [...] Subjekt [...] wenden«[2]

In Anknüpfung an die oben kurz angesprochenen medialen und repräsentationspolitischen Fragen werde ich auf den folgenden Seiten Thesen von Susan Sontag und Ariella Azoulay darstellen. Ich tue es sowohl auf der Grundlage

---

2  Morrison, Toni: Im Dunkeln spielen. Weiße Kultur und literarische Imagination, Reinbek bei Hamburg 1994, S. 125. In den ausgelassenen Bereichen steht in der Originalversion an beiden Stellen „racial", was in der deutschen Übersetzung fehlinterpretiert als „rassisch"

der Erfahrungen, die ich als Angehöriger der Minderheit der Sinti und Roma gesammelt habe, und bewusst als jemand, der sich mit Repräsentations- und Mediendebatten in seiner künstlerischen und wissenschaftlichen Arbeit auseinandergesetzt hat. Ich werde die Medien Film und Fotografie sowie ihre gesellschaftliche Bedeutung von zwei Seiten betrachten, um schließlich für eine sozial engagierte Medienkultur zu plädieren. Dies auch deshalb, weil die Wirklichkeit, meine gesellschaftliche Teilhabe und Teilnahme als Angehöriger der Minderheit und als Bürger eines demokratischen Rechtsstaates, immer stärker mit dem gleichgesetzt wird, was in den Medien zu sehen ist. Ob dies jedoch wirklich die Realität ist, darf infrage gestellt werden. Alle, die Medien gestalten oder sie betrachten, stehen vor der großen Herausforderung, eine sogenannte sozial engagierte Bilderpolitik zu entwerfen und zu praktizieren, die den demokratischen Werten, dem Grundgesetz sowie der Menschenwürde nicht widerspricht, sondern diese expliziten Werte stärkt und bewahrt: Ziel muss sein, die Unterschiedlichkeit von Menschen und Kulturen als Teil einer Transnationalität zu begreifen und als Ergebnis unserer globalisierten Welt zu verstehen. Wir alle brauchen neue Vorstellungen darüber, wie die unterschiedlichen Kulturen in der Mitte unserer Gesellschaft sich solidarisch und gemeinsam am Erhalt unserer Demokratie beteiligen können. Nur so können wir unseren Nachkommen eine friedliche Welt ermöglichen.

Ich würde behaupten, dass in der medialen Darstellung von Themen wie Fremdheit, Migration, Armut oder Flüchtlingspolitik usw. nach tradierten Mustern gearbeitet wird. So entstehen grundsätzlich fast immer die gleichen Berichterstattungen und Dokumentar-Fotografien, die zudem sehr häufig eine ästhetische Ähnlichkeit zu der internationalen Dokumentar- und Pressefotografie aufzeigen. Auf den meisten Fotos und Videos, die ich in den Nachrichten oder Zeitungen gesehen habe, sehe ich Bühnenbilder und Inszenierungen, die häufig mit der Realität nichts oder nur in Bruchteilen etwas zu tun haben. Diese Filme und Fotos sind häufig nur „mythische Vorstellungen" über die Anderen, Migranten, Geflüchteten. So wird auch häufig über Sinti und Roma berichtet oder es entstehen Fotografie-Serien, die große Ähnlichkeit mit den vorhandenen Bildern in den Köpfen der Macher*innen aufzeigen. Diese tradierten Bilder von Sinti und Roma sind bereits in unseren Vorstellungen „implantiert". Sie bleiben wegen den fehlenden und oft sehr komplexen Zusammenhängen von lokalen, nationalen, sozialen, ökonomischen und politischen Gegebenheiten der Entstehungsorte (der Fotografien und Videos)

---

übersetzt wird, womit der Konstruktionscharakter sowohl eines rassifizierten Objekts als auch eines solchen Subjekts, eben in einer rassifizierten Gesellschaftsstruktur, nicht deutlich wird. Vgl. Otoo, Sharon Dodua: Die Kunst, über Rassismus zu schreiben, 7.1.2014, abrufbar unter: https://kritisch-lesen.de/rezension/die-kunst-uber-rassismus-zu-schreiben. [25.6.2020].

nur eine verzerrte Aneignung der Realität. Sie erwecken den Eindruck, als wäre das Gezeigte die objektive und ganze Wirklichkeit. Die Hintergründe, wie die Auswirkungen der Geschichte und Globalisierung auf die Lebens- und Arbeitsbedingungen zum Beispiel von Roma in Bulgarien, Rumänien oder auch in der Bundesrepublik, werden jedoch allzu oft ausgeblendet. Daher sind die von Medienschaffenden, Filmemacher*innen und Fotograf*innen „vorgegebenen Realitäten" nur bruchstückhaft und auch nur als solche Fragmente angemessen zu verstehen.

Es ist unsere Verantwortung und auch unser demokratisches Recht zu entscheiden, welche Medien wir in welcher Weise nutzen und was wir in den Bildern sehen: Sehen wir „Fremde", „Andere" oder sehen wir „Mitbürger*innen"? Nehmen wir die ethische Sicht und moralische Grundhaltung als Bürger*innen von demokratischen Rechtsstaaten Europas ernst? Auch die Massenmedien sowie die Filmemacher*innen und Fotograf*innen haben ein demokratisches Recht und eine Verpflichtung, uns Krieg, Gewalt, die geflüchteten Menschen usw., also die Fakten zu zeigen. Aber hier müssen die Fragen gestellt werden: Was bedeutet dies für die Abgebildeten, die Dargestellten? Und was bedeutet es für unsere visuelle Kultur, für unsere ethischen Erkenntnisse und moralischen Handlungen? In welcher Relation stehen diese Darstellungen zu politischen Strategien und zu unseren demokratischen Werten? Sollen solche Bilder, Filme oder Berichte offiziell zu sehen sein oder gibt es eine „ethische Zensur", die für den Erhalt unserer Demokratie notwendig sein kann? Ist die einseitige, sich ständig wiederholende Berichterstattung in den Medien über sog. Armutsflüchtlinge, rumänische und bulgarische Roma einer Zensur strukturell nicht unähnlich? Es gibt ja kaum eine andere Darstellung, die parallel zu diesen Nachrichten auch zum Beispiel Portraits von den bürgerlichen Sinti und Roma zeigen würde: Warum werden sie ausgeblendet, warum werden sie nicht mindestens so häufig gezeigt, wie die oben genannten Bilder? So kann sich sehr schwer der differenzierende, politische Blick bei den Betrachter*innen etablieren, der wiederum für eine demokratisch aufgeschlossene Gesellschaft unerlässlich ist.

Die Personen auf den Bildern und in den Berichterstattungen werden von den Bild- und Filmemacher*innen bestimmt und gleichzeitig klassifiziert. Ihre sogenannten Lebenswelten werden uns durch Fotoserien und zusammengeschnittene oder inszenierte Filmausschnitte vorgegeben, so wie Fotograf*innen, Regisseur*innen oder Auftraggeber*innen selbst es haben möchten und es ausgesucht haben. So werden die Filme und Fotografien zu Gefängnissen und einer Gefahr für die Abgebildeten, weil die Geschichte für sie nicht auf der Leinwand oder in einem Bilderrahmen aufhört, sondern sich mitten in unserer Gesellschaft abspielt, und bedauerlicherweise endet sie sehr häufig in rassistischen und antiziganistischen Auseinandersetzungen.

Journalist*innen und Redakteur*innen müssen den Auswirkungen ihrer medialen Arbeit auf unsere Sehgewohnheiten, Denkstrukturen und moralischen Handlungen nachgehen und ernst nehmen. Eine offene und demokratische Gesellschaft kann sich nur mit einer verantwortungsbewussten Medienkultur sensibel und bewusst für Menschenrechte und Menschenwürde einsetzen.

## Für eine demokratische Medienpolitik und Medienkultur

Filme, Fotografien und Berichterstattung sollten uns informieren und darauf hinweisen, wie bestimmte gesellschaftliche Werte und Normen begründet werden. Sie können zeigen, wie sich die Beziehung zwischen einer Minderheit und dem, was ihr gegenüber als Mehrheit erscheint, gestaltet, wohin diese Beziehung führen kann und wohin das in einer Demokratie führen sollte. Im Rahmen der Konferenz „Antiziganismus und Film" sagte Peter Nestler in seiner Einleitungsrede sehr treffend:

> Ohne moralische Haltung ist das Filmemachen wertlos [...] Seit meinen ersten Filmen habe ich beim Drehen immer versucht, den für mich kürzesten Weg zu der mir vorgenommenen Sache zu gehen, zum Kern der Sache zu kommen, zu dem was ich als wahrhaftig empfinde. Diese Wahrhaftigkeit ist bei vielen Filme- und Bildermachern*innen gemeinsames Ziel, trotz unterschiedlicher Handschriften. Und da gibt es Widerstände, die mit dem Warencharakter unserer Produkte zu tun haben, aber auch mit Moden. Es gibt die meist unausgesprochene Forderung, sich den schlechten Gewohnheiten anzupassen, sich zu unterwerfen.[3]

Eine kritische Selbstreflexion der *Wirklichkeitsproduzent*innen* sei daher dringend nötig, um ein Bewusstsein dafür zu schaffen, dass eine ethische und moralische Haltung im Zentrum des Filmemachens, Fotografierens und des Journalismus stehen sollte. Diese Erkenntnis ist zentral und dringend notwendig für die demokratischen und humanistischen Werte der Medienkultur und Medienpolitik. Neben den Bild- und Filmemacher*innen und Journalist*innen sollten auch die Bürger*innen aktiv werden. Ariella Azoulay schreibt in ihrem Buch *The Civil Contract of Photography*, dass

---

3 Nestler, Peter: Ohne moralische Haltung ist das Filmemachen wertlos, Eingangsstatement in Rahmen der Internationalen Konferenz „Antiziganismus und Film", 2018.

> der bürgerliche Vertrag der Fotografie [...] ein Versuch [ist], das Zuschauen mit einer zivilen Verpflichtung gegenüber den fotografierten [oder gefilmten] Personen zu verbinden, enteigneten Personen, die nicht aufgehört haben, anwesend zu sein. Damit wiederum wird ein Überdenken des Konzepts und das Praktizieren von Bürgerschaft ermöglicht.[4]

Azoulay fordert die Bürger*innen auf, ihre durch den demokratischen Rechtsstaat gegebene Macht dafür einzusetzen, dass die Personen, die auf den Bildern und in Berichterstattungen als Opfer von Krieg, Rassismus oder Ausgrenzung zu sehen seien, ihre Bürgerschaft und Bürgerrechte zurückerhalten.

> Die Ethik, die die Fotografie von den Betrachtern erwartet, erfordert, dass die Bürger, die nicht im gleichen Maße als Bürgerschaft der Fotografie behandelt werden, nicht nur Situationen der Degeneration eines Nationalstaates oder des Marktes vermeiden – sondern ihnen aktiv Widerstand leisten.[5]

schreibt Azoulay. Damit spricht sie ganz bewusst die Betrachter*innen auf ihre aktive gesellschaftliche und politische Rolle an, um einen kritischen Umgang mit den Wirklichkeiten und Darstellungen zu entwickeln, die anderen Menschen ihrer Menschenrechte und Menschenwürde berauben. Nur diese emanzipierten Blicke können das politische Denken in eine aktive Handlung umwandeln: Die *enteigneten Personen* werden nicht mehr als *enteignete*, sondern als Mitbürger*innen von den Betrachter*innen wahrgenommen. Und wenn die medialen Darstellungen unangemessen sein sollten, würden die Betrachter*innen ihre bürgerliche Macht gegen die Verwendung dieser stereotypisierenden und ethnisierenden Abbildungen einsetzen.

Die Thesen von Azoulay sind außergewöhnlich, vielleicht idealistisch. Trotzdem bewegen sie mich dazu, nachzudenken, und es soll uns alle nachdenklich machen, wie wir, Bürger*innen Europas, unsere Zukunft gestalten können. Wo müssen wir aktiver werden, welche Vorstellungen von den „Anderen" müssen neu gedacht werden? In welcher Relation stehen unsere humanistischen Werte zu unseren gesellschaftlichen Normen? Und würden wir unsere bürgerlichen Privilegien sogar teilweise aufgeben, um die *enteigneten Personen* zu gleichberechtigten zu machen? Ich denke daran, was Susan Sontag geschrieben hat – nämlich, dass der wahre moderne Primitivismus nicht darin besteht, „daß man Bilder als etwas ansieht; *so* wirklich sind

---

4 Azoulay, Ariella: The Civil Contract of Photography, New York 2008, S. 16–17. Übersetzung des Autors.
5 Ebd., S. 132. Übersetzung des Autors.

fotografische Bilder kaum. Vielmehr wirkt die Wirklichkeit mehr und mehr so wie das, was uns die Kameras zeigen."[6] Ich wünsche mir eine sozial engagierte journalistische, filmische und fotografische Praxis und Medienpolitik. Journalist*innen, Filmemacher*innen und Fotograf*innen muss bewusst werden, dass sie mit ihrer Arbeit Menschen- und Bürgerrechte stärken können. Berichterstattungen, Nachrichten, Dokumentarfilme, Pressefotografie usw. tragen alltäglich dazu bei, dass Minderheiten anerkannt werden, dass rassistische Vorurteile abgebaut werden und dass Menschen mit unterschiedlicher Herkunft ein Zuhause mitten in den europäischen Gesellschaften finden. Dadurch ermöglichen sie eine Ethik des Betrachtens und Zeigens.

Ich wünsche mir einen kritischen Dialog zwischen Journalist*innen, Filmemacher*innen, Fotograf*innen auf der einen Seite und unserer ganzen Gesellschaft auf der anderen Seite, um die sich permanent wiederholende, verzerrte und für viele Menschen diskriminierende Wirklichkeitsdarstellung zu unterbrechen und in unserer Gesellschaft durch das Aufzeigen komplexer Zusammenhänge humanistische Grundwerte zu vermitteln. Unser Grundgesetz steht für die Freiheiten, die die Säulen unserer Demokratie sind. Aber das Recht auf Freiheit bedeutet auch die Ausübung von ständiger Zurückhaltung, Selbstdisziplin und Vorsicht. Sonst kann es schnell passieren, dass unbemerkt anderen doch die Freiheit genommen wird.

**Grundgesetz**
**Artikel 5: [Freiheit der Meinung, Kunst und Wissenschaft]**
(1) Jeder hat das Recht, seine Meinung in Wort, Schrift und Bild frei zu äußern und zu verbreiten und sich aus allgemein zugänglichen Quellen ungehindert zu unterrichten. Die Pressefreiheit und die Freiheit der Berichterstattung durch Rundfunk und Film werden gewährleistet. Eine Zensur findet nicht statt.
(2) Diese Rechte finden ihre Schranken in den Vorschriften der allgemeinen Gesetze, den gesetzlichen Bestimmungen zum Schutze der Jugend und in dem Recht der persönlichen Ehre.
(3) Kunst und Wissenschaft, Forschung und Lehre sind frei. Die Freiheit der Lehre entbindet nicht von der Treue zur Verfassung.[7]

---

6  Sontag, Susan: Über Fotografie, Frankfurt a. M. 2006, S. 248.
7  Bundeszentrale für politische Bildung: Das Grundgesetz für die Bundesrepublik Deutschland, 15.11.2019, abrufbar unter: https://www.bpb.de/nachschlagen/gesetze/grundgesetz/44187/i-die-grundrechte. [Zugriff: 15.6.2020].

# OPPOSE OTHERING! oder vom Versuch, Filmemachen mit Ethos zu vermitteln

Rebecca Heiler

OPPOSE OTHERING! – zu Deutsch bedeutet das etwa „Setz ein Zeichen gegen VerAnderung / Fremd-Machung!" – Eine etablierte Übersetzung des Begriffs Othering gibt es nämlich nicht. OPPOSE OTHERING! – ist ganz bewusst in Großbuchstaben: Eine Aufforderung, ein Schrei, ein Befehl. So klingt der Titel des Workshop- und Förderprogramms, das *goEast – Festival des mittel- und osteuropäischen Films* von 2016 bis 2018 mit großem Erfolg und mit der finanziellen Unterstützung der Stiftung „Erinnerung, Verantwortung und Zukunft" (EVZ) durchführte. Dabei ging es um Filmemachen gegen den Strich, um eine politische Haltung, die darin besteht, filmischer Menschlichkeit eine Ausdrucksform zu geben und der Aufteilung in „wir" und „die anderen" ein differenzierteres Bild entgegenzusetzen.

Allzu häufig werden Bilder als Ware produziert, gedankenlos, auf schnelle Effekte getrimmt. Es geht nicht oder nur ganz am Rande um die Abgebildeten und doch viel eher um eine Reaktion, die bei dem oder der Zuschauer*in hervorgerufen werden soll. Stereotype werden reproduziert, bereits bekannte und bewährte Narrative der Mehrheiten werden wiederholt. Dem wollte OPPOSE OTHERING! etwas entgegensetzen. Durchdacht sollte es Stereotype ausheben, um so gemeinhin als „anders" markierten Gruppen filmischen Raum zu geben und sie dazugehören zu lassen zum *Wir* der Filmschaffenden und des Publikums. Radikale Menschlichkeit und ein Mehr an Empathie waren die Ziele. Eine Art konzeptuelle Vorläuferin des Projekts war unter anderem die von der damaligen Festivalleiterin Gaby Babić begründete Festivalsektion „Beyond Belonging", die sich programmatisch mit (De-)Konstruktionen des Anderen im mittel- und osteuropäischen Kino auseinandersetzte.

Während der Laufzeit von OPPOSE OTHERING! kamen über 50 junge Filmschaffende und auch Aktivist*innen aus Deutschland, Mittel- und Osteuropa in Wiesbaden zusammen und arbeiteten gemeinsam an Projekten, die einen Gegenentwurf zu Othering darstellen wollten. In mehrtägigen Workshops geleitet von Eszter Hajdú, Sándor Mester und Angelika Levi lernten sie theoretische Zugänge zum Thema des „Anderen" kennen, diskutierten ihre Filmideen und entwickelten sie weiter. Besonders wichtig war dabei, zu sensibilisieren für Protagonist*innen und Figuren und auch den Filmschaffenden Mut zu machen. Eine hilfreiche Methode ist das Hinterfragen der eigenen Position und das Verschieben dieser hin zur Situation der Dargestellten, um Empathie und Zugehörigkeit schon in der Konzeptentwicklung zu schaffen.

Neun Kurzfilme sind schließlich mit Förderung durch OPPOSE OTHERING! entstanden, die meisten in dokumentarischer Form:

*Aljona* (Deutschland / Russland, 2017) von Julia Grauberger und Philipp Meise

*Antigonna* (Deutschland / Ukraine, 2018) von Oksana Kazmina

*Belonging* (Deutschland / Bosnien-Herzegovina, 2017) von Judith Beuth und Jasmin Brutus

*Bond* (Deutschland / Ukraine, 2018) von Zhanna Ozirna und Aurelia Natalini

*Domashnee Video / My Home Video* (Deutschland / Russland, 2018) von Andreas Boschmann und Aleksandra Medianikova

*In the Frame* (Moldawien / Rumänien / Deutschland, 2018) von Ion Gnatiuc und Artiom Zavadovsky

*Jožka* (Deutschland / Tschechien, 2017) von Hamze Bytyci

*Looking At Others* (Deutschland / Rumänien, 2017) von Anda Puşcaş und Dennis Stormer

*Voices* (Deutschland / Russland, 2017) von Pierre-Yves Dalka und Ekaterina Izmestyeva

Aber auch über das Festival hinaus hatte ich Gelegenheit auf Workshops in Berlin, Bulgarien, Moldawien, Rumänien und Tschechien mit Filmemacher*innen und Aktivist*innen über das Thema zu sprechen und ihnen dabei zu helfen, einen differenzierten Blick auf ihr filmisches Sujet oder auch ihre Themen zu erlangen. Die reichten von queeren Identitäten, Coming-Outs über körperliche und geistige Behinderungen, rassistische Diskriminierung, Zwei-Klassengesellschaften, Migration und Ausbeutung bis hin zu theoretischen Fragestellungen zum Blick auf die „Anderen".

Da das Projekt noch vor #metoo begann, zu einem Zeitpunkt, als im Kulturbetrieb meist noch Integration statt Inklusion gefordert wurde, war es für viele junge Filmemacher*innen eine völlig neue Erfahrung, sich aus dieser ungewohnten Perspektive mit ihren Sujets und auch Bildmotiven auseinanderzusetzen. Die meisten Filmschaffenden waren sehr dankbar für dieses Forum und bemängelten, dass sie in ihrer Ausbildung nicht dazu aufgefordert wurden, sich überhaupt mit ethischen Fragen zu beschäftigen. Einige reagierten aber auch desinteressiert oder sogar ablehnend auf die Fragen, die bei der Diskussion ihrer Filmideen aufkamen. Doch das ist zu erwarten, wenn Menschen sich selbst, ihre Position und ihre Privilegien hinterfragen müssen, um näher an ein Thema heranzukommen.

Meiner Einschätzung nach ist es sehr hilfreich, bei Workshops eine kurze filmanalytische Einführung zu den Themen Mythos und Narrativ, basierend beispielsweise auf filmanalytisch-feministischen Ansätzen von Claire Johnston und Laura Mulvey, zu geben.[1] Hier können Filmschaffende mit der Unterstützung postmoderner Kulturtheorien erleben, wie viele populäre Filme in dominanten Strukturen (Patriarchat, Heteronormativität, Kolonialismus, Rassismus) erzählt sind, welche Mythen mit diesen Erzählungen belebt werden, wie solche Geschichten das System der visuellen und narrativen Marginalisierung und Unterdrückung reproduzieren und wie diese Darstellungen und Plots subversiv unterwandert werden können. So ist es leichter eine Metaebene zu erreichen, die Selbstreflexion anzustoßen und auch sinnvolle Synergien zu erzeugen. Filmanalyse und Filmproduktion haben in der Praxis und der Ausbildung kaum Berührungspunkte, das Interesse an den Erkenntnissen aus der Analyse besteht aber durchaus. Schon allein die Kenntnis des ödipalen Heldenmythos[2] erklärt viele Filmplots. Mit einer kurz gehaltenen Einführung kann also großes Verständnis für die Kritik an Filmbildern geschaffen werden. Außerdem ist es für Filmemacher*innen, die noch am Anfang ihrer Laufbahn stehen, wichtig, Methoden und Grundsätze von Filmemacher*innen, die bereits Filme im Sinne von OPPOSE OTHERING! machen, kennenzulernen.

In diesem Sinne war OPPOSE OTHERING! viel mehr als ein Förderprogramm mit finanziellen Anreizen. Es war eine Fortbildungsmöglichkeit, die zum Lernen anregte und ein Forum, in dem ein Austausch zwischen verschiedenen Disziplinen stattfinden konnte. Mittlerweile wurde die Förderung von OPPOSE OTHERING! durch die Stiftung EVZ eingestellt und goEast bestreitet weiterhin ein kleines Film- und Diskussionsformat aus eigenen Mitteln.

---

1 Johnston, Claire: Women's Cinema as Counter-Cinema, in: Johnston, Claire (Hrsg.): Notes on Women's Cinema, London 1973, nachgedruckt in: Thornham, Sue (Hrsg.): Feminist Film Theory. A Reader, Edinburgh 1999, S. 31–40; Mulvey, Laura: Visual Pleasure and Narrative Cinema, in: Screen 16.3 (Herbst 1975), S. 6–18, DOI: https://doi.org/10.1093/screen/16.3.6.
2 Vgl. Barthes, Roland: The Pleasure of the Text, New York 1975.

## Interviews mit den Filmemacherinnen Eszter Hajdú, Insa Onken und Tayo Awosusi-Onutor

Der Workshop von OPPOSE OTHERING!, der im Rahmen der Tagung „Antiziganismus und Film" im Februar 2018 stattfand, hatte zum Ziel, einen Dialog zwischen Wissenschaftler*innen, Filmschaffenden und Aktivist*innen zu befördern und positive Beispiele von Filmen über, von und mit Romn*ja vorzustellen. Eingeladen wurden (Dokumentar-)Filmemacherinnen, die sich aus verschiedenen Perspektiven mit der Darstellung von Romn*ja beschäftigt haben. Für den Konferenzband entstanden im Juni 2018 die folgenden Interviews mit den Regisseurinnen, die an der Konferenz teilgenommen hatten, bzw. dazu eingeladen worden waren.

### Eszter Hajdú – Human Rights at the Centre of Film

The Hungarian filmmaker Eszter Hajdú has confronted racism and racist crimes in several of her films. Her film *Judgment in Hungary* (2013) documents the trial of a group of neo-Nazi terrorists, who injured 55 people and murdered six people, five adults and one child, in 2008 and 2009 just because they were Roma. Between March 2008 and August 2009, István Kiss, Arpád Kiss, Zsolt Pető and István Csontos carried out ten racially motivated attacks specifically targeted at Roma. They drove to different towns and villages in north-eastern Hungary, among them Galgagyörk, Tatárszentgyörgy, Tiszalök and Kisléta, where the victims lived. They killed them at night, in their beds. Throwing Molotov cocktails, the neo-Nazi gang set the victims' houses on fire and then shot at them as they tried to escape the fires. This way Róbert Csorba, his four-year-old son and four other Roma were killed.

Shortly after the last attack, the four men were arrested and in March 2010 they were tried in court. The trial lasted 167 days and when it finished in 2013, Hajdú's film team was the only one that had covered it completely. The mainstream media did not follow the trial closely and the issue of racism and the human deaths it caused were not a general topic in Hungary at the time.

The film focusses on what happened in court, on the judge László Miszori, on the testimonies of the perpetrators and the survivors. Only very few scenes are shot outside the court room. According to the director, it is not a film about Roma but a film about racism and the deadly violence that it produces. It is also a film about the racial bias that seems to be the norm in Hungarian state institutions.

*Judgment in Hungary* has won numerous awards at film festivals and it was awarded the European Civil Rights Prize of the Sinti and Roma in 2016. Hajdú's earlier films include *My Own Private, Tarnabod* (2005), *Destino* (2007), *The Fidesz Jew, The Mother with No Sense of Nation and Mediation* (2008). After the trial was over, Eszter Hajdú and her partner Sándor Mester, who is the producer of *Judgment in Hungary*, moved to Portugal due to the political situation in Hungary. Their most recent film is called *Hungary 2018* (2018).

**Rebecca Heiler**  Many of your films are strong statements against racism. How and why did you start to work on this topic?
**Eszter Hajdú**  This goes back to my childhood. The area in Budapest where I grew up was quite diverse. A lot of Roma lived there and in kindergarten I had friends who were Roma. This was more than 30 years ago. In the last 20 years, things have changed: Roma have been kicked out and excluded. My crèche and kindergarten are now called "pure," because Roma children were separated and segregated. This marginalisation took place during my teenage years in the 1990s after the change of regime and it was a shock for me. The racism and antisemitism, "kept under the carpet" during socialism, then erupted violently and political parties that articulated these forms of othering were founded. All of this had a big effect on me and my choice of career.

**R. H.**  What are you currently working on?
**E. H.**  We just came back from Hungary where we were working on our latest project. Now, we have to work on the script. It will be a documentary about the elections in Hungary that just took place. We followed several politicians in their campaigns and we ended up with more than a hundred hours of material, which we have to look at now.

**R. H.**  You started making films in Hungary in 2006. What has changed in the political landscape there since then?
**E. H.**  The international situation and the international context have changed a lot, also due to the so-called migrant crisis. This is not just happening in Hungary, but in all of Central Europe, Eastern Europe and also Western Europe – although I'm not sure whether it is a migrant crisis or more a crisis of European values. Maybe it is the feeling of solidarity that's going missing? There's a lot of hate towards people who come to live in the country and this hatred can be easily channelled and directed at other minority groups. For example, in the last parliamentary elections of Hungary there were huge billboards that showed a big group of dark-skinned people and the only text on the

billboard was "STOP!" This kind of campaign can be easily directed at Roma as well.

**R. H.** *So today there is less of a taboo regarding the display of hatred?*
**E. H.** Today, racism and xenophobia are a big part of the mainstream media. The biggest problem is that political leaders and the elites of the society can show such behaviour publicly without consequences. So the general population imitates this. A strong structural racism is present in all countries, but in Eastern and Central Europe it is worse. In Hungary, NGOs that work with Roma and NGOs of Roma themselves have no more political and financial support. The civil society is under attack and faces stigmatisation. Members of the Fidesz party are putting labels on the doors of NGOs. Also the whole conspiracy theory against George Soros forms part of it.

**R. H.** *Speaking about* Judgment in Hungary, *let's talk about the judge, László Miszori. What do you think was the main issue for him?*
**E. H.** He tried to show all the time how "unbiased" and "neutral" he was. It became clear in the court proceedings and it becomes clear throughout the film that he does not treat Roma with the same kind of respect as members of the national majority. He is very harsh with Roma, even though they lost family members, but actually his attitude was perceived as an "objective" one. This is due to the fact that we are speaking about a society where there exists an officially recognised racist neo-Nazi ideology, on one hand, and, on the other hand, there is the full recognition of a Roma identity, which is continuously stigmatised throughout society. Thus, by just recognising that a Roma cultural identity exists, one is already taking sides and is no longer seen as "neutral."

**R. H.** *What was his attitude towards the perpetrators, i.e. the neo-Nazis?*
**E. H.** The judge was afraid of them. The hatred towards Roma turned the neo-Nazis into heroes. There were several attacks against the judge. He was also accused of having been too strict with the perpetrators. Actually, his position was a very difficult one, because the police had made a lot of mistakes and the judge had to investigate himself.

*R. H.*  *When did you decide to make a film about the trial and were there any difficulties, for instance, getting permission to shoot?*
E. H.  I didn't have to decide anything. It was immediately clear to me that I want to document it. The trial was open, so there was really no problem in getting permission or anything. I think it should always be allowed to film the trials. The biggest problem was the duration. We ended up with more than 3.000 hours of footage. And actually, nobody else was there, nobody was documenting what happened there, so we had a huge responsibility.

*R. H.*  *In 2007, you shot a film called* Destino, *about a Roma poetess.*
E. H.  That was a workshop of Arte France which took place in Romania. The task was to shoot a film within seven days. In the outskirts of Sibiu, I saw Luminita Cioaba, a well-known Roma poetess. She is a very educated woman and she has no children, something that makes her stand out in the area where she lives. Somehow, she is an outcast among the outcast…

*R. H.*  *One can clearly see that you were fascinated by her. Would you say something has changed in your observations and also your relationships to members of the Roma communities since then?*
E. H.  No, not really. My relationships have developed very naturally. What caught my attention instead are the daily struggles and difficulties which, as far as I can see, were never really individual ones but had to be endured due to racism.

*R. H.*  *When it comes to films about Roma, what do you see as the biggest problem?*
E.H.  A basic prerequisite is to work with experts that are Roma themselves as soon as you deal with issues that touch on the human rights of Roma. But a lot of filmmakers don't do so, Roma are not invited. The solutions would be more diversity and more creative input from the side of the Roma. A first step in this direction would be to connect funding with diversity and to offer support and scholarships for Roma who want to go into film schools.

*R. H.*  *You and Sándor were tutors in the first edition of OPPOSE OTHERING! Do you think such a project is necessary?*

**E. H.** It is very important! In this framework, we focused on the problem of othering and representation and it's something that is not happening much. I teach a lot, give workshops or master classes and I am always shocked at the statements many students make. They don't question their own attitudes, they don't ask themselves "why do I think this?"

**R. H.** *What is your advice?*
**E. H.** Whenever you have an idea, you have to question it right away. So, when a student says "Roma live on social benefits," I ask them why they think that. When I make a film myself, I also question myself, my ideas and opinions throughout the whole process. Everybody has prejudices but this is not an excuse! We have to get rid of them! They make people selfish. The most important thing is to face the people you want to speak about – it is vital to talk *to* them and not just *about* them. It is also important to become friends and get into real contact and not just read for research. You have to spend time with the people you want to represent. It all comes down to seeing them as individuals and not just as a group.

## Insa Onken – Empathie und Menschlichkeit

Insa Onken lebt in Köln und macht Fernsehdokumentarfilme. Ihr Film *Safet tanzt* (2015) ist das eindrückliche und sensible Porträt Safet Misteles, der, obwohl er von der Hauptschule kam, beschloss, in Essen an der Folkwang-Hochschule Tanz zu studieren. „Ich bin nur ein kleiner Roma, der einfach sein Ding macht", sagt Safet Mistele mit einem Lächeln über sich selbst. Der Film setzt stereotypen Vorstellungen von Männlichkeit in muslimischen und in Roma-Familien das Bild einer sehr liebevollen Familie entgegen, in der Individualität und Selbstverwirklichung eine wichtige Rolle spielen. *Safet tanzt* entstand für 3sat.

In vorangegangenen Filmen porträtierte Insa Onken ebenfalls junge marginalisierte Männer: In *Rich Brother* (2009) den Asylbewerber und Boxer Ben, der in Deutschland und in Kamerun gleichermaßen um Anerkennung kämpft; in der Reportage *Auf dem Weg* (2014) Kevin, der sein Abitur nachholen möchte, aber wegen einer Schulphobie mit dem System Schule nicht zurechtkommt.

**Rebecca Heiler** *Das letzte Mal, als wir sprachen, warst du mit dem Schnitt eines neuen Films beschäftigt, woran arbeitest du im Moment?*

**Insa Onken**  An einer Reportage für das ZDF; es geht um Verkehrsentlastung. Auch ein wichtiges und spannendes Thema, aber leider kein Porträtformat, das mag ich eigentlich viel lieber. Schade, dass es im Fernsehen aktuell kaum noch Formate gibt, die dem Autor die Freiheit für eine eigene Handschrift lassen. Ich lasse zum Beispiel gerne meine Protagonisten selbst zum Erzähler werden, aber bei den meisten Sendeplätzen ist mittlerweile fast immer ein hinzugefügter Kommentar verpflichtend. Das finde ich sehr schade und das ist auch der Grund dafür, dass ich kaum noch die Möglichkeit sehe, für das Fernsehen einen Film wie *Safet tanzt* zu machen, eben mit künstlerischer Freiheit und nicht format-hörig.

**R. H.**  *Es fällt auf, dass du gerne Porträts machst. Deine Protagonisten sind Figuren, die eher am Rand der Gesellschaft stehen, Widerstände überwinden und ankommen wollen. Woher kommt deine Faszination für marginalisierte Charaktere?*
**I. O.**  Sie sind Helden, die Schwierigkeiten überwinden, und mich treibt die Frage, was ihnen die Kraft dafür gibt. Die Frage nach meiner Motivation ist nicht einfach zu beantworten. Ich denke aber die kommt aus der Kindheit. Ich selbst komme aus einem sehr behüteten Elternhaus, wir hatten keine sozialen oder finanziellen Schwierigkeiten. Aber ich habe mich schon als Kind für Menschen mit anderen Schicksalen interessiert und suchte den Kontakt zu Kindern, die in schwierigen sozialen Situationen lebten.

**R. H.**  *Wie kann ich mir das vorstellen?*
**I. O.**  Das fing bei den Büchern an: Ich habe früher viele Kinderbücher über Figuren gelesen, die tiefgründige und soziale Probleme haben. Durch die Erfahrung mit meiner Tochter habe ich manchmal das Gefühl, solche Geschichten werden in aktuellen Kinderbüchern kaum noch erzählt. Bei meinen Freundschaften ging es weiter. Ich hatte in der Schule Freunde, die kein so sorgenfreies Leben hatten wie ich. Diese Freundschaften wurden von manchen Lehrerinnen gar nicht gern gesehen, sie fragten sogar meine Mutter: Wissen Sie eigentlich mit wem Insa befreundet ist? Natürlich wusste sie das, aber für sie war es überhaupt kein Thema. Wenn ich meine Freunde besuchte, merkte ich, dass es nicht selbstverständlich ist, ein schönes Kinderzimmer zu haben, und dass es Kinder gibt, die in einem fensterlosen Kabuff schlafen und als Bettzeug nur einen Schlafsack haben. Schon damals

habe ich sie bewundert; sie faszinierten mich. Rückblickend lag die Faszination wohl darin, dass sie trotz dieser Schwierigkeiten Kraft und Motivation hatten und viel schafften. So etwas erleben meine Helden auch.

**R. H.** *Also geht es um Resilienz?*
**I. O.** Es geht um eine Kraftquelle. Woher haben die Menschen ihre Kraft? Safet hat sie sicherlich von seiner Mutter. Für Safet ist es ganz klar, dass er seiner Mutter vieles zu verdanken hat. Als ich ihn einmal fragte, was für ihn das Wichtigste ist, hat er ohne zu zögern gesagt: Meine Mutter! Und die Familie.

**R. H.** *War es dein erster Kontakt mit einer Roma-Familie?*
**I. O.** Nein. Als Studentin war ich einmal bei meinem damaligen Freund in Skopje einen Monat zu Besuch und ich hatte viel freie Zeit. Im nahegelegenen Park wohnte eine Familie in einer Ruine. Ich fand interessant, wie sie lebten, mit vielen Kindern und Musik und bitter arm. Das Haus der Familie, bei der mein Freund wohnte, putzte eine Romni und wir mochten einander, sie war sehr offen. Sie kam aus einem Slum, in dem nur Roma lebten und einmal lud sie uns zu sich nach Hause ein. Das war meine erste wirkliche Begegnung mit Roma. Sie lebte ganz einfach in einem kleinen Häuschen, wo man auf dem Boden um ein kleines Tischchen herumsaß und vor dem Haus war der Sand geharkt und alles war sehr ordentlich und sauber. Diese Begegnung erweiterte meinen Blick und ich fragte mich, wie wohl eine Roma-Familie hier in Deutschland lebt, die aus dem Kosovo, nicht weit entfernt von Mazedonien, kommt.

**R. H.** *Viele Filmemacher\*innen interessieren sich für eine „andere" Kultur, sind dann fasziniert von den Bildern, die sich ihnen bieten und filmen einfach drauflos. In deinen Filmen ist es aber anders. Wie würdest du deinen Zugang beschreiben?*
**I. O.:** Mir ist die persönliche Begegnung am wichtigsten. Man merkt einem Film meiner Meinung nach an, ob da ein ehrliches Interesse von Seiten der Filmschaffenden besteht, was für ein Vertrauensverhältnis herrscht und auch ob Menschen einander wirklich zuhören.

**R. H.** *Wie hast du dich denn außer den Gesprächen mit Safet und dem Kennenlernen der Familie vorab vorbereitet, wie sah deine Recherche aus?*

**I. O.**  Hintergründe und Recherche sind wichtig. Ich habe mich natürlich über Roma und den Kosovo informiert. Aber „das Thema" darf auch nicht zu groß werden, denn für mich steht der Mensch im Vordergrund und ist als solcher mit seiner Perspektive interessant. Mir war wichtig zu spüren und zu vermitteln, was in Safets Leben für ihn selbst wichtig ist und dass es nicht darum geht, was meiner Meinung nach für ihn wichtig sein sollte.

**R. H.**  *Im Film wird es auch kaum direkt thematisiert, dass er Rom ist, oder?*
**I. O.**  Doch, er sagt es ganz zu Beginn selber: „Ich bin nur ein kleiner Roma, der einfach sein Ding macht." Die begrenzte Länge des Filmes verlangt, dass Konflikte schnell dargelegt werden und dass klar wird, in welchen zwei Sphären er lebt, der des klassischen Tanzes und der Sphäre seiner Familie. Und dass er beide Sphären vereint: Auch wenn er sich dem Tanz widmet, die Familie bleibt bis zum Schluss sehr wichtig.

**R. H.**  *Safets Mutter ist eine Frau, die auf den ersten Blick sehr traditionell und einfach erscheint.*
**I. O.**  Ich hatte vorab Recherchegespräche mit Safet geführt und mit meiner Tochter war ich auch einmal bei der Familie zu Besuch. Schon vor dem Besuch wusste ich, dass Safets Mutter ein Kopftuch trägt und Analphabetin ist, das hatte er mir erzählt. Als ich sie persönlich kennenlernte, haben mich ihre Fähigkeit zur Reflexion und ihre Fähigkeit, sich auf Deutsch sehr differenziert auszudrücken, stark beeindruckt. Das hatte ich ehrlich gesagt nicht so erwartet.

**R. H.**  *Spielt der Film denn mit dieser Überraschung und mit den Bildern, die ein Fernsehpublikum im Kopf haben könnte, zum Beispiel von einer typischen Rollenverteilung zwischen Männern und Frauen?*
**I. O.**  Wir haben ja auch eine Rollenverteilung. Es ist doch in Ordnung, dass es Rollen gibt; wichtig ist nur, dass man da auch herauskann, wenn man diese Rolle nicht möchte, und das ist bei ihr der Fall. Es geht um eine Art des Denkens, das sich auf Werte wie Freiheit und Selbstbestimmung beruft, die mir persönlich sehr wichtig sind. Die vertritt Safets Mutter ganz undogmatisch.

**R. H.**  *Die filmische Darstellung von marginalisierten Gruppen hat Tücken, vor allem, wenn es viele Stereotype über die Gruppen*

*gibt. Als Regisseur\*in eine gute Repräsentation zu finden, ist gar nicht so leicht. Hast du Angst, mit deinen Filmen vielleicht auch Vorurteile zu reproduzieren?*
**I. O.**   Nein, Angst habe ich nicht davor. Man muss Stereotype auf alle Fälle kennen, um sie brechen zu können. Aus Vorurteilen kann ja auch ein dramaturgischer Effekt entstehen, wenn die Zuschauer\*innen sich mit ihren eigenen stereotypen Vorstellungen ertappen und überrascht werden, von etwas Anderem, Unerwarteten. Gerade beim Fernsehen muss man als Filmemacher\*in die Zuschauer\*innen abholen; Zuschauer\*innen können ja auch zufällig bei einem Programm hängenbleiben. Interessanterweise sind Vorurteile aber auch in Safets Familie ein großes Thema. In diesem Punkt ist sehr wichtig, wer was sagt in einem Film. Protagonist\*innen dürfen andere Dinge sagen als eine Sprecherstimme. Deswegen arbeite ich auch am liebsten ohne Sprecher und Kommentar.

**R. H.**   *Stellt ihr euch im Schnitt eine\*n typische\*n Zuschauer\*in vor?*
**I. O.**   Nein, wen sollte ich mir denn da vorstellen? Eine\*n typische\*n Zuschauer\*in gibt es doch gar nicht. Im Schnitt gehen wir von der Figur aus. Mein Blick auf den Menschen und seine Geschichte ist da zentral und dann hoffen wir, dass alle etwas finden, das sie fasziniert. Ich möchte die Menschen emotional berühren und auch ihren Blick sensibilisieren. Meine Rolle kann man vielleicht als die eines Türöffners für andere Lebenswelten beschreiben.

### Tayo Awosusi-Onutor – Kämpferin für das Recht auf ein eigenes Bild

Tayo Awosusi-Onutor ist Sängerin, Songwriterin und auch Autorin, Filmemacherin, politische Aktivistin und Mutter. Als Musikerin singt sie Soul, R'n'B, Jazz und Romani Musica. Auf der politischen Bühne ist die Afro-Sintizza als Teil der IniRromnja aktiv, einem Zusammenschluss von Sintizzi\* und Romnja\*, die sich gegen Rassismus gegen Sinti und Roma einsetzen, und wirkt außerdem beim feministische Rromnja-Archiv RomaniPhen mit. RomaniPhen hat es sich zum Ziel gesetzt, die Sichtbarkeit von Romnja\* und Sintizzi\* und deren gesellschaftliche, künstlerische und wissenschaftliche Beiträge nach außen zu tragen. Auch ihr Filmdebüt *Phral Mende – wir über uns* (2018) bietet eine Bühne: Hier lässt Tayo Awosusi-Onutor Sinti\*zzi und Romn\*ja selbst zu Wort kommen, zeigt deren Perspektiven in Deutschland und beleuchtet Themen wie die Bürgerrechtsbewegung, Erinnerungskultur und Rassismus.

Mittlerweile wurde der Film deutschlandweit viele Male gezeigt und stellt eine fruchtbare Grundlage für die weitergehende Auseinandersetzung mit den verschiedenen Perspektiven und Erfahrungen, die Sinti*zzi und Romn*ja in Deutschland haben und machen, dar.

> ***Rebecca Heiler*** *Frau Awosusi-Onutor, können Sie kurz beschreiben, worum es bei* Phral Mende – wir über uns *geht und was an diesem Film besonders ist?*
> **Tayo Awosusi-Onutor** Im Film geben acht Personen, die sich aktiv für die Rechte von Sinti und Roma einsetzen, ihre Sicht wieder: Ilona Lagrene, Fatima Hartmann, Ferenc Snétberger, Isidora Randjelović, Heidi Barz, Estera Iordan, meine Mutter Anita Awosusi und ich selbst. Es war wichtig zu zeigen, wie unterschiedlich die Menschen in Bezug auf ihre Tätigkeiten und Perspektiven und auch die Erfahrungen sind, die sie gemacht haben. Da geht es dann um solche Themen wie Passing und Alltagsrassismus, aber auch um die Bürgerrechtsbewegung. Außerdem stellt der Film so auch eine historische Entwicklung dar: Ilona Lagrene musste in den 1970er Jahren um die Existenzberechtigung und die Anerkennung des Holocaust kämpfen …
>
> **R. H.** *Muss denn heute nicht mehr darum gekämpft werden?*
> **T. A.** Natürlich, aber damals wurde die Grundlage für die heutige Arbeit geschaffen. Im Film sind verschiedene Generationen vereint. Die jüngste Person ist Estera Iordan, die gerade ihren Mittleren Schulabschluss gemacht hat. Sie ist im feministischen Archiv RomaniPhen aktiv und hat dort mit einem anderen Mädchen zusammen einen kurzen Animationsfilm mit dem Titel „Verfolgungsgeschichte der Rom*nja" gemacht. Ihr geht es um Aufklärung und mit ihrem Film klären die beiden Mädchen über die Geschichte und einen guten Umgang miteinander auf. Eine fiktive Figur namens „Romani Chaji" (dt. Romani-Mädchen) führt durch den Film.
>
> **R. H.** *Sie arbeiten bisher als Musikerin und Aktivistin. Ist Film nun ihr neues künstlerisches Betätigungsfeld?*
> **T. A.** Der Film ist eher aus der politischen Bildungsarbeit heraus entstanden. In diesem Bereich bin ich schon lange aktiv, so bin ich zum Beispiel als Mitglied bei der IniRromnja, einem Zusammenschluss von Roma- und Sinti-Frauen, dabei. Diese Initiative besteht schon seit zehn Jahren. Hier wurde auch das RomaniPhen, ein feministisches Archiv gegründet, das sehr

wichtig für die Bildungsarbeit ist. Im letzten Jahrzehnt sind sehr viele Netzwerke entstanden, in Berlin, aber auch international.

**R. H.** *Warum war es für Sie wichtig, diesen Film zu machen?*
**T. A.** Mit Jugendlichen und Erwachsenen mache ich Antirassismus-Workshops, bei denen es um Rassismus gegen Sinti und Roma geht. Die Unwissenheit und Ahnungslosigkeit, sowohl betreffend die Geschichte als auch Sinti und Roma, ist enorm. Umso verbreiteter ist dafür das rassistische Wissen, das über den rassistischen Begriff hinausgeht. Über die Sprache wird viel transportiert, aber es werden auch Bilder weitergegeben. Aus diesen Erfahrungen heraus wollte ich ein Mittel entwickeln, mit dem wir dagegenhalten können und das andere Perspektiven aufzeigt. Mit dem Dokumentarfilm kann ich verschiedene Formate in der bildungspolitischen Arbeit bespielen und auch andere Menschen ansprechen.

**R. H.** *Wie war es für Sie,* Phral Mende *zu machen? Gab es Schwierigkeiten?*
**T. A.** Es war ein Abenteuer, da ich mich in einen ganz anderen Bereich gewagt und komplettes Neuland betreten habe. Ich habe auch den Schnitt mitgemacht. Die Gespräche zu führen und meine Ideen thematisch umzusetzen, war überhaupt nicht schwierig. Im Gegenteil, ich kann hier endlich etwas zeigen, was ich schon lange zeigen wollte. Aber Film ist auch ein Gemeinschaftsprodukt und die gemeinsame Gestaltung war manchmal nicht so einfach. Das habe ich bei der Kameraarbeit gemerkt, die eine Sicht von außen, eine weiße Perspektive transportiert hat. Diese Perspektive will ich ja gerade in Frage stellen, aber das ist schwierig, wenn man dafür nicht sensibilisiert ist und auch die eigene Position nicht hinterfragen will. Das kann dann auch unangenehm werden.

**R. H.** *Gibt es andere Filme, die Sie in Ihrer Arbeit einsetzen und die Sie empfehlen würden?*
**T. A.** Es gibt leider nur ganz wenige Filme, die keine rassistischen Begriffe reproduzieren, das ist ähnlich wie beim Medium Buch. Heidi Barz hat einmal Bildungsmaterialen untersucht; sie hat ein Kriterienraster erarbeitet und danach getestet, welches Material geeignet ist für die Wissensvermittlung über unsere Geschichte und über Sinti und Roma. Von 50 untersuchten Materialien waren weniger als fünf empfehlenswert. Ich kann das aus eigener Erfahrung bestätigen. Der letzte Film, der leider

wieder eine klassische Fehlrepräsentation ist, war *Nellys Abenteuer*. Ok, es sollen Genderrollen aufgebrochen werden, es soll abenteuerlich sein, aber es gibt eben auch viele rassistische Bilder. Ein bisschen wie bei Pippi Langstrumpf, wo wir ein starkes weißes Mädchen haben. Der rassistische Hintergrund von Pippis Existenz, deren Papa als „N-König" im „Taka-Tuka-Land" lebt, wird aber in keiner Sekunde hinterfragt. Aufgrund meiner Herkunft habe ich die Möglichkeit, zwei Perspektiven einzunehmen, einmal die einer deutschen Sintezza und einmal die einer Afrodeutschen. Man kann das nicht direkt vergleichen, aber ich kann schon sagen, dass es bei der Darstellung von Sinti und Roma kaum positive Bilder gibt.

**R. H.** *Ich frage jetzt mal bewusst naiv: Welches sind denn die fehlenden Bilder?*
**T. A.** Na die echten! Wirkliche, authentische Bilder von den Menschen selber. Das Beste was ja bisher passieren kann auf der Leinwand ist Musik, wenn es um Sinti und Roma geht. Aber das sind auch wieder Stereotype. Ich weiß gar nicht, ob es irgendeine andere Gruppe gibt, bei der die Stereotype so fest verankert sind, wie bei Sinti und Roma. Gerade wenn es um Unterhaltung geht, sind alle Bilder rassistisch.

**R. H.** *Was müsste passieren, damit sich die Bilder ändern?*
**T. A.** Bisher ist der Zugang erschwert. Die entscheidenden Stellen und Komitees sind zu stark mit Menschen ohne jegliche Rassismuserfahrung besetzt. Wenn Projekte über Sinti und Roma gemacht werden, dann müssten die Gremien, die das entscheiden, mindestens zu 50 Prozent mit Menschen mit Rassismuserfahrung besetzt sein. Prinzipiell finde ich, dass Menschen nicht für andere sprechen, sondern diese selber zu Wort kommen lassen sollten.

**R. H.** *Eigentlich alles nachvollziehbar, aber in der Praxis ist es anscheinend dann doch nicht so einfach ...*
**T. A.** Natürlich ist es schwierig abzugeben. Es ist sicher oft etwas ungemütlich, aber der Weg führt in die richtige Richtung. Bisher gibt es hin und wieder vielleicht in manchen Gremien eine Person, quasi einen Quotensinto, aber das wird doch nicht ernst genommen! Da wird auch vergessen, dass es nicht nur eine Perspektive gibt. Ein Beispiel aus der Musik: Beim Hip-Hop wird argumentiert, dass manche Roma oder Sinti selbst den rassistischen Begriff benutzen, aber es ist völlig indiskutabel, damit

irgendetwas zu rechtfertigen. Das ist reines Schubladendenken und die Menschen, über die so gesprochen wird, haben unter der deutschen Geschichte gelitten; wir sind davon betroffen. Filmemachen ist ja eine Sache, aber wir sprechen über Rassismus und rassistische Verfolgung ist leider ein Teil unserer Geschichte. Diese Geschichte ist immer präsent, aber man sieht eben, ob die Filmemacher*innen das auch mitgedacht haben und ob die Kamera zum Beispiel Dinge wertschätzend zeigt oder ob es eine sozialromantische oder folkloristische Darstellung ist.

**R. H.** *Ihr Film wurde mittlerweile bei einer ganzen Reihe von öffentlichen Veranstaltungen gezeigt. Wie waren die Reaktionen? Hat sich Ihr eigener Blick auf den Film dadurch geändert?*
**T. A.** Die Reaktionen waren sehr positiv. Für viele der Zuschauer*innen gab es viele neue Infos. Das wurde bisher oft dankend angenommen. Das hat mich natürlich sehr gefreut, genauso die Resonanz aus der eigenen Community. Für viele Rom*nja und Sinti*zzi war es einfach mal empowernd eine Doku zu sehen, in der keine rassistischen Stereotype reproduziert werden, sondern ein wertschätzender Blick gezeigt wird.

**R. H.** *Die Notwendigkeit, die Narrative zu erobern, ist groß. Planen Sie weitere Filme?*
**T. A.** Ja, wenn die Möglichkeit besteht, dann auf jeden Fall. Es muss noch viel gesagt und gezeigt werden.

**R. H.** *Haben Sie noch Ratschläge für andere Filmemacher*innen?*
**T. A.** Personen, die nicht von Rassismus betroffen sind, müssen sich mehr selbst hinterfragen, wenn sie über Menschen, die effektiv von Rassismus betroffen sind, sprechen. In der Art: Wie bin ich selbst in die Sache verstrickt? Wie zeige ich Rassismus aus meiner Perspektive? Vielleicht profitiere ich ja sogar davon? Wenn die Filmschaffenden das nicht tun, dann rutscht es schnell in Stereotype ab. Ein guter Weg wäre, Kollaborationen zu schaffen und darauf zu achten, dass das Team divers ist. Oft habe ich bisher das Gefühl, dass die Maxime ist, schnell etwas zu machen, wenn es um Sinti und Roma geht. Dabei ist es wirklich wichtig, sich vorher eingehend vor allem mit sich selbst zu beschäftigen, rassistische Strukturen zu hinterfragen und sich nicht nur von kommerziellen Aspekten leiten zu lassen.

# Antigypsyism in French Cinema: Why We Need Gadžology, and What Led to *À bras ouverts*?

William Bila

This paper[1] seeks to explain the difficulty of broaching the subject of antigypsyism in French cinema by shedding light on general cultural and legal constructs, French exceptionalism with respect to current events, recent trends in the local film industry, and one film in particular, *À bras ouverts* (2017), which emblematically brings to life all of these elements in a single example.

What follows is a brief synopsis of the film based on a review written by Boyd van Hoeij for the *Hollywood Reporter*:

Jean-Etienne Fougerole (Christian Clavier) is

> a left-wing celebrity intellectual modeled on the equally wild-haired Bernard-Henri Levy. He has just published a new book called *With Open Arms,* about immigration issues, and is asked to defend it on television, where Barzach (Marc Arnaud), his right-wing opponent (who, for some reason, is gay), challenges him to actually open the doors of his own home if that's what required to allow for a much better integration of immigrants.
>
> Put on the spot, Fougerole says yes, much to the dismay of his wife Daphne (Elsa Zylberstein), a prim heiress who thinks herself an artist, and their otherwise not very clearly defined teenage son, Lionel (Oscar Berthe). The same evening Babik (Weddings' Ary Abittan, an actor who is actually of Maghrebi-Jewish origin) and his extended Romani family knock on their door (…), ask for shelter and set up their derelict mobile home somewhere between the foot-deep geometrical pond and the property's hedges (…).

---

1 This paper would not have been possible without the contributions provided by Amandine Gay, a French-African feminist, filmmaker, actress and intersectional ally.

Fougerole's savvy publicist (Nanou Garcia) thinks this is something worth exploiting, so the family is allowed to stay, though Daphne worries about her valuables and locks them away when they need to leave the door open at night so their guests can use the bathroom. Lionel, meanwhile, drops all objections as soon as he has clapped eyes on Babik's virginal daughter and the apple of his eye, Lulughia (...). (...)

A scene follows,

in which the Fougeroles are invited over for dinner by Babik's family. It purportedly shows that they are grateful for having been taken in by a family of French Good Samaritans, but simultaneously, one guesses to amp up the comedy, the dinner consists of rodent stew made from moles poached from the Fougeroles' garden, aligning the Romani with the grimy and blind subterranean creatures and suggesting they need to steal in order to prepare a thank-you meal for someone. And as if the moles aren't enough, one of the Babik family members is a simpleton with really bad teeth – "no brain but he's nice," Babik explains – who is transported by the family in the trunk of their car, together with a massive pig that later ravages the Fougeroles' pristine kitchen, again suggesting the Romani are backwards and dirty. To make matters worse, it is suggested Babik is a selfish opportunist, as he turns away a second family of Romani that arrives, telling his new landlord: "You give them one hand and they take your whole arm!" They are also depicted as lazy throughout, simply enjoying their newfound wealth in white French suburbia. The film can't quite muster the same tone of mockery for Daphne, who has inherited her wealth and whose terrible work as an artist is only a pastime, though supposedly she has earned that right because her parents or grandparents worked hard for that money.

Equally wrong-headed is the Fougeroles' relationship with their butler, an Anglophone Indian named Ravi who is played by British-born actor Armen Georgian, of Middle Eastern extraction, in blackface (!) and a turban. Ravi is 100 percent servile to his white masters but looks down on the non-white visitors they have accepted into their midst. Since this supporting character has no real backstory or character development of his own to speak of, how else can this be understood other than suggesting that the white race is somehow superior to everyone else?

Even besides all the blatant racism and xenophobia, the film *an sich* is a mess. The acting is broad but not all the actors play in the same register, with Zylberstein clearly on another planet than Clavier, and Berthe so subdued he doesn't feel like the son of his parents at all. The female characters are all completely flat and their behaviour makes absolutely no sense; Daphne's actions seem inspired more by plot necessities than any kind of consistent moral compass, however misguided it may be. The need for a happy ending also makes all the preceding bigotry seem very strange; is the message that Romani are dirty and lazy but they throw a mean party (just don't touch the food!), play good music and are therefore worth marrying? The can't-we-all-get-along vibe of the film's last reel feels about as genuine as a cannibal's promise to finally become a vegetarian.

De Chauveron never explores the subject of racism and xenophobia in any meaningful way, instead just hoping to score laughs by relying on the exact same clichés and gross generalizations that are the breeding ground for racism and perceived differences. Beyond committing the capital comedy sin of not being funny, this movie is also morally disturbing.[2]

Based on that description, what does the 2017 release of the film *À bras ouverts* reveal to us about antigypsyism[3] in French cinema and in public discourse in France? Usually the first step in dealing with a problem is to acknowledge it. Before attempting to address the specific form of systemic and institutional racism known as antigypsyism, I would like to start by assessing the state of affairs at a higher level concerning the general understanding of racism and discrimination by French authorities. In France, the concept of race is considered obsolete, when one considers the constitution. What does that really mean? In order to explain how such concepts are applied in a French environment, let us provide a few historical facts for context and then look at a contemporary example in action. When the new constitution was written, after the Nazi occupation in 1946, it was deemed necessary to use the word "race" to show that there is no place for racism in the values of the French Republic. Discrimination on the grounds of (racial) origin is illegal. In

---

2   Van Hoeij, Boyd: With Open Arms ('À bras ouverts'). Film Review, The Hollywood Reporter, 21.4.2017, accessible at: https://www.hollywoodreporter.com/review/open-arms-996253. [Accessed: 24.4.2020].

3   The definition of antigypsyism as used in this paper is that of the Alliance Against Antigypsyism and can be found here: Antigypsyism – a Reference Paper, accessible at: http://antigypsyism.eu/?page_id=17. [Accessed: 24.4.2020].

July 2018, the word was removed from the constitution[4] in a highly symbolic act to delegitimise that cultural construct which is not scientifically based, and to reaffirm the values that are at the heart of the constitution, a major component of French identity. This was a partial response to the current role of identity politics and the need to address them with a specifically French solution. A salient example of how this concept is applied in action, however, demonstrates institutional racism in its utmost form.

In December 2017, as the government was setting up a commission called the CNNum (National Digital Council) to advise the president on more inclusive digital policies,[5] it made an intentional decision to include Rokhaya Diallo in the council, a French journalist and filmmaker of African descent, in an attempt to include a diversity of opinions and connections in order to better reach those communities most affected.[6] Soon after her appointment, however, a member of parliament from *Les Républicains,* a mainstream political party on the right (not the extreme right), along with a number of others strongly opposed Ms. Diallo's presence in the CNNum, specifically because her previous outspoken opinions regarding the need to tackle institutional racism were not acceptable. The idea of systemic racism emanating from government offices is divisive, according to them, and these parliamentarians argued that at present, France needs unity.[7] (The terror attacks of January 8, 2015 at Charlie Hebdo, November 13, 2015 at the Bataclan in Paris, and July 14, 2016 in Nice contributed heavily toward the mind-set working against identity politics). The governmental decision-makers in charge of the commission accepted these arguments and removed Diallo from her post.[8] In other words, the government reasoned that institutional racism emanating from the state does not exist and, hence, proceeded to remove a black woman from this commission that was created to ensure marginalised communities would be reached.

---

4   L'Assemblée supprime de la Constitution le mot "race" et interdit la "distinction de sexe," Le Monde, 12.7.2018, accessible at: https://www.lemonde.fr/politique/article/2018/07/12/l-assemblee-supprime-dans-la-constitution-le-mot-race-et-interdit-la-distinction-de-sexe_5330615_823448.html. [Accessed: 24.4.2020].

5   Le gouvernement demande le départ de Rokhaya Diallo du Conseil national du numérique, Le Nouvel Obs, 14.12.2017, accessible at: https://www.nouvelobs.com/societe/20171214.OBS9259/le-gouvernement-demande-le-depart-de-rokhaya-diallo-du-conseil-national-du-numerique.html. [Accessed: 24.4.2020].

6   Soumahoro, Maboula, In France a Woman Has Been Dismissed for Her Anti-Racism. Where is Our Égalité?, The Guardian, 27.12.2017, accessible at: https://www.theguardian.com/commentisfree/2017/dec/27/france-anti-racism-dismissed-feminist-rokhaya-diallo. [Accessed: 24.4.2020].

7   See: Le gouvernement demande le départ.

8   Ibid.

She was dismissed for the very reasons she was appointed, because of her well-known orientation toward helping her community. In the end, the specific goals of the commission were overlooked, because to help one's community was perceived as more un-French than it was helpful in accomplishing the goals of the commission. It was perceived as un-French, divisive and not unifying, in that it was oriented towards a particular community and by default, not in favour of the concepts of universality and indivisibility; i.e. it would not help all French citizens equally. In other words, they concluded they can fire her, because she is black and standing up for blacks' rights, and that they cannot be racist for doing that, in part because they are upholding French values and French law, which have abandoned the concept of race.

So how do we start to talk about antigypsyism, a specific form of systemic institutional racism, which is defined to include discriminating social structures and practices (including those by state-run institutions), "which have a degrading and ostracising effect and which reproduce structural disadvantages,"[9] when such talk can lead to banishment from policy-making institutions? The elephant in the room is not visible to the ostrich that has its head buried in the sand: institutional racism being the elephant and a number of powerful actors on behalf of public institutions being the ostrich refusing to acknowledge such a concept at all costs. In other words, there is no acknowledgment of the problem. That is why it is fitting to use a fictitious science, gadžology, to provide a reflection on such an absurdity that may be considered stranger than fiction. By poking fun at the way Roma/Sinti/Gypsies have been placed into various "scientific categories" for centuries, by examining the French from a similar point of view under categories they would also definitely not create for themselves, I hope to make some sense of a unique 'white' French cultural heritage imprint on the film industry from the point of view of an outsider. Sarcasm is necessary to temper the absurdity of the situation, so that the current reality is taken seriously while bearing in mind a subaltern's point of view.[10]

Perhaps, before we start our analysis of antigypsyism in cinema, we should extend our analysis a bit further on this higher level. Moving on from a general understanding of the concepts that dominate contemporary French culture as well as the culture of governmental institutions and the legal concepts that sustain them, let us look at the French film industry in general. To do this, we might want to take into account the amalgamation of a variety of different segments and what aspects of culture prevail among them. We can divide them into any number of segments, such as film critics, their readers,

---

9  See: Alliance Against Antigypsyism: Antigypsyism, section 1.1.
10  The author is referring to himself as a subaltern in this case.

those working in film production, those in the financing side of the industry, and of course the general cinema-going public. The public itself could be further segmented into urban and rural.

Why distinguish between these groups of people? Because it is one of the principles of gadžology[11] to employ this segmentation. As any good gadžologist knows, not all gadžos are the same. They are individuals and do not like to be heaped together into the same category or tarred with the same brush, a noble trait in the savage world of film production.[12] The point here being that whereas non-Roma anthropologists studying Roma have endlessly assumed the roles of defining which viewpoint to take, how to segment the groups being examined and how to draw conclusions from different value-systems and different sub-groups of Romani peoples, we can do the same with the French gadžo. Furthermore, the irony here is that the French perceive themselves as indivisible. They do not recognize any sub-group categories. The Jacobins ideologically divided and conquered all French peoples with the goal of preventing any single people in France from uniting within their communities, in order to retain an indivisible nature as being solely French. To look at the French as an outsider without understanding this internal logic of theirs or simply disregarding it may result in misunderstandings and misinterpretations. A gadžological (Romani pseudo-anthropological) perspective may even help other gadžos (non-French) to understand the French gadžos. Unlike a simply non-French anthropological view of French culture, a deconstruction with some help from gadžology will allow us to place the construct of power into scope in our examination of the French as an object of a Romani examination. We are (not) simply looking at those in the French film industry as if they were Gypsies under the microscope of the French anthropologist's lens.

Unlike the English language gadžo media covering the French cinematic scene, the French language gadžo media show that the majority white French gadžo does not (constitutionally or otherwise) recognize himself as different from any other French citizen (versus French people of African, Arabic or other regional origins). Although he is distinctly represented along with other racialised citizens through his portrayals of himself in French cinematic comedy, he does not see his self-portrayal as anything other than universal, i.e. not racialised. The French gadžo press never makes this point, as it is blind to this phenomenon. This, in and of itself, is a position the white French gadžo takes on overtly as his own way of combatting racism. There is no rational

---

11 Tidrick, Heather: "Gadžology" as Activism. What I Would Have Ethnography Do for East European Roma, in: Collaborative Anthropologies 3 (2010), pp. 121–131.
12 Roma have often been referred to as noble savages by anthropologists in the late nineteenth century through to WW2.

way, however, to deny his portrayals of himself in French cinematic comedies as anything other than in a racialised fashion.

Moreover, these portrayals of various ethnic groups, including the white French gadžo majority population, all continue to exist in French cinema thanks to various forms of public funding. The state, which has abandoned altogether the concept of race and is therefore above racism, finances an industry which produces racist material and perpetuates racism. The French film industry, predominantly run by white gadžo male directors and producers, receives state funding to create films which display racism and stereotypes in an uninhibited fashion without questioning where those stereotypes come from or what type of effect is created in the minds of the spectators. The common welfare of citizens is not currently a transparent criterion necessary to trigger the spending of public funds (nor does the potential to cause common harm seem to be a reason to prevent spending) in the case of film.

Despite the situation in public institutions and private industry, a significant number of people in the general public and some individuals working in powerful public institutions can acknowledge institutional racism. This includes the majority of the thirty-member panel who resigned from the CNNum to protest Rokhaya Diallo's dismissal.[13] When we speak of institutional racism and its acknowledgement in France, we must also recognise that different people (especially non-white French gadžos) have different knowledge and their perceptions can be based on different methods of reasoning and motivation. In the case of subsidies for the film industry, we have an inquisitive Romani mind examining the conundrum of agency factors affected by self-interested motivations, and the fact that not very many other people are asking these questions has allowed this behaviour to continue for decades. We should take all of this into consideration before proceeding with any specific analysis of individual French films.

Let us now start our more specific examination of *À bras ouverts* (*Hereinspaziert* in German), with a look at how journalistic media and film critics perceived the film. It is common practice in the film industry that film critics are provided with advanced screenings, but not to *À bras ouverts*. This signalled that they could definitely expect to be dealing with controversial forms of expression that could potentially be very negatively received, again, as was exactly the case with the preceding film by the same director, *Qu'est-ce qu'on a fait au bon Dieu?* (*Monsieur Claude und seine Töchter* in German), which included many of the same cast and crew. The producers of the film, desperate to protect their financial investment, could not risk negative media coverage,

---

13  Chrysafis, Angelique: French Race Row Erupts as Feminist Forced Off Advisory Body, The Guardian, 20.12.2017, accessible at: https://www.theguardian.com/world/2017/dec/20/french-race-row-erupts-as-feminist-forced-off-advisory-body. [Accessed: 24.4.2020].

and with good reason, as the film had received generally negative reviews, as did its predecessor. With the exception of one positive review in *Figaro,* a leading right-wing establishment newspaper, no one recommended going to see *À bras ouverts.* The general consensus: Not only was it not funny, it was a bad film.

The creators of the film state that their aim was to make fun of the elite leftist family and its hypocrisy of unattainable ideals – essentially, to portray the right side of the political spectrum as having a more common-sense perception of reality. The critics' consensus was that they did not achieve this goal, mainly because the diversion of portraying extremely racist stereotypes of Roma was so intense that the premise was lost. The racist stereotypes were too many and ongoing to be considered funny. They also did little to advance the story, thus high-jacking the plot, and leaving the audience wondering what had just happened, never sufficiently returning to make this point. Some film critics reviewed it extraordinarily harshly. Gaëlle Moury of *Le Soir* in Belgium called the film dangerous[14] essentially for these reasons. Hendy Bicaise in *Slate* magazine dedicated a significant amount of space going into great detail; he lists at least ten points describing ridiculous situations and over-the-top stereotyping of Roma,[15] thus reinforcing the general consensus.

Unlike *Qu'est-ce qu'on a fait au bon Dieu?,* which was the largest grossing film of 2014 in France and the sixth biggest hit of all time in France, with over twelve million tickets sold, *À bras ouverts* barely achieved 8 % of that amount with just over one million tickets sold in 2017. It was a total flop. What happened? Gadžo journalists did a very thorough job of defending the Roma. Some even went on to explain how unfair it is to the Roma who do not have a media presence of their own to tell their own stories, to compete with and defend themselves from more powerful media that spread disinformation about them. A recent report by the national human rights commission or CNCDH,[16] stated that Roma are statistically the most rejected and most discriminated group in France. This statistic was cited in one of the harsher critiques of the film published by *Le Nouvel Obs,* a traditionally left-leaning publication.[17] Did

---

14  Moury, Gaëlle: A bras ouverts Un film pas drôle, voire dangereux, Le Soir (Belgium), 4.4.2017, accessible at: https://plus.lesoir.be/88686/article/2017-04-04/bras-ouverts-un-film-pas-drole-voire-dangereux. [Accessed: 24.4.2020].

15  Bicaise, Hendy, "À bras ouverts" n'est pas seulement un mauvais film, c'est une œuvre inacceptable, Slate, 26.3.2017, updated 5.4.2017, accessible at: https://www.slate.fr/story/141872/bras-ouverts-film-inacceptable. [Accessed: 24.4.2020].

16  La Commission nationale consultative des droits de l'Homme: Rapport sur la lutte contre le racisme sous toutes ces formes 2017, 22.3.2018, accessible at. https://www.romeurope.org/rapport-2017-de-cncdh-letat-racisme-france/. [Accessed: 24.4.2020].

17  Thomas, Marlène: "A bras ouverts," la comédie qui présente les Roms "comme des sauvages," Le Nouvel Observateur, 6.4.2017, accessible at: https://www.nouvelobs.com/

the public who ignored the critics for the first film pay attention this time? Can we say that this was an awakening? Hardly. I do not think that these are reasonable assumptions, nor do we have evidence to support such statements. What actually happened: A white French gadžo who succeeded in obtaining public funding in 2014 for an uninhibitedly racist and successfully commercial production received approval for funding of a second uninhibitedly racist film in 2017. Who would have suspected he could fail to actually tell a story with his film, when he had such a successful track record? When such funding is so easy to obtain for people like him (white male French gadžos on the inside of the film scene), could it contribute to laziness, a sense of entitlement, and/or lack of accountability in using such funds wisely?

According to Caspar Salmon, this seems to be so. This was just a blip on a trend of uninhibited racism that can be traced back to 2008, when the best-selling French film of all time, *Bienvenue chez les Ch'tis*, was released.[18] He refers to it as an amiable simplistic film set in rural post-industrial northern France. Its success proved there was an appetite for a simpler type of film in rural France, far from dealing with the complexity of identity. Salmon believes it is also a result of mediocre production and lack of competition in the comedic film market. Since the 1970s this industry has remained restricted to certain groups of actors/directors related to the troupe of Le Splendid – of which Christian Clavier, who plays in the starring role of *À bras ouverts,* was a member. Salmon further explains that French film has recently become a battleground for a certain type of politics.[19] There is an ongoing conflict over who receives money for filming and the insiders seem not to be aligned along political or ideological lines between left and right, but rather between insiders who are protected from outside competition. Nevertheless, more pressure coming from the right and extreme right on the flows of money toward film and film production are having an effect. How these special politics are being played out will not be examined thoroughly in this paper, though two important examples should be noted here with respect to describing the trend from 2008 mentioned above. First, traditionally right-wing held city councils removed advertisements of Alain Guiraudie's film *Stranger by the Lake* (2013), provoking cries of censorship related to homophobia.[20] At approximately the

---

societe/20170406.OBS7651/a-bras-ouverts-la-comedie-qui-presente-les-roms-comme-des-sauvages.html. [Accessed: 24.4.2020].

18   Salmon, Caspar: When Did French Comedies Become so Reactionary?, BFI Film Forever, 20.4.2017, accessible at: https://www.bfi.org.uk/news-opinion/sight-sound-magazine/features/when-french-comedy-so-reactionary. [Accessed: 24.4.2020].

19   Ibid.

20   By removing advertisements and reducing ticket sales, they are also reducing the amount of public funding available in the future in support of artistic endeavours. The funds for public

same time in relation to this, Marion Maréchal Le Pen, a former leader within the French right-wing party *Le Front National,* now *Rassemblement National* or *RN*, called for a stop to all subsidies for French films: (perhaps funding for simple films with racist content is a way of appeasing the extreme right and preventing a change in the status quo for insiders, French white male gadžos, in the film industry?). Secondly, in another case which took place earlier, a right-wing group called for a boycott of the broadcast of Céline Sciamma's *Tomboy* (2011) when the film aired on television. The reason for the boycott was that the film was caught up in the government's stance on gender theory, an ideological area of contention for the traditional right-wing.[21]

I would like to interject here using my gadžologist framework: Gender theory and how it is perceived by different groups of French gadžos can provide an interesting view of language and thought processes in France to outsiders. In other words, I am going to put French gadžos into categories that are easily recognised by non-French peoples (like boxes and categories), and the relevance of the vocabulary discussed below will reinforce my arguments when speaking later about the terminology of antigypsyism in France. While it is often unsurprisingly those French gadžos who are opposed to modern gender theories who also identify themselves as being on the right of the political spectrum, what should be noted is that French gadžos in this part of the political spectrum also make a clear distinction between the usage of the French word *genre*, which means gender and has a neutral meaning with no connotations, and the English word "gender" which for them has become loaded with negative connotations in French usage, since it refers to modern gender theories and gender identities. The English word is used this way in French and thus it gives a virtually new meaning in French usage to the word, compared to the direct translation that could more easily be used in its place, *genre*. Furthermore, while I refer to the left and the right of the political spectrum, I do so in a way that French gadžos would still use themselves today. However, the traditional left and the traditional right no longer exist in the current political landscape of France. Xenophobia and restrictions of freedom are increasingly supported by the supposed left, while the right is taking on social issues in a less nationalistic tone. At the same time, uninhibited Trump-style racism has also become more socially acceptable overall on both sides, and has seemed to be heading towards normalisation over the past eight years.

Cyprien Caddeo addresses this shift to the right in society in his article on French comedy films in the journal *Le Vent Se Lève*. He explains a concept

---

support of film production are financed through ticket sales (taxes). Furthermore, fewer ticket sales for gay-themed films could be tracked statistically and might be used to argue against future funding of similarly themed films.

21  Casper: French Comedies.

used by white French gadžos: When things are perceived as just a little racist, they seem to be acceptable. This sheds light on the commercial success of the previous film by De Chauveron, as it appears to be a reflection of reality in French society.[22] It is ok to make fun of everyone a little bit. The supposition being, "That's really what everyone does, isn't it?" He goes on to list a number of examples of blatant racism in the film that are far from being just a little bit racist, essentially and consistently portraying all foreigners in a bad light. It reflects a shift of society to the right. Caddeo also points out that despite claiming to make fun of everyone, the characters of middle class white gadžo people who come from the right neighbourhoods are never the objects of ridicule or even questioned. So much for making fun of everyone. Perhaps this criticism led to the creation of *À bras ouverts,* to make fun of white French gadžos, even though he failed to do so. This is precisely the overlooked (non) racialisation[23] of white people mentioned earlier, visible through the lens of gadžology, which is happening. They just do not get it.

Whatever the reasons and whatever the result, it had no bearing on De Chauveron receiving financial aid. *À bras ouverts* is listed as having a financial grant request approved in the CNC's 2016 annual report La Production Cinématographique.[24] This film received public funding of 590,339 Euros from the CNC (The National Centre for Cinema and Animated Images). While films whose applications for public funding are approved do get published in the CNC's annual report, the actual amount of funding received is not made available except by special request.[25] Funding for work combatting discrimination, hate crimes and hate speech is complex and more difficult to access than funding for this type of film, which the state funds generously, if you are an insider. As far as criteria for obtaining public funding for film production are concerned, there is currently no transparency with respect to when artistic license encroaches on hate speech, or when damage from harmful stereotypes may exceed harm resulting from censorship. When major media representations of Roma that support antigypsyist images receive over half a million

---

22  Caddeo, Cyprien: Comédies françaises dites bonjour à l'humour de droite décomplexé, Le Vent Se Lève, 27.12.2017, accessible at: https://lvsl.fr/comedies-francaises-dites-bonjour-a-lhumour-de-droite-decomplexe/. [Accessed: 24.4.2020].

23  Non-racialised / racialised as they are always above race, universal, and never portrayed with any negative or absurd stereotyping. What is the racial stereotype for white people in France? It is to recognise that this is also a racial stereotype.

24  Guerrieri, Jean-Pierre / Jardillier, Sophie / Canetti, Nicole / Danard, Benoît / Sartori, Danielle: La production cinématographique en 2016, Centre national du cinéma et de l'image animée: Direction des études, des statistiques et de la prospective, Direction du cinéma, 1.6.2017, accessible at: https://www.cnc.fr/cinema/etudes-et-rapports/etudes-prospectives/la-production-cinematographique-en-2016_305551. [Accessed: 24.4.2020].

25  Correspondence from the CNC confirms the amount, as per special request.

Euros for just one film in one year, how much more needs to be spent on public awareness campaigns to combat these harmful stereotypes? This question needs to be asked especially since pogroms against Roma in shantytowns near Paris in March 2019 were caused by simply using stereotypes present since the Middle Ages via social media.[26] Thanks to antigypsyist rhetoric from politicians and media having become normalised over the past two decades, such stereotypes seem to be no longer questioned by much of the population and are quite rapidly leading toward the next stage on the road to genocide.[27]

As the concept of race has been abandoned, there is also no disaggregated data on the type of people working within the public authorities who are awarding public funds. We can nevertheless make a very rough analysis of the people who are receiving funding, and we do indeed see a predominantly white male gadžo recipient pool of this funding. How can we address these unilateral funding structures without using official equality data? If ethnic minorities and migrants are excluded from public bodies, who will fight for more inclusive policies? Who will raise the issue of institutional racism if critical voices like Diallo are banished? It seems all the extreme right are really confused about who controls and who benefits from the current situation, and this contributes to the overall complexity of addressing antigypsyism in the French film industry.

One final element I would like to add to the discussion of antigypsyism in France is the usage of vocabulary. As was noted earlier, certain political factions have succeeded in demonising progressive concepts by associating foreign words with them, to create a distance between what some may consider traditional French values with French words and "otherness" with foreign words introduced into the French language, as is the case for the word "gender." This demonising of foreign concepts, creating suspicion and negative connotations generally, is not exclusive to the case of this English word. For this reason, we need to examine what understanding a French gadžo has of the definition of "Rom," whether or not they have even heard of the film *À bras ouverts*. The word Rom, as it is commonly used today, was introduced into the vocabulary of the French in the 1990s, as a wave of more politically and economically conscious Roma from Eastern Europe moved westward into

---

26   Roms et rumeurs de rapts d'enfants: un petit pogrom entre amis, France Culture, 27.3.2019, https://www.franceculture.fr/emissions/lhumeur-du-matin-par-guillaume-erner/lhumeur-du-jour-emission-du-mercredi-27-mars-2019. [Accessed: 24.4.2020].

27   Antitsiganisme: le président de "La Voix des Rroms" demande un plan national de lutte efficace, Le Journal du Dimanche, 16.6.2019, accessible at: https://www.lejdd.fr/Societe/antitsiganisme-le-president-de-la-voix-des-rroms-demande-un-plan-de-lutte-national-efficace-3904729. [Accessed: 24.4.2020]; Stanton, Gregory H.: The Ten Stages of Genocide, accessible at: https://www.genocidewatch.com/ten-stages-genocide. [Accessed: 27.7.2020].

France. After the fall of the Berlin Wall, they often chose to refer to themselves as Roma rather than *cigan* (pronounced the same as the French word *tsigane*). As migrants from Romania and Bulgaria arrived and accumulated on the outskirts of Paris, as well as other major cities, looking for work and setting up shantytowns, the dwellers of these slums became known in France as *les Roms,* regardless of whether their true ethnicity was Bulgarian, Romanian or Romani. Approximately fifteen to twenty thousand people arrived and have been present in squats and shanties for the past twenty years. These are systemically socially excluded citizens, mostly from Romania and some from Bulgaria, not all necessarily self-identifying themselves as being ethnically of Romani ethnicity. It is this population that is generally referred to as *Roms* in France. This is due in part to the lack of education about who the Roma are in the public-school system, but even more so due to the spreading of misinformation and half-truths by journalists who did not know any better, didn't bother to find out, or didn't care to follow through by doing an accurate job of reporting or editing. Consequentially, the word "Rom," like the word "gender," has with such usage come to have a negative connotation. Both are foreign words recently introduced into the French language. The point here is that the word "Roma," in most of the rest of Europe and North America has successfully replaced *cigan, Zigeuner,* and Gypsy in in major media. These words have been successfully dropped from most languages in mainstream media sources outside of France[28] because of their negative connotations, as in the verb "to gyp," for example. The word Roma comes from the Romani language and represents a small political triumph in the emancipation movement by becoming the politically correct word of choice designated by most Romani peoples themselves.[29] The French gadžo media and governmental institutions, however, have managed to turn around this positive result of promoting the usage of the word "Rom" from the Romani emancipation movement in other countries, into a derogatory slur of foreign etymological origins in common daily French usage.

To further complicate the situation, the French word *tsigane* however, is seen as neutral and free of any negative connotations. The word *tsigane* is all-encompassing and can refer to different groups like Gitanos, Manouches and others. The French have one of the most diverse Roma populations (which they refer to as *tsiganes*) in Europe. Throughout its history, France had various waves of Romani immigration starting from the fifteenth century through to the twenty-first century from Spain, Hungary, Romania, the

---

28  Except Italy, which similarly to France uses the word Rom as a pejorative while keeping Zingari in a more positive light.
29  Or Roma and Sinti in Germany; more importantly, these comparisons are given here to demonstrate the situation in France.

former Yugoslavia, Algeria and elsewhere. All have come to settle in France. Today, they and their descendants are estimated to number approximately five hundred thousand, though no official statistics exist. The descendants of those immigrants are French citizens and are considered as just French.

These patterns of immigration are not common knowledge. Many people do not make any association between the "Roms" in the shanty towns and the *tsiganes* who are French citizens. The French *tsiganes* often distance themselves publicly from the new arrivals, while the stigma is so strong that most French people prefer to hide their *tsigane* identity, if they have one, which partly explains why there is not much outreach or solidarity exhibited by the French *tsiganes* and the recent migrants, a further manifestation of antigypsyism in society. What is also relatively unknown by the general population is that roadblocks hampering social inclusion of the people currently in shantytowns is related to national security policies,[30] coupled with overall failures of national housing policies. What they do know, however, is what they see in the media: images of impoverished EU citizens called *Roms* being a nuisance, begging, stealing, and living in illegally occupied spaces. Whether it be via provision of news or fictional entertainment, the media portray these recent immigrants from Romania and Bulgaria as a nuisance, known as the *Roms*, never as *tsiganes*. The French language, by means of a colonial racist concept, takes a word (like "Rom" or "gender") that is used in a positive sense, and because it is foreign, can twist its meaning into something pejorative when in common French usage, as perpetuated by the mass media. Whether this happens despite or because these words are foreign, whether this happens out of ignorance because journalists and editors are uninformed or because they deliberately choose to create a new concept, is debatable. Nevertheless, it is happening. Unrelated to common French experience and therefore foreign, words like "Rom" and "gender" become negative, because mass media ignore published bodies of work that make the link between definitions of peoples (like Roms/tsiganes) or concepts (like gender/genre). Words like "tsigane" end up having a much more positive connotation than any foreign word like "Rom," despite "Rom" being the term of choice of a people to describe itself.

How can any Romani look at this situation in France without a sense of humour, pointing out the irony of the situation? It is absurd. There is a total state of denial in this cultural vacuum created by French exceptionalism.

---

30 The European National Roma Integration Strategy for France is once of forced evictions carried out against Romanian and Bulgarian migrants by the police under the orders of the Ministry of Interior; Kullmann, Ádám/Kushen, Robert/Rövid, Márton/Szendrey, Orsolya/Zentai, Violetta: Civil Society Monitoring on the Implementation of the National Roma Integration Strategies and Decade Action Plans in 2012 and 2013. Summary Report, Budapest 2014, pp. 19–24.

Without a sense of humour, we would probably pull out all our hair and perform other acts of self-harm in a state of PTSD,[31] and justifiably so.

Therefore, when speaking to the French gadžo, one must first determine what kind of French gadžo you are speaking to: one who is aware of the reality of who the Roma are, one who strictly follows the word of the law and does not recognize difference among French citizens, one who is unaware but willing to learn, or one who has been convinced that the popular perception portrayed in mass media is basically correct and sticks to the definition which refers exclusively to those recent arrivals as being the only *Roms* in France. Once you determine this, you can move on to explain who the subject of your discussion really is, if you ever want to broach any subject related to Roma in France. In every case, however, you always have to explain who the Roma are, because even those who have a good understanding will be the first to expect that even you do not understand who you are talking about if you do not clarify that in advance. This is France, the land of philosophy, complexity, and exceptionalism. The Roma are, in fact, a much larger, more complex and integral part of French and European society than is commonly understood by most people, including Roma themselves. If you do not understand which type of gadžo[32] your audience is, you will only create more confusion, because your basic assumptions for having a fruitful conversation will not be starting at the same base line. Only after setting the context to explain all of this, can you finally begin to address the topic at hand of how antigypsyism currently manifests itself in a French context or just begin to explain the concept of antigypsyism. Most importantly, you risk being excluded from policy-making circles if you dare to address institutional racism directly… We still have a long way to go before pulling the ostrich's head out of the sand. Disseminating knowledge about antigypsyism in French society today can be considered an avant-garde project.

---

31   Post Traumatic Stress Syndrome.
32   The tongue-in-cheek references to gadžos are supposed to mirror what has often been the approach of anthropological studies of the Roma categorizing them according to a so-called self-designated label of "Gypsy" in isolated units that have nothing in common across Europe today and the overarching implication that to do so would be a form of nationalism. The classification of individual objects in isolation and arguing against any transnational relationship between groups of Roma/Gypsies is precisely the opposite of what happened in the nation building exercise which created France after the Revolution of 1789. Even in the form of superficial ironic analysis, the revelation of such a Romani point of view should help the reader to discover that the cultural relativism of French authorities toward institutional racism is best revealed from a foreign point of view and should be questioned, given that reinforcing power towards public institutions against minorities is resulting from the denial of institutional racism in the French context.

# Tagungskommentar: Wir erkennen uns in diesen Filmen nicht wieder, wir sehen Fremde

Jacques Delfeld

Als Vertreter der Sinti und Roma in Rheinland-Pfalz ist die Darstellung und Wahrnehmung der Minderheit für mich seit Jahrzehnten ein wichtiges Thema. Schon als Kind wurde mir klar, dass die Darstellung von Sinti einen großen Einfluss auf deren Lebenswirklichkeit hat.

Meine ersten Kontakte mit der Darstellung von Sinti und Roma in den Medien fanden als Betroffener der dadurch in der Regel reproduzierten Stereotype statt. Das erste Mal bewusst nahm ich diskriminierende Darstellungen als Schüler wahr. Dies erfolgte zum Beispiel in Liedern wie „Lustig ist das Zigeunerleben" und ähnlich gelagerten romantisierenden Darstellungen in Märchen und Büchern. In den Filmen der damaligen Zeit kamen sog. „Zigeuner" häufig als Hexe oder wild-exotisch und tanzend vor. Verständlicherweise konnte ich weder mich, noch die Menschen aus meinem Umfeld, in diesen Darstellungen wiedererkennen. Ich konnte mich weder mit der dargestellten Minderheit, noch der dargestellten Mehrheit identifizieren.

Zu Beginn meines Engagements gegen diskriminierende Darstellungen richteten sich die Beschwerden in der Regel gegen romantisierende Darstellungen, in denen sog. „Zigeunern" Eigenschaften wie Freiheit zugeschrieben wurden. Im Spielfilm ist die Romantik heute nicht mehr so wichtig. So sind die Hexe und das Lagerfeuer zwar nicht mehr vorhanden, doch die „Zigeuner" und alle mit ihnen verbundenen Zuschreibungen der Mehrheitsgesellschaft sind geblieben. Aufgrund der geänderten Erzähl- und Sehgewohnheiten bei Filmproduktionen und der Änderung des politischen Klimas handelt es sich bei den derzeit zu beanstandenden Darstellungen häufig um das Stereotyp des kriminellen, verschlagenen „Zigeuners". Auch zeigen sich mittlerweile in Medienbeiträgen stark auf osteuropäische Roma/„Zigeuner" zugespitzte Stereotype, bei denen der Fokus nur auf der Armut der Dargestellten liegt. Durch die Änderung der Bezeichnung „Zigeuner" in Roma bei Dokumentationen fließen heute gleichzeitig Vorstellungen von Fremdheit mit ein, welche die „Exotik" der gezeigten Menschen zusätzlich verstärken.

Gemeinsam mit den Darstellungen der Vergangenheit ist hierbei immer noch, dass Sinti und Roma als außerhalb der Gesellschaft stehend dargestellt werden. Die Mehrheit der in Deutschland lebenden Sinti und Roma sind Bürger ihres Landes, auf die solche überspitzten Darstellungen nicht zutreffen. Sie finden in den Medien entweder gar keinen Ausdruck oder bilden ausdrücklich die Ausnahme. Wir erkennen uns in diesen Filmen nicht wieder, wir sehen Fremde. Es werden „Zigeuner"-Masken gezeigt, die uns unsere Würde nehmen und mit uns selbst nichts zu tun haben. Neben rassistischen Stereotypen treffen wir auch immer wieder auf Kitsch und Klischees und im besten Falle noch Romantik, welche für Sinti und Roma in der Regel nicht der Realität entsprechen. Wir erleben diese Darstellungen in Film und in Dokumentationen als beleidigend und als klares Zeichen der Ablehnung. Uns wird abgesprochen, „normale Bürger" unseres Landes zu sein. Bei einigen Angehörigen der Minderheit bildet sich dadurch die Angst, dass aus der Ausgrenzung schnell wieder eine erneute Verfolgung werden könnte. Dies führt auch bei uns wiederum dazu, dass entsprechend ein falsches Bild der Mehrheitsgesellschaft entsteht.

Aufgrund dieser persönlichen Erfahrung ist es für mich wichtig, im Rahmen meines Engagements in der Bürgerrechtsarbeit auch die Klarstellung dieser Zerrbilder öffentlich zu machen. Bereits in den 1990er Jahren hat der Zentralrat Deutscher Sinti und Roma gegenüber den Bundesländern gefordert, dass die Selbstorganisationen der Sinti und Roma in Medienaufsichtsgremien vertreten sein müssen. Auch der rheinland-pfälzische Landesverband der Sinti und Roma hat dies über Jahre hinweg immer wieder gefordert. Während der Verhandlungen zur Rahmenvereinbarung zwischen dem Land Rheinland-Pfalz und dem Landesverband 2004 konnte der Landesverband erreichen, dass mit der Novellierung des Mediengesetzes für private Rundfunkveranstalter der rheinland-pfälzische Landesverband der Sinti und Roma in die Versammlung der Landeszentrale für Medien und Kommunikation als Kontrollgremium der Privatmedien aufgenommen wurde. Seit dem Jahr 2014 hat der rheinland-pfälzische Landesverband auch einen Sitz im Rundfunkrat des SWR. Dankenswerterweise hat die Landesregierung in beiden Gremien ihre Sitze an den Verband abgetreten. Die Tatsache, dass dies ermöglicht wurde, zeigt, dass es auch in der gesellschaftlichen und politischen Wahrnehmung ein Umdenken gibt. Es entsteht langsam ein Bewusstsein, dass in unserer Gesellschaft auch die Vertretung von Minderheiten in gesellschaftspolitischen Gremien von Vielfalt geprägt sein muss. Es war ein langer Weg, bis es Sinti-und-Roma-Organisationen endlich möglich war, in derartigen Gremien vertreten zu sein. Dieser Weg wäre ohne die Unterstützung durch die Landesregierung und andere gesellschaftliche Institutionen nicht möglich gewesen und er ist noch lange nicht zu Ende.

Über die Jahre hinweg hat sich bei mir der Eindruck verfestigt, dass beim Thema Sinti und Roma in vielen Medienhäusern Narrenfreiheit herrscht. Darstellungen und Äußerungen, die in anderen Zusammenhängen unakzeptabel wären, werden gegenüber Sinti und Roma vielfach hingenommen. Aus der Mitte der Gesellschaft gibt es äußerst selten Initiativen, gegen diskriminierende Inhalte vorzugehen, da bei vielen auch heute noch der Gedanke mitschwingt, dass die gezeigten Darstellungen – wenigstens in Teilen – ein wahrheitsgemäßes Bild der Minderheit zeichnen. Beschwerden kommen in der Regel von den Betroffenen und ihren Selbstorganisationen. Dieses Desinteresse der Gesamtgesellschaft spiegelt sich dann häufig auch im Umgang mit der vorgebrachten Kritik. Der Umgang der Aufsichtsgremien mit Beschwerden über diskriminierende Beiträge ist dann auch demensprechend schwerfällig. Häufig werden die monierten Beiträge beschönigt und den Kritisierenden wird der Vorwurf der Überempfindlichkeit gemacht. Eine Beschäftigung mit sich und den eigenen inneren Einstellungen findet noch nicht statt. Vielmehr kommt es vielfach zu einer Abwehrhaltung, zu einem „Wir" gegen „Sie". Das Ziel wäre, dass sich durch ein offenes Aufeinanderzugehen bei allen Beteiligten das Bewusstsein entwickelt, dass alle auf der gleichen Seite stehen und es sich bei einer diskriminierungsfreien Medienlandschaft um ein gemeinsames Ziel handeln muss. Aus meiner persönlichen Erfahrung weiß ich, dass diese Abwehrhaltung und diese Kluft zwischen den beiden „Seiten" nur durch den persönlichen Kontakt überwunden werden kann. Je mehr Vertreterinnen und Vertreter von Minderheiten in Medien und Aufsichtsgremien eine Stimme haben, desto näher wird dieses Ziel rücken.

Verheerende Auswirkungen haben stereotype und diskriminierende Darstellungen von Sinti und Roma in Beiträgen, welche sich an Kinder richten. Besonders schlimm ist, wenn in Kinderfilmen wie *Nellys Abenteuer* eine Armada von Vorurteilen die eigentliche Hauptrolle des Films spielt. Hier wird den Kindern, also den kommenden Generationen, ein Zerrbild von Roma vermittelt, dass das Zusammenleben zwischen Mehrheit und Minderheit negativ beeinflussen kann, und zwar in beide Richtungen. Einmal von der Mehrheit in Richtung Sinti und Roma und einmal von Sinti und Roma in Richtung der Mehrheit, weil man sich permanent durch solche Filme und Dokumentationen diskriminiert sieht. Dadurch, dass das Zusammenleben in der Zukunft von den Medienbeiträgen von heute geprägt wird, besteht die Gefahr, dass das Zusammenleben von Minderheit und Mehrheit nachhaltig beeinträchtigt wird. Wichtig ist zu begreifen, dass dies nicht nur die Sicht der Mehrheit auf die Minderheit, sondern auch die Sicht der Minderheit auf die Mehrheit betrifft. Wer als Sinti- oder Romakind im Film immer wieder auf Angehörige der Mehrheitsgesellschaft trifft, welche der Minderheit negative Eigenschaften zuschreiben, von denen es aus eigener Erfahrung weiß, dass diese nicht der Realität entsprechen, wird als Erwachsene/r Angehörigen der Mehrheit nicht offen begegnen, sondern im wahrsten Sinne des Wortes mit Misstrauen. Er oder sie wird jederzeit mit einer Diskriminierung rechnen und durch diese Erwartungshaltung wird der Verlauf des Kontaktes genauso beeinflusst werden, wie durch die auf Mehrheitsseite geprägte Erwartungshaltung, dass der Angehörige der Minderheit in irgendeiner Art „andersartig" sei. Der von beiden Seiten erwartete „Graben" wird im Kontakt durch diese wechselseitigen Erwartungshaltungen entstehen und je prägender die Bilder für den Einzelnen und die Einzelne waren, desto schwerer wird es sein, diesen Abstand zu überwinden. Umso wichtiger ist es, bei Kindern derartige Bilder und Erwartungen gar nicht erst zu wecken. Deshalb ist es unerlässlich, dass insbesondere durch öffentliche Mittel geförderte Produktionen ein weltoffenes Menschenbild repräsentieren.

Es ist sehr zu begrüßen, dass der Ausschlag, die Tagung zu „Antiziganismus und Film" zu veranstalten, von den selbst von Diskriminierung Betroffenen kam. Diese haben als Organisatorinnen und Organisatoren aus ihrer eigenen „Befremdung" heraus anstatt Betroffenheit die dringende Notwendigkeit gesehen, mit Filmschaffenden über Antiziganismus in den Medien zu tagen. Im Gegensatz zu den Filmschaffenden selbst habe ich als Angehöriger der Minderheit leider jahrelange Erfahrung mit den tatsächlichen Auswirkungen von antiziganistischen Darstellungen gemacht. Vor diesem Hintergrund liegt mein Hauptaugenmerk im Zusammenhang mit Antiziganismus in den Medien darauf, zu versuchen, die Macher von diesen Medienbeiträgen in die Lage der Menschen zu versetzen, die von den Folgen dieser Darstellungen betroffen sind. So kann ihnen ein anderer Blickwinkel gezeigt werden.

Wichtig ist es meiner Meinung nach ebenso zu begreifen, dass Filmemacher und Filmemacherinnen sowie Medienschaffende häufig nicht mit der Zielsetzung an entsprechende Projekte herangehen, einen diskriminierenden Beitrag zu produzieren. Vielmehr sind auch sie Opfer der seit Jahrzehnten auf die Gesellschaft einprasselnden stereotypen Darstellungen von sog. „Zigeunern". Als Beispiel möchte ich hier eine Begebenheit schildern, die sich vor einigen Jahren ereignet hat. Ein Filmteam eines französischen Fernsehsenders wollte mit mir ein Interview über meine Arbeit in der Bürgerrechtsbewegung filmen. Das Team hat mich dazu in meinem Zuhause besucht und mich in meinem Wohnzimmer gefilmt. Während der Dreharbeiten kam vom Regisseur überraschend die Frage, ob das Interview nicht draußen im Grünen fortgesetzt werden könnte. Auf Nachfrage, ob dies bei politischen Interviews so üblich sei, bekam ich die Antwort, dass dem nicht so sei, es aber hier „besser passe". Meine Frage, warum dies so sei, konnte der Regisseur nicht beantworten. Hier zeigt sich, wie tief derartige Bilder sich im Kopf der Menschen festsetzen und wie wenig sie dem Handelnden eigentlich bewusst sind. Auf der anderen Seite sind Sinti und Roma beim Kontakt mit Medien oft besonders nervös, weil sie gerade diese unterschwellige Erwartungshaltung spüren.

Aufgrund meiner politischen Erfahrung war es mir in der geschilderten Situation möglich, die Bitte des Regisseurs einzuordnen und zu hinterfragen und anschließend eben auch abzulehnen. Um eine nachhaltige Besserung der Situation zu erreichen, müssen Medienschaffende ein Stück weit dort abgeholt werden, wo sie stehen. Vieles, was in den Beiträgen von den an der Tagung Beteiligten vorgetragen und diskutiert wurde, waren Situationen, die jeder Sinto oder Rom aus Erfahrung kennt. Es war interessant festzustellen, dass auch Filmschaffenden klar ist, dass im Bereich Antiziganismus in den Medien vieles falsch läuft. Sehr beeindruckt hat mich der gemeinsame Geist, diesem Missstand zusammen entgegenzuwirken. Es tut als Sinti oder Roma gut, in seiner Kritik verstanden zu werden.

Interessant wäre für mich in einer etwaigen Fortsetzung der Tagung auch von kritisierten Medienschaffenden zu erfahren, was die Kritik bei ihnen ausgelöst hat und inwiefern sich ihre Arbeitsweise im Anschluss geändert hat. Durch diesen offenen Umgang mit der Thematik könnte vielleicht auf beiden „Seiten" Bewegung bei dem Thema entstehen. Die Erfahrungen der letzten Jahre haben gezeigt, dass die wechselseitige Abwehrhaltung von „Rassist!" und „Überempfindlich!" in den wenigsten Fällen zu einer konstruktiven Diskussion führt, welche zu einer tatsächlichen Verbesserung der Situation führt. Wege aus diesem festgefahrenen Zustand können nur gemeinsam erarbeitet werden.

Da ich es für sehr wichtig halte, dass Sinti und Roma selbst die Deutungshoheit über ihre eigene Darstellung und Wahrnehmung in Medien übernehmen, ist es meiner Ansicht nach unerlässlich, dass mehr Angehörige der Minderheit die Möglichkeit bekommen, in diesen Berufsfeldern tätig zu sein.

Interessant fände ich es auch in einem Rahmen wie diesem zu erörtern, wer eigentlich geeignet und berechtigt ist oder sein sollte, darüber zu entscheiden, ob ein Medienbeitrag diskriminierend ist. Die Diskussion darüber, ob Angehörige der Mehrheit dazu abschließend mangels der fehlenden emotionalen Betroffenheit überhaupt in der Lage sind oder der Einschätzung von Angehörigen der betroffenen Minderheit mehr Gewicht zukommen muss, wäre sicher erkenntnisreich. Möglicherweise gestaltet es sich auch genau umgekehrt, dass eine rein wissenschaftliche Betrachtungsweise, welche jegliche emotionale Betroffenheit außen vor lässt, zielführender ist. Bei der Beurteilung von Antiziganismus ist es meiner Ansicht nach wichtig, den Blick nicht ausschließlich auf Wissenschaft und Technik zu legen, da es für die emotionale Betroffenheit der Betroffenen zunächst keine Rolle spielt, in welchem Format (Dokumentation oder Spielfilm) und in welcher Form der Antiziganismus präsentiert wird. Für die Betroffenen überlagert in diesem Moment das persönliche Berührtsein von Unwahrheiten und Beleidigungen die technische oder gar wissenschaftliche Reflexion über das Zustandekommen des Medienbeitrags.

Abschließend möchte ich anmerken, dass eine Tagung zur Sicht der Minderheit auf die Mehrheitsgesellschaft als Spiegel der Gesellschaft ebenfalls sehr erkenntnisreich wäre. Zu häufig wird der Fokus auf die Wahrnehmung und Gedankenwelt von Angehörigen der Mehrheit gelegt. Was jedoch lösen antiziganistische Stereotype und dargestellte Diskriminierung bei den Diskriminierten – und hier insbesondere bei jungen Medienkonsumierenden – aus?

Fest steht für mich, dass das Thema auch in der nahen Zukunft ein sehr wichtiger Aspekt der Arbeit der Selbstorganisationen sein wird und es zu wünschen ist, dass noch viele Veranstaltungen zum Thema „Antiziganismus und Film" stattfinden.

Section Three
# Strategies of Subversion

# Das Bild vom ‚Zigeuner':
# Alterität im Film – Inszenierungs- und Subversierungsstrategien

Kirsten von Hagen

Dass es seit der Stummfilmzeit zahlreiche Filme gibt, die mit Hilfe von Stereotypen das fremde Andere inszenieren und es in seiner Alterität festschreiben, ist mittlerweile wohlbekannt.[1] Dass es daneben aber immer wieder – ein prominentes Beispiel ist Charlie Chaplins Carmen-Adaptation *A Burlesque on Carmen* (USA 1915) – Versuche gibt, gängige Klischees zu unterminieren und so ein Umdenken der eigenen Handlungsmuster von In- und Exklusion zu ermöglichen, ist weit weniger bekannt. Mit den folgenden Ausführungen sollen anhand einiger markanter Beispiele der Filmgeschichte bekannte Inszenierungsmuster der Darstellung von Zigeunerfiguren im Film aufgezeigt und zugleich Möglichkeiten zu deren Subversion vorgestellt werden. Dabei geht es um Konstruktionen, um Projektionen des fremden Anderen. Die Bezeichnung ist auch im Folgenden stets in Anführungszeichen zu denken, da es nicht darum geht, alte Vorurteile fortzuschreiben, sondern unter diesem Terminus geführte Diskursivierungen zu analysieren und als stereotype Vorstellungen deutlich zu machen.

## Z – wie ‚Zigeunerin'

Z wie Zigeunerin – heißt es in Theodor Hosemanns *Bilder-ABC* von 1828. Der Berliner Künstler gestaltet hier ein Z, das einen Afrikaner als Barbaren, als Wilden inszeniert und im Rekurs auf gängige Stereotype als das fremde Andere markiert: schwarzes, krauses Haar, ein nur zur Hälfte bekleideter Körper. Der untere Teil des Gesichts ist verdeckt, was den unheimlichen Charakter der Szene betont. Der Mann steht auf einem Krokodil – sein durchtrainierter Körper formt dabei eine Diagonale – und ist im Begriff, das exotische

---

[1] Vgl. von Hagen, Kirsten: Inszenierte Alterität. Zigeunerfiguren in Literatur, Oper und Film, München 2009.

Tier zu erschlagen. Es ist eine barbarische, wilde Szene, die den derart ins Bild Gesetzten als das fremde Andere ausweist. Das Fremde wird begriffen als das geringer geachtete Andere, wie Tzvetan Todorov schreibt: „Die erste, spontane Reaktion dem Fremden gegenüber ist die, ihn geringer zu schätzen, weil er anders ist als wir: Er ist nicht einmal ein Mensch, oder wenn er einer ist, dann ein minderwertiger Barbar […]."[2]

Damit wird der Körper des fremden Anderen markiert und in seiner Alterität festgeschrieben. Es geht aber auch um Körperinszenierung im Medium der Schrift. Im Menschenalphabet verweisen die Lettern auf den menschlichen Körper, dessen Abbild sie geworden sind.[3]

Gerahmt und expliziert wird das Z von einer Genreszene, wie sie typisch ist für den Illustrator und Graphiker Hosemann; sie ist unterschrieben mit „Zigeunerinn". Z gleich „Zigeunerin", so könnte man mit diesem Figurenalphabet, das durch die Genreszene expliziert wird, formulieren. Im unteren Teil der Darstellung findet sich, wie ja bereits die Bildlegende deutlich macht, nicht länger der männliche Körper, sondern der weibliche. Hosemann inszeniert gemäß gängiger Stereotype den weiblichen Körper der Zigeunerin, wie er im 19. Jahrhundert – der Zeit expandierender kolonialer Eroberungen und gesellschaftlichen Umbruchs – allenthalben begegnet, aber auch bereits früher in der Literatur virulent ist, man denke nur an Cervantes' *Novela de la gitanilla* (1613), das Zigeunermädchen.[4] Eine Dorfszene, der im Hintergrund sichtbare Kirchturm mit dem Kreuz, verweist auf die christliche Symbolik, von der sich die Szene im Vordergrund abhebt: eine Zigeunerin, die einer jungen Frau die Zukunft vorhersagt. Im Unterschied zu den meisten Zigeunerdarstellungen begegnet uns hier nicht die junge, verführerische Zigeunerin, sondern die alte, hexenähnliche Figur, wie sie in einfer der populärsten Opern des 19. Jahrhunderts, Giuseppe Verdis *Il Trovatore,* wiederkehrt. Insbesondere der alten Zigeunerin eignet zumeist ein bedrohliches Moment. Auf dem Rücken trägt sie ein junges Kind – zu jung, um ihr eigenes zu sein, das bereits auf das häufig thematisierte Heterostereotyp, Zigeuner würden Kinder stehlen, hindeutet. Die Darstellung ist ähnlich topisch organisiert wie die von dem Berliner Künstler wenige Jahre später gestalteten Federzeichnungen für den Roman *Zigeuner und*

---

2 Todorov, Tzvetan: Die Eroberung Amerikas. Das Problem des Anderen, Frankfurt a. M. 1985, Original erschienen 1982, S. 84.
3 Vgl. Schabert, Ina: Körperalphabete, Modealphabete und die somatographische Kunst von Erté, in: Lehnert, Gertrud (Hrsg.): Mode, Weiblichkeit und Modernität, Dortmund 1998, S. 62–85, hier S. 63 f.
4 Vgl. von Hagen, Kirsten: Inszenierte Alterität. Spiel der Identitäten in Cervantes' La gitanilla, in: Ehrlicher, Hanno/Poppenberg, Gerhard (Hrsg.): Cervantes' Novelas ejemplares im Streitfeld der Interpretationen. Exemplarische Einführungen in die spanische Literatur der Frühen Neuzeit, Berlin 2006, S. 162–177.

*Edelleute* (Berlin 1844) von August Theodor Woeniger. Z wie Zigeuner – Sinti und Roma werden gerade als Zigeuner in ihrer gesellschaftlich marginalisierten Position festgeschrieben. Die Körperinszenierungen verweisen auf andere Repräsentationen visueller oder literarischer Provenienz des 19. Jahrhunderts und auf viele filmische Darstellungen des 20. und 21. Jahrhunderts, die ähnliche Inszenierungsstrategien aufweisen, wie ich in meinem Beitrag zeigen möchte.

Buchstabenperformances haben eine lange Geschichte. Die „KörperBild-Sprache" impliziert die Einpassung des menschlichen Körpers in die Schrift, ist Konstruktion, Verdichtung und Domestizierung des Körpers in sein sprachliches Konzept. Im 19. Jahrhundert ist häufig eine Popularisierung und Trivialisierung anthropomorpher Alphabete zu beobachten. Sie sind nicht länger mehr nur Kulturträger abstrakter semantisch-begrifflicher Wortbedeutung, sondern auch Ausdruck einer Epoche: Der anthropomorphe Buchstabenkörper ist Erinnerungshilfe, Mnemotechnik, impliziert eine Somatografie, eine Einverleibung. Der Körper wird erfahrbar gemacht.

Damit legt das hybride Gebilde Zeugnis ab von einem Konstruktionsprozess, einer Verdichtung und Domestizierung des Körpers; er initialisiert den Text, rahmt ihn und wird von ihm gerahmt. Zu konstatieren ist eine Narrativierung, die nicht zuletzt durch die Ausgestaltung der Szene und die Zuschreibung „Zigeunerinn" erfolgt. Was am Beispiel von Buchstabenkörpern analysiert wurde, gilt auch für Inszenierungen des Fremden, des Anderen, wie sie vor allem im 19. Jahrhundert Hochkonjunktur haben und in unterschiedlichen Ausdrucksformen und Medien vorkommen.

Unter dem Begriff „Zigeuner" sind zu unterschiedlichen Zeiten diverse Gruppen subsumiert und marginalisiert worden. In einer Untersuchung zu Zigeunerbildern in der Kinder- und Jugendliteratur heißt es: „[G]erade in der Literatur hat die Pflege des Zigeunermythos eine lange und unselige Tradition ausgebildet. [...] Für Schriftsteller war [...] ‚der' Zigeuner seit Jahrhunderten eine ideale Projektionsfigur."[5] In der Literatur, aber auch in anderen Medien, sind Zigeunerfiguren mit Hilfe bestimmter Stereotype, die häufig mythemischen Charakter haben, inszeniert und in ihrer Alterität festgeschrieben worden. So konstatiert Wolfgang Benz, der ehemalige Leiter des Zentrums für Antisemitismusforschung an der TU Berlin: „In der Literatur sind, ebenso wie in der Wissenschaft und im Alltagsbewußtsein der Menschen, Stereotype und Klischees verbreitet, sind Fiktionen und Mythen erzeugt und gepflegt worden, die sich als verhängnisvoll erwiesen haben [...]."[6]

---

5 Awosusi, Anita: Vorwort, in: dies. (Hrsg.): Zigeunerbilder in der Kinder- und Jugendliteratur, Heidelberg 2000, S. 7–10, hier S. 8.
6 Benz, Wolfgang: Mythos und Vorurteil. Zum modernen Fremdbild des ‚Zigeuners', in: ders. (Hrsg.): Feindbild und Vorurteil. Beiträge über Ausgrenzung und Verfolgung, München 1996, S. 170–194, hier S. 171.

Das 19. Jahrhundert war in besonderer Weise von einem ambivalenten Umgang mit dem als exotisch empfundenen Anderen gekennzeichnet. Zum einen stützten anthropologische und völkerkundliche Studien von Gustave Le Bon und Arthur de Gobineau mit ihren rassenbiologischen Thesen die Auffassung von einer Ungleichheit der Kulturvölker. Linguistische Erforschungen des Sanskrit, die sich in ihrer vergleichenden Methode an naturwissenschaftliche Studien anschlossen, zeugten von einem zunehmenden Interesse für das fremde Andere, die von Faszination und dem Wunsch nach Klassifikation getragen wurden und eine deutliche Abgrenzung der sogenannten „Arier" von anderen Kulturvölkern mit sich führten.[7] Zugleich bündelten die Darstellungen des Fremden aber auch Wunschphantasien nach räumlicher und körperlicher Transgression. Beobachtbar ist eine Proliferation exotischer Wunschphantasien, in die Imaginationen des Körperlichen und Ungeordneten einfließen.

So markiert das 19. Jahrhundert nicht von ungefähr den Zeitraum, in dem sich der Begriff Zigeuner – oder Bohémien – auch als Bezeichnung für einen Künstlertypus auszubilden beginnt. In Pierre Larousses *Grand dictionnaire universel du XIXe siècle,* das in den Jahren 1866–1876 erschienen ist, heißt es zum Stichwort „Bohême": „Nom donné par comparaison avec la vie errante et vagabonde des Bohémiens, à une classe de jeunes littérateurs ou artistes parisiens, qui vivent au jour le jour."[8] Die modernen Großstadtnomaden, die Künstler, teilen somit mit den imaginierten Zigeunern das vagabundierende Element, das unstete Leben. Beide Gruppen bewegen sich zwischen den Zuordnungen, beiden ist ein transgressives Moment zu eigen und die absolute Freiheitsliebe. Es ist insbesondere das vagabundierende Element, der geheimnisvolle Ursprung der Zigeunerfigur, der das Interesse der Autoren weckt. So schreibt Théophile Gautier: „Les enfants de la bohême ont leur hiérarchie, leur religion, leurs rites; leur origine se perd dans la nuit des temps; un intérêt poétique se rattache à leurs migrations."[9] Eine der bedeutendsten und populärsten literarisierten Zigeunerfiguren des 19. Jahrhunderts ist sicher Prosper Mérimées Carmen aus der gleichnamigen Novelle, die besonders durch die Opernbearbeitung Georges Bizets große Berühmtheit erlangte und derart auch Eingang in den Film fand.

---

7  Vgl. Rabault-Feuerhahn, Pascale: L'archive des origines. Sanskrit, philologie, anthropologie dans l'Allemagne du XIXe siècle, Paris 2008, S. 137 f.

8  Larousse, Pierre: Grand dictionnaire universel du XIXe siècle, Bd. III, Faksimile-Reproduktion, Nîmes 1990, S. 866.

9  Vgl. Théophile Gautiers Rezension des seinerzeit überaus erfolgreichen Boulevardstücks *Les Bohémiens de Paris* (1843) von Adolphe D'Ennery und Eugène Grangé, in der er dem Begriff „bohême" nachspürt; Gautier, Théophile: Histoire de l'art dramatique en France depuis vingt-cinq ans, 6 Bde., Paris 1858–59, Bd. 3, S. 106.

## Populäre Zigeunerfiguren der Leinwand

In der Stummfilmzeit ist Carmen deutlich an die Figur der Zigeunerin und an Spanien gebunden. Auffällig ist, dass viele der Carmen-Darstellerinnen als Vamps gefeiert wurden: Theda Bara in Raoul Walshs Verfilmung von 1915 folgte Pola Negri in Ernst Lubitschs Carmen-Adaptation (1918), die als eine der sinnlichsten und provokantesten Filmschauspielerinnen der 1920er Jahre gilt. Insbesondere die frühen Stummfilme, die auffallend häufig vor allem auf die Oper mit ihren folkloristischen Massenszenen, weniger auf die Novelle rekurrieren, bewegen sich damit im Spannungsfeld von bloßer Re-Inszenierung und einer Subversion der Konstruktion des Fremden.

Hinzu kommt, dass exotische Räume und Körper ein beliebtes Sujet im frühen Film der Attraktionen waren.[10] Alltagswahrnehmung wurde zugleich verunsichert und bestätigt, wodurch sich eine Ambivalenz abzeichnet, die die medialen Möglichkeiten des Films insgesamt charakterisiert. Im Film werden diskontinuierliche, heterogene Räume zusammengefügt zu einem (raum-)zeitlichen Kontinuum. Damit diese Synthese ein überraschendes Moment offenbart, werden häufig erwartbare Räume mit unerwartbaren kombiniert oder es wird auf geografisch ferne und kulturell fremde Räume rekurriert. Insbesondere dem populären Kino geht es häufig weniger darum, eine Reproduktion von Realität zu liefern, als eine Fremde zu inszenieren, die sich bestimmter narrativer Muster und deren Variation bedient. Die Anwesenheit des Fremden, so die Kritik an derartigen Artefakten, durchkreuzt nicht das Beobachtungsdispositiv des Kinos, es schafft keinen Raum interkultureller Erfahrung, sondern inszeniert ambivalente Phantasien von Selbstverlust und Allmacht, Faszination und Schrecken.[11] Besondere Aufmerksamkeit erzielen diese, wie die zahlreichen Carmen-Verfilmungen in den frühen Jahren der siebten Kunst, wegen ihrer über den Blick vermittelten Erotik (und Exotik) sowie der Faszination an der imaginierten Auflösung der eigenen Identität. Vergleicht man die unterschiedlichen Carmen-Adaptationen, wird deutlich, dass im Stummfilm häufig eine Weiterführung von Gender- und Rassenstereotypen des 19. Jahrhunderts zu konstatieren ist.

---

10   Struck, Wolfgang: Weiße Sklavin und Herrin der Welt. Inszenierungen von Interkulturalität in frühen deutschen Unterhaltungsfilmen, in: Rieger, Stefan / Schahadat, Schamma / Weinberg, Manfred (Hrsg.): Interkulturalität. Zwischen Inszenierung und Archiv, Tübingen 1999, S. 217–230, hier S. 217.
11   Vgl. ebd., S. 221.

## Carmen als Vamp

Ernst Lubitsch verfilmte den Carmen-Stoff 1918. Erstmals nahm er sich damit eines dramatischen Stoffes an, weshalb der Film zunächst einen Bruch mit seinem bis dato komödienorientierten Filmschaffen markierte. Pola Negri avanciert in der Rolle der Carmen zu einem Vamp: große Augen in einem blass geschminkten Gesicht, sinnliche Lippen, die traditionelle Carmen-Maskerade. Inszeniertes Blicktheater und Verführung sind hier eins.[12] Lubitsch inszeniert Carmen als dämonische Verführerin, der ihre Freiheit wichtig ist und die doppeldeutig verspricht: „Lass mich entwischen und ich will Dich lieben bis in den Tod." Der Gefängniswärter, den sie ebenfalls verführt, nennt sie denn auch ein „teuflisch hübsches Mädchen", was bereits auf die Doppelkodierung als Wunsch- und Angstbild, als schöne und zugleich dämonische Verführerin verweist. Carmen tanzt. Unter den Blicken der anwesenden Männer sammelt sie ihr Geld ein und liest dem Leutnant aus der Hand. Die Worte, die sie ihm sagt, sind bereits als Prophezeiung zu verstehen und verstärken ihren dämonischen Charakter, der sie zugleich in ihrer Alterität festschreibt: „Hütet Euch vor schwarzen Mädchen. Sie bringen Euch den Tod." Einmal mehr wird dabei die topische Dichotomie gut (weiß), böse (schwarz) aufgerufen.

Bei Lubitsch wird vor allem deutlich, wie Carmen ihre Umgebung manipuliert. Damit er als wachhabender Soldat den Plänen der Schmuggler nicht im Weg steht, verführt sie Don José. Er küsst ihr die Stiefel, was die Subversion der Machtrelation dieser Beziehung ins Bild setzt. Immer wieder wird Carmen mit dämonischen Zauberkräften in Verbindung gebracht, so als sie Blei gießt. Betont Mérimée, dass es sich dabei vor allem um einen Aberglauben Carmens handelt, so ist dies bei Lubitsch stärker Teil ihrer dämonischen unheimlichen Natur. Die Kamera zeigt Bleiformationen, ein Kreuz und einen überdimensionierten Totenschädel in Großaufnahme. Das Moment des Dämonischen verbindet sich inszenatorisch immer wieder mit dem Motiv der verführerischen Frauengestalt: Der mythisch anmutende Kampf zwischen Zivilisation und Wildheit, zwischen zwei unvereinbaren Prinzipien der Liebe wie in der Oper Bizets kristallisiert zu einem Eifersuchtsdrama. Carmen wird als Leinwandvamp inszeniert und in ihrer Alterität festgeschrieben. Ihre dunkle, dämonische und zugleich verführerische Seite wird betont. Sexuelle Attraktion war im frühen Kino häufig in dem die soziale Geschlechtsrolle Transzendierenden zu suchen. Vor allem das Kino der Attraktion spielt mit einer transgressiven Weiblichkeit, lebt von Männerphantasien und von Körperlichkeit.

---

12 Die Musik wurde zunächst, wie für die Praxis der Zeit üblich, live im Kinosaal eingespielt. Lubitsch orientiert sich musikalisch zwar an der Bizet-Oper, verwendet aber auch andere musikalische Versatzstücke, so tanzt Carmen einmal zu dem Motiv einer Verdi-Oper. Musik wird hier vor allem als atmosphärisches und spannungssteigerndes Mittel eingesetzt.

Das frühe Kino spielt wie vorher die Komödie und die Oper bewusst mit Maskeraden und Kostümierungen. Im Verkleidungsspiel geht es um die Demontage des Männlichen und die Emanzipation des Weiblichen in Hosenrollen, die freilich gegen die repressive soziale Rolle entworfen, häufig wieder ins Konservative umzukippen droht. Die weibliche Rolle wird dabei oft auf den privaten und intimen Bereich beschränkt. Trotz aller Fortschrittlichkeit dominiert der patriarchalische Blick die siebte Kunst, die versucht, sich mit der Anleihe bei der traditionellen Kunst in die bürgerliche Kultur einzupassen. Auf die Darstellung einer genuin weiblichen Perspektive wird zumeist verzichtet, wie Schlüpmann deutlich macht.[13] Am Ende wird die als Zigeunerin und Frau doppelt fremde Carmen, wie auch in Novelle und Oper, aus der gängigen Ordnung ausgeschlossen. Drei Jahre nach der Uraufführung des Filmdramas in Berlin wurde Carmen unter dem bezeichnenden Titel *Gypsy Blood* in die USA exportiert.

## Carmen-Parodien

Anders Charlie Chaplins Carmen-Parodie *A Burlesque on Carmen* von 1915.[14] Aus Don José wird Darn Hosiery, gespielt von Chaplin selbst, seine Partnerin Edna Purviance stellt Carmen dar. Der Film eröffnet durch Parodie und Travestie neue Deutungsräume, die mit tradierten Rollenmustern und Klischees brechen, wie die Duellszene deutlich macht, bei der Don Hosiery an Knoblauch-Lianen durch den Raum schwebt, oder die Sterbeszene, bei der er mit einem Zucken des Hinterteils wieder zum Leben erwacht und die melodramatische Szene konterkariert. Insgesamt verweist der Film bereits auf die Richtung späterer Performances wie etwa die von Rolf Gildenast. Im Tanzprojekt *Don Carmen*[15] des Gelsenkirchener Tänzers Gildenast avanciert das „Doing-Gender", die Performanz der Identität, zum Teil der Performance; Zuschreibungen werden durch die Einbindung der Oper in einen neuen

---

13   Vgl. Schlüpmann, Heide: Unheimlichkeit des Blicks. Das Drama des frühen deutschen Kinos, Basel 1990, S. 30 und S. 59 ff.

14   Carmen war zu der Zeit in Hollywood sehr populär. Samuel Goldwyn hatte den Star der *Metropolitan Opera*, Geraldine Farrar, entdeckt, die in Cecil B. DeMilles Carmen-Adaptation spielte, die 1915 mit sehr großem Werbeaufwand herausgebracht wurde. Kurz darauf erschien bereits die Konkurrenzversion von Raoul Walsh mit Theda Bara als Carmen. Carmen schien der Stoff zu sein, Schauspielerinnen zu inszenieren, die dann zu Leinwandheldinnen avancierten. Sie entsprach damit offenbar dem gängigen Typus der Diva oder Leinwandgöttin der Zeit. Chaplin nun inszenierte seine Parodie entgegen der gängigen Praxis der Zeit.

15   Die Uraufführung fand am 15. Juni 2003 im „Consol Theater" Gelsenkirchen zusammen mit dem Musiker Hans Kanty statt; es folgten Inszenierungen an wechselnden Aufführungsorten.

performativen Rahmen in parodistischer Form unterlaufen. Erwartungen werden durch burleske Szenen subvertiert und Geschlechtergrenzen transgrediert. So wird die Sterbeszene umgedeutet in eine urkomische Chaplinade, die Erwartungen auf einen tragischen Ausgang nicht erfüllt und der gesamte Film so als Inszenierung ausgewiesen. Andere, stärker auf eine Medienreflexion ausgerichtete alternative Inszenierungsmodi lassen sich vor allem im Film beobachten. In Chaplins Carmen-Parodie wird Carmen zwar auch als Zigeunerin gezeigt, doch die burleske Dimension der Adaptation legt zugleich ein subversives Potential offen, das bereits den Weg zu späteren Dekonstruktionen des Mythos etwa in Jean-Luc Godards *Prénom Carmen* aus den 1980er Jahren weist, und zu denen auch Carlos Sauras autoreflexive Flamenco-Version *Carmen* (1983) zählt.

Seit Otto Premingers *Carmen Jones*[16] lassen sich deutliche Abweichungen von dem herkömmlichen Carmen-Bild verzeichnen, spielen die unterschiedlichen Adaptationen doch mehr oder weniger explizit mit Bausteinen des Carmen-Mythos. Neben postmodernen Theoremen, die in den 1980er Jahren zur Verbreitung freier Bearbeitungen bekannter Stoffe beigetragen haben, hat sicher auch die Tatsache, dass 1983 die Rechte an der Bizet-Oper frei wurden, die Entstehung zahlreicher neuerer Carmen-Verfilmungen begünstigt.

Regisseure wie Carlos Saura, Peter Brook und Jean-Luc Godard inszenierten in den 1980er Jahren ihre Film-Carmen, wobei sich insbesondere Saura und Godard auch mit der (De)Konstruktion des Mythos auseinandersetzen. Deshalb markieren ihre Verfilmungen sicherlich zu Recht die bis dato interessantesten der über dreißig filmischen Adaptationen seit 1904.[17]

Werden hier alternative Inszenierungsarten des fremden Anderen aufgezeigt, so hat andererseits die stereotypisierende Darstellung von Zigeunern auf der Leinwand weiterhin Konjunktur. So warnen in Werner Herzogs Film *Nosferatu – Phantom der Nacht* von 1978 Zigeuner den Helden vor den „Untoten". Sie werden damit als mit der Dunkelheit und ihren Gefahren Vertraute dargestellt.

---

16 In den folgenden Jahren kamen stetig Carmen-Verfilmungen hinzu, wobei wenige von ihnen als originell bezeichnet werden können. Dies änderte sich erst, als Otto Preminger Oscar Hammersteins Musicalbearbeitung *Carmen Jones* von 1943 für die Leinwand adaptierte (USA 1954) und damit eine Farbige in der Rolle der Zigeunerin figurieren ließ. In Premingers Adaptation wird die Rahmung gleich zu Beginn durch eine Off-Stimme verdeutlicht: Ziel des Films sei es, das bekannte Drama Bizets von Schwarzen aufführen zu lassen, die mit „ungebändigter Leidenschaft" dem Drama neue Glaubwürdigkeit verleihen würden. Tatsächlich spielt der gesamte Film im Süden der USA. Die Zuschreibung wild / leidenschaftlich wird somit nicht dekonstruiert, sondern lediglich auf eine afroamerikanische Minderheit ausgedehnt.

17 Vgl. von Hagen, Kirsten: À la recherche de Carmen, in: Hoffmann, Yasmin / Hülk, Walburga / Roloff, Volker (Hrsg.): Alte Mythen – Neue Medien, Heidelberg 2006, S. 193–216.

Immer noch werden Faszination und Schrecken auf das fremde Andere projiziert. So hat das Motiv der Rache im Zusammenhang mit Zigeunerdarstellungen eine lange Halbwertzeit. Derart operiert noch die amerikanische Fernsehserie *Buffy the Vampire Slayer* (Buffy – Im Bann der Dämonen) von Joss Whedon, die 1997 bis 2003 ausgestrahlt wurde, mit diesem Mythem, das hier als Begründung für die düstere Seite Angels fungiert. Die 13. Episode der zweiten Staffel ist in der deutschen Übersetzung denn auch überschrieben mit „Der Fluch der Zigeuner". Ein Zigeunerclan hatte den Vampir Angel 1898 verflucht, nachdem er ein Zigeunermädchen und alle Angehörigen ihres Stammes ermordet hatte: Um den Schmerz der Zigeuner zu spüren, erhält der Vampir eine Seele, damit er seine Tat bereut. Doch sobald er einen Moment des Glücks erlebt, verliert er seine Seele und verwandelt sich wieder in den Dämon Angelus. Damit dies nicht geschieht, schickt der ursprünglich in Rumänien angesiedelte nomadische Stamm der Kalderasch Janna als Jenny Calendar nach Sunnydale, um über Angel zu wachen. Im Film wird derart ein vermeintlich realistischer Rahmen für ein phantastisches Geschehen gesetzt, indem an bekannte Zigeuner-Stereotype angeknüpft wird. Durch die Präzisierung „Kalderash gypsy clan" wird versucht, diesen den Anschein der Authentizität zu verleihen.[18] Ihr Onkel Enyos Kalderash erinnert das Mädchen, das als Computerexpertin in Sunnydale arbeitet, an ihre Identität als Zigeunerin – auch hier handelt es sich demnach um eine Form der Maskerade, die indes keinerlei subversives Potential birgt. Sie und ihr Onkel Enyos sind nach Angels Verwandlung die ersten Opfer des nunmehr wieder bösen Vampirs. Beide werden in der Serie gemäß gängiger Stereotypen inszeniert. Auffällig ist dies vor allem bei der Schilderung des Zigeunerlagers, das hier mit topischen Darstellungen auf Gemälden – die genretypischen Wagen, Pferde – vergleichbar ist. Stafford spricht in ihrer Darstellung der Serie unkritisch davon, dass hier durch die Kombination von Zigeunern mit Werwölfen und Vampiren der Story eine interessante Wendung, „a fascinating twist", verliehen werde.[19]

Wie kontrovers solche diffamierenden Inszenierungen sind, die sehr stark auf stereotypen Darstellungsmustern basieren, zeigte auch die Aufführung der franko-belgischen Filmkomödie *À bras ouverts* (2017) von Philippe de Chauveron. Realisiert nach dem Erfolgsmuster von *Qu'est-ce qu'on a fait au Bon Dieu*, fiel die Darstellung von in Paris lebenden Roma noch stereotyper aus als die Inszenierung unterschiedlicher Kulturen zuvor. Die Roma-Familie des ärmlichen Babik wird dabei häufig, wie bereits in literarischen Texten des 19. Jahrhunderts, mit animalischen Attributen versehen und damit deutlich

---

18 Vgl. dazu auch die Diskussion auf den Fanseiten, „Clan Kalderash", in: Buffy Fandom, https://buffy.fandom.com/wiki/Clan_Kalderash. [Zugriff: 2.5.2019].

19 Vgl. Stafford, Nikki: Bite Me! The Unofficial Guide to the World of Buffy the Vampire Slayer, Chicago 2007, S. 167.

marginalisiert. Als der linksliberale Politiker und Schriftsteller Jean-Étienne Fougerole (erneut gemimt von Christian Clavier) in einem Interview mit seinem politischen Kontrahenten äußert, jede Familie „dans le besoin" möge zu ihm kommen, bereitet Babik mit seinem Caravan, Schweine und Igel essend, dem liberalen Politiker eine unliebsame Erfahrung. Die Sympathie der Rezipienten wird durch stereotype Darstellungsmuster – hier der zivilisierte, mit westlichen Werten ausgestattete Europäer, da der unzivilisierte Rom, der nicht einmal weiß, dass man Bücher liest und nicht als Toilettenpapier nutzt –, in Richtung des Politikers Fougerole sowie dessen Frau gelenkt, die sich von der Roma-Familie zunehmend bedrängt fühlen. Auf eine differenzierte Darstellung der einzelnen Figuren wird zugunsten stereotyper Klischees ganz verzichtet. Die Inszenierung der Roma wurde von französischen Zeitungen zu Recht als rassistisch kritisiert.[20]

## Von Chauveron zu Gatlif – Schreiben an der Peripherie

Den Weg zu einem alternativen Umgang mit Mythemen und deren Dekonstruktion, wie sie beispielsweise auch Merkmale eines Schreibens an der Peripherie sind, lassen sich indes in den Filmen von Tony Gatlif beobachten, dessen mehrfach ausgezeichnetes Drama *Gadjo Dilo* (1997) hier beispielhaft kurz vorgestellt werden soll.

Gatlif inszeniert die Begegnung zweier Kulturen in einem Zwischenraum. Mit Bachtin und Lotman gesprochen, „begegnen sich in der so verstandenen Hybride Zentrum und Peripherie auf eine Weise, die der Hierarchisierung zwar nicht entgeht, die aber in der dialogischen Konfrontation zweier Standpunkte Gleichwertigkeit – zumindest als Utopie – denkbar werden läßt."[21] Bei Gatlif geht es um alternative Orte der Begegnung der Kulturen, um alternative Repräsentationsformen des Fremden, kurz, von Alterität, die eine interkulturelle Begegnung möglich machen – jenseits überlieferter Topoi und Mytheme.

Die Mutter eine Romni, der Vater ein Kabyle in Algerien, bewegt sich Gatlif bewusst zwischen den Kulturen. In seinen Filmen, wie dem preisgekrönten Musikroadmovie *Latcho Drom* (1993) oder dem hier im Zentrum stehenden Drama *Gadjo Dilo* (1997), thematisiert er immer wieder seine eigene Herkunft,

---

20 Vgl. Sotinel, Thomas: À bras ouvert: Racisme à doses allopathiques, Le Monde, 5.4.2017; Balle, Catherine: À bras ouverts: La comédie sur les Roms ratée et caricaturale, Le Parisien, 5.4.2017, abrufbar unter: http://www.leparisien.fr/culture-loisirs/cinema/critiques/a-bras-ouverts-une-comedie-ratee-et-caricaturale-05-04-2017-6825393.php. [Zugriff: 15.6.2018].

21 Rieger, Stefan/Schahadat, Schamma/Weinberg, Manfred: Interkulturalität – zwischen Inszenierung und Archiv. Vorwort, in: dies. (Hrsg.): Interkulturalität. Zwischen Inszenierung und Archiv, Tübingen 1999, S. 9–26, hier S. 13.

wobei verschiedenartige Kulturen, mit ihrer spezifischen Musik- und Tanztradition oder ihrer Form des Erinnerns, eine Konstante in seinem filmischen Werk bilden.

In *Gadjo Dilo* wird gleich auf mehreren Ebenen performativ das gängige Bild vom Zigeuner einer Revision unterzogen, wie bereits die Eingangssequenz deutlich macht. Der Film zeigt den Protagonisten, den „verrückten Fremden" („gadjo" bezeichnet im Romanes, der Sprache der Sinti und Roma, den Nicht-Rom, bzw. Fremden), der hier in der Minderheit ist. Der europäisch gekleidete Stéphane wird staunend von den Bewohnern des Romadorfes Kischinew in Rumänien beäugt. Ver-rückt ist Stéphane (Romain Duris) gleich im doppelten Wortsinn. So aus der Perspektive der Roma, deren Perspektive hier dominiert. Ver-rückt ist Stéphane aber auch in dem Sinn, dass seine Welt buchstäblich ver-rückt wird, wie durch die Kamerabewegung gleich zu Beginn deutlich wird. Die Kamera umfährt den Protagonisten in einer 360-Grad-Drehung; die Landschaft wird unscharf, wie sich im Folgenden auch die Grenze zwischen dem Eigenen und dem fremden Anderen immer stärker auflöst. An der zu Beginn gezeigten Wegkreuzung steht jedoch nicht nur sein weiteres Leben zur Disposition, auch der Begriff des Zigeuners selbst wird neu definiert. Der Titelsong lässt in unterschiedlichen Sprachen (auf Französisch, Romani, Englisch und Deutsch) Bezeichnungen für Zigeuner hörbar werden und danach das Wort „disparaîtra", „disappears", „verschwindet". Was verschwindet sind jedoch nicht die Kulturen der Roma, sondern Zigeunerstereotype. Bereits der Liedtext redet einem nomadisierenden Begriff von Sprache und Identität das Wort. Der Film führt performativ in wechselnden Rollen und aus stetig sich ändernden Blickwinkeln den täglichen Rassismus vor, den immer wieder changierenden Blick auf den oder das Fremde. Grenzen zwischen dem Dokumentarischen und dem Fiktionalen werden hier ebenso aufgelöst, wie die Grenzen zwischen den Kulturen. Im Film geht es immer wieder um Fremde in unterschiedlichen Begriffen und Maskeraden.

Auf der Suche nach der Sängerin Nora Luca reist Stéphane mit Izidor und Sabina in andere Romadörfer, nimmt die Stimmen verschiedener Sängerinnen auf Kassette auf. Jede der Kassetten wird sorgfältig beschriftet. Die Musik avanciert somit auch zum Medium kultureller Identität. Gatlif setzt sie in vielen seiner Filme wie in *Corre Gitano* (1981), *Latcho Drom* (1993) und *Swing* (2001) als solche ein.

Auch in *Gadjo Dilo* ist die Musik zugleich zentrales Merkmal der Konstruktion von Identitäten, wie deren Auflösung. Der Musik kommt hier genauso eine entscheidende Funktion zu, wurde die Geschichte und Sprache der Roma doch vornehmlich nicht schriftlich tradiert, sondern oral, insbesondere über ihre Musik und ihre Lieder. Stéphane lernt langsam – durch die Begegnung mit Izidor und anderen Bewohner*innen sowie mit Sabina und der Musik. Am

Ende findet er nicht die gesuchte Sängerin, dafür aber in Sabina eine neue Partnerin, die zunächst auf Grund persönlicher Erfahrungen allem Fremden mit äußerster Skepsis begegnet war. Interessant ist, dass sich sein gesamter Lebensstil ändert. Nimmt er zunächst von allen Frauen, die in dem Romadorf und in der Umgebung leben, Kassetten auf, die er sorgfältig beschriftet, so begräbt er diese am Ende nach dem Ritus der Roma am Rand der Dorfstraße. Damit akzeptiert er im Film die mündlich tradierte Geschichte der Roma und entscheidet sich dagegen, das Fremde fixieren, festschreiben zu wollen. Die direkte Begegnung ersetzt die medial vermittelte Kultur. Stéphane, der zunächst auf der Suche nach einem Bild war (der Verkörperung einer bestimmten Sängerin), aber auch nach einer eigenen Identität, entscheidet sich schließlich dauerhaft, in dem Romadorf zu leben. Im Film wird die Perspektive, der Blick auf den Anderen ständig geändert und damit relativiert: Mal ist es Stéphane, der ungläubig zunächst auf die Roma blickt, dann wieder ist es der misstrauische Blick der Roma auf Stéphane oder der Blick der Rumänen auf Stéphane oder die Roma, der inszeniert wird.

Zugleich zeigt der Film die verbindende Macht der Musik, die all diese Gegensätze in sich aufnimmt und sie in einen gemeinsamen Rhythmus überführt. Der Rhythmus der Musik dominiert den gesamten Film: „Nomade, Nomade, nomade, renaîtra, come back, komm zurück", heißt es auf dem polyphonen Soundtrack des Films, der die Figur des Nomaden als heterotopisch organisierten Ort interkultureller Begegnungen der Zukunft inszeniert. Damit wird im Paratext eine Diskussion über einen interkulturellen Dialog in Gang gesetzt, der zumindest in Teilen bereits von einer neueren transkulturellen Konzeption ausgeht, auch wenn hier noch vereinzelt in der Inszenierung von stärker voneinander zu unterscheidenden binären Ordnungsmustern ausgegangen wird.

## Filmografie

*À bras ouverts.* Regie: Philippe de Chauveron, Frankreich/Belgien 2017.
*Buffy the Vampire Slayer.* Regie: Joss Whedon, USA 1997–2003.
*Burlesque on Carmen.* Regie: Charlie Chaplin, USA 1916.
*Carmen.* Regie: Raoul Walsh, USA 1915.
*Carmen.* Regie: Ernst Lubitsch, Deutschland 1918.
*Carmen Jones.* Regie: Otto Preminger, USA 1954.
*Don Carmen.* Regie: Rolf Gildenast, Deutschland 2003.
*Gadjo Dilo.* Regie: Tony Gatlif, Frankreich 1997.
*Latcho Drom.* Regie: Tony Gatlif, Frankreich 1993.
*Nosferatu – Phantom der Nacht.* Regie: Werner Herzog, Deutschland 1978.
*Prénom Carmen.* Regie: Jean-Luc Godard, Frankreich 1983.

# *Con el viento solano:*
# The Figure of the Criminal 'Gitano' in the New Spanish Cinema

Ismael Cortés

## Introduction

The question underpinning this paper is whether and how the New Spanish Cinema of the 1960s introduced an aesthetic rupture into the Spanish representation of *gitanos* in film narratives. The paper is divided into three sections: the first section describes the basic elements of antigypsyism in the early post-civil war period and their connections to the fascist-folkloristic cinema (1939–1959); the second section introduces the realist turn deployed by the aesthetics of the so-called New Spanish Cinema in the 1960s; the third section presents a case study: *Con el viento solano (With the East Wind)* (1965), a film by Mario Camus that features a *gitano* character and that is a concrete outcome of the New Spanish Cinema.

## Antigypsyism during Franco's Dictatorship

In the post-civil war period (1939–1959), the symbolic power of National-Catholicism was the main source of Franco's ideological project: rebuilding the unity of Spain after the social and political fragmentation that led to the civil war (1936–1939). Haunted by the spectre of liberal republicanism, Franco resurrected the foundational myth of the birth of the nation embodied by the Catholic Kings[1] (1475–1516): the unified identity of all regions of Spain under the moral leadership of Catholicism. For this purpose, Franco created a *new intelligentsia;* and one of the main figures in this new intellectual elite was the psychiatrist Antonio Vallejo-Nájera.

Vallejo-Nájera was the director of the national psychiatric services during the Spanish civil war. After the war, during Franco's dictatorship, he was

---

1  Edwards, John: The Spain of the Catholic Monarchs 1474–1520, Cambridge 2000.

appointed head of the military psychiatric services. In his book, *Eugenics of Hispanity and Regeneration of Race,*[2] he dedicated a chapter to the definition of the concept of "Hispanity," where he blames two centuries of liberal revolution for the decline of Spain's ethics. To bring back the ethics of Imperial Spain, he proposed the creation of a National Body of Inquisitors. Parallel to the courts of justice, this religious-medical institution would be in charge of judging cases of crimes against the moral and spiritual health of the nation. Eventually, Vallejo-Nájera failed in his aim.[3] According to Vallejo-Nájera, liberalism and its evolution into communism were diagnosed as the main ideological pathogens threatening the moral and spiritual health of the nation. Considered as foreign civilisational projects, liberalism and communism were banned and treated as sins and social vices. In this regard, he said: "The perverse democratic regimes favour resentment and promote social failures with public policies, unlike aristocratic regimes where only the best characters can reach social success."[4]

Liberal and communist intellectuals were regarded as part of a foreign rebellion enacted by the global Judeo-Masonic conspiracy.[5] Along with the condemnation of social mobility and social equality, Vallejo-Nájera also criticised the liberal and communist tendency towards materialism, sensuality and leisure. Advised by Vallejo-Nájera, to counteract the impact of liberal thinking, Franco aimed to revive the spirit of social surveillance and moral control established by the Catholic Kings during the birth of Imperial Spain. In this context, the "Law of Vagrants and Thieves" was restructured in 1943, by referring to the treatment of vagabonds, nomads and any other 'antisocial' element. It should be stressed that one of the main intellectual influences on Vallejo-Nájera was the conservative judge Antonio Sabater, who already in 1933, in his book *On Vagrants and Thieves,* had defined *'gitanos'* as "a population, which constitutes a special race, characterized by their aversion to work, refusal to submit to the social order and living mainly from theft, scam and other punishable acts."[6]

Many of the Civil Guard documents show that *'gitanos'* was included as a specific category of vagrants.[7] This law was in force from 1943 until 1978,

---

2 Vallejo-Nájera, Antonio: Eugenesia de la Hispanidad y regeneración de la raza, Burgos 1937.
3 Huertas García-Alejo, Rafael: Una nueva inquisición para un nuevo Estado: psiquiatría y orden social en la obra de Antonio Vallejo-Nájera, in: Huertas, Rafael / Ortiz, Carmen (eds.): Ciencia y Fascismo, Madrid 1998, pp. 97–109.
4 Vallejo-Nájera, Antonio: Psiquismo del fanatismo marxista, in: Revista Semana Médica Española (1939).
5 Fontana, Josep (ed.): España bajo el franquismo, Barcelona 2000.
6 Sabater, Antonio: Gamberros, Homosexuales, Vagos y Maleantes, Barcelona 1962.
7 The 'Civil Guard' is the Spanish military police founded in 1844 under the reign of Queen Isabel II.

during which time it deployed special measures of surveillance and control towards *gitanos,* and suspended the presumption of innocence of this group and others identified as nomads or vagabonds. The law was translated into the internal regulations of the Civil Guard code through Articles 4, 5 and 6:

> **Article 4** the *Gitanos* will be scrupulously watched, taking rigorous care to recognise all the documents they have, confront their particular signs, observe their customs, find out their way of life and whatever leads to an accurate idea of their movements and occupations, investigating the destination and the objective of their trip.
>
> **Article 5** given the fact that this people does not have a fixed residence, it is convenient to take from them all the necessary information to prevent them from committing robberies of horses or other types of animals.
>
> **Article 6** it is ordered that the gypsies and horse-dealers carry, in addition to the personal identity card, the document of the treasury that authorises them to exercise the trade of horse-dealers. For each one of them [the horses] they will carry a guide with the class, origin, age, brand and markings, which will be given to the buyer. The annotations that are made in this document for changes and sales will be authorised by the mayors of the towns or by an inspector of public order in the capitals and for the herd of cattle by the municipal veterinarians. Those who do not have these documents or where examination or verification proves that they are not in order, will be arrested by the Civil Guard and brought before the competent authority as violators of the law.[8]

These measures translated into episodes of police persecution and police brutality against *gitanos*. This legal framework was accompanied by a strategy of mass propaganda, projecting a public image of *gitanos* as being lazy, dishonest, superstitious, antisocial, stateless, unpatriotic and sexually passionate.[9] In the folkloristic national cinema, this repertoire of stereotypes was embodied

---

8   Boletín Oficial de las Cortes, Proposición no de ley aprobada en el Pleno de la Cámara sobre la situación de la población gitana española, 18 de mayo de 1978, accessible at: http://www.congreso.es/public_oficiales/L0/CONG/BOCG/BOC_096.PDF. [Accessed: 27.4.2020].

9   Rothea, Xavier: Construcción y uso social de la representación de los gitanos por el poder franquista 1936–1975, in: Gitanos/Roma: auto-producción cultural y construcción histórico-política. Revista andaluza de antropología 7 (2014), pp. 7–22, DOI: https://

in films, such as *Morena Clara* (1954) and *La danza de los deseos* (1954). Both are musical films starring the flamenco singer Lola Flores. In the film *Morena Clara,* a young *gitana* called Trini and her uncle deal in a 'gypsy' business of stealing. At the trial, the prosecutor accuses them of committing a crime, but they do not fully understand the nature of the crime and the justice applied to them by an "external culture." Trini ends up serving in the prosecutor's house, and the prosecutor eventually falls in love with her, enchanted with her exotic beauty and her sensual dancing skills.

In the film *La danza de los deseos,* a man flees the country from the persecution of the Civil Guard in the company of his daughter. He is mortally wounded in the flight and finds shelter on an island inhabited by a blind man and his assistant. The father dies and the blind man looks after the girl who becomes an indomitable woman: strong, brave, determined, and difficult to frighten but also an expert singer and dancer. She returns the favour to her benefactors by running a show on the island. Many visitors are attracted to see her exotic beauty and majestic dance. These two films show a double mechanism of orientalisation[10] and criminalization towards the *gitanos.* Following this logic of cultural distancing, the material misery of the *gitanos* was portrayed as a logical result of their deviant moral condition.

## The New Spanish Cinema

In the 1960s, the directors of the so-called New Spanish Cinema *(Nuevo Cine Español)* initiated a transition to a different film language in portraying Spanish society by distancing themselves from the previous film folklorism of the 1950s and looking at the mirror of Italian neorealism. Within the tight limits of Franco's censorship,[11] the aesthetic principles and theory of the New Spanish Cinema were articulated by the journal of film criticism *Nuestro Cine,*[12] which aimed to enter into a dialogue with the intellectual legacy of

dx.doi.org/10.12795/RAA.2014.i07.01, accessible at: https://institucional.us.es/revistas/RAA/7/xavier_rothea.pdf. [Accessed: 27.4.2020].

10  On the notion of 'orientalisation,' see Said, Edward W.: Orientalism, New York 1978. Edward Said defined the term 'orientalism' to describe a cultural technique of misrepresenting 'outsider' peoples. In relation to the notion of 'citizenship,' orientalism has rendered the concept of citizenship as a problem of epistemology, because citizenship originated as an institutional category that implies not only policies of inclusion and protection for *'members'* of the community, but also mechanisms of stigmatization and exclusion for the *'others.'*

11  Gubern, Román: La censura. Función política y ordenamiento jurídico bajo el franquismo (1936–1975), Barcelona 1981.

12  It is very symptomatic that the first issue of the journal was dedicated to the Italian film director Antonioni: Revista Cinematográfica: guión de la "Aventura" de Michelangelo Antonioni.

the journal *Nuestro Cinema*, guided in the pre-civil war period by the Soviet aesthetics canon.

Considered as the first cinematographic platform of the Spanish Marxist left, *Nuestro Cinema* was founded and directed from Paris by one of the most extraordinary Spanish film critics and essayists, Juan Piqueras (executed by Franco's army in July 1936).[13] Rated as the best journal of film theory and criticism of the Spanish Second Republic, its first issue appeared in June 1932 (printed in Barcelona). It published thirteen numbers until October 1933. It reappeared in January of 1935, indicating a "second epoch," publishing four numbers until August (printed in Madrid and Seville). Appearing monthly, it also published several bi-monthly issues.[14]

The journal *Nuestro Cine* connected literature and cinema through a reflection of neorealism in Italian cinema and Spanish literature. Being monthly, it published 106 numbers between 1961 and 1970 (printed in Madrid). Its founder and director was José Ángel Ezcurr, who was also in charge of the Spanish newspaper *Triunfo*,[15] that embodied the intellectual resistance to the Franco regime.[16] *Nuestro Cine* counted on internationally well-known contributors, such as Jean-Paul Sartre, Ingmar Bergman, Jean-Luc Godard or Luís Buñuel.

As a famous contributor of the journal *Nuestro Cine*, Carlos Saura was considered the national master of the New Spanish Cinema. With his first film *Los golfos (The Delinquents)* (1959), he had already initiated a new aesthetics by analysing the social difficulties facing a group of youngsters trying to make their dreams become true in the suburbs of Madrid. With his third film *La caza* (1965), translated into English as *The Hunt*, he became internationally well-known: presented at the 1966 Berlin Festival, the film won the Silver Bear for best director. It was defended by Pier Paolo Pasolini, a member of the jury, "for the courage and indignation with which he presented a human situation characteristic of his time and society."[17] This film is an allegory of the Spanish Civil War (1936–1939), a psychological thriller with three hunters, outdoors scenography in an arid landscape and highly contrasted black-and-white

---

Nuestro Cine 1 (1961), accessible at: https://www.c1n3.org/REVISTAS/NuestroCine/Nuestro Cine001/index.html. [Zugriff: 27.4.2020].
13  Gubern, Roman / Hammond, Paul: Los años rojos de Luis Buñuel, Madrid 2009.
14  Pérez Merinero, Carlos / Pérez Merinero, David (eds.): Del cinema como arma de clase. Antología de Nuestro Cinema 1932–1935, Valencia 1975.
15  Alted, Alicia / Aubert, Paul (eds.): "Triunfo" en su época, Madrid 1995.
16  García Galindo, Juan Antonio / Gutiérrez Lozano, Juan Francisco / Sánchez Alarcón, Immaculada (eds.): La comunicación social durante el franquismo, Málaga 2002.
17  Gubern, Roman: Notas sobre el cine clandestino en Catalunya bajo el franquismo, in: Vidal Beneyto, José (ed.): Alternativas populares a las comunicaciones de masas, Madrid 1979, pp. 177–180.

photography.[18] While out hunting, the three main characters suddenly turn their intimate friendship and camaraderie into criminal hostility against each other.

The New Spanish Cinema found in the national literature of the 1950s a source of inspiration, especially in authors such as Jesús López Pacheco, Antonio Ferres, Armando López Salinas or Ignacio Aldecoa.[19] One of the film directors who best explored the relation between literature and cinema is Mario Camus. He won the Golden Bear at the 1983 Berlin International Film Festival with *La colmena (The Beehive)* (1982), an adaption of the novel with the same title by Camilo José Cela.[20] In the 1960s, he adapted two novels by Ignacio Aldecoa: *Young Sánchez* (1963) and *Con el viento solano*[21] (1965). In 1975, Camus also adapted Aldecoa's tale *Los pájaros de Baden-Baden (The Birds of Baden-Baden)*. Aldecoa's literature focuses on the lives of losers, of people worried about surviving in conditions of poverty. It has been considered that his literature lacks political commitment, probably because the wretched protagonists in his films do not show any signs of rebellion against the existing order.[22]

## *Con el viento solano:* Deconstructing Antigypsyist Stereotypes?

*Con el viento solano*[23] is a novel by Ignacio Aldecoa featuring a Gitano character: the criminal fugitive Sebastian. The narrative structure is divided into three parts. **1)** Action: the first part focuses on the core action, the (involuntary) murder of a civil guard, while he is drunk at a local fair in the town of Talavera de la Reina (Toledo). **2)** Dialogues: the second part focuses on his escape from justice running from Talavera to Madrid and Alcalá de Henares. In this part, he has several encounters with his friends and relatives who deny him any kind help due to fear of reprisals. **3)** Reflection: the last part shows his inner thoughts, his internal reflection about a miserable personal and family destiny. After the last visit to his mother in his birthplace, Cogolludo, he eventually becomes desperate and confesses his crime at the police station.

---

18   D'Lugo, Marvin: A New Spain for Old Spaniards, in: id.: The Films of Carlos Saura. The Practice of Seeing, Princeton 1991, pp. 67–68.
19   Quesada, Luis: La novela española y el cine, Madrid 1986.
20   Cela, Camilo José: The Hive, translated by J. M. Cohen and A. Barea, London 2001 [orig. in Spanish, 1951].
21   It was entered into the 1966 Cannes Film Festival.
22   Sánchez Noriega, José Luis: Mario Camus, Madrid 1998.
23   Aldecoa, Ignacio: Con el viento solano, Barcelona 1956.

The novel combines an existential and a social dimension by showing how the inner process of self-making / self-destruction is the result of his intimate ties to a very poor background that limits his life's opportunities. In the adaption for the cinema, Mario Camus stays loyal to this narrative and puts into play very eloquently, reflecting facts, feelings, dialogues, memories and inner thoughts. The majestic ability of Mario Camus to translate into audio-visual language the intimate relation among actions, thoughts, personal encounters and social scenarios, must be clearly stressed. In fact, Aldecoa himself was very satisfied with the adaption of the novel.[24]

In terms of aesthetics, Mario Camus introduced a significant rupture in the way *gitano* characters used to be represented in the folkloristic cinema, which reduces the performance of *gitanos* to singing and dancing in taverns and at fairs. Actually, Camus chose a flamenco dancer (Antonio Gades)[25] to interpret the protagonist (Sebastian), and broke the public imagery by placing him in social settings others than taverns and fairs. Indeed, in the whole film, there is only one scene (at the beginning, five minutes in length) dedicated to an improvised flamenco party in a flat. During the rest of the film, Antonio Gades does not dance any more. On the contrary, he has to face critical ethical dilemmas after the unintended killing of a civil guard at a fair. These dilemmas are manifested in a dual manner: internally, through inner monologues, and externally, through dialogues with his friends and relatives.

In this work, the film language is not interested in conveying a sense of joy, lightness, relaxation or laughter, instead it shows rather the opposite, depicting desperation, agony, decadence and misery. The poor shape of the characters' clothes, the fact that the majority of them represent the underclass, the arid landscapes and the deteriorated social scenarios, all these elements together reflect the constant struggle of the poor to merely survive and the constant fear of the police and military authorities. In aesthetic terms, it is also relevant to highlight that there are no jokes in the dialogues; the silences are as meaningful as the conversations. Camus purposely designed this *mise en scène* to underscore the difference between the 'intellectual cinema' oriented towards an expert public (represented by the New Spanish Cinema) and the 'industrial cinema' oriented to the masses (represented by folkloristic cinema).

All these described aesthetic and script innovations, introduced by Mario Camus regarding the representation of *gitano* characters in films, could allow us to think that he has succeeded, at least partially, in deconstructing the

---

24 Sánchez Noriega, José Luis: El cine de Mario Camus: compromiso con la realidad, in: id.: Comunicación, poder y cultura, Madrid 1998, pp. 117–127.
25 Antonio Gades was the most famous flamenco dancer of those times. In 1964, he represents Spain at the New York Exposition, where he was welcomed as a flamenco icon.

myth that Franco's propaganda aimed to manipulate the public image of *gitanos*. With his film *Con el viento solano,* Camus moved beyond the orientalist 'gypsy' world of sensual pleasures, exotic dances and servile attitude towards the ambivalent 'gadjo' figures of authority, represented simultaneously as benefactors and persecutors. This film shows the crude misery that the protagonist and his family have to face, with their living conditions of absolute economic and social ostracism.

At the end of the film, Camus presents the core moral dilemma that challenges the ethical attitude of the *gitanos* portrayed as the wretched of Spanish society: 1. One may respond to exclusion and marginalisation with violence (like the protagonist Sebastian). 2. One may respond to exclusion and marginalisation with pacifist resistance (like the mother of Sebastian). This dilemma is embodied in a setting among abandoned ruins at the outskirts of the town, where Sebastian's mother lives with his two daughters and three sons. She grabs Sebastian by the jacket and shouts at him: "What have you done, Sebastian?"

Despite the aesthetic ruptures that Mario Camus introduces in the film representation of *gitanos,* we can still criticise him for reinforcing the image of the *gitano* as a fugitive criminal: the eternal "fugitive"/"nomad" living at the margins of society, attached to a life of sins and vices. As Derrida analysed using the concept of "spectres," when the original fetish is not properly buried, the phantom re-appears in its different variations and repetitions.[26] This film narrative and aesthetic of the 'criminal *gitano*' will later in the 1980s influence the so-called *'Cine Quinqui,'* a film genre focused on the life of a criminal, (often starring a *gitano* character), and his experiences of police persecution. Some of the first films in this genre, are: *Los últimos golpes de "El Torete"* (de la Loma, 1980) and *Colegas (Pals;* de la Iglesia, 1982).[27]

---

26   Derrida, Jacques: Specters of Marx. The State of the Debt, the Work of Mourning and the New International, New York 1994.
27   Sánchez Noriega, José Luis: La ciudad filmada como testigo de conflictos sociales y del devenir histórico, in: Actas de las I Jornadas Internacionales Arte y Ciudad, Madrid 2012.

# Peter Nestler's Depiction of the Everyday Life of Sinti and Roma

Matthias Bauer

The Latin word 'documentum' refers to a record that proves something. It is closely related to the verb 'docere,' i.e. 'to teach.' Since a lot can be learned by evidence, it is no surprise that 'evidence' means both a document, and something that is plain to see and therefore hard to deny. Both meanings are implied in the term 'documentary film.' Such a film records something and evidently displays what has been recorded.

However, what is recorded must be transformed into a discourse. What kind of discourse emerges depends on a complex interplay of specific factors. Among them are social conventions and cultural traditions, peculiarities of the chosen medium or the speech genre, symmetries or asymmetries of power and, of course, already established frames and scripts that influence the reception. As a result of this complex interplay, the same 'picture' can convey different meanings in different discourses. Since there is no film discourse without editing and editing involves re-contextualisation, every film needs interpretation and is subject to criticism. As is well known, even propaganda can make use of documents. It would therefore be naïve to assume that a documentary film is clear-cut and unequivocal. Rather, its meaning depends mutually on the film maker's attitude and the viewer's conjecture. In fact, the attitude is manifested by the selection of takes and the montage, confirmed by either explicit commentary or indicated by aesthetic means and their implications which 'teach' the viewer how to receive and interpret what is recorded.

In the case of Peter Nestler's depiction of the everyday life of Sinti and Roma, the viewer always senses an attitude overcoming misconceptions and doing justice to those who have been mistreated, ignored and expulsed from the discourse so far. Many misconceptions that matter here were encapsulated in the notion of 'gypsies,' when Peter Nestler started to document the reality of Roma and Sinti in the late 1960s. Nestler was born and raised in Freiburg. There he worked for a while in the company of his father who produced plastic. Later on, he became a seafarer but soon disembarked and started to study art in Munich where he was occasionally cast as an actor. At the age of twenty four, he decided to escape the mechanical and inauthentic procedures of show business and to direct his own documentaries. In 1966, due to the hard conditions he was facing in the German broadcasting system, Nestler immigrated and, together with his wife Zsóka, worked for the second channel of the Public Swedish TV.

In 1970, twelve years before the Nazi genocide of the Sinti and Roma was recognized by Chancellor Helmut Schmidt, Peter Nestler produced his documentary *Zigeuner Sein/The Stigma Gypsy* (4:3, 47 minutes). One can say that Germany was in urgent need of such a documentary at that time. Very little was known about the people who were forced to live at the margins of society, disconnected from the majority and seldom acknowledged as persons endowed with the same civil rights as every other citizen. Unfortunately, Nestler's documentary was not screened in Germany at that time. It was only after the reception of *Die Judengasse* in 1988 that a broader public took notice of Nestler's earlier work. Whereas *Die Judengasse* is frequently shown at the Frankfurt Jewish Museum, *Zigeuner Sein/The Stigma Gypsy,* despite its relevance, has not yet received the recognition it deserves.

The main objective of a documentary is to convey knowledge and to reduce ignorance. But there are many ways to convey knowledge and to illustrate its significance. Though a documentary is based on evidence, it is neither a scientific report nor a news story. Research is of course mandatory, but the outcome of research has to be mediated in a specific way. Whereas a scientific report or a news story is restricted to declarative sentences and statements that deal with their subject in a more or less impersonal style, a film involves a complex interplay of sight and sound, information and imagination, spoken language and pictorial representation. Each conjecture of this interplay involves personal, subjective meaning. I like to argue that Peter Nestler realised the full potential of this interplay to depict more than just the everyday life of Sinti and Roma. That alone would have been an achievement. But in addition Nestler equipped the people he interrogated with the power of authorship and aroused empathic understanding in the viewer.

At the beginning of *Zigeuner Sein/The Stigma Gypsy* (1970) Nestler juxtaposes a short impression of the fence in Auschwitz-Birkenau with a series of painted portraits (Fig. 1 and Fig. 2).

While the death camp is an epitome of inhumanity, the paintings look peaceful and warm-hearted. Each portrait shows a Sinti, either a child or an adult, a female or a male, sometimes a mother or a father together with a child. These paintings were created by the German artist Otto Pankok (1893–1966) who lived together with Sinti during the early 1930s at Heinefeld, Düsseldorf. The Nazis were eager to prohibit Pankok's work in 1936. Whereas the artist survived, most of the Sinti he had painted were killed during the Holocaust. When Pankok finally published a book with their portraits in 1947, he wrote in the preface:

**Fig. 1 and 2**  Screenshots from *Zigeuner Sein / The Stigma Gypsy* (1970).

Noch bevor die Synagogen aufloderten, waren die Zigeunerfamilien hinter den Gittern des Stacheldrahtes zusammengepfercht, um später das jüdische Schicksal in den Todeslagern des Ostens zu teilen.[1]

Even before the Synagogues were set alight, the gypsy families were herded together behind barbed wire to share later the fate of the Jews in the death camps of the East. [Translation M. B.]

By quoting this remark, Nestler sets up a frame of reference that helps the viewer to grasp the relationship that is laid out in the first sequence of his documentary. However, the most important implication of the juxtaposition between the epitome of inhumanity and the portraits is revealed when the viewer learns that the word 'Rom' means 'a human being.'

With this notion in mind, the viewer can understand and evaluate what follows: seven survivors of the Holocaust tell their stories and Nestler shows where and how these survivors live. It is plain to see that there is a connection between the past and the present, between the traumatic experience of the Holocaust and the ongoing struggle for justice.

In this respect, the documentary is double-edged: it recalls history and challenges contemporary society. Without exception, the survivors complain about ignorance and mistreatment they have recently faced. More than twenty years after the decline of the Third Reich, Roma and Sinti were still facing mistreatment in the BRD. Therefore, the viewer cannot escape the conclusion that the social and political practice, the state's bureaucracy and jurisdiction is a systematic negation of the very meaning of the word 'Rom.'

Evidently, Nestler feels obliged to emphasise this meaning. As often as possible, he hands over the narrating voice to the Roma themselves. This is not

---

1  Pankok, Otto: Zigeuner, Düsseldorf 1947.

only an act of poetic justice. When Sinti and Roma speak and tell their own stories, they become – at least in the first instance – authors themselves. At the time when *Zigeuner sein/The Stigma Gypsy* was produced, this link between a narrating voice, authorship and humanity was not generally a familiar notion. In fairness, one has to admit, that this notion is not explained in the film itself. It is just an outcome of the principle of oral history that Nestler implemented. It was not until 1988 that Gayatri Chakravorty Spivak asked in one of the most cited essays in contemporary science: "Can the subaltern speak?" The answer Peter Nestler's film had given in advance is without doubt 'Yes.' But it is, by aesthetic measures, a performed, an embodied 'Yes,' and therefore much more than just a positive statement. It has the persuasive power of experience. And since it was exactly the lack of this experience that contributed so much to the ignorance about the Sinti and Roma and the injustice they had to suffer in Post-war Germany, the merit of Nestler's documentary is grounded in the sharing of authorship between the film maker and the minority.

One of the characteristic features of the human voice is its demand for an answer. It is hard to listen to a human voice, especially when the voice tells a moving story, and not to respond. However, the answer doesn't have to be a verbal one.[2] To be touched and moved, to show empathy or to feel pity is also a kind of resonance.[3] Often this kind of resonance is a necessary precondition for further understanding and solidarity. In this respect, the apparent disadvantage that the viewer cannot speak back turns out to be an advantage. Disconnected from the original interlocution, the viewer becomes aware of the resonance that is grounded in his or her own sensitivity. If the focus shifts from the action or the conversation on the screen to the viewer's own sensitivity, a relation between the spectator and the people depicted in the film emerges in such a way that it is hard to fall back into the bad habit of 'othering,' of denying empathy and understanding. Instead, a sense of community may be stimulated that – if transformed into a political attitude – might lead to solidarity.

The paradox that the suspension of any verbal reaction might enhance this feeling of community is often overlooked in ordinary life. But art is a means to make people aware of forgotten or neglected human potentials. Some filmmakers, among them Jean Renoir and Michelangelo Antonioni, developed a specific sense for this dimension of human understanding. In their films, the momentum of the moving image is suspended on several occasions so that the resonance of what has just been seen or heard has a chance to reach the conscience of the viewer. It is because resonance is a sentiment rather than a

---

2   Cf. Waldenfels, Bernhard: Antwortregister, Frankfurt a. M. 1994.
3   Cf. Rosa, Hartmut: Resonanz, Berlin 2017.

concept and cannot be decoded immediately, that it triggers further emotions and imaginations. However, resonance is not set up apart from reflection. Quite the opposite is true: reflection occurs when resonance is interpreted.

In 1994, Peter Nestler was interviewed by Christoph Hübner about his work. In this interview, Nestler points at a similar direction. He states that film is a medium to dissolve concepts, rather than a medium to illustrate or to stabilise concepts. And he goes on to say that a film should mediate a sense of gravity.[4] What really matters is not so much the constant flux of sight and sound but the sudden break of routine when something unexpected or unknown becomes visible, audible, tangible. This is the moment of truth, the breakthrough to reality. Film has the capacity to uncover reality. That holds true for both, fictional film and documentary film. To uncover reality is to look through familiar codes of representation and to get rid of misleading concepts, prejudices and outdated conventions that blur the picture.

If this capacity to penetrate ignorance is what we are interested in, we can study Peter Nestler's documentary in detail and find out how the interplay of oral history and visual display resonates and produces a strong sense of solidarity. So, for example, when one of the narrators tells his story, he sits among three of his children. They listen carefully and realise immediately the fracture of their father's voice when he has to face the traumata of his life (Fig. 3).

Such a precarious moment could be embarrassing. For a film maker there is a great temptation to exploit such a moment and to enhance its melodramatic impact. Nestler resists this temptation. His film does not leave out the moment because the viewer should be jolted and shall respond in more or less the same way as the children respond. The film establishes here what cognitive science calls a scene of shared or joined attention,[5] which is also a scene of increased and focussed attention. Neither the children nor the viewer can miss how troubled the narrator is. They also sense how he regains the strength to go on and to speak out, how offensive it is to learn after twelve years of waiting that the German state denied him any compensation. Consequently, his family is doomed to live in conditions that the viewer can only be ashamed of.

Instead of just stimulating a naïve or patronised form of empathy, the viewer is forced to witness the man's struggle for self-assertion and dignity. He or she can imagine what it really means to be seen as a 'Zigeuner,' to be put aside and denied what every human being deserves. This act of witnessing is likely to result in a different attitude towards contemporary society. And exactly this is the turning, the vanishing point of the scene I have singled out.

4  Hübner, Christoph: Dokumentarisch Arbeiten. Christoph Hübner im Gespräch mit Peter Nestler (1994), in: Peter Nestler. Poetischer Provokateur. Filme 1962–2009, DVD 5, Christoph Hübner Film / absolut Medien 2012.
5  Cf. Tomasello, Michael: The Cultural Origins of Human Cognition, Cambridge 1999.

**Fig. 3** Screenshot from *Zigeuner Sein / The Stigma Gypsy* (1970).

Nestler's documentary displays why it is necessary but not sufficient to feel pity. Only if the contradiction that is at work in society is felt and reflected by the majority, can the injustice that a specific minority has to face be resolved. And, no doubt, the majority is the addressee of Nestler's documentary *Zigeuner Sein / The Stigma Gypsy*.

Radmila Mladenova (in this volume) explains with a twinkle in her eye how a film about Sinti and Roma should *not* be made. With Peter Nestler's film in mind, we can come up with an alternative: Authorise the people to tell their own story. Let their voices resonate in scenes of shared attention that uncover a hidden truth about reality and thereby alter the usual frame of reference. And last but not least, do not expect that this will be easy to achieve. In any case, it is worth trying.

With the help of his wife and the testimony of Hermann Langbein, who witnessed the cruelty of Auschwitz-Birkenau and recalls his memories in *Zigeuner Sein / The Stigma Gypsy*, Peter Nestler was able to document the poor living conditions and the injustice done to the victims of the Nazi regime after World War II. Evidently, he has succeeded in establishing an aesthetics of respect.

# The Roma in Italian Documentary Films

William Hope

Since the new millennium, Italian film-makers have been sensitive to the increasing anti-Roma hostility within Italy's sociopolitical climate and have given the Roma and Sinti increasing visibility in their work, featuring them as protagonists or in subsidiary roles in over forty documentaries and fiction films. This essay[1] assesses the extent to which recent Italian documentaries might be categorised as counter-hegemonic and politically progressive in their depictions of the Roma. How successfully do these films practice ideology critique? Mike Wayne defines this process as 'exposing the way antagonisms generated by the dominant social interests of a capitalist society (capital and state) are concealed, displaced and rationalized.'[2] In the light of writings by Gayatri Chakravorty Spivak and Graziella Parati concerning the problematic cohesion, agency, and self-representation within subaltern groups, what progress has Italian documentary cinema made in outlining more progressive societal configurations with the Roma at their heart? How effectively have film-makers subverted reductive institutional perspectives on the Roma, emphasising instead the notion of 'whoness,' 'the unrepeatable individuality of a self that has little place in philosophy and finds its ideal location in narratives, in the process of telling a story'?[3] As a secondary strand of the essay's evaluation of the effectiveness of twenty-first-century Roma documentaries as politicised art, it also assesses how creatively and systematically films have assimilated the findings of a corpus of recent sociological writings, anthropological fieldwork, and investigative reports by NGOs and charities that examine the impact of institutional determinants upon the Roma.

---

1 This essay is a substantially re-worked version of the article "The Roma on Screen: Voicing the Counter-hegemonic," published in: Journal of Italian Cinema & Media Studies 4.1 (2016), pp. 63–81.
2 Wayne, Mike: Documentary as Critical and Creative Research, in: Austin, Thomas / De Jong, Wilma (eds.): Rethinking Documentary. New Perspectives and Practices, Maidenhead 2008, pp. 82–94, here p. 89.
3 Parati, Graziella: Migration Italy. The Art of Talking Back in a Destination Culture, Toronto 2005, p. 18.

It will be suggested that many recent documentaries have successfully articulated counter-hegemonic representations of the Roma and Sinti, and have generated different forms of emancipatory momentum. One strand of work, characterised by documentaries such as Pierluigi De Donno and Claudio Giagnotti's *Gitanistan – lo stato immaginario dei rom salentini/'Gitanistan – the imaginary state of Roma from the Salento area'* (2014), has provided both a valuable socio-historical reaffirmation of the Roma's centuries-old presence on the Italian peninsula, and a counter narrative to contest media reports that magnify episodes of tension between Italy's different ethnicities to serve the populist agenda of political parties such as the Lega Nord/Northern League. A second strand of documentary work – the focus of this essay – highlights certain difficulties faced by other Roma communities in Italy, particularly recent Eastern European Roma migrants and also second- and third-generation Italian Roma. These films outline their aspirations for forms of constructive, long-term, sedentary integration to reflect the tranquil lifestyles of the Roma entrepreneurs depicted in De Donno and Giagnotti's documentary, and how these objectives clash with the harmful emphasis on 'nomadism,' spatial marginalisation, and short-term strategies espoused by the Italian State and regional politicians.

A vein of films beginning with *Io? Maschio/'Me? Male'*[4] – a thoughtful, interview-based short film depicting the aspirations of female Roma in Gioia Tauro – has sensitively explored the dual subalternity experienced by Roma women. One cause of this is the socio-economic marginalisation that can affect certain poorer Roma communities, and another factor is the patriarchal influence that conditions the women's particular community. The affliction of patriarchy indisputably continues to affect 'majority' society in multiple areas including women's career opportunities and development, and in addition to this, the self-determination of Roma women can also sometimes be curtailed by manifestations of patriarchy within Roma traditions relating to education and early marriage. At times, however, documentaries have fallen short, through limited resources and access, in investigating disturbing socio-environmental phenomena affecting the Roma – such as their exposure to environmental health hazards, and the vulnerability of Roma children to forced adoption – which remain relatively unarticulated in cinematic terms. While the essay shares Mauro Sassi's reservations regarding the effectiveness of cinema in channelling information within society's changing public sphere,[5] it nevertheless outlines

---

4   *Io? Maschio/'Me? Male'* (D: Elisabetta Careri, and Paolo Tripodi, Italy, Gioia Tauro: Laboratorio Video Me-Ti 2001). Unless otherwise indicated, all translations from the original Italian are mine.

5   Sassi, Mauro: Politica e sfera pubblica nel documentario italiano contemporaneo: il caso di Carlo Giuliani, ragazzo/Politics and the Public Sphere in Contemporary Italian

how film projects generate a progressive impetus to reverse the subaltern, disadvantaged positions of many Italian and European Roma.

## Nomadic myths: the Roma, employment, and education

The recurrent term of 'nomads' with which the Roma, Sinti, and related groups are labelled – despite 97 per cent of the Roma within Italy being sedentary[6] – is motivated by a clear politico-economic agenda. Nando Sigona notes that the media's use of the term during the exodus of Roma from Kosovo in 1999 effectively denied them refugee status.[7] This, together with an institutional dissemination of the misleading notion that the Roma desire an itinerant camp-based lifestyle,[8] has enabled the Italian authorities to avoid any electorally damaging socio-economic commitment towards the integration of Roma groups who have travelled to Italy in recent decades to seek refuge from discrimination and war. The nomadic myth has been reinforced by regional administrations acting on stereotypical assumptions about Roma lifestyles, and therefore focusing on the provision of camp-based accommodation for Yugoslavian Roma who arrived in Italy from the 1980s onwards.[9] Other observers have attributed the construction of such camps to mutual incomprehension between the Roma and local authorities in Italy.[10] However, the issue of ideology – in terms of dominant hegemonies creating reductive generalisations to suit their own agendas – is arguably relevant to the issue of the provision of temporary accommodation for Roma groups who have fled from other areas of Europe, and it also underlies the Italian State's mode of interaction with long-established communities of Roma and other ethnic groups. Through their visual articulation of research by academics and pro-Roma associations, post-2000 Italian documentaries

---

Documentaries. The Case of Carlo Giuliani, Boy, in: Hope, William/Serra, Silvana/D'Arcangeli, Luciana (eds.): Un nuovo cinema politico italiano?/A New Italian Political Cinema?, vol. 2, Leicester 2014, pp. 117–118.

6 European Roma Rights Centre (ERRC): Parallel Report by the European Roma Rights Centre concerning Italy, Budapest 2017, p. 3.
7 Sigona, Nando: Figli del ghetto: gli italiani, i campi nomadi e l'invenzione degli zingari/Sons of the Ghetto. The Italians, Nomad Camps and the Invention of Gypsies, Civezzano 2002, pp. 32–34.
8 Sigona: Figli, p. 36.
9 European Roma Rights Centre (ERRC): Italia: rapporto del centro europeo per i diritti dei rom. Profilo del Paese, 2011–2012/Italy: Report of the European Roma Rights Centre. Country Profile, 2011–2012, Budapest 2013, p. 17.
10 Saitta, Pietro: Immigrant Roma in Sicily. The Role of the Informal Economy in Producing Social Advancement, in: Romani Studies 20.1 (2010), pp. 17–45, here p. 37.

have attempted to deconstruct the pernicious, institutionally sponsored short-termism that penalises the Roma in areas including employment, education, and health.

Many documentaries exploring the Roma's limited access to social services use qualitative interviewing as research tools[11] to elicit individual perspectives and analyse community values. This approach, rather than using narration, archival footage, or dramatic reconstruction, is necessitated by limited budgets and by many film-makers wanting to readjust the status differential between marginalised interviewees and the privileged interviewer. The technique creates what Capussotti terms 'a space for subjectivity'[12] – a distillation of Parati's notion of 'whoness' – which accentuates the interviewees' individuality and aspirations in a valid counter-hegemonic initiative against political and journalistic tendencies to reduce the Roma to a faceless, semi-parasitic mass sidelined from late-capitalist society. The noble simplicity of the interviewees' long-term aspirations, such as Constantin Suliman's desire for employment and a secure future for his children in *Mandiamoli a casa 2 – I luoghi comuni/ 'Let's send them home 2 – Commonplaces,'*[13] contrasts with the film's depiction of vulnerable individuals reluctantly postponing strategic preparation for the future in favour of expedients to achieve temporary security in the present. This is a legacy of Southern Europe's defective welfare systems.[14]

There is a disjunction between the intrinsic normality of the Roma's aspirations towards social stability and mobility and the impoverished conditions of the informal, unauthorised camps represented in films such as *Via San Dionigi, 93: Storia di un campo rom/ 'Via San Dionigi, 93: Story of a Roma camp.'*[15] This also develops from a cumulative use of 'the prioritisation of the mundane occurrence over the monumental event,'[16] a technique illustrated in several understated sequences of *Container 158*,[17] which gradually disclose the bureaucratic mire obstructing young Brenda Salkanovic's application for Italian citizenship and Remi Salkanovic's desire to work as a mechanic. *Miracolo*

---

11  Wayne: Documentary, pp. 82–94.
12  Capussotti, Enrica: Moveable Identities. Migration, Subjectivity and Cinema in Contemporary Italy, in: Modern Italy 14.1 (2009), pp. 55–68, here p. 61.
13  *Mandiamoli a casa 2 – I luoghi comuni/ 'Let's Send Them Home 2 – Commonplaces'* (D: Sara Marconi, and Francesco Mele, Italy, Turin 2011).
14  Costi, Natassa: The Spectre That Haunts Italy. The Systematic Criminalisation of the Roma and the Fears of the Heartland, in: Romani Studies 20.2 (2010), pp. 105–136, here p. 130.
15  *Via San Dionigi, 93: Storia di un campo rom/ 'Via San Dionigi, 93: Story of a Roma Camp'* (D: Tonino Curagi, and Anna Gorio, Italy, Milan 2007).
16  Bruzzi, Stella: New Documentary, Abingdon 2006, p. 79.
17  *Container 158/ 'Container 158'* (D: Stefano Liberti, and Enrico Parenti, Italy, Rome 2013).

*alla Scala*/'*Miracle at the Scala*'[18] and *Mamma rom*/'*Mother Rom*'[19] also use a format that Silvio Carta[20] classes as 'revelatory' rather than 'expository'; they depict chronological progressions of events and privilege the 'emotional affinities' that evolve between the film-makers and subjects.

Documentaries that explore the education of Roma youngsters also untangle the ideological contradictions that compromise the notional benefits of scolarisation asserted by the institutions. Taking the city of Rome as an example, after a census identified over half the Roma community as being under 18, 'schooling was presented as one of the cornerstones of the council's integration policy,'[21] and the council also threatened to evict the parents of Roma children who failed to attend. Marco Solimene's fieldwork[22] analyses the Roma's scepticism towards any supposed 'instruments of emancipation' offered by the institutions. This stems from the incompatibility between the short-term subsistence existences lived by poorer Roma groups who have recently migrated to Italy from other countries – the input of youngsters in learning trades and supporting their families being vital – and the speculative, market-driven, institutional agenda predicated on training and educating young Roma to acquire skilled, technical jobs. In a saturated employment market notorious for anti-Roma discrimination,[23] these jobs rarely materialise.

The 21 July Association has coordinated the short films *Da Barbiana al campo nomadi: I bambini rom e la scuola*/'*From Barbiana to the nomad camp: Roma children and school*'[24] and *I bambini rom, la scuola e il piano nomadi di Roma*/'*Roma children, school and Rome's nomad plan.*'[25] The organisation's research has been integrated within these short films to enable them to be used as activist resources. *Da Barbiana* deploys positivist and interpretative

---

18   *Miracolo alla Scala*/'*Miracle at the Scala*' (D: Claudio Bernieri, Italy, Milan 2011).
19   *Mamma rom*/'*Mother Rom*' (D: Antonella Cristofaro, and Vincenzo Valentino, Italy, Rome 2012).
20   Carta, Silvio: Orientalism in the Documentary Representation of Culture, in: Visual Anthropology 24.5 (2011), pp. 403–420.
21   Clough Marinaro, Isabella: Integration or Marginalization? The Failures of Social Policy for the Roma in Rome, in: Modern Italy 8.2 (2003), pp. 203–218, here p. 208.
22   Solimene, Marco: Undressing the Gağé Clad in State Garb. Bosnian Xoraxané Romá Face to Face with the Italian Authorities, in: Romani Studies 23.2 (2013), pp. 161–186, here p. 163.
23   The highest levels of anti-Roma discrimination in employment contexts occur in the Czech Republic and Italy; ERRC: Italia, p. 10.
24   *Da Barbiana al campo nomadi: I bambini rom e la scuola*/'*From Barbiana to the Nomad Camp: Roma Children and School*' (D: Ermelinda Coccia, Andrea Cottini, and Davide Falcione, Italy, Rome 2011).
25   *Rom, cittadini dell'Italia che verrà – La storia di Kemo*/'*The Roma, Citizens of Tomorrow's Italy – Kemo's Story*' (Associazione 21 luglio/21 July Association, Italy, Rome 2012).

approaches,[26] and uses a quantitative analysis of data regarding Roma underachievement at school, the statistics being articulated visually and also via Doriana Chierici's sardonic voice-over. The film's qualitative approach is integrated through a case study of young Aisha who lives at Rome's Via Salone camp. The documentary dissects the institutional branding of Aisha as 'aggressive,' tracing the impact of issues including the education that is missed because the council-funded bus delivers her to school late and collects her early, and the difficulty of completing homework within a cramped camp home. While it should be acknowledged that the expository non-Roma voice-over excludes Roma input from the film's soundtrack, *Da Barbiana*, as an effective political documentary, links what could be construed as reassuring images (Aisha's domestic routine and school journey) firmly to her marginalised reality to minimise any slippage between image and referent in a notoriously depoliticised and manipulative mediascape.

The Roma's employment prospects remain precarious; employers who consciously or inadvertently hire undocumented workers are heavily penalised and regular employment consequently eludes many Roma. The poorer Roma remain marginalised from Italy's neo-liberal labour market, their activities centring on artisanship, mechanical repair work, musicianship, and small-scale drug dealing.[27] Recent documentaries have generated political impetus by investigating the Roma's employment situation, dismantling the box-ticking futility of institutional initiatives and revealing through on-screen interviews the Roma's strategies for securing jobs. *Zingarò, una sartoria rom a Carbonia/'Zingarò, a Roma dressmakers' shop in Carbonia'*[28] is set in Sardinia and follows several Roma women who participate in a training project focusing on dressmaking. *Zingarò* contrasts its visual refrain of close-ups of the women's manual dexterity, which ranges from kneading bread and intricate needlework to constructing homes, with their increasingly abstract and economically precarious work experience project. The camera captures politically salient moments such as the terse questioning of an NGO coordinator about the project's future, the film-makers critiquing the ideology of neo-liberal entrepreneurship when applied, absurdly, to the marginalised in Italy's poorest regions during an economic crisis induced by capitalism. Predictably, at the project's conclusion, the women are unable to take on the dressmaking business and its financial overheads, and return to their former, transient sources of employment.

---

26  Wayne: Documentary, pp. 82–94.
27  Saitta: Roma, p. 24.
28  *Zingarò, una sartoria rom a Carbonia/'Zingarò, a Roma Dressmakers Shop in Carbonia'* (D: Nicola Contini, Nicoletta Nesler, and Marilisa Piga, Italy, Cagliari 2011).

Other documentaries that explore the Roma's experiences in the employment sector are predicated on personal testimony via on-screen interviews, notably *Racav lavor/'I'm looking for work.'*[29] Antonia Stepich acknowledges that the concealment of her Roma origins during job interviews led to her employment as a health visitor in Milan. A conversation with 20-year-old Luigi Ciarella features a significant *mise-en-scène* in which the elegant youth recounts his unsuccessful job interviews against a darkened background. This visual approach highlights Luigi's qualities, momentarily decontextualising him from the reductive ethnic, social, and economic value systems that underpin dominant ideologies. It is more effective than the *mise-en-scène* used in several short films sharing the collective title *Rom, cittadini dell'Italia che verrà/'The Roma, citizens of tomorrow's Italy.'*[30] Despite its progressive intentions, work such as *Rom, cittadini dell'Italia che verrà – La storia di Kemo/'The Roma, citizens of tomorrow's Italy – Kemo's story,'*[31] promotes an assimilationist agenda, initially concealing Kemo Hamidovic's identity as he is filmed preparing perfect cappuccinos in a bar, then subsequently in locations ranging from his modern apartment to a nightclub dance floor. Such approaches evoke Spivak's notion of 'recognition by assimilation,' where an irreducible European ethnocentrism pervades the constitution of the Other,[32] this perception being reinforced as Kemo equates his Roma heritage with socio-economic poverty. Assimilation is essentially a fragmented, individualistic approach to secure one's own future rather than that of one's community. Sigona[33] cites the Roma's attempts to merge with the dominant ethnic groups in Kosovo, but the strategy only brought short-term economic benefits because they were never fully accepted and the possibility of collective sociopolitical action was lost. Therefore, while the duration and modes of address of such films are strategically valid as regards sensitising 'unconverted' viewers,[34] shorts like *La storia di Kemo* betray intrinsic, unresolved tensions between the emancipation of the individual and that of the group.

---

29 *Racav lavor/'I'm Looking for Work'* (D: Marco Carraro, Emiliana Poce, Paolo Poce, and Francesco Scarpelli, Italy, Milan 2001).
30 Associazione 21 luglio: Rom.
31 Ibid.
32 Spivak, Gayatri C.: Can the Subaltern Speak?, in: Williams, Patrick/Chrisman, Laura (eds.): Colonial Discourse and Post-Colonial Theory. A Reader, New York 1994, pp. 66–112, here pp. 89–90.
33 Sigona: Figli, p. 25.
34 Corner, John: Documenting the Political. Some Issues, in: Studies in Documentary Film 3.2 (2009), pp. 113–129, here p. 125.

## Voicing the female Roma

The Roma endure manifold forms of subalternity. Historically, theirs is the 'forgotten' holocaust, and their presence in mainstream, hegemonic historical accounts is minimal and often discriminatory. Economically, the Roma groups that have arrived in Italy in recent decades remain marginalised from capitalist society and consumerism. Politically, their close intra-community ties and scepticism towards collective political organisation complicate potentially beneficial interaction with natural allies, such as the politically active sections of Italy's proletariat and with trade unions. Demographically, they are an outsider minority in any 'nation state.' For female Roma, these disadvantages can be compounded by a specific brand of patriarchy that structures certain Roma communities across Europe. At times, fieldwork access needs to be negotiated with male Roma to avoid 'inappropriate' interaction with women;[35] young brides are sometimes commodified and exchanged for dowries;[36] and a woman's socio-symbolic role in community gatherings can be marginal and subservient.[37] Within Italy's Roma communities, patriarchal influences have sometimes discouraged public education for girls, their mothers being more constructive interlocutors with Italian schools,[38] and Roma communities have also been known to ostracise women who denounce domestic violence.[39]

New millennium Italian documentaries attempt to disclose the structures of oppression that restrict the emancipation of Roma women both beyond and within their communities, although many such sequences are also characterised by 'structuring absences.'[40] These often centre on intra-community patriarchal influences that are merely implied by female interviewees or on the disappearance of male Roma from family environments. During an interview with Romanì Cirelli in *Racav lavor,* an early twenty-first-century documentary (2001a), she refers to male Roma discouraging the education of girls and pressuring them into begging for money, but no counter-response is solicited from male community members in this or any Italian documentary in which issues of male domination emerge. While film-makers are justifiably rigorous in denouncing institutional failings that affect the education of Roma children

---

35   Levinson, Martin / Sparkes, Andrew: Gypsy Identity and Orientations to Space, in: Journal of Contemporary Ethnography 33.6 (2004), pp. 704–734, here p. 708.
36   Tesăr, Cătălina: Becoming Rom (Male), Becoming Romni (Female) among Romanian Cortorari Roma. On Body and Gender, in: Romani Studies 22.2 (2012), pp. 113–140, here pp. 113–115.
37   Ibid., p. 136.
38   Associazione 21 luglio / 21 July Association: Linea 40: la scuolabus per soli bambini rom / Line 40: The School Bus for Roma Children Only, Rome 2001, p. 35.
39   Ibid., p. 37.
40   Chanan, Michael: Filming the Invisible, in: Austin, Thomas / De Jong, Wilma (eds.): Rethinking Documentary. New Perspectives and Practices, Maidenhead 2008, pp. 121–132, p. 124.

(*Da Barbiana* and *I bambini rom*), it is perhaps understandable that these projects' sociopolitical remit does not extend to questioning the internal dynamics of certain Roma communities. The result, however, is that a key intra-group antagonism is left unexplored in cinematic terms.

Sometimes patriarchal values are unquestioningly internalised and reproposed by matriarchal figures, exemplified in Laura Halilovic's *Io, la mia famiglia rom e Woody Allen/Me, My Gipsy Family and Woody Allen* (2009) as Halilovic's mother and grandmother harangue her on camera regarding the importance of marrying young. Even a recent film made by Roma film-makers, *Gitanistan*,[41] which depicts economically prosperous, long-established Roma entrepreneurs in south-east Italy, illustrates the extent to which female subalternity remains engrained. Claudio Giagnotti evocatively distils the professional expertise of his male relatives into the *mise-en-scène* of interviews, featuring them as they trade horses and work in their flourishing businesses. However, female interviewees are visually confined to domestic tropes–cooking, sewing, or sitting in peripheral positions during staged group interviews. Consequently, a greater emancipatory impetus emerges in films that articulate research on Roma women as mediators between their communities and local authorities in Italy, and in work where – through figures like the filmmaker Laura Halilovic – an organic, female Roma voice (albeit with the assistance of progressive, non-Roma organisations) secures an outlet.

*Racav lavor* and *Sastipe – star bene/'Feeling well,'*[42] document the work of Romanì Cirelli and other female Roma community health workers, highlighting the limited access of the more disadvantaged Roma families to health care in Italy's metropolises but also outlining a blueprint for intergroup collaboration that countries, including Ireland, subsequently assimilated.[43] *Sastipe* generates an informative dialectic by counterpointing on-screen interviews both with the Roma mediators who discuss their outreach work and with non-Roma intermediaries such as social workers who describe their valuable interaction with the mediators.[44] The formula of emancipatory micro-level collaborations between professionally and culturally gifted Roma women and progressive individuals within public and private sector organisations is also traceable in

---

41 *Gitanistan – lo stato immaginario dei rom salentini/ 'Gitanistan – the Imaginary State of Roma from the Salento Area*' (D: Pierluigi De Donno, and Claudio Giagnotti, Italy, Fermo 2014).
42 *Racav Lavor/ 'I'm Looking for Work'; Sastipe – Star bene/'Feeling well'* (D: Marco Carraro, Emiliana Poce, Paolo Poce, and Francesco Scarpelli, Italy, Milan 2001).
43 European Commission: Improving the Tools for the Social Inclusion and Non-Discrimination of Roma in the EU, Luxembourg 2010, p. 33.
44 The following films highlight other (male) Roma intermediary roles within sport and local political contexts: *Lovte/'Lovte'* (D: Andrea Camuffo, and Simone Spada, Italy, Rome 2003); *Caminante/'Caminante'* (D: Francesco Di Martino, Giuseppe Portuesi, Maria Vittoria Trovato, and Francesco Valvo, Italy 2013).

films including *La canzone di Rebecca/ 'Rebecca's Song'*[45] which portrays the developing career of the young Roma artist Rebecca Covaciu. But a particularly interesting case is that of Laura Halilovic, whose documentary *Me, My Gipsy Family and Woody Allen*, a collaboration with the Turin company Zenit Arti Audiovisive, was followed by the feature-length comedy *Io, rom romantica/ 'I'm a Romantic Roma'* (2014). These projects begin to transcend the problematic power relations and status differentials that often characterise film work about the Roma. This issue can generate tensions within the filmic space because projects animated by the imperatives and aesthetics of producers from majority Italian society – ranging from commercial companies to NGOs – do not necessarily reflect the priorities of the Roma as authors and subjects.

The case of Laura Halilovic, in the context of Roma subalternity, offers a potentially emancipatory solution to Spivak's concern about 'the first world intellectual masquerading as the absent non-representer who lets the oppressed speak for themselves,'[46] or, to use her incendiary phrase, the scenario of 'white men saving brown women from brown men.'[47] As an established intellectual, Spivak envisaged 'synecdochizing' herself by sidelining her privileges and status and re-immersing herself within Indian subalternity to form a collective and generate a progressive momentum.[48] However, the Roma community – particularly in Italy – has very few established figures to galvanise such a project. Although Halilovic's unequivocal sense of her Roma heritage and her gender-sensitive agency is a unique phenomenon within Italy's mediascape, she is not an organic intellectual in Gramscian terms, emerging to provide a voice for a subaltern group. Instead, her work is a cultural focal point for a progressive, multifaceted, and sometimes elusive twenty-first-century Roma identity that transcends the remit of films by certain Italian non-Roma directors that collapse the cultural, historical, and generational differences of the Roma, Sinti, and other groups into a generic anti-institutional discourse predicated on the socio-economic marginalisation of impoverished, recently arrived Roma migrants.

*Io, la mia famiglia rom* is Halilovic's meditation on her upbringing within a Roma community in Turin and on her growing passion for film-making. It incorporates significant quantities of external footage, ranging from 'found footage' from her father's home movies to historical archive film. Video images of a young Halilovic performing traditional Roma dances and playing amidst her community function as a cultural signifier, an unmanipulable document

---

45    *La canzone di Rebecca/ 'Rebecca's Song'* (D: Roberto Malini, Italy, Milan 2012).
46    Spivak: Subaltern, p. 87.
47    Spivak, Gayatri C.: Scattered Speculations on the Subaltern and the Popular, in: Postcolonial Studies 8.4 (2005), pp. 475–486, here p. 478.
48    Ibid., p. 481.

of key moments in her identity formation that also become a personal archive 'where social memory is constructed.'[49] As Cuevas adds, embedded home movies offer 'valuable traces for the identity search of the film-makers, who return to their origins as a necessary framework for understanding themselves, especially when those roots arise from the crossing of diverse ethnic, religious or national identities.'[50] Halilovic's construction of her identity through the prism of the family unit – as invariably occurs when home movie footage is incorporated into filmic texts – constitutes a conscious politico-cultural counter-move; the harmonious sequences of community solidarity contrast with the hyperbolic media coverage of Roma groups during the Berlusconi government's discriminatory 'Nomad Emergency' of 2008, footage of which is also included.

But Halilovic's family-based identity formation triggers micro-level tensions as her emerging cinematic aspirations collide with her family's often conservative values, notably the pressure propelling her towards marriage. Michael Renov observes that 'the familial other helps to flesh out the very contours of the enunciating self, offering itself as a precursor, alter ego, double, instigator, spiritual guide and perpetrator of trauma.'[51] In films like *Gitanistan*, Claudio Giagnotti's elders are pioneering precursors who uphold Roma culture, having consolidated their community as entrepreneurs in the Apulia region. By contrast, *Io, la mia famiglia rom* emphasises the scale of the emancipatory challenge facing Roma women both within and beyond their communities. While cultural creativity gradually enables Laura Halilovic to wrest control of the filmic image from her father, his home movies being superseded by Halilovic's footage as she imposes her world-view and aspirations on the text, this self-realisation is overshadowed by the macro-level sociopolitical battle faced by the Roma. This issue comes to dominate the film's structure, as a key narrative strand – the impending eviction of Halilovic's relatives from an encampment – remains suspended and unresolved.

## The unrepresented: beyond the horizons of documentary

Documentaries made by Italian non-Roma directors predominantly engage with the most visible, urgent socio-economic issues affecting the most vulnerable Roma groups across the Italian peninsula, but the films sometimes do not capture certain insidious phenomena – recorded in research by NGOs and charities – that continue to influence their lives. These include the

---

49   Cuevas, Efrén: Home Movies as Personal Archives in Autobiographical Documentaries, in: Studies in Documentary Film 17.1 (2013), pp. 17–29, here p. 18.
50   Ibid.
51   Renov, Michael: The Subject of Documentary, Minneapolis 2004, p. 228.

disturbingly high adoption rate of Roma children; the disquieting influence of certain individuals who purport to represent and 'lead' given Roma communities; the lucrative opportunities linked to the building of 'equipped' Roma camps and to the work of supposedly pro-Roma organisations; and the health risks caused by the proximity of camps (sometimes authorised by councils) to environmental hazards. The 21 July Association[52] has examined the case of the Villaggio della Solidarietà/Solidarity Village in Via della Cesarina to the north-east of Rome, which opened in 2003. Ten years later, its Roma communities were moved elsewhere, and asbestos contamination was detected in the area of the former camp. The proximity of a waste incinerator to the Via Salone camp is also well documented,[53] but apart from several images of children handling refuse and discarded objects in *Container 158,* and the unexpected encounter between the film-makers of *Biùtiful cauntri/'Beautiful Country'*[54] and the occupants of a camp near a refuse tip in Giugliano, there has been negligible cinematic coverage of this issue. Motivations for this include the somewhat ghettoised cinematic status of eco-movies, which complicates possible synergies with marginalised subjects like the Roma; the difficulties of establishing adequate project durations and budgets, and the medical/legal complexities facing documentaries that analyse how environmental factors condition Roma communities.

The question of imposed adoptions within Italy's vulnerable minority groups is attaining visibility within research, particularly in the context of Roma communities. The problem emerged in late twentieth-century writing[55] and was investigated further in reports including 'Mia madre era rom: le adozioni dei minori rom in emergenza abitativa nella regione Lazio (2006–2012)'/'My mother was a Roma: The adoptions of Roma children in critical living conditions in the Lazio Region (2006–2012).' This publication outlines the exponential adoption threat for Roma children, the Italian authorities categorising 6 per cent of them as 'at risk' and potentially adoptable, as opposed to 0.1 per cent of non-Roma children.[56] The absence of documentaries

---

52 Associazione 21 luglio/21 July Association: Campi nomadi S.p.a./Nomad Camps Ltd, Frosinone 2014.
53 European Roma Rights Centre (ERRC): Written Comments by the European Roma Rights Centre Concerning Italy, Budapest 2014, p. 4.
54 *Biùtiful cauntri/'Beautiful Country'* (D: Esmeralda Calabria, Andrea D'Ambrosio, and Peppe Ruggiero, Italy, Milan 2008).
55 Revelli, Marco: Fuori luogo: Cronaca di un campo rom/Out of Place: Chronicle of a Roma Camp, Turin 1999, pp. 63–65.
56 Associazione 21 luglio/21 July Association. Mia madre era Rom: le adozioni dei minori rom in emergenza abitativa nella regione Lazio (2006–2012)/My Mother Was a Roma: The Adoptions of Roma Children in Critical Living Conditions in the Lazio Region (2006–2012), Frosinone 2013, pp. 117–118.

investigating this delicate issue will only be remedied by intra-group Roma initiatives that manage to access such scarred family environments, assuming that this issue is considered a priority by the few Roma film-makers who currently produce films in Italy.

Another unrepresented problem concerns individuals who dominate certain Roma communities, controlling community interaction with the local authorities, monopolising the resources provided,[57] and creating 'circles of redistributive dependency.'[58] The European Commission has condemned the lack of transparency and gender balance in the selection of the Roma interlocutors who negotiate with local authorities (2010: 23), and the issue flared up when threats were made by a self-styled Roma 'leader,' who objected to the discussion of certain aspects of 'his' camp during a public meeting.[59] Documentaries occasionally feature brief footage of male-only Roma camp committees; one sequence in *Via San Dionigi* is interrupted by an elderly Roma woman who criticises the other women for not maintaining camp hygiene, but filmic access to the meetings between the cliques that run certain camps and their institutional equivalents is naturally off-limits.

Similarly, there has been minimal documentary analysis of the lucrative contracts to build and provide security for the 'equipped' camps – an economic absurdity when their construction contradicts national and European strategies for Roma inclusion[60] and costs much more than renovating existing buildings.[61] This process has been termed 'an uncontrolled and unregulated stream of public money that flows into the "camp system" in Rome,'[62] and in a cinematic context it demands the investigative verve of a Michael Moore. Existing work can only linger meaningfully on moments of social antagonism, exemplified by a sequence in *I bambini rom,* where an interviewee speaks contemptuously of the 'profiteering' of one cooperative that receives funding from Rome's local authorities; the scale of hegemonic power and self-enrichment remains, however, beyond the confines of the film text. The issues of forced adoption, environmental health hazards, hierarchical power in Roma communities, and the misuse of accommodation funds have all emerged in research conducted by academics, NGOs, and

---

57  Solimene: Undressing, p. 167.
58  ERRC: Italia, pp. 39–40.
59  Di Cesare, Loredana / Episcopo, Mauro: Roma, capo Rom minaccia presidente Onlus: "Ti mando in coma se parli del mio campo" / Rome: Roma Leader Threatens Head of Non-Profit Organization: "I'll Knock You Out If You Talk about My Camp," accessible at: http://tv.ilfattoquotidiano.it/2014/07/18/roma-capo-rom-minaccia-presidente-onlus-ti-mando-in-coma-se-parli-del-mio-campo/289231/. [Accessed: 17.11.2019].
60  ERRC: Italia, p. 9.
61  Associazione 21 luglio: Campi, pp. 68–70.
62  Ibid., p. 18.

advocacy groups. But it must be acknowledged that these questions, and the agendas than underpin them, have mainly been established by non-Roma groups and individuals.

Despite their limitations, the existing forms of documentary work on the Roma nevertheless play a role of sociopolitical sensitisation within an Italian media environment marked by anti-Roma prejudice. In 2013, the 21 July Association[63] identified over 850 cases of misinformation including incitement to hatred and lazy journalism based on stereotypical assumptions, and more recently the European Roma Rights Centre has documented a series of examples of hate speech by public officials including politicians from the Northern League party.[64] While Mauro Sassi expresses reservations regarding the effectiveness of documentaries as informative counter-hegemonic tools in a public sphere vastly different from that outlined by Habermas,[65] many films provide an important dissemination of the investigative research into anti-Roma discrimination carried out by charities, humanitarian groups, and academics. Several other emancipatory documentaries, authored by Roma film-makers themselves, endow the Roma with individual and collective voices that simultaneously articulate their cultural traditions and emphasise the Roma's central societal role within Italy over many generations. Films such as those written and directed by Laura Halilovic and produced by established Italian production companies typify the successful collaborations that have started to emerge between Roma artists and the progressive elements of the dominant cultures in countries where the Roma reside; a micro-level solidarity with the potential to develop into something more politically substantial.

---

63  Associazione 21 luglio / 21 July Association: Rapporto annuale 2013 / Annual Report 2013, Rome 2013, p. 10.
64  ERRC: Parallel Report, pp. 8–11.
65  Sassi: Politica, pp. 117–118.

## Section Four
# Antigypsyism in Comparison

# "Double Coding" in Roma and African American Filmic Representation: A Diachronic Comparison

Sunnie Rucker-Chang

This paper addresses how we might analyse films by way of double coding or dual address, a phenomenon that refers to the way that performances, images, and situations in film can be decoded differently by two distinct populations.[1] In this piece, I reference how images are received and decoded by the minority population represented in film, Roma and African Americans specifically, as opposed to the ways in which the same images could be interpreted by majority populations. To illustrate this in practice, I employ a diachronic approach comparing similarities between the themes and dual address in films made by African American artists with large African American casts from the 1970s, or the decade following the United States Civil Rights movement, to Central and Southeast European films following the post-European Union expansion (2004–present) with large numbers of Romani people in the casts, so included in my analysis are European films produced in EU member and non-member states. I compare these films thematically and draw on my previous work linking similarities between African Americans and Roma and their path to legal equality and diverse representations.[2] European Romani populations and African Americans share a number of similarities, primary among them is their enduring marginalised positions in their societies. They are also linked in their perceived difference from the majority and their racialised positions within their societies. By referring to racialised perspectives, I recognize that describing individuals through the frame of "race" is commonplace in

---

1 Bial, Henry: Acting Jewish. Negotiating Ethnicity on the American Stage and Screen, Ann Arbor 2004, p. 3.
2 Rucker-Chang, Sunnie: Challenging Americanism and Europeanism. African Americans and Roma in the American South and European Union "South," in: Journal of Transatlantic Studies 16.1 (2018), pp. 181–199.

American society and scholarship, but typically minimally utilized, if not absent, in European frames of reference. However, positioning race outside of European contexts of identity ignores the consistent externalisation of minority populations whose origins lie outside of what majorities consider to be "European" – i.e. white.³ Race, as I use it in this chapter, relates to the inflected position of minorities and is not necessary bound to "biological conceptions of race but on institutional and biopolitical mechanisms, which differentiate populations into subgroups having varied access to means of life and death."⁴ Moreover, this notion of race relies on the fact of "blackness" and positions these minority groups as distant from the ideal, or whiteness, or a system of socio-political supremacy benefitting those who have access to power and can take advantage of structures that support their advancement.⁵ This opposition renders these groups perennially left to "exist in relation to" the dominant group.⁶

The inflected position of blackness remains true in both the American and European contexts.⁷ The question of who belongs and who does not is framed by discourses of the nation and its core, or fundamental aspects of what the dominant members of the nation believe it to be.⁸ Given that film reflects the desires, goals, and fears of a nation among other things, race, as it surfaces through film, provides a powerful component of the dialogue on the relationship of racialized minorities to the nation. The films I analyse accommodate at least two audiences, and in doing so provide a means to understand the competing forces of inclusion and exclusion of Romani communities in the chaotic period of post-EU expansion (2004–present), and African Americans in the 1970s, an equally tumultuous period where African Americans sought to rectify the failures of the Civil Rights movement of the previous decade, mobilising their "blackness" to demand not just political equality but social

---

3   El-Tayeb, Fatima: European Others. Queering Ethnicity in Post-National Europe, Minneapolis 2011, p. xvii.
4   Chari, Sharad / Verdery, Katherine: Thinking between the Posts. Postcolonialism, Postsocialism, and Ethnography after the Cold War, in: Comparative Studies in Society and History 51.11 (2009), pp. 6–34.
5   For more on the discussion of whiteness see Mills, Charles: The Racial Contract, Ithaca 2004; Harris, Cheryl: Whiteness as Property, in: Harvard Law Review 106.8 (1993), pp. 1707–1791.
6   Fanon, Frantz: The Fact of Blackness, in: id.: Black Skin, White Masks, London 1952, p. 83.
7   For more on the discussion of racial formation(s) in both Europe and the US see Omi, Michael / Winant, Howard: Racial Formation in the United States, Abingdon 2014; Gilroy, Paul: Postcolonial Melancholia, New York 2005; Anthias, Floya / Yuval-Davis, Nira: Racialized Boundaries. Race, Nation, Gender, Colour and Class and the Anti-Racist Struggle, London 1992.
8   Balibar, Étienne: Is There "Neo-Racism?," in: id. / Wallerstein, Immanuel (eds.): Race, Nation, Class. Ambiguous Identities, London 1991, pp. 18–20.

recognition as well. During both periods, the definition of "European" and "American" were being challenged, repositioned, and even reinterpreted by way of revolutionary movements.

The films that I analyse to explore these time periods include (in order) *The Spook Who Sat Next to the Door* (Ivan Dixon, 1973), *Black Girl* (J. E. Franklin, 1972), *Trapped by Law* (Sami Mustafa, 2015), and *Genesis* (Árpád Bogdán, 2018). These four films have minority directors and a significant number of minority cast members, whose characters are set against a backdrop of social change, national insecurity, and shifts in the political and social realities, all of which have a profound impact on their lives, stories, and character development. Specifically, these films respond to the failures of the Civil Rights movement and Romani Rights movement(s). The failures of these movements, not only allows for prejudices and intolerances to persist, but also creates fertile ground for the emergence and maintenance of the fears of the majorities, who feel that their privilege will slip with the emergence of minority equality, which portends the possibility of majorities becoming a minority themselves.[9] In considering these films in this way, I explore the dual messages imbedded in films as sites of framing or reframing the nation and relationship to difference.

## Double Coding

In the 2004 book *Acting Jewish*, Henry Bial explores how Jewish identity "circulates between the two worlds of essentialism…and postmodernism."[10] "Jewishness," then, according to Bial, is "performative" and, despite great successes in Hollywood, elements of Jewishness remain outside mainstream mass culture, and works by Jewish artists "speak to at least two audiences: a Jewish audience and a general… audience."[11] In order to explain this in practice, Bial references films he described as "double-coded" and denotes "the specific means and mechanisms by which a performance can communicate one message to Jewish audiences while simultaneously communicating another, often contradictory message to gentile audiences."[12] According to Bial, Jewish actors and actresses, focused on deemphasizing their Jewishness, and opted to "pass," and make the coding of their "difference" something supplemental to a reading from the outside or the ability to decode certain cultural signifiers recognisable as "Jewish."[13] This ability to assimilate or "pass" offers an

---

9   Appadurai, Arjun: Fear of Small Numbers, Durham, NC 2006, p. 84.
10  Bial: Acting Jewish, p. 16.
11  Ibid.
12  Ibid, p. 4.
13  Ibid, p. 16.

interesting point of departure for this discussion of difference, race, and filmic frames of the nation as it illustrates the mutability of double coding. For the Jewish films that Bial analyses, "passing" as members of the "dominant culture" was an option.[14] However, in the films that I consider here, "passing" cannot be employed as a strategy, because the ability to affect the majority is allusive for most, if not all, actors and actresses in the films I analyse because of the power of race. The possibility of the double-coding of these images relies on deeply held beliefs in the position of alterity of the one who is differentiated and visual cues of difference. Given this significant difference, Bial reminds us that this double coding is similar to W. E. B DuBois' concept of double-consciousness, or "the sense of always looking at oneself through the eyes of others" that people of colour experience."[15] Also referred to as a "twoness" of existence, or the need to always see oneself through the frames of the majority.[16] Franz Fanon recognised this phenomenon as "epidermalisation," or the way that people of colour internalise their inferiority in reference to the majority.[17] In this regard, Bial recognises a similar coding in African American cinema, whereby performances on screen or on stage are "caught between loyalty to the Black community and the compromises necessary to succeed in a white-dominated society."[18] I believe that similar phenomena are observable in the cinematic output of European Romani communities. As such, I employ both double coding and double consciousness as similar ideas in the films I analyse below.

This double coding similarly corresponds to the notion of a "double bind" extant for racialised minorities to maintain a normalised position in society and be close enough to the majority but not too close.[19] To recall Bial's language in reference to the Jewish image on screen, it is "to be Jewish enough, but not too Jewish."[20] As these concepts relate to film, performance, and race, each mandates a mediation between "black" expectations and "white" normalised culture, a reality that is similarly revealed through filmic portrayals of African Americans and Romani characters in film. The relationship of these groups to the majority as distant plays a primary role, particularly in understanding the function of double coding.

14   Ibid, p. 17.
15   W. E. B. DuBois via Bial: Acting Jewish, p. 16.
16   DuBois, W. E. B.: The Souls of Black Folk, Chicago 1903, p. 5.
17   Fanon: Fact, p. 4.
18   Bial: Acting Jewish, p. 17.
19   Carbado, Devon W./Gulati, Mitu: Acting White? Rethinking Race in Post-Racial America, Oxford 2013, p. 11.
20   Bial: Acting Jewish, p. 30.

## Historical Context

During the Civil Rights movement (1954–1968), many members of the African American community in the US resisted white supremacy and fought hard to secure a semblance of equality. Similar Romani empowerment in Central and Southeast Europe came only after candidate members fulfilled the mandated changes to their economies and political systems. In Central and Southeast European countries, unlike in the previous four EU enlargements, the additional requirement of securing minority protection was tied to European Union accession.[21] It followed then that with the accession of these countries to the EU, Roma Rights and Roma Inclusion strategies became the focus of a number of European Union and Council of Europe initiatives. Also relevant was the Decade of Roma Inclusion (Decade), a non-governmental directive with a number of ambitious goals for Romani economic and social inclusion. The Decade concluded with a recognition of its failures, as there was no marked difference in the economic and social inclusion of Roma throughout CSEE.[22] What links all of these initiatives is that they were created outside of Romani communities, reinforcing the paternalism of the majority, disregarding or minimising the importance of internal Romani uplift.

Elsewhere I have analysed how 1970s Blaxploitation films appeared alongside others featuring more realistic aesthetics, featuring African Americans in more normalised filmic portrayals, recognizable to members both in and outside of the community.[23] These films stand in great contrast to Blaxploitation films that featured oversexualized men and women fighting for the cause of their community, or "sticking it to the man," in an attempt to regain the humanity that society had taken from them.[24] These films have been discussed from the point of view of dual address: they simultaneously challenge the status quo by positioning African Americans in the role of the protagonist – fighting racist structures, individuals, and disadvantaged surroundings.[25]

---

21   Sasse, Gwendolyn: EU Conditionality and Minority Rights. Translating the Copenhagen Criterion into Policy, in: EU Working Papers 16 (2005), pp. 132–148.
22   Jovanovic, Zeljko: Why Europe's "Roma Decade" Didn't Lead to Inclusion, Open Society Foundations, 21.9.2015, accessible at: https://www.opensocietyfoundations.org/voices/why-europe-s-roma-decade-didn-t-lead-inclusion. [Accessed: 27.4.2020].
23   Rucker-Chang, Sunnie: African American and Romani Filmic Representation and the 'Posts' of Post-Civil Rights and Post-EU Expansion, in: Critical Romani Studies 1.1 (2018), pp. 132–148, here p. 134, DOI: https://doi.org/10.29098/crs.v1i1.8.
24   For more on Blaxploitation and the various potential readings of events in the film see Guerrero, Ed: Framing Blackness. The African American Image in Film, Philadelphia 2012, pp. 68–71; Riley, Clayton: A Black Critic's View of Shaft. Black Movie for White Audiences, New York Times, 25.7.1971.
25   Semley, John: Who's Bleeding Whom? Analyzing the Cultural Flows of Blaxploitation Cinema, Then and Now, in: CineAction 80.1 (2010), pp. 22–29.

Because the directors of these films were primarily members of the minority groups represented in them, the films offer counter-narratives in the form of self-representation, and *talk back* to the dominant populations, racist structures, and cultures that had ignored them and disregarded them for generations.[26] Because of the double coded nature of the images, one potential reading recognises that a great deal of push back against these images occurred as the films did not accord with the goals of the Civil Rights movement to create pathways for greater inclusivity to view African Americans as equal. Because so much has been written on the role of Blaxploitation cinema, I will continue where I concluded in a previous piece by discussing a few of the realistic films that premiered, albeit less bombastically, alongside the Blaxploitation cinema.[27] Similarly, I will discuss in greater detail the Romani films that engage in self-representation and the double coding that accompanies them and how the failures of the Romani Rights movement(s) and Civil Rights movement provided the visual signifiers in these films.

## Self-Representation and Talking Back

*The Spook Who Sat by the Door* is reminiscent of Blaxploitation aesthetics, minus the gravitas, in its valorisation of African American heroes who work to defeat white structural racism. The film differs greatly from the others of the movement, however, as it features a protagonist successfully negotiating both black and white America. Also interesting is that the film firmly engages with the contemporary politics of the time and the post-Civil Rights trope of inclusion as the protagonist, Dan Freeman, participates in the initial affirmative-action programmes meant to racially integrate the FBI and lead to institutionalised multiculturalism. The film highlights the failure of said programs to foster meaningful inclusion, illustrating that there was no real change in the association with African Americans and Blackness with inferiority, and interrogates the double-consciousness as the protagonist is fighting against a system that was not created to accommodate him or others like him. Images and language are coded from the first opening credits scene, which features two carved figures of African origin in the centre of the screen. This image provides the backdrop for the film, and one of the first characters to appear on screen is a Southern senator who is seeking re-election but is lacking support, particularly among the "Negros." The solution that he and his staff decide on is to blame the CIA, because they have no African American staff, and they

---

26   Hancock, Ian: Danger. Educated Gypsy: Selected Essays, Hatfield 2010.
27   Rucker-Chang: Filmic Representation.

challenge the organization to integrate. Also in this scene are two women: the senator's pollster, an African American woman, and a white woman who suggests interrogating the CIA for its lack of diversity. The two women in this scene are telling, because they exemplify the engagement of a working identity, or the performative identity that a member of a minority group assumes in order to counteract the known stereotypes associated with their community.[28] While this concept was originally focused on work place discrimination, the concepts and the self-imposed solutions of doing "'extra' identity work" to combat stereotypes associated with an individual's ethnic or racial group.[29] The African American woman in this opening scene refers to African Americans, "Blacks" at the time, as "Negros," despite her boss correcting himself and saying Black instead of "Negro." Presumably she uses the term "Negro" to disassociate herself from the militancy of the Black Pride movement. This scene underscores understanding of the twoness of the African American experience as fundamental to understanding this film. However, so is the position of the majority as it dominates the background and influences the actions of the Black characters in the film.

Freeman begins his training program with a cadre of African American men working to be among the first to racially integrate the FBI. Freeman is shown to be of exceptional ability and character as he becomes the only individual in the group who successfully completes the training, makes it to graduation, to find he is the only person standing among a sea of empty chairs – a telling scene as the camera is in a high angle indicating Freeman's powerless position. The scene also references an earlier one where the chairs were filled with potential African American candidates taking examinations to begin their FBI training.

Freeman's experience illustrates his difficulty in maintaining such a liminal position, but regains his community *bona fides* after he leaves his job at the FBI to become a community social worker and organiser. In the final scenes of the film, Freeman appears to be a fully entrenched revolutionary, leading the struggle for recognition and educating members of his community about the various means and merits of violent resistance. By the close of the film, Freeman dons a dashiki and justifies murdering his friend to his fellow revolutionaries by stating, "anybody who gets between us and freedom has got to go." The film ends with Freeman drinking in his house with superimposed images of the violence happening outside his doors and a news announcer discussing the violence in Oakland, California, announcing that the president has declared a state of emergency. The final credits roll over the same two

---

28  Carbado, Devon W./Gulati, Mitu: Working Identity, in: Cornell Law Review 85.5 (2000), pp. 1259–1308, here p. 1262.
29  Ibid.

carved African figures that the film opened with. This time they are shown to be in Freeman's apartment, except this time they are to the left of the frame, with the city lights showing through the windows behind them, illustrating the integration of Africanity and the city in Freeman.

From one point of view, the film highlights the promise of Civil Rights inclusion measures and the potential for African Americans willing to work within the systems provided for them as a result of advances made during the Civil Rights period. Alternatively, the film illustrates the pitfalls of working within a system that does not actually provide the necessary support to ensure a working environment amenable to the meaningful inclusion of African Americans into spaces historically designated for whites only. This interpretation highlights the embeddedness of a Jim Crow, or segregationist, mentality even in the absence of actual laws to support distancing of "white" and "black," and implores African American spectators to abandon casual integration and demand equality, even if through violence.

Similar to *The Spook Who Sat by the Door* is the 1972 film *Black Girl,* which is also an adaptation, but this time of a 1971 play by J. E. Franklin, that explores the promise of integration and the Civil Rights movement. The film is a family tale focused on Billie Jean, a young girl who drops out of high school to pursue a dancing career. She lives in a multi-generational household with her mother, Mama Rose, and grandmother, Mu'Dear, and ill-wishing sisters who provide a lens to see what her future might portend if Billie Jean stays in her community. These matriarchs, considered "warrior mothers" by Forsgren as they are the bedrocks of the black community, can support and uplift the community in ways that men cannot.[30] Also among the cast is Netta, a boarder in Billie Jean's house whose mother is mentally ill. Netta has effectively adopted Mama Rose as her own, but Netta contrasts with all of the other characters of the daughter generation as she leaves the neighbourhood to attend college. She even has plans to continue with law school upon graduation. Netta represents the assimilationist, evident not only through her education, but also in her return to Mama Rose's house, which is tellingly on an airplane. This scene is the only one in the film that includes a white person, and, given the inclusion of technology, implies Netta's connection to modernity. This juxtaposition of Netta's promise and the fatedness of the sisters' future of stasis is reinforced by colourism and contributes to the double coding of the film, suggesting that the opportunities Netta has enjoyed may be the result of her relatively fair skin.

---

30   Forsgren, La Donna L.: In Search of Our Warrior Mothers. Women Dramatists of the Black Arts Movement, Evanston 2018, p. 12.

That the film positions Netta in the role of Billy Jean's saviour must be unpacked, in that the dynamics of Netta's proximity to whiteness seems instrumental to her ability to overcome a situation – a feat that has alluded her darker-skinned cohabitants. Netta's skin is not so fair that she is able to pass as white, but she is an acceptable hero for non-Black filmgoers as she relates to the "tragic mulatto," a character type Donald Bogle describes as sympathetic, because she is as much white as she is black, a state that also makes her tragic as her fate would have been less fluid if she had been one race or the other.[31] The film proves that, despite the successes of the Civil Rights movement, opportunities exist only for some, primarily for those whose have proximity to whiteness, not of the "working identity" sort, but one that stems from colourism and defines them and their prospects.

Contemporary Central and Southeast European cinema featuring large Romani casts illustrates similar tendencies and offers a form of double coding by addressing the drive for European inclusion in the context of post-2004 European Union accession, which highlighted Romani rights and minority inclusion during the accession of former Communist Central and Southeast European (Western Balkan) states. Films from this period with large Romani casts employ dual addresses to engage in a dialogue about the positionality of these communities. Initially, they were in keeping with the characteristics of the Romani Rights movement in that the dominant stakeholders were not the ones who would benefit from any advances of the movement [32] – i.e. they were white filmmakers creating films about communities that were not theirs. Films coming just a few years later are more diverse and include productions made by Romani directors and, similar to African American films of the early 1970s, illustrate the challenge of Romani Rights to provide the structural and cultural support to properly include Romani populations into their societies. These examples from Romani cinema effectively *talk back* to the structures that have systematically oppressed and marginalised Romani communities throughout Central and Southeast European countries for generations.[33] These Romani filmmakers create forms of self-representation to address structural inequalities existing in their societies. In doing so, they highlight the failures of their societies to properly address structural and social marginalisation and inequalities.

Films such as *Roming* (2007), *Just the Wind* (2012) and *An Episode in the Life of an Iron Picker* (2013), present the Romani characters in them as simply character types, distant from the majority populations. In these films,

---

31   Bogle, Donald: Toms, Coons, Mulattoes, Mammies, and Bucks, London 2016, p. 6.
32   Bhabha, Jacqueline / Mirga, Andrzej / Matache, Margareta: Realizing Romani Rights, Philadelphia 2017, p. 2.
33   Hancock: Danger.

Europeanisation has not impacted the Romani communities as they remain in their alterity in frames unrecognisable to the majority. These films offer a sympathetic gaze from the outside while maintaining the status quo that distances these same characters from normalisation. Films that come alongside and just follow the ones from the early 2000s, particularly those made by Romani directors who talk back to those who would "deEuropeanise" them, even if the exploration of their Europeanness includes the incorporation of stereotypes such as criminality, hypersexualisation, and difference from the majority.[34] These differences exist in code similar to the way that stereotypes pervaded African American cinema of the 1970s. However, it was these same controversial elements that helped to pave the way for inclusion into not only mainstream cinema but, also, arguably cultural acceptance. Just as *The Spook Who Sat by the Door* and *Black Girl,* and others from the period provided a space to explore the effects of legal inclusion without the cultural apparatuses to accompany those changes, these films by Romani directors about members of the Romani communities continue to produce double coded readings that teeter between the cultural acceptance of the majority by way the visual normalisation of Europeanness or whiteness – and local or cultural expectations of one's community.

In Romani cinema after 2004, this has primarily come in the form of documentaries, which is a compelling genre due to the purported ability to present a type of *truth*. As a matter of practicality and expediency, documentaries are a logical choice. The films are relatively inexpensive to produce and provide a space for the director to explore norms through a putative objectivity. Films included in this category are the documentaries *To Become Slovenian* (2011), *Trapped by Law* (2015), and *Three Brothers* (2016), among others. These films represent a turn to the realistic, an escape from the pastoral, and a refuge from fetishised exoticism similar to the move away from the double coded African American films of the 1970s – Blaxploitation and what followed. In fact, the 2015 documentary *Trapped by Law,* takes European Union accession and broad European Union inclusion efforts to task for failing to effectively protect and include large swathes of Romani refugees, despite their deep ties to Europe. The film documents the struggles and challenges of two brothers, Kefat and Selami, one born in Kosovo and the other in Germany, who are forced to return to Kosovo for unclear reasons. Kosovo is for them the unknown and unfamiliar. Nevertheless, they are forced to stay there as they receive various letters rejecting their appeals to return to Germany.

---

34   Kóczé, Angéla / Rövid, Márton: Roma and the Politics of Double Discourse in Contemporary Europe, in: Identities. Global Studies in Culture and Power 24.6 (2017), pp. 684–700, here p. 689, DOI: https://doi.org/10.1080/1070289X.2017.1380338.

Through the film, we learn more about the brothers, the family members they left behind in Germany, and their ignorance about Kosovo. In fact, the brothers talk about Kosovo using language that expresses their disappointment and disassociation from a place that holds no meaning, other than alterity, for them. The film ends with the brothers receiving something called "tolerated status" (Duldungsstatus) from Germany, which allows them, at least, the possibility of staying there. Even with said status, at the end of the film, the ability for the brothers to remain in the country remains unknown.

Kefat and Selami are rappers and their history suggests petty criminal activity. In choosing to focus on these two, the director Sami Mustafa choses risky subjects of focus. The two accord with some of the worst stereotypes associated with Romani communities, rendering them difficult subjects for viewers to sympathise with. The brothers are reminiscent of the protagonists of Blaxploitation cinema who defied social gentility and decorum. They are fighting against a system that is difficult to understand – the country of their birth or long-time residence is not the country of their citizenship, nor does it provide them any special rights. Moreover, the film talks back to European integration efforts illustrating the irony of the efforts of the EU focusing on Romani inclusion efforts while forsaking the actual Roma who are impacted by legal complications. Finally, the film presents a contradiction of the brothers: they began the film as pariahs, but become more acceptable in society as they fulfil the stereotypes of performers. They are rappers and connected to an art form once associated with resistance and "connective marginalities," as hip-hop music and its culture served as a "global signifier for several forms of marginalisation," but has since become associated with the negative excesses of consumerism and criminality.[35] Thus, their development and eventual acceptance while in Kosovo relies on stereotypes and expectations of Romani performance similar to the expectations of African Americans in films of the early 1970s. The film is shot similarly in a documentary style with mostly medium shots, and offers an emphasis on the brothers and their surroundings, which allow us as the spectator to feel sympathy for them as they navigate a confusing situation. The documentary relays the irreconcilable loss of country and a commentary on the failure of the EU to protect the vulnerable.

Cinematic output of the late 2010s remains predominantly documentary, but the 2018 film *Genesis*, by Hungarian-Rom Árpád Bogdán presents a sea change in Romani cinema and a compelling example of self-representation well regarded on the festival circuit. *Genesis* addresses the 2009 Hungarian Roma village attacks but through the point of view of a young boy, Ricsi,

---

35 Osumare, Halifu: Global Hip Hop and the African Diaspora, in: Elam, Harry J., Jr./Jackson, Kennell: Black Cultural Traffic. Crossroads in Global Performance and Popular Culture, Ann Arbor 2005, pp. 266–288, here p. 269.

whose house is burned and immediate family killed in attacks by Neo-Nazis. Exacerbating his situation is that his father was imprisoned just prior to the attacks and was harshly sentenced to years in prison for stealing firewood. The film features three interconnected family stories. The first story is about Ricsi and how he copes with losing his entire immediate family. The second focuses on a young girl Virág who learns that she is pregnant by her boyfriend who is affiliated with the group who attacked the Ricsi's village. The final story recounts the tale of Hannah who is suffering, and, while it is initially unclear why she is suffering, it is revealed that she has lost her child and never recovered emotionally. Hannah is an attorney who is called upon to represent Virág's boyfriend, but ultimately abandons his case to represent Ricsi's father and reunite father and son.

*Genesis* is one of a few contemporary examples of a fictionalised Romani filmic text of self-representation. Risci's redemptive innocence but surprising ability to exercise restraint or fight back when necessary provides a rich counter-narrative to the stereotypical image long associated with Roma on screen. Moreover, regular medium and close up shots as well an overwhelming dominance of darkness and drab colours offers an emotive experience and provides visual ques that compensate for the absence of clear emotional expression of the characters in the film. *Genesis* is a film with a diverse cast of characters, offering universal narratives and stories of dashed hope, disappointment, loss, and sadness. The universalities present in the film renders its characters and their experiences relatable to any viewer, irrespective of their membership in a majority or minority community. However, through including the familiar story of the Romani murders of 2008 and 2009, Arapad does not simply evoke pity for Risci and his family, he explores Romani stories, experiences, and emotions and includes them alongside those of the majority. By placing Risci's story at the centre of the film, there is a subtle demand that Romani experiences, truths, and humanity be recognised as equal and a constituent aspect of the nation. This film is focused squarely on Hungarian society, but the demand to be recognised and seen as equal members of the community resonates with post-Civil Rights African American film. What is important to note here is that this appeal for recognition is mediated through images, experiences, and characters of the majority population, which is an acknowledgement of the "twoness" of the Romani community, specifically of Hungary, but in Europe more broadly. This expansion of the national imaginary, through the frames of the majority, becomes clear at the end of the film, when the intertwining stories of the characters are resolved. The final scenes of the film reveal Ricsi reunited with his father whom Hannah represents, and an instance when law actually supports and protects Romani equality. Hannah tells an adoption agency that she is willing to adopt any child, irrespective of race or handicap, and Virag is preparing for life as a single parent but with her mother by her side. Thus, the resolution is powerful and the spectator sees all of the characters unite to create a more complicated, diverse, and inclusive story.

African American and Romani visual representation relies on, rather than eschews or minimalises, differences as the primacy of race renders minimising difference simply not an option for those defined by it. Although some members of their communities can "pass," most are burdened by racialised frames and must exists not only in reference to their own experiences and expectations, but also to those of the majority. In the films I analysed above, race acts as a powerful sign to implicate the positionality of these groups, illustrating in some instances how unassimilable the groups are, relegating them to the fringes of society, and in other situations the films offer a plea and justification for inclusion. Interestingly, however, the films similarly activate this difference to impose a message of potentiality of overcoming one's station in life through hard work, progress and/or perhaps most importantly, social change. Properly historicising these films illustrates how the distance of these minority populations from the majority changes depending on the time period in which they were created but never enough to actually unite them. The periods of post-EU expansion (2004–present) and the decade following Civil Rights (1970s) are marked as significant in relation to race and inclusion, because the focus on change and potential for change provides a lens, situating the images as relational to significant social, political, and cultural changes at the time.[36] Double coding provides a useful frame to track the power of race

---

36 While the movements converge in many ways, they also diverge greatly, most notably in terms of scope. Whereas the US Civil Rights movement of the 1960s was focused on one country, Romani Rights is more aptly described as movements as there have been as many movements for Romani equality as there are states in Europe. What unites Romani Rights and the Civil Rights movement is the struggle for equality that each of the movements sought to enshrine by law. The primary way that the movements are said to differ is that Romani Rights is viewed as a top down approach, whereas Civil Rights is defined as being bottom up and fronted by the very people who would benefit from the progress gained from the success of the movement. However, interest convergence, as advanced by Derrick Bell, illustrates how in order for Civil Rights to have any level of success, it required that those in power recognise that there was as much a benefit to mainstream society as there was to African Americans. Chief among these benefits to the majority or the US government was that the advancement of Civil Rights provided a context to win the Cold War, now well documented in works such as Dudziak, Mary L.: Cold War Civil Rights. Race and the Image of American Democracy, Princeton 2011; Borstelmann, Thomas: The Cold War and the Color Line. Race Relations in the Global Arena, Cambridge, MA 2009. Although Civil Rights could not have been possible without the struggles of those who fought against the status quo, interest convergence convincingly illustrates how the Civil Rights, similar to Romani Rights movements, required the support of those in power. The movements are also similar in that the advancement of African Americans precipitated a violent backlash throughout the United States to the advancement of African Americans, which some would

and the position of minorities in relation to majorities. In employing such a means of analysis, it is possible to track how different spectators receive the same information, and, despite the prominence of the minority in these films, the images, representations, and experiences are articulated through the language of the majority.

argue has endured into the current period. Arjun Appadurai described this phenomenon of the majority reacting to the advancement of the minority based, in part, because they realise that they could lose their position with the advance of the minority "the fear of small numbers"; Appadurai: Fear.

# Black Irish, Wild Irish, and Irish Calibans: Ambivalent Whiteness and Racialisation in Cultural Stereotypes of Irishness

Sarah Heinz

In March 1870, the London-based *Punch Magazine* published a cartoon by John Tenniel entitled "The Irish Tempest," an illustration that commented on the Irish Land Act. In this image, Ireland appears twice. It is embodied by a beautiful, fair-skinned, and fair-haired woman who bears a sash with the inscription "Hibernia," identifying her with England's neighbouring island. In terms of the Shakespeare play alluded to, she takes the role of Miranda, the dutiful and beautiful daughter of patriarch Prospero. This is reinforced by the white male that she clings to, a Prospero-like figure of authority holding a staff with the inscription "Irish Land Bill," who bears a striking resemblance to William Gladstone. At the time of the cartoon's publication, Gladstone was Prime Minister of Britain, and he had famously stated in 1868, just after hearing that he would become Prime Minister, that it was his mission to pacify Ireland.[1] However, Ireland appears a second time in the cartoon, this time as an apish, hairy, and aggressive monster that stands for Fenian violence and extremism. This monstrous creature attacks Hibernia and is fended off by heroic Prospero/Gladstone. The cartoon thus combines a feminisation of a passive Ireland that needs male protection with a racialisation of a violent and primitive Ireland that needs control and civilisation. For both these tasks, the white, heterosexual male from the British middle class is ideally suited, and William Gladstone was seen as the epitome of all these traits. Nineteenth-century political cartoons thus used *The Tempest* and the title "the Irish Caliban" as a model to address the political crisis and 'savage' activities of the Fenian movement.[2] At the same time, cartoons like Tenniel's also vividly illustrate the ambivalent racialised

---

1  See Matthew, H. C. G.: Gladstone. 1875–1898, Oxford 1995, p. 147.
2  See the illustration in Callaghan, Dympna: Shakespeare Without Women. Representing Gender and Race on the Renaissance Stage, London 2000, p. 136; cf. also McClintock,

position of the Irish as both white and non-white: Ireland is both Miranda and Caliban. A multiplicity of similar images of the black Irish, the wild Irish, the not quite white Irish have been a staple of nationalist discourses in a variety of cultural contexts from the Renaissance onwards.

In the following, I want to analyse such stereotypes of Irishness to outline the outstanding relevance of the Irish example for a discussion of the racialisation and ambivalent whiteness of specific populations within Europe and abroad. Here, my thesis is that the Irish and their changing, mutable, and highly flexible position with respect to white identifications in different times and locations vividly prove the relativity, relationality, and constructedness of white subject positions that extend beyond the Irish context. Before zooming in on my case study of stereotypes of Irishness, I therefore want to introduce critical whiteness studies as a lens through which we can reassess the dynamics and inequalities of social and cultural relations and representations.

## Critical Whiteness Studies as an Academic Perspective

Critical whiteness studies is an interdisciplinary area of research that started to emerge during the late 1980s and the beginning of the 1990s. By far the greatest bulk of research in critical whiteness studies has focused on American geographical contexts, American histories of immigration, colonisation, and social relations, American literature and film, as well as on contemporary America's approach to race relations, affirmative action, and issues of equal opportunities. In recent years, researchers from all over the world have started to adopt the research agenda of critical whiteness studies and have applied concepts, theories, and results to diverse locations, times, and peoples. Mike Hill even talks about "the critical rush to whiteness."[3] The publication of the extensive 141-pages-long *Towards a Bibliography of Critical Whiteness Studies,* issued by the Centre on Democracy in a Multiracial Society in November 2006,[4] or Jack Niemonen's meta-analysis of 245 publications on whiteness studies from the social sciences,[5] testify to the fact that critical

---

Anne: Imperial Leather. Race, Gender and Sexuality in the Colonial Context, New York 1995, p. 52.

3 Hill, Mike: Introduction: Vipers in Shangri-La. Whiteness, Writing, and Other Ordinary Terrors, in: id. (ed.): Whiteness. A Critical Reader, New York 1997, pp. 1–18, here p. 3.

4 Centre on Democracy in a Multiracial Society: Towards a Bibliography of Critical Whiteness, accessible at: nathamtodd.netfirms.com/documents/Spanierman_Todd_Neville%2820 06%29Whiteness_Bib.pdf. [Accessed: 25.6.2018].

5 Niemonen, Jack: Public Sociology or Partisan Sociology? The Curious Case of Whiteness Studies, in: The American Sociologist 41.1 (2010), pp. 48–81.

whiteness studies has now arrived in almost all areas of the globe and all academic disciplines.

Research on Britain's white dominions like South Africa, Canada, and Australia has been quite productive.[6] Research on the construction, representation, and effects of whiteness in European contexts started to come into being around 2000, but compared with the breadth of publications on North American and British (colonial as well as multicultural) whitenesses, only a few scholars have addressed European locations beyond Britain.[7]

I want to develop this emerging body of work by tracing how ideas and ideologies of whiteness shape contemporary Europe's sense of self and its cultural representations. I specifically ask how, and with what effects, people's identifications as white and the cultural images these identifications produce configure the relations that we can establish with those who are seen as non-white or ambivalently white in Europe today.

In this context, I define whiteness as an effect of social relations that are structured by inequality and hierarchies of power. Whiteness is neither an essential identity which is tied to bodily attributes or mental abilities, nor is it the objective description of a homogeneous group of people or stable social relations. Rather, whiteness can be described as a social and cultural construction with real and profound effects: it is a "set of contingent hierarchies."[8]

---

6   For Canada see Clarke, George Elliott: White Like Canada, in: Transition: "The White Issue." An International Review 73.1 (1997), pp. 98–109; Coleman, Daniel: The National Allegory of Fraternity. Loyalist Literature and the Making of Canada's White British Origins, in: Journal of Canadian Studies 36.3 (2001), pp. 131–156; for the Australian context see for example Elder, Catriona/Ellis, Cath/Pratt, Angela: Whiteness in Constructions of Australian Nationhood. Indigenes, Immigrants and Governmentality, in: Moreton-Robinson, Aileen (ed.): Whitening Race. Essays in Social and Cultural Criticism, Canberra 2002, pp. 208–221; Hage, Ghassan: White Nation. Fantasies of White Supremacy in a Multicultural Society, New York 2000; for South Africa see Geertsma, Johan: White Natives? Dan Roodt, Afrikaner Identity and the Politics of the Sublime, in: Journal of Commonwealth Literature 41.3 (2006), pp. 103–120; Green, Meredith J./Sonn, Christopher C./Matsebula, Jabulane: Reviewing Whiteness. Theory, Research, and Possibilities, in: South African Journal of Psychology 37.3 (2007), pp. 389–419, DOI: https://doi.org/10.1177/008124630703700301; Steyn, Melissa: 'Whiteness Just Isn't What It Used to Be.' White Identity in a Changing South Africa, Albany 2001.

7   For a general look at Europe as a whole see Griffin, Gabriele/Braidotti, Rosi: Whiteness and European Situatedness, in: Griffin, Gabriele/Braidotti, Rosi (eds.): Thinking Differently. A Reader in European Women's Studies, London 2002, pp. 221–236; for German approaches to what has been termed "kritische Weiß-Seinsforschung" see the edited volume by Tißberger, Martina/Dietze, Gabriele/Hrzán, Daniela/Husmann-Kastein, Jana (eds.): Weiß – Weißsein – Whiteness. Kritische Studien zu Gender und Rassismus, Berlin 2009; and the essays in Eggers, Maureen Maisha/Kilomba, Grada/Piesche, Peggy/Arndt, Susan (eds.): Mythen, Masken und Subjekte. Kritische Weißseinsforschung in Deutschland, Münster 2005.

8   Clarke, Simon/Garner, Steve: White Identities. A Critical Sociological Approach, London 2010, p. 10.

Accordingly, it has a material and a discursive dimension that overlap in our daily practices and cultural representations. Whiteness, in a nutshell, is an experience as well as the knowledge that a hierarchical and racialised system produces about the world. This production of knowledge underlies every single of our daily practices and routines and shapes how we can relate to whom and with what consequences. This then also means that the knowledge that whiteness as a social discourse produces shapes cultural images and representations that we encounter in the media, the arts, literature, or political cartoons such as the one described at the beginning.

Such an understanding of whiteness turns it into a perspective that we can take up in academic research and daily life to look at effects of power on society, knowledge, and human interactions and relations. Garner therefore states that whiteness is "a lens through which particular aspects of social relationships can be apprehended."[9] If whiteness is a construction that enables or prevents different kinds of social identifications with very real material effects, then we need to study how groups and individuals have identified themselves and others in the past and in different cultural locations. It is here that the ambivalent position of the Irish in social history and cultural representations comes in.

## The Role of the Irish Example in Critical Whiteness Studies

In critical whiteness studies, different populations and groups have been used to point out the constructed character of whiteness. Early publications from the 1990s mostly deal with American contexts and trace America's history of immigration. The publications by Roediger,[10] Allen,[11] Ignatiev,[12] or Jacobson,[13] which are all now much-quoted 'classics,' are concerned with the process of how immigrants became white in America and how immigration and immigrant labour helped to invent American whiteness. Immigration vividly shows how relative and flexible whiteness is. It also shows that the black-white binary is not adequate for analysing the changing nature and fluid semantics

---

9 Garner, Steve: Whiteness. An Introduction, London 2007, p. 1.
10 Roediger, David R.: The Wages of Whiteness. Race and the Making of the American Working Class, London 1991.
11 Allen, Theodore: The Invention of the White Race. Vol. I: Racial Oppression and Social Control, London 1994; id.: The Invention of the White Race. Vol. II: The Origin of Racial Oppression in Anglo-America, London 1997.
12 Ignatiev, Noel: How the Irish Became White, New York 1995.
13 Jacobson, Matthew Frye: Whiteness of a Different Color. European Immigrants and the Alchemy of Race, Cambridge, MA 1998.

of racialisation. Many immigrants coming to America were seen as neither white nor black but in-between. Nevertheless, the way they were treated after their arrival was thoroughly racialised. Where people could live, what jobs they could occupy, what they were paid, or what schools their children could attend was a question of racialised social and political practices. Irish immigrants suffered from this as did immigrants from Eastern and Southern Europe, especially in the middle of the nineteenth century when European immigration to the USA peaked. This seems paradoxical today, because these immigrants shared most phenotypical characteristics with Anglo-Saxon Protestant Americans, first and foremost their skin, their hair, and most facial features: the Irish seemed to 'look' white. Nevertheless, they did not belong safely to the white mainstream due to additional racialised factors like religion (above all Catholicism), language, education, political backgrounds, or cultural traditions. Irish immigrants could not 'act' white because their lives did not follow 'whitely scripts,'[14] a fact which resulted in their exclusion from whiteness and the normative Western model of the self-regulating subject.

Arriving in the USA, Irish immigrants were therefore perceived as non-white and were linked to African Americans, as racist and offensive expressions like "white negroes" or "white niggers,"[15] "niggers turned inside out,"[16] or "Celtic Calibans"[17] illustrate. Black people on the other hand were sometimes called "smoked Irish."[18] This paradoxical combination of the central binary oppositions of the colour line in America shows that the Irish did not fit comfortably within existing racial boundaries, but were indeed what Roediger calls in-between. As the expression "white nigger" specifically shows, their white skin was acknowledged but was not accepted as a valid means to categorise the Irish immigrants as 'really' white.

It is this ambivalent structure of being white but not quite that makes the Irish such an interesting test case for critical whiteness studies. Their in-betweenness has caused theoretical inconvenience, specifically for postcolonial studies scholars who have tended to cling to the equation of whiteness and power: "The English stereotype of the Irish as a simianised and degenerate race [...] complicates postcolonial theories that skin color [...] is the crucial

---

14  See Gray, Breda: 'Whitely Scripts' and Irish Women's Racialized Belonging(s) in England, in: European Journal of Cultural Studies 5.4 (2002), pp. 257–274.
15  Bornstein, George: Afro-Celtic Connections. From Frederick Douglass to *The Commitments*, in: Mishkin, Tracy (ed.): Literary Influence and African-American Writers. Collected Essays, New York 1996, pp. 171–188, here p. 174.
16  Ignatiev: Irish, p. 41.
17  McClintock: Imperial Leather, p. 52.
18  Ignatiev: Irish, p. 41.

sign of otherness."[19] Skin colour here means again only non-white skin, a blind spot that critical whiteness studies have addressed in the context of the invisibility thesis.[20] America's history of immigration and the slow process of inclusion into whiteness in the three-generation-model that is typical for most European immigrant groups in the USA,[21] thus illustrate the central thesis of critical whiteness studies: whiteness is not a biological fact but a socially and discursively structured process of being identified as white.

However, the Irish also had an ambivalent status in other national and regional contexts. The racialised position of Irish immigrants to Britain has received some attention in recent years, specifically in research on Irish immigrant women and aspects of gendered labour.[22] Gray argues that Irish women in Britain are an example of what Mike Hill has called "white remarkability": they look white, but their dialect and behaviour, their humour and their social conventions do not follow whitely scripts.[23] In this case, whiteness becomes visible and remarkable and loses its status of being normal and the standard. To be accepted as *culturally* white, the Irish women that Gray interviewed in her qualitative study underwent a process of "cultural bleaching."[24] Because they looked white, the women could pass for white if they got rid of their accents, if they restrained their humour and changed their social behaviour, or if they were simply silent in many situations of cultural contact.[25] In Gray's study, the structure of whiteness as a promise that might never be attained becomes clear in Irish women's ambivalent (non)belonging in Britain.[26]

It is exactly this difficulty in achieving a belonging to whiteness that made it all the more important for economic success, legal status, and social integration. For the Irish in contexts like Britain, Australia, or America, it was crucial to leave the connection with black or coloured people and allegedly 'ethnic' (i.e. non-white) cultural conventions behind: "If there are only two colours that really count, then which you belong to becomes a matter of the greatest

---

19  McClintock: Imperial Leather, p. 52.
20  See for example Ahmed, Sara: Declarations of Whiteness. The Non-Performativity of Anti-Racism, in: Borderlands 3.2 (2004), pp. 1–54; Dyer, Richard: White, London 1997, p. 1; Frankenberg, Ruth: The Social Construction of Whiteness. White Women, Race Matters, Minneapolis 1993, p. 197.
21  See Roediger: Wages, p. 20.
22  See Gray: 'Whitely Scripts'; Skeggs: Beverley: Formations of Class and Gender. Becoming Respectable, London 1997; Walter, Bronwen: Outsiders Inside. Whiteness, Place, and Irish Women, London 2001.
23  See Gray: 'Whitely Scripts,' pp. 270f.
24  Gabriel, John: Whitewash. Racialized Politics and the Media, London 1998, p. 5.
25  Gray: 'Whitely Scripts,' p. 266.
26  Ibid., p. 267.

significance."²⁷ Thus, the white complexion of the Irish and their phenotypical difference to populations categorised as non-white became "a kind of promise to the bearer that he or she may have access to privilege, power and wealth."²⁸

## Racialising Hibernia: Nineteenth-century Scientific Racism and Images of the Irish

This promise was hard to achieve, though. Nineteenth-century British and American images of the Irish underline attempts to racialise the Irish and present them as inevitably and unchangeably non-white: "In Britain, the otherness of the Irish, their status as colonial subjects rather than agents, has been marked both by their Victorian scientific identification as a lower race and by their persistent cultural representation as non-civilised and primitive."²⁹ The Irish were presented as the missing link between ape and Anglo-Saxon Englishman, a link that was strengthened with the arrival of the first chimpanzees and gorillas in London Zoo in 1860.³⁰ Studies in journalism and political caricature have collected a multiplicity of impressive examples of such animal images, scientific racism, and social Darwinism about 'the Irish race.'³¹ The Irish were categorised as a race that was called "native Irish," "Celts," or "Gaels" and that was likened to apes.³² In Britain, its white colonies, and in the USA, they "were collectively figured as racial deviants, atavistic throwbacks to a primitive moment in human prehistory, surviving ominously in the heart of the modern, imperial metropolis."³³ In this racialisation, they were lumped together with other 'deviants' like the militant working class, Jews, feminists, gays and lesbians, prostitutes, criminals, alcoholics, or the insane, all of which could then be policed and controlled by legal measures.³⁴

---

27   Dyer: White, p. 52; for the Irish in Australia see Heinz, Sarah: Cú Chulainn Down Under. Peter Carey's *True History of the Kelly Gang* and the Ambivalence of Diasporic Irish Identity Construction in Australia, in: Breac: A Digital Journal of Irish Studies (April 2013), accessible at: tinyurl.com/HeinzIrishAustralia. [Accessed: 25.6.2018].
28   Dyer: White, p. 52.
29   Bonnett, Alastair: White Identities. Historical and International Perspectives, Harlow 2000, pp. 22f.
30   See Dyer: White, p. 52.
31   See Cheng, Vincent: Inauthentic. The Anxiety over Culture and Identity, London 2004; Curtis, L. Perry: Apes and Angels. The Irishman in Victorian Caricature, Newton Abbot 1971; Dyer: White.
32   See Ignatiev: Irish, p. 35.
33   McClintock: Imperial Leather, p. 43.
34   See ibid.

The myth of the 'black Irish' and the expression 'Milesians' for the Irish are good examples for such pseudo-scientific explanations. Both ideas go back to nineteenth-century theories that the Irish were the descendants of the island's native population that had mixed with a Spanish race that was itself the product of interbreeding between Moors and marrains, "that is between Africans who had Hispanic roots and Spanish Jews."[35] They were therefore seen as a monstrous and impure race and were presented as literally darker in terms of phenotypical appearance and more primitive in terms of their culture. Thomas Henry Huxley's research into the races of men created the term 'Melanochroi' for the "dark whites" of Britain, "a group he considered to comprise 'a broad band stretching from Ireland to Hindostan.'"[36] Other Victorian research into the races of man and their different lineages also stressed the status of the Irish as non-white. John Beddoe's *Index of Negrescence*, compiled in 1885, is a famous example for such scientific racism directed at excluding the Irish and other Celtic populations of Britain from whiteness and at essentialising and naturalising this exclusion. Beddoe maintained that the Celts were similar to the prehistoric Cromagnon man who was connected to what he called the 'Africanoid' race.[37]

A famous illustration from *Harper's Weekly* from around 1900 is a representative example of this essentialist racialisation of the Irish and the analogy that was drawn between the Irish and peoples from Africa. The black and white engraving shows the heads of three adult men in profile, labelled as "Irish Iberian," "Anglo-Teutonic," and "Negro" respectively.[38] In this illustration, skin colour seems to be irrelevant, as all three prototypes are printed as white, a characteristic that this image shares with many other Victorian cartoons about the Irish.[39] However, the image uses other phenotypical features like a low, heavy brow, a prognathous, ape-like jaw, and short, upturned noses to present the "Irish Iberian" and the "Negro" as non-white and primitive by activating the contemporary reader's knowledge about racial hierarchies taken from pseudo-sciences like phrenology or eugenics.[40] Phenotypical differences between the "Anglo-Teutonic" and his two racialised others thus indicate allegedly biological differences of distinct populations and their

---

35  Cohen, Philip: The Perversions of Inheritance. Studies in the Making of Multi-racist Britain, in: id./Bains, Harwant S. (eds.): Multi-racist Britain, Basingstoke 1988, pp. 9–118, here p. 74.
36  Bonnett: White Identities, p. 35.
37  See Pickering, Michael: Stereotyping. The Politics of Representation, Basingstoke 2001, p. 144.
38  Reproduced in Dyer: White, p. 53.
39  See the cartoons in Curtis: Apes; cf. McClintock: Imperial Leather, p. 53.
40  See Heinz, Sarah: The Whiteness of Irish Drama. The Irish and Their Black Other, in: Huber, Werner/Rubik, Margarete/Novak, Julia (eds.): Staging Interculturality, Trier 2010, pp. 195–217, here p. 200.

genetic properties. At the same time however, these biological and genetic differences are mapped onto cultural characteristics and psychological and mental capacities. Readers of *Harper's Weekly* could easily draw the conclusion that the 'Irish Iberian' and the 'Negro' were less intelligent and could not therefore be educated as Anglo-Saxons could, that they were not able to rule themselves and should not have the vote, or that they could justifiably be assigned to 'dirty' jobs with a lower income or even slavery. As McClintock has stated, the "poetics of degeneration" is therefore "a poetics of social crisis" that was inextricably linked to questions of labour and economy, poverty and the housing crisis, class insurgency and middle class fears.[41]

Ireland's colonial situation and dependence could easily be justified by such images and associations. It is no coincidence that Ireland's racialisation intensified around 1850 when the Fenian movement for Irish independence peaked and British cities and the imperial capital were struck by a series of terrorist bombings and mob violence.[42] In this period, a multiplicity of cartoons, engravings, and pamphlets depicted the apish characteristics of the Irish along the lines of the illustration from *Harper's Weekly* or *Punch* discussed above. Diverse new features 'proving' Irish racial degeneracy were added: not only did they have a smaller cranial capacity and a 'snouty' profile, they were also shown as having

> a long forearm (the characteristics of apes), underdeveloped calves (also apelike), a simplified and lobeless ear (considered a stigma of sexual excess notable in prostitutes), the placing of the hole at the base of the skull, the straightness of the hair, the length of the nasal cartilage, the flatness of the nose, prehensile feet, low foreheads, excessive wrinkles and facial hair. The features of the face spelled out the character of the race.[43]

This racialisation was complemented by a feminisation that can also be found in colonial depictions of African or Asian colonies: "In the colonies, black people were figured, among other things, as gender deviants, the embodiment of prehistoric promiscuity and excess, their evolutionary belatedness evidenced by their 'feminine' lack of history, reason and proper domestic arrangements."[44]

As a third equally influential metaphor, the image of the child was added to the description of the racial and gender deviant, an image that justified

---

41  McClintock: Imperial Leather, p. 44.
42  See Dyer: White, p. 52.
43  McClintock: Imperial Leather, p. 50.
44  Ibid., p. 44; see also Loomba, Ania: Colonialism/Postcolonialism, London 2005, pp. 131–145.

black or Irish people's dependence in terms of political, legal, and economic systems. Children and women did not have the vote and they could not acquire property or represent themselves in court because they were deemed irrational and not intelligent enough to govern themselves. If the colonised in all regions of the globe were like children, then they had to be ruled and controlled by a father figure, the white man. Via this combined racialisation, feminisation, and infantilisation, colonial discourses created a powerful system of knowledge as well as political, economic, and military structures that institutionalised racism, sexism, and other forms of oppression.

Such analogies of race, age, and gender underline how easily such symmetries worked and how racialisation tied in with other forms of intersectional subjection and stereotyping. Homi Bhabha calls this mapping and mixing of forms of exclusion and stereotyping "the polymorphous and perverse collusion between racism and sexism as a *mixed economy*."[45] Thus, the images of the Irish that I discussed and their intersectional construction as deviants are stereotypes in Bhabha's terminology. They seem natural and self-evident and therefore fixed and always already known. Yet, at the same time, such stereotypes and categories need to be endlessly repeated and mapped onto each other to fight off the disruption and heterogeneity of the group categorised as known, homogeneous, and fixed:

> As a form of splitting and multiple belief, the stereotype requires, for its successful signification, a continual and repetitive chain of other stereotypes. The process by which the metaphoric 'masking' is inscribed on a lack which must then be concealed gives the stereotype its fixity and phantasmatic quality – the *same old* stories of the Negro's animality, the Coolie's inscrutability or the stupidity of the Irish *must* be told (compulsively) again and afresh, and are differently gratifying and terrifying each time.[46]

Such obvious racisms about the Irish might seem an obsolete phenomenon, but a look at contemporary cultural production, especially in the cinema, makes clear that such stereotypes of Irishness are not a thing of the past. American television series like *The Black Donnellys* (first broadcast in 2007) or blockbusters like *The Departed* (2006) and *Gangs of New York* (2002, both by Martin Scorsese) present Irish Americans as violent Catholic criminals who live by the code of 'family first' and who seem to be what McClintock has

---

45  Bhabha, Homi K.: The Location of Culture, New York 1994, p. 98.
46  Ibid., pp. 110 f.

called "atavistic throwbacks to a primitive moment in human prehistory, surviving ominously in the heart of the modern, imperial metropolis,"[47] only that this time the modern metropolis is not London but New York. Other recent productions underline that such representations can equally be found in British and Irish film, sometimes presented in terms of crime, violence, and terrorism as in *The General* (1998), in terms of a romanticised version of Irish authenticity and Celtic spirituality like *P.S. I love You* (2007), but also often presented as ambivalent and puzzling as in *The Guard* (2011), *In America* (2002), or, quite famously, in *The Crying Game* (1992).[48]

## Conclusion

In my short overview of racialised theories about and images of the Irish, I have shown that whiteness is not a race or racial identity, but an intersectional process of identification. Consequently, I have interpreted whiteness as an act of becoming white, not being white. Whiteness is an aspiration and a promise open to all those who conform to and behave according to the norms, ideals, and scripts of whiteness; it is not a natural, genetic, or biological state or origin. Rather, it is deeply dependent upon social relations and interpersonal acts being accepted as white that are paradoxically dependent upon multiple and sometimes subtle acts of excluding others from whiteness.

This relational and relative structure also applies to systems of representation that provide the subject with images, conventions, rules, laws, or wages of whiteness. Media like literature and film offer such templates of whitely scripts and behaviour and they can (but not necessarily must) transport normative ideals about white people, their bodies, and mental characteristics. In this context of the power of representation, the Irish example is not only an important case study for the flexible and relational structure of whiteness in the past and in the Irish diaspora. It can equally be a pathway towards tackling the often underestimated role of whiteness in European contexts today that are still often seen as white majority cultures with more or less homogeneous, allegedly authentic white origins. Whiteness is culturally, historically, and geographically specific, contingent, and constructed, and historical as well as contemporary stereotypes about the Irish or about other racialised groups put this on the table.

---

47 McClintock: Imperial Leather, p. 43.
48 For an overview of Irish film and its engagement with contemporary issues of migration, globalization, and multiculturalism see the essays in Huber, Werner / Crosson, Séan (eds.): Contemporary Irish Film. New Perspectives on a National Cinema, Wien 2011.

# Zwischen Stereotyp und Antisemitismus: jüdische Figuren im bundesrepublikanischen Film und Fernsehen

Lea Wohl von Haselberg

Bekennende Antisemit*innen gab es nach 1945 in Deutschland kaum noch, vielmehr ist die demonstrative Distanz zu und Kritik von Antisemitismus Staatsräson geworden. Entsprechend ist offener Antisemitismus im deutschen Film nach 1945 kaum zu finden, mediale Skandale wegen antisemitischer Darstellungen im bundesrepublikanischen Film sind selten.[1] Wenn wir jedoch bundesrepublikanische Darstellungen jüdischer Figuren betrachten, so scheint zunächst eine kurze historische Verortung über die Zäsuren 1933 und 1945 hinaus sinnvoll. Denn es gab produktionsseitig, also hinter und vor der Kamera, ebenso wenig eine ‚Stunde null' wie auf den Kinoleinwänden, sondern vielmehr eine Gleichzeitigkeit von durchaus sehr grundlegenden Veränderungen, aber auch Kontinuitäten.

Antisemitismus spielte bereits im Kino der Weimarer Republik eine Rolle und wurde nicht erst während des Nationalsozialismus etabliert.[2] Die

---

1  Es fällt auf, dass es zwar zahlreiche publizistische Kontroversen über Antisemitismus in der BRD gab, diese aber um die Aussagen von Einzelpersonen orientiert sind, sei es in der Walser-Bubis-Debatte (1998), der Auseinandersetzung um das Gedicht von Günther Grass *Was gesagt werden muss ...* oder auch den Fassbinder-Kontroversen (1975; 1984; 1985/86). Publizistische Kontroversen um Filme drehten sich vielfach um Holocaust-Filme, wie Martina Thiele zeigt. Vgl. Thiele, Martina: Publizistische Kontroversen über den Holocaust, Münster 2001.
Als Ausnahmen zu nennen sind hier der Film *In einem Jahr mit 13 Monden* (BRD 1978, Regie: Rainer Werner Fassbinder), der, wäre er nach der verhinderten Premiere von Fassbinders Theaterstück *Die Stadt, der Müll und der Tod* 1985 erschienen, sicherlich mehr Aufmerksamkeit erregt hätte oder auch der Tatort *Tod im Jaguar* (BRD 1996, Regie: Jens Becker), der nach seiner Erstausstrahlung am 9.6.1996 im sogenannten Giftschrank der ARD landete oder die im Folgenden noch ausführlicher dargestellte Auseinandersetzung um *Schwarzer Kies* (BRD 1961, Regie: Helmut Käutner).

2  Vgl. Stiasny, Philipp: Hass-Liebe. Antisemitismus und Philosemitismus im Kino der Kaiserzeit und der Weimarer Republik, in: Haus der Geschichte Baden-Württemberg (Hrsg.): Antisemitismus im Film. Laupheimer Gespräche 2008, Heidelberg 2011, S. 35–52.

Kontinuitäten im Film gleichen dabei denen in anderen Bereichen der Gesellschaft: So ist im Film der Weimarer Zeit eine große Pluralität zu finden. Offensichtlich jüdische Sujets wie auch komplexere, filmische Auseinandersetzungen mit jüdischer Erfahrung[3] und antisemitische Darstellungen stehen nebeneinander. Während auf der einen Seite in den Medien antisemitische Angriffe auf jüdische Filmschaffende geschehen, nehmen andere Antisemitismus durchaus als „Problem der Stunde" wahr und versuchen auch im Film dagegen Stellung zu beziehen.[4] 1933 fallen diese Kämpfe nahezu weg, jüdische und politisch linksstehende Filmschaffende prägen die propagandistisch vereinnahmte Filmkultur nicht weiter. Es ist also festzuhalten, dass die nationalsozialistische Filmpropaganda durchaus an antisemitische Filmbilder von vor 1933 anknüpfen konnte. Darüber hinaus ist aber auch darauf hinzuweisen, dass sie dem Kino-Spielfilm trotz einiger offen antisemitischer Propagandafilme[5] nicht das vorrangige Ziel der Vermittlung von nationalsozialistischer Weltanschauung zugedacht hatte, sondern eine andere, subtilere Funktion für und im NS-Staat.[6] So zielte der Spielfilm, der ja neben Wochenschauen, Dokumentarfilmen, Kulturfilmen, Unterrichts-, Trick- und Werbefilmen nur einen Ausschnitt des medialen Repertoires ausmachte, eher auf eine affektive Mobilisierung ab. Nicht nur propagandistische Botschaften sollten bebildert werden, sondern die „Faszination einer Ideologie [sollte] sich vor allem auf die Macht audiovisuell erregter Imaginationswelten gründen".[7] Dadurch sind offen nationalsozialistische Insignien im Spielfilm der Zeit weit seltener als auf den ersten Blick anzunehmen wäre. Das führt(e) dazu, dass die vermeintlich unpolitischen Unterhaltungsfilme des Nationalsozialismus im Gegensatz zu dem Korpus an Vorbehaltsfilmen vielfach auch nach 1945 noch in deutschen Kinos gezeigt und auf DVD ausgewertet wurden.[8] Damit blieben die emotionalen Botschaften

---

3  Vgl. Ashkenazi, Ofer: Weimar Film and Modern Jewish Identity, New York 2012.
4  Stiasny: Hass-Liebe, S. 36 ff.
5  Die bekanntesten Beispiele hierfür sind Filme wie *Die Rothschilds – Aktien auf Waterloo* (1940, Regie: Erich Waschneck), *Robert und Bertram* (1939, Regie: Hans H. Zerlett) oder *Jud Süß* (1940, Regie: Veit Harlan).
6  Antisemitismus taucht im nationalsozialistischen Spielfilm ab 1938 vermehrt in Spielfilmen wie *Mein versiegelter Ordner, Robert und Bertram* oder *Leinen aus Irland* auf, wie auch in Dokumentarfilmen wie *Juden ohne Maske* oder *Schicksalswende*; vgl. dazu: Mannes, Stefan: Antisemitismus im nationalsozialistischen Propagandafilm. Jud Süß und Der ewige Jude, Köln 1999, S. 19–22.
7  Segeberg, Harro: Erlebnisraum Kino. Das Dritte Reich als Kultur- und Mediengesellschaft, in: ders. (Hrsg.): Mediale Mobilmachung I. Das Dritte Reich und der Film, München 2004, S. 11–42, hier S. 18. Segeberg schreibt davon, dass weniger das Mediale ideologisiert wurde, als vielmehr das Ideologische eine Medialisierung erfuhr; ebd., S. 11.
8  Die ca. 40 sogenannten Vorbehaltsfilme, die sich seit 1966 im Besitz der Murnau Stiftung befinden, machen weniger als 3 % der etwa 1500 während des NS produzierten Filme aus. Es handelt sich dabei um eine letztlich willkürliche Auswahl, die sich im Laufe der

wie auch Selbst- und Fremdbilder des NS-Kinos, wenn sie auch nicht dezidiert antisemitisch waren, in der BRD weiterhin sichtbar.

Für die Darstellung jüdischer Figuren im Spielfilm der BRD entstand ein gewisses Problem: Auch wenn ‚das Jüdische' weiterhin konstitutiv für das deutsche Selbstbild blieb,[9] änderte sich die symbolische Bedeutung ‚der Juden' grundlegend,[10] nicht aber die kollektiv geteilten Bilder, die in den Köpfen des Publikums wie der Filmschaffenden zur Verfügung standen. Die vorhandenen waren antisemitisch aufgeladen und die Distanz zum Antisemitismus musste und muss bis heute – mitunter rein demonstrativ – öffentlich aufrechterhalten werden,[11] auch wenn dieser in veränderter Form, vor allem als sekundärer Antisemitismus, fortbesteht und seine Motive aktuellen gesellschaftlichen Zusammenhängen anpasst. Hieraus entstanden spezifische Verschiebungen und Vermeidungsstrategien in der filmischen Darstellung. Darüber hinaus waren die wenigen noch in der Bundesrepublik lebenden Jüdinnen und Juden als solche unsichtbar, und da die meisten Deutschen Jüdinnen und Juden im Alltag nie begegneten, entstanden kaum neue Bilder von jüdischem Leben. Die visuelle Erkennbarkeit, die über den Einsatz etablierter, beim Publikum durch Wiederholung bekannter Bilder – und das meint im Zusammenhang des Films Stereotype – erreicht werden kann, war durch all das verstellt.

Zeit verändert hat und für die keine öffentlich einsehbare Begründung vorliegt. Dennoch machen die Größenverhältnisse deutlich, dass Filme mit offen propagandistischer Funktion, sei diese antisemitisch, antibritisch, die Euthanasie legitimierend oder kriegstreiberisch, nicht im Fokus der NS-Filmpropaganda standen.

9 Schmid, Antonia: Ikonologie der „Volksgemeinschaft". ‚Deutsche', ‚Juden' und ‚Jüdinnen' sowie andere ‚Andere' im Film der Berliner Republik über den Nationalsozialismus. Diss., Berlin 2016, S. 1 ff.

10 So nannte der amerikanische Hohe Kommissar der USA John McCloy die Beziehung der Deutschen zu den Juden die „Feuerprobe für die deutsche Demokratie", und tatsächlich sollte sie, oder zumindest ihre Repräsentation, ein Lackmustest für die Bundesrepublik als demokratischem Staat bleiben; vgl. Bergmann, Werner: Antisemitismus in öffentlichen Konflikten. Kollektives Lernen in der politischen Kultur der Bundesrepublik 1949–1989, Frankfurt a. M. 1997, S. 67. Auch Michal Bodemann beschreibt die symbolische Bedeutung, die ‚den Juden' in Deutschland zukomme: „Bereits nach dem ursprünglichen Beschweigen der Juden in den Nachkriegsjahren stellen diese Themen ab Anfang der fünfziger Jahre im nationalen deutschen Narrativ eine zentrale Trope dar. Wir können noch weiter gehen: Die nationale deutsche Narration benötigt die jüdische Trope als zentrales Element zu Deutung der eigenen nationalen Identität"; Bodemann, Michal Y.: „Öffentliche Körperschaft" und Authentizität. Zur jüdischen Ikonographie in Deutschland, in: Mittelweg 36.5 (1996), S. 45–56, hier S 45.

11 In der direkten Nachkriegszeit regulierten die Alliierten die medialen Darstellungen der NS-Zeit, aber auch von Jüdinnen und Juden, über lizensierte Presse und Rundfunkanstalten. Danach setzte sich in West-Deutschland ein öffentlicher anti-antisemitischer Konsens durch – was nicht bedeutet, dass es nicht zu antisemitischen Aussagen Einzelner kam; vgl. hierzu Thiele, Martine: Medien und Stereotype. Konturen eines Forschungsfelds, Bielefeld 2015, S. 206.

Befasst man sich mit der Darstellung jüdischer Spielfilmfiguren im bundesrepublikanischen Film und Fernsehen, so stößt man also recht schnell auf die Frage nach dem Verhältnis von Antisemitismus und Stereotypen im Film und der (Un-)Möglichkeit einer trennscharfen Unterscheidung. Denn das häufige Sprechen von antisemitischen Stereotypen impliziert, es gäbe auch nicht-antisemitische Stereotype des Jüdischen, deren Verwendung unproblematisch sei. Doch die Abgrenzung von antisemitischen und unproblematischen Stereotypen wird dadurch erschwert, dass auch positiv besetzte Stereotype Differenz produzieren. Differenz an sich ist in einer pluralen Gesellschaft natürlich kein Problem und Vielfalt sollte an Stelle einer homogenisierten Vorstellung eines an Nationalstaaten gebundenen Volkes oder einer Kultur stehen. Dennoch scheint es wichtig darauf hinzuweisen, dass auch positiv besetzte, menschengruppenbezogene Stereotype das Risiko einer Homogenisierung und Essentialisierung (von Menschengruppen) mit sich bringen und darüber hinaus an negative anschlussfähig sind. Sie vermögen es mitunter schnell ihre Vorzeichen zu ändern, wie Antonia Schmid mit Blick auf den NS-Film der Berliner Republik zeigt.[12] Zudem ist Differenz zwischen deutschen und jüdischen Figuren nicht mit einer Vielfalt der Darstellung jüdischer Figuren zu verwechseln.

Im Hintergrund dieses Versuchs einer Unterscheidung von problematischen und unproblematischen Stereotypen des Jüdischen schwingt dabei, oft implizit, die Frage mit, wie denn eine ‚korrekte' Darstellung jüdischer Spielfilmfiguren eigentlich aussähe. Die damit verbundene Idee einer ‚authentischen' Darstellung jüdischer Figuren oder Themen, die einer unauthentischen oder gar virtuellen gegenübersteht, hält einer kritischen Diskussion jedoch nicht stand, zumindest wenn man Jüdinnen und Juden als heterogene Gruppe und Kultur im andauernden Wandel befindlich versteht.[13] Auch die Unterscheidung von Selbst- und Fremdbildern gerät für den Film als kollektivem Produkt an ihre Grenzen. Das gilt sicherlich nicht nur die filmische Darstellung von Jüdinnen und Juden, sondern auch anderer Minderheiten und kollektiv gedachter gesellschaftlicher Gruppen.

Um diese Fragen im Folgenden zu diskutieren, gilt es zunächst drei Punkte in den Blick zu nehmen: erstens, Formen und Funktionen von Stereotypen im Film; zweitens, die Rolle von Antisemitismus und seinen spezifischen Ausformungen im bundesrepublikanischen Film und Fernsehen; drittens, die Offenheit filmischer Texte und deren Bedeutung für die Rezeption und Wirkung antisemitischer respektive stereotyper filmischer Darstellungen.

---

12 Schmid: Ikonologie der „Volksgemeinschaft", S. 205 ff.
13 Vgl. Wohl von Haselberg, Lea: Und nach dem Holocaust? Jüdische Spielfilmfiguren im (west-)deutschen Film und Fernsehen, Berlin 2016, S. 17 f.; Hödl, Klaus: Der „virtuelle Jude" – ein essentialistisches Konzept?, in: ders. (Hrsg.): Der „virtuelle Jude". Konstruktionen des Jüdischen, Innsbruck 2005, S. 53–70, hier S. 53.

## Stereotype und Film

Die alltagssprachliche Verwendung des Begriffs Stereotyp ist häufig synonym mit Klischee oder Vorurteil; in der wissenschaftlichen Verwendung lassen sich unterschiedliche Konzeptualisierungen finden. Sie haben gemeinsam, dass darunter Formen, Strukturen, Muster verstanden werden, „die dann in ähnlichen oder ähnlich empfundenen Funktionskontexten *en bloc* immer wieder reproduziert werden und *ein großes Beharrungsvermögen* erlangen".[14] In sozialwissenschaftlichen Verständnissen werden, trotz unterschiedlicher Definitionen, Stereotype als auf Kategorisierung, Vereinfachung und Verallgemeinerung basierend und auf Menschengruppen bezogen verstanden. Unterschieden werden Auto- und Heterostereotype, also stereotype Vorstellungsbilder von den eigenen und anderen Gruppen, wobei es wenig erstaunt, dass die Heterostereotype weniger komplex und tendenziell negativer ausfallen.[15] Metastereotype wiederum bezeichnen Annahmen über Stereotype, die andere Gruppen von der eigenen Gruppe oder diese von Fremdgruppen haben – also vermutete Stereotype.[16] Zentrales Merkmal von Stereotypen als gruppenbezogenen Vorstellungen ist ihre große Stabilität und ihr Beharrungsvermögen, das es ermöglicht, abweichende Erfahrungen als die lediglich die Regel bestätigende Ausnahme zu deuten und zu integrieren – sie sind resistent gegen rationale Argumentationen.[17] Gleichzeitig sind sie aber auch lebendig und passen sich als „in einem gesteigerten Sinne Instanzen des

---

14 Schweinitz, Jörg: Film und Stereotyp. Eine Herausforderung für das Kino und die Filmtheorie, Berlin 2006, S 28.
15 Interessant ist hierbei auch, dass im Kontext des Films stereotype Darstellungen, die als Autostereotype subsumiert werden, wie das der jüdischen Mutter, der *Jewish American Princess* oder des jüdischen Neurotikers häufig als unproblematisch eingeschätzt werden. Dabei werden vier Punkte meines Erachtens nicht hinreichend diskutiert: erstens, dass Filme als kollektive Produkte nicht eindeutig als Selbst- oder Fremdbild kategorisiert werden können; zweitens, die komplexe filmische Kommunikationssituation mit diversen Publika, denen unterschiedliche Lektüren angeboten werden; drittens, potentielle Binnendifferenzierungen innerhalb von Gruppen, weshalb möglicherweise eine Darstellung als Autostereotyp erscheint, die aber letztlich einer auch pejorativen Binnendifferenzierung dienen kann; viertens, die Korrelation mit anderen Diskriminierungsformen, bei den genannten Beispielen Sexismus.
16 Ausführlicher zu den unterschiedlichen Vermutungskonstellationen von Metastereotypen siehe Thiele: Medien und Stereotype, S. 31 f.
17 Hahn, Eva / Hahn, Hans Henning: Nationale Stereotypen. Plädoyer für eine historische Stereotypenforschung, in: Hahn, Hans Henning / Scholz, Stephan (Hrsg.): Stereotyp, Identität und Geschichte. Die Funktion von Stereotypen in gesellschaftlichen Diskursen, Frankfurt am Main 2002, S. 17–56, hier S. 22; Hahn, Hans Henning: 12 Thesen zur Stereotypenforschung, in: ders. / Mannová, Elena (Hrsg.): Nationale Wahrnehmung und ihre Stereotypisierung. Beiträge zur historischen Stereotypenforschung, Frankfurt am Main 2007, S. 15–24, hier S. 19 f.

Rekurses auf Bekanntes",[18] wenn auch sehr verzögert, gesellschaftlichen Entwicklungen an.[19] Der Kern eines Stereotyps bleibt also häufig bestehen, seine Form und auch seine Bewertung können sich mit den jeweiligen Verhältnissen jedoch verändern. Dabei sind Stereotype sowohl mit rationalem als auch mit emotionalem Wissen vernetzt. Sie sind untereinander verbunden, was bedeutet, dass Stereotype nicht allein auftreten, sondern in Clustern. Beim Aufrufen eines Stereotyps werden andere Stereotype mitaktiviert. Dabei sind ‚positiv' und ‚negativ' besetzte Stereotype nicht voneinander getrennt, sondern häufig assoziativ verbunden, mit dem artikulierten positiven wird ein negatives abgerufen.[20] Dies ist vor allem wichtig, da positive Stereotype des Jüdischen mitunter als vermeintlich unproblematisch bewertet werden, wobei der hier beschriebene Zusammenhang zwischen vermeintlich positiven und negativen Stereotypen außer Acht gelassen wird.

Demgegenüber bezeichnet das Stereotyp im filmischen Zusammenhang verschiedene Ebenen: Die Genrebildung ist gekennzeichnet durch beständige Wiederholungen von Stereotypen bei gleichzeitiger Variation derselben. In Handlungssegmenten, dem Schauspiel, in Bild- und Tonkompositionen bildeten sich in der Filmgeschichte bereits früh Stereotype heraus, also Muster, die durch die beständige Wiederholung konventionalisiert und verbreitet wurden. In der frühen Beschäftigung mit filmischen Stereotypen ab den 1930er Jahren taucht das Stereotyp als negativer Gegenbegriff zu positiven Beschreibungen wie künstlerisch, wahrhaftig oder originell auf.[21] Eine negative Bewertung, die heute im 21. Jahrhundert, gewöhnt an den zitierenden und auf andere Erzählungen und Muster verweisenden Charakter postmoderner Erzählformen, nahezu anachronistisch anmutet. Dennoch erinnert die weite Verbreitung von Stereotypen im filmischen Erzählen an den Warencharakter des Films: Visuelle wie narrative Stereotype konnten sich auch deshalb so schnell durchsetzen, weil sie in besonderer Weise mit den Dispositionen, den Sehnsüchten und dem Begehren weiter Teile des Publikums koordiniert waren und sind.[22]

---

18 Schweinitz: Film und Stereotyp, S. 32.
19 Vgl. Pleitner, Berit: Von Wölfen, Kunst und Leidenschaft. Zur Funktion von Stereotypen über Polen und Franzosen im deutschen nationalen Diskurs 1850 bis 1871, in: Hahn, Hans Henning / Scholz, Stephan (Hrsg.): Stereotyp, Identität und Geschichte. Die Funktion von Stereotypen in gesellschaftlichen Diskursen, Frankfurt a. M. 2002, S. 273–292, hier S. 274 f.
20 Schweinitz zeigt über den Vergleich von Schemata und Stereotypen, dass Stereotype ebenfalls in ‚emergenten Netzwerken' organisiert sind und „dass die einfache Oberflächenstruktur von Stereotypen in der Tiefe meist mit höchst komplexen Beständen rationalen und emotionalen Wissens vernetzt ist. Bestände, die gleichsam als Unterprogramme von Stereotypen aufgerufen werden"; Schweinitz: Film und Stereotyp, S. 32.
21 Ebd., S. X.
22 Vgl. ebd., S. XI.

Erst bei den Figuren geraten das sozialwissenschaftliche Verständnis und das filmtheoretische in Berührung: Für die Analyse der Gestaltung von (jüdischen) Spielfilmfiguren muss sowohl allgemein nach Form und Funktion von Figurenstereotypen gefragt werden als auch nach Form und Funktion von Stereotypen im sozialwissenschaftlichen Sinne und, daran anknüpfend, nach konkreten Stereotypen des Jüdischen.

Auch bei der Gestaltung von Filmfiguren entfalten Stereotype ihre orientierende Kraft. Ihnen kommt deshalb eine zentrale Funktion für die Figurenrezeption zu. Stereotype *können* dabei als Bilder von Anderen zum Einsatz kommen, aber die Figurengestaltung entlang ethnischer, kultureller, nationaler, religiöser oder geschlechtlicher Stereotype ist nur *eine* Möglichkeit. Die Figurengestaltung kann wie beispielsweise im Falle von Superhelden-Figuren auch Stereotype entwickeln, die nicht analog zu realen Menschengruppen funktionieren.[23]

Die Unterscheidung zwischen einer stereotypen und einer nicht-stereotypen Filmfigur führt über die Differenzierung von Charakter und Typ: Während Charaktere sich durch eine Entwicklung auszeichnen, die sie im Laufe der Handlung durchleben und „ein individuelles und vielschichtiges geistig-psychologisches Profil besitzen",[24] sind Typen durch eine Konstanz gekennzeichnet. Sie entwickeln und verändern sich nicht. Figurentypen haben eine klare Handlungsrolle inne, das heißt sie haben eine wichtige Funktion für die Handlung, weil sie immer wieder bestimmte Handlungsabläufe und Ereignisse anstoßen können. Dabei sind Typ und Figurenstereotyp nicht identisch: Ein in der filmischen Narration entwickelter Figurentyp wird erst durch seine Konventionalisierung zum Figurenstereotyp, das heißt erst wenn die Typenkonstruktion intertextuell wiederholt und dadurch bekannt und konventionell wird, kann von einem Figurenstereotyp gesprochen werden. „Die *Stereotypisierung* des ursprünglich in einem Text aufgebauten Typs ist also ein möglicher zweiter Schritt: die *intertextuelle Phase der Typenbildung*".[25]

Figuren als Typen tauchen besonders häufig in Filmen auf, die klar einem Genre zuzurechnen sind. Jüdische Figuren sind vor allem in ihrer Handlungsrolle oft typenhaft. Besonders in den ersten Dekaden des bundesrepublikanischen Films hatten sie oft die Funktion, die nicht-jüdischen Figuren hinsichtlich ihrer Nähe oder Distanz zum Nationalsozialismus zu charakterisieren. Vielfach heißt das, dass sie die nicht-jüdischen Figuren entlasten oder als ‚böse Figuren' offenlegen. Im Spiegel der jüdischen Figuren wird das moralische

---

23 Wenngleich sie natürlich mit spezifischen Vorstellungen von Männlichkeit und gesellschaftlichen Werten verbunden sind, die wiederum an bestimmte gesellschaftliche Gruppen gebunden sind.
24 Schweinitz: Film und Stereotyp, S. 45.
25 Ebd., S. 47.

Profil nicht-jüdischer, zumeist deutscher, Figuren deutlich. Insofern können jüdische Figuren, denen diese Funktion in dominanter Weise zugeschrieben wird, als Spiegelfiguren bezeichnet werden.[26]

Wenn es sich bei Figurenstereotypen also nicht „lediglich um bloße Übersetzungen oder erzählerisch-visuelle Konkretisierungen jener ‚Bilder vom Anderen' handelt, für die sich die Sozialpsychologie unter dem Schlagwort ‚Stereotyp' interessiert",[27] dann stellt sich andersherum die Frage, ob Figuren, die entlang solcher stereotyper Bilder des Anderen entwickelt werden, gleichzeitig typenhafte Figuren sein müssen. Dies ist insofern zu verneinen, als die Menschengruppen betreffenden Stereotype nicht immer offen und auf den ersten Blick erkennbar umgesetzt werden, sondern die Figuren zum Teil durchaus individualisiert gezeichnet sein können. Die Stereotype werden in der Figurengestaltung reindivualisiert umgesetzt.[28] Durch diese Reindividualisierung entsteht ein individueller, mitunter psychologischer Charakter, der sich aber nur vor dem Hintergrund und im begrenzten Rahmen der jeweiligen Stereotypen (es ist ja einer Menschengruppe jeweils ein ganzes Netzwerk an Stereotypen und Eigenschaften zugeordnet) entwickelt und seine (vermeintliche) Individualität entfaltet. Und selbst wenn eine Figur sich aus dem ihr zugeschriebenen Stereotypen-Raster herausbewegt, kann in der Darstellung eine Lesart angelegt sein, die das als die bestätigende Ausnahme der Regel deutet.

Verstehen wir Stereotype im sozialwissenschaftlichen Sinne als auf Menschengruppen bezogene Vereinfachungen, die weit verbreitet sind und sich durch ein großes Beharrungsvermögen auszeichnen, dann wohnt ihnen, auch wenn sie nicht immer abwertend oder feindselig sind, grundsätzlich ein problematisches Potential inne: Sie homogenisieren die entsprechende Gruppe, können häufig auch unter entgegengesetzten Vorzeichen gedeutet werden bzw. diese kontextabhängig verändern oder andere Stereotype mitabrufen. Das ändert sich auch nicht dadurch, dass sich Mitglieder der betreffenden Gruppe, in diesem Falle jüdische Filmschaffende, affirmativ auf das jeweilige Stereotyp beziehen. So werden positive Stereotype über Jüdinnen und Juden häufig dem Philosemitismus zugerechnet, der wiederum als spezifische Form des Antisemitismus subsumiert wird. Dabei ist meines Erachtens noch nicht ausreichend ausdifferenziert worden, dass es sich vielfach um eine Übernahme von (jüdischen) Autostereotypen handelt, die dann mit (vermeintlich positiv besetzten) Heterostereotypen amalgamiert werden.

Doch bleiben wir noch bei der Veränderung der Vorzeichen: So ist das Bild des geschäftstüchtigen Juden immer noch ein zentrales antisemitisches Stereotyp. In filmischen Darstellungen ist die Geschäftstüchtigkeit oder das

---

26 Wohl von Haselberg: Und nach dem Holocaust?, S. 170 f.
27 Schweinitz: Film und Stereotyp, S. 49.
28 Ebd., S. 51.

Motiv des Geldes vielfach als beruflicher Erfolg umgesetzt, was eine allein darauf fußende Kritik an einzelnen Filmen nicht zu rechtfertigen scheint. Bei der Betrachtung einer größeren Anzahl bundesrepublikanischer Spielfilme fällt auf, dass beruflicher (und damit auch ökonomischer) Erfolg eine gewisse Dominanz in den Attributen des jüdischen Figurenarsenals aufweist, was in der Häufung antisemitische Stereotype mitabrufen kann, zumindest aber dazu beiträgt, jüdische Armut (als Thema) zu verdecken.

Es lässt sich also unterscheiden zwischen Stereotypen, die unverändert an historisch tradierte antisemitische Vorstellungsbilder[29] anschließen, Stereotypen, die diese variieren (beispielsweise mit positiven Vorzeichen versehen, aber immer noch von Macht und Einfluss jüdischer Figuren erzählen), aber letztlich anschlussfähig bleiben und Stereotypen, die unproblematisch erscheinen und häufig Autostereotype sind bzw. gleichzeitig Auto- und Heterostereotype, weshalb mit ihnen weithin affirmativ umgegangen wird. Ihre Bedeutung für filmische Darstellungen, besonders im bundesrepublikanischen Kontext, ist noch zu diskutieren. Ein interessantes Beispiel hierfür, das nicht nur in filmischen Darstellungen vielfach auftaucht, nicht eindeutig an ein antisemitisches Vorstellungsbild anschließt und selten kritisch diskutiert wird, ist der jüdische Humor. Einerseits ist der jüdische Erzählwitz, nicht zuletzt durch Salcia Landmanns Sammlung,[30] in der BRD weit bekannt und äußerst beliebt, so dass dieser Band nicht nur vielfach wieder aufgelegt wurde, sondern auch zahlreiche weitere Sammlungen und Publikationen nach sich zog. Andererseits ist, damit verbunden, auch die Vorstellung von ‚den Juden' als besonders humorvoller Gruppe weit verbreitet.[31] Da es sich beim ‚jüdischen Humor und Witz' aber ebenso um ein Auto- wie ein Heterostereotyp zu handeln scheint, löst seine Verwendung im BRD-Film keine kritischen Diskussionen aus – auch wenn es in vielen Spielfilmen, vor allem der Berliner Republik, eine zentrale Rolle für die Kenntlichmachung

---

29  Wie beispielsweise die ausgewählten Bilder der Judenfeindschaft („Gottesmörder", „Ritualmord", „Blut und Schande", „der ewige Jude", „der Wucherer", „Shylock", „die jüdische Weltverschwörung", „Dunkelmänner", „Mauscheln", „der jüdische Name", „die schöne Jüdin", „der Intellektuelle", „der Kapitalist", „der Ostjude" und einige mehr) in Schlör, Joachim/Schoeps, Julius H. (Hrsg.): Bilder der Judenfeindschaft. Antisemitismus. Vorurteile und Mythen, Augsburg 1999.

30  Salcia Landmann hat sicherlich die zahlreichsten Bücher im deutschsprachigen Raum zum jüdischen Witz publiziert. Bereits 1960 veröffentlichte sie *Der Jüdische Witz. Soziologie und Sammlung* und später weitere Ausgaben verschiedener Sammlungen jüdischer Witze, die in hohen Auflagen verkauft wurden; Landmann, Salcia: Der jüdische Witz. Soziologie und Sammlung, Olten 1961; dies. (Hrsg.): Als sie noch lachten. Das war der jüdische Witz, München 1997.

31  Vgl. Wohl von Haseleberg: Und nach dem Holocaust?, S. 154–164; Klingenberg, Darja: Juden*, und Witze mit Bart, in: Gegenwartsbewältigung. Jalta 4.2 (2018), S. 129–139.

jüdischer Spielfilmfiguren spielt. Zwar übersieht die weit verbreitete These, die jüdischen Erzähler*innen von Witzen lachten über sich selbst, möglicherweise innerjüdische Binnendifferenzierungen, es stellt sich aber durchaus die Frage, wer mit wem (oder über wen?) lacht, wenn dem jüdischen Erzählwitz in Deutschland die jüdischen Adressat*innen weitgehend verloren gegangen sind und dieser nun (auch) in deutschen nicht-jüdischen Kreisen zirkuliert. Ohne einen identitätspolitischen Ansatz stark machen zu wollen, sollte die soziale Funktion von gemeinsamem (auch ausbleibendem) Lachen als Ausloten von Grenzen und Zugehörigkeiten berücksichtigt werden.[32]

## Antisemitismus und Film

Der Zusammenhang Antisemitismus und Film wurde in der Forschung wenn überhaupt, dann anhand spezifischer (nationaler) Kinokulturen, einzelner Filme oder Motive diskutiert.[33] Auch wenn Mark Gelber bemängelt, dass auch der Diskussion um literarischen Antisemitismus eine kritische Methodologie fehle,[34] so ist doch festzustellen, dass bisher noch weniger versucht wurde, ein methodisches Analysemodell der unterschiedlichen Formen von Antisemitismus im Film in seinen spezifisch filmischen Äußerungen zu entwickeln. So ist mitunter der Blick in die Forschung zu literarischem Antisemitismus hilfreich[35] und der Kunsthistoriker Ernst Seidl fragt im Tagungsband *Antisemitismus im Film* der Laupheimer Gespräche 2008 nicht unberechtigt:

> Kann ein Objekt antisemitisch sein? Ist nicht die Frage schon irreführend oder falsch formuliert, oder stellt man sich selbst ein Bein damit? [...] Etwas klarer wird die Fragestellung, wenn wir die Perspektive darauf richten, dass der Film antisemitisch

---

32 Vgl. Kuipers, Giselinde: Humour Styles and Symbolic Boundaries, in: Journal of Literary Theory 3.2 (2009), S. 219–239, hier S. 219.

33 Beispielsweise mit Blick auf Hollywood, die NS-Filmpropaganda oder auch kontrovers diskutierte Filme wie Mel Gibsons *Passion of the Christ* (USA 2004, Regie: Mel Gibson).

34 Gelber, Mark H.: Literarischer Antisemitismus nach der Schoa aus vergleichender Perspektive. Paul de Man und Mel Gibsons „Passion", in: Bogdal, Klaus-Michael / Holz, Klaus / Lorenz, Matthias N. (Hrsg.): Literarischer Antisemitismus nach Auschwitz, Stuttgart 2007, S. 75–84, hier S. 75.

35 Vgl. Bogdal, Klaus-Michael / Holz, Klaus / Lorenz, Matthias N. (Hrsg.): Literarischer Antisemitismus nach Auschwitz, Stuttgart 2007; Gubser, Martin: Literarischer Antisemitismus. Untersuchungen zu Gustav Freytag und anderen bürgerlichen Schriftstellern des 19. Jahrhunderts, Göttingen 1998.

wirken, antisemitische Vorurteile im Betrachter wecken oder aber verstärken kann.[36]

Hinzufügen möchte man, dass filmische Darstellungen, die antisemitische Stereotype aufweisen, auch Symptom eines gesellschaftlich vorhandenen Antisemitismus sind.

Während für die Literatur von Martin Gubser die Unterscheidung zwischen dem *Aufzeigen* und dem *Aufweisen* von Antisemitismus stark gemacht wurde, die genau die Unterscheidung eines Zur-Kritik-Stellen und einer affirmativen Reproduktion vorzunehmen versucht,[37] fehlt ein vergleichbares grundlegendes Instrumentarium für den Film noch – gleichwohl sich einige Überlegungen sicherlich übertragen lassen. Als grobes methodisches Vorgehen zur Ausdifferenzierung des Gesamtzusammenhangs ‚Antisemitismus und Film' haben Lisa Schoß und ich die Unterscheidung von drei Ebenen vorgeschlagen, auf denen Antisemitismus eine Rolle spielt: erstens, auf der Handlungsebene von Filmen, auf welcher Antisemitismus in unterschiedlicher Weise explizit thematisiert werden kann. In der Regel wird er hier von einer sicheren moralischen Position aus zur Kritik gestellt. Insofern ist es nicht erstaunlich, dass es sich dabei vielfach um historischen – meist den nationalsozialistischen – Antisemitismus handelt, der auf diese Weise gezeigt und zugleich abgelehnt wird.[38] Während in den Filmen der DDR gegenwärtiger Antisemitismus oft dem anderen Deutschland zugeschrieben wird,[39] wird er in bundesrepublikanischen Spielfilmen weit weniger thematisiert. Geschieht es doch, so sind häufig Externalisierungsstrategien zu beobachten, besonders auf der Figurenebene wird er vielfach als Problem der Anderen dargestellt.[40] Zweitens, die formale Bildebene, welche von

---

36 Seidl, Ernst: Was ist ein ‚antisemitischer Film'? Über eine umstrittene Kategorie, in: Haus der Geschichte Baden-Württemberg (Hrsg.): Antisemitismus im Film. Laupheimer Gespräche 2008, Stuttgart 2011, S. 19–31, hier S. 21.

37 Gubser: Literarischer Antisemitismus, S. 310. Dass es genau diese Unterscheidung ist, die in öffentlichen Debatten umkämpft ist, zeigen die Fassbinder-Kontroversen deutlich, bei denen es immer wieder um die Frage ging, ob Rainer Werner Fassbinder Antisemitismus habe aufzeigen wollen oder reproduziert habe.

38 Antonia Schmid zeigt, dass offen antisemitische Aussagen, die eindeutig auf jüdische Figuren bezogen seien „‚nur' von Nebenfiguren oder eindeutigen ‚Bösewichten' artikuliert werden [können][...]. Diese Art der Re-Repräsentation des historischen Antisemitismus ist durch die Verfilmung eines historischen Stoffes bedingt. Antisemitismus als Zuschreibung bestimmter Charakteristika, die konstitutiv mit der Jüdischkeit der Figuren zusammenhängen, wird aber sowohl von ‚Bösewichten' als auch von Identifikationsfiguren geäußert und damit reproduziert"; Schmid: Ikonologie der „Volksgemeinschaft", S. 207 f.

39 Schoß, Lisa / Wohl von Haselberg, Lea: Antisemitismus im deutschen Spielfilm nach 1945, in: Deutschunterricht 2 (2015), S. 81–85, hier S. 82 f.

40 Gängige Externalisierungsstrategien sind die Verschiebung an die sogenannten Ränder der Gesellschaft, zumeist Neonazis oder ‚Ewiggestrige', oder aber auf einzelne Figuren, deren

der ersten unabhängig ist und sowohl antisemitische Bilder (re)produzieren (auch bei gleichzeitiger kritischer Thematisierung von Antisemitismus), wie auch Gegenbilder in den visuellen Bildervorrat einspeisen kann. Beispielhaft hierfür sind Filme, die Antisemitismus auf der Handlungsebene kritisieren, auf der Bildebene aber fortschreiben. Diese Form der Latenz ist charakteristisch für den Antisemitismus nach 1945. Drittens wird auf einer Diskursebene in Paratexten über ‚antisemitische Filme' und ‚antisemitische Darstellungen' diskutiert. Dabei ist auffällig, dass diese Auseinandersetzungen unabhängig von den beiden anderen Ebenen verlaufen.[41] Zum einen können filmische Darstellungen als provozierend aufgefasst werden, deren tatsächlich antisemitischer Gehalt zumindest zweifelhaft erscheint. Ein Beispiel hierfür wäre der Film *Schwarzer Kies,* der nach seiner Uraufführung im April 1961 in Stuttgart wegen einer Szene, in der der jüdische Bordellbesitzer und Wirt Loeb antisemitisch beschimpft wird, eine öffentliche Auseinandersetzung auslöste, die letztlich mit einer um die ‚schwierige' jüdische Thematik erleichterten, deutlich kürzeren Schnittfassung des Films gelöst wurde. Bemerkenswert dabei ist, dass der Film weniger antisemitische, denn antiamerikanische Ressentiments bemühte,[42] vor allem aber gegen das Tabu verstieß, gegenwärtigen Antisemitismus in seiner Kontinuität zum NS zu zeigen. Zum anderen werden viele durchaus problematische Darstellungen nicht als solche erkannt und die entsprechenden gesellschaftlichen Auseinandersetzungen und gar Skandale, wie bei *Schwarzer Kies* oder, um ein Beispiel aus dem Theater zu bemühen, Rainer Werner Fassbinders *Die Stadt, der Müll und der Tod,* bleiben aus. Dies erklärt sich, zumindest partiell, durch die spezifische Form des sekundären Antisemitismus, der zentral um Schuldabwehr kreist,[43] sowie des strukturellen Antisemitismus, der sich vor allem durch eine verkürzte Kapitalismuskritik und ein Verschwörungsdenken auszeichnet.

antisemitisches Ressentiment vielfach mit einer überspitzen Gesamtdarstellung als ‚böse' Figur einhergeht und dem Publikum damit leichte Distanzierungsmöglichkeiten anbietet. Gegenteilig funktioniert es in dem Schimanski-Film *Das Geheimnis des Golem* (BRD 2004, Regie: Andreas Kleiner), in dem die Ressentiments von Horst Schimanski zwar durchaus gezeigt werden, durch seine gesamte Charakterisierung als positive Figur, die über die Reihe aufgebaut wird und in diesem Film in der Unterstützung der jüdischen Figuren ihre Entsprechung findet, bagatellisiert werden.

41 Vgl. Schoß/Wohl von Haselberg: Antisemitismus; Wohl von Haselberg: Und nach dem Holocaust?, S. 93–99.
42 Zum Zusammenhang von Antisemitismus und Antiamerikanismus, siehe: Markovits, Andrei S.: Amerika, Dich haßt sich's besser. Antiamerikanismus und Antisemitismus in Europa, Hamburg 2008.
43 Bergmann, Werner: ‚Störenfriede der Erinnerung'. Zum Schuldabwehr-Antisemitismus in Deutschland, in: Bogdal, Klaus-Michael/Holz, Klaus/Lorenz, Matthias N. (Hrsg.): Literarischer Antisemitismus nach Auschwitz, Stuttgart 2007, S. 13–35.

Muster der für den sekundären Antisemitismus charakteristischen Abwehr sieht Werner Bergmann in der Leugnung oder Abmilderung der Shoah, im Verweis auf eine jüdische Mitschuld, in der Betonung deutscher Leiden, wodurch ein großes Opferkollektiv geschaffen werde, in Aufrechnungsversuchen durch die Konstruktion ‚der Juden' als Täter, in der Thematisierungsverweigerung, aber auch in der Diskreditierung der Ansprüche der Opfer.[44] Hinzufügen ist, dass diese moralische Diskreditierung nicht nur auf finanzielle Ansprüche, sondern darüber hinausgehend auch auf die Perspektiven und Verletzlichkeiten der Opfer und ihrer Nachkommen abzielt. All das lässt sich an zahlreichen deutschen Spielfilmen über den Nationalsozialismus zeigen.[45] Obwohl erstaunlicherweise einige dieser Filme gänzlich ohne jüdische Figuren auskommen, erklärt sich hierdurch, warum diese vor allem als Opfer der Shoah auftauchen, als ein Gegenüber an dem und mittels dessen man die Schuld der Vergangenheit ‚bewältigen' kann. Daraus resultieren typische Figurenkonstellationen wie die des deutschen Retters, der dem jüdischen Opfer hilft, der jüdischen Rächerfigur, die eine Täter-Opfer-Umkehr vollzieht,[46] oder auch der deutsch-jüdischen Liebesbeziehung, dem Sinnbild einer die Vergangenheit überwindenden Versöhnung. Viele von ihnen korrelieren, in unterschiedlicher Weise, mit dem Bedürfnis die Schuld zu kompensieren, zu relativieren, sie umzukehren oder zu überwinden.

Der strukturelle Antisemitismus ist demgegenüber durch eine Assoziation des Abstrakten mit dem Jüdischen gekennzeichnet. Geld und Kapital, die Verunsicherungen der Globalisierung, die nicht mehr personalisierbaren Herrschaftsverhältnisse etc. werden in Verschwörungsdenken auf eine einflussreiche Gruppe projiziert – diese kann, aber muss nicht als jüdisch benannt werden. Vielfach bleibt es bei sprachlich kodierten Andeutungen, die jedoch vom Publikum leicht zu dechiffrieren sind. Der strukturelle Antisemitismus braucht noch weniger als der sekundäre die als solche explizit markierte jüdische Figur, sondern funktioniert vor allem im bundesrepublikanischen Film über Leerstellen.

Neben diesen – potentiell antisemitischen – Instrumentalisierungen jüdischer Filmfiguren für im weitesten Sinne entlastende Darstellungen des Nationalsozialismus sowie von Verschwörungsdenken geprägte filmische Darstellungen, die mit antisemitischen Motiven auch ohne jüdische Figuren arbeiten, deuten essentialisierende Darstellungen jüdischer Spielfilmfiguren

---

44 Bergmann: ‚Störenfriede der Erinnerung', S. 17 ff.
45 Vgl. bspw. Schmid, Antonia: Ikonologie der „Volksgemeinschaft". „Deutsche" und das „Jüdische" im Film der Berliner Republik, Göttingen 2019.
46 In der Krimi-Reihe *Rosa Roth* wird diese sogar explizit benannt, wenn die gleichnamige Kommissarin (Iris Berben) sagt: „Die Opfer warten nur darauf Täter werden zu können." (Rosa Roth in *Jerusalem oder die Reise in den Tod*).

auf rassistische Konzeptionen des Judentums hin. Prägnant deutlich wird das in Filmen wie *Abrahams Gold* (BRD 1989, Regie: Jörg Graser), in denen Figuren ihre Identität wechseln – sei es in Form des *Passings* als jüdisch respektive nicht-jüdisch, oder weil sie von ihrer Herkunft und damit ihrer ‚wahren' Identität erfahren. In diesen Rollenwechseln wird vielfach ein essentiell jüdisches Wesen, dass sich Bahn bricht, oder ein jüdisches Aussehen, das nicht bloß Konstruktion ist, sichtbar.[47]

## Filme als offene, mehrdeutige Texte. Oder: Wer lacht hier eigentlich über wen?

Spielfilme, seien sie originär für das Kino oder das Fernsehen produziert, haben, wie auch literarische Werke, eine nicht unerhebliche Bedeutung für das kulturelle Gedächtnis und die Erinnerungskultur. Antisemitisch oder zumindest stereotyp dargestellte jüdische Spielfilmfiguren werden kritisiert, weil sie einerseits die gesellschaftlich virulenten Vorstellungsbilder zeigen, also Symptom vorhandener Ressentiments sind, die durchaus auch auf die Filmschaffenden zurückgeführt werden können, und andererseits, weil ihnen eine Wirkung zugeschrieben wird, diese wiederum zu reproduzieren, zu stabilisieren, zu verstärken und in die Gesellschaft zurückzutragen – also mit Blick auf die Rezipient*innen.

Doch die Bedeutung der Darstellungen entfaltet sich erst in der Rezeption, die als *aktiv* verstanden werden muss. Spielfilme sind offene Texte, die eine Vielzahl unterschiedlicher Publika ansprechen müssen und es ihnen ermöglichen, dass diese aus den Texten Bedeutungen generieren, die ihren je *eigenen* Erfahrungen und Identitäten entsprechen.[48] Zuschauerinnen und Zuschauer entwickeln also entsprechend ihrer unterschiedlichen sozialen Verortungen unterschiedliche Lesarten. Damit kann die tatsächliche Lesart individueller Rezipient*innen, also die empirische Rezeption, nicht vorhergesagt werden, es können aber Textmerkmale festgestellt werden, die bestimmte Lesarten nahelegen.

Mit Blick auf den literarischen Antisemitismus fordert Klaus-Michael Bogdal eine Differenzierung von antisemitischen und nicht-antisemitischen Darstellungen, die über die Unterscheidung einer Konstruktion des Fremden,

---

47 Vgl.: Wohl von Haselberg: Und nach dem Holocaust?; Loewy, Hanno: „Großvater, warum hast Du so große Zähne…" Zu Jörg Grasers Abrahams Gold, in: Dillmann, Claudia / Loewy, Ronny (Hrsg.): Die Vergangenheit in der Gegenwart. Konfrontationen mit den Folgen des Holocaust im deutschen Nachkriegsfilm, München 2001, S. 72–75.
48 Vgl. Mikos, Lothar / Winter, Rainer (Hrsg.): Die Fabrikation des Populären. Der John Fiske-Reader, Bielefeld 2001, S. 86 f.

die durch Distanz, und einer Konstruktion des Anderen, die durch Differenz markiert sei, geschehen könne.[49] So wichtig diese gebotene Klarheit ist, auch um Antisemitismus nicht zu verharmlosen, so komplex wird sie für den Film: Zum einen lässt sich beobachten, dass in der Darstellung jüdischer Figuren seit spätestens der 1990er Jahre vermehrt Autostereotype eine Rolle spielen, die vielfach von – nicht ausschließlich filmischen – US-amerikanischen Darstellungen beeinflusst sind, wie der bereits erwähnte jüdische Humor, mehr aber noch die stereotypen Figuren der jüdischen Mutter, der *Jewish Princess* oder des neurotischen Schlemiehl.[50] Diese Autostereotype sind durchaus komplexer und positiver als Heterostereotype, verändern ihre Bedeutung aber durch den Kontextwechsel. Im bundesrepublikanischen Film werden sie vielfach zur Markierung jüdischer Figuren in einem primär nicht-jüdischen Kommunikationszusammenhang verwendet. Die Unterscheidung von problematischen und unproblematischen Stereotypen lässt sich kaum aufrechterhalten, wenn man sowohl berücksichtigt, dass Filme zwar durchaus dominante Lesarten anbieten, aber gleichzeitig offen und mehrdeutig sind, als auch die Clusterhaftigkeit von Stereotypen einbezieht, weshalb ein Stereotyp eine ganze Reihe anderer mit abzurufen vermag. Zwar lassen sich die eindeutig antisemitisch geprägten Stereotype zunächst abgrenzen, jenseits dessen lassen viele Spielfilme jedoch auch in dieser Hinsicht unterschiedliche Lesarten zu. Ein Film wie *Alles auf Zucker!*, der als „Erfolgskomödie"[51] viel Zuspruch an Kinokassen und in der Kritik fand, bietet mehr als eine Lesart an: Er kumuliert Stereotype des Jüdischen und amalgamiert dabei frank und frei Auto- und Heterostereotype. Das antisemitische Vorstellungsbild vom geldgierigen Juden wird ebenso aufgegriffen wie das vom reichen Juden dekonstruiert wird. Dass es sich bei dieser Häufung von Stereotypen letztlich um ein ironisches Spiel handelt, wurde nicht immer, aber vielfach so gesehen – wahrscheinlich nicht zuletzt dank des jüdischen Regisseurs, der die Bedeutung des jüdischen Humors für seine Arbeit immer wieder betonte. Doch fraglich ist, ob *Alles auf Zucker!* nicht auch Stereotype des Jüdischen bestätigen oder gar antisemitische Vorstellungen mitabzurufen vermag.[52]

---

49  Bogdal / Holz / Lorenz: Literarischer Antisemitismus, S. 8.
50  Gerade in amerikanischen Filmen spielen diese Autostereotype eine große Rolle, wobei sie sehr unterschiedlich explizit als jüdisch markiert sind und mitunter durch die Synchronisation auch verloren gehen. Studien, die untersuchen, inwiefern die jüdische Hauptfigur und ihre Familie in einer Sitcom wie *Die Nanny* von deutschen nicht-jüdischen Zuschauer*innen als jüdisch rezipiert werden, stehen bisher noch aus.
51  Kissler, Alexander: Wie die Medien das jüdische Leben in Deutschland wahrnehmen – und was verborgen bleibt, abrufbar unter: https://www.juedische-allgemeine.de/article/view/id/10930. [Zugriff: 22.6.2018].
52  Interessant ist die Erfahrung, die ich auf einem Filmseminar des Zentralrats der Juden in Deutschland 2017 machte, bei welchem sich jüdische Seminarteilnehmer*innen mit Blick

Wie Antisemitismus im bundesrepublikanischen Spielfilm also nicht unbedingt jüdische Figuren benötigt, um sich in seiner spezifischen Latenz in entlastenden Darstellungen des Nationalsozialismus oder in einer „antisemitischen Grundmatrix"[53] verschwörungstheoretischer und verkürzter kapitalismuskritischer Motive anzudeuten, ist auch die stereotype Darstellung jüdischer Spielfilmfiguren mehrdeutig. Nicht selten sind sie aber auch anschlussfähig für antisemitische Lesarten oder können als Teil eines Medienrepertoires genau die vielfach lediglich angedeuteten, nicht benannten Leerstellen des Jüdischen ausfüllen.

---

auf das Publikum äußerten, dass es in diesem jüdischen Kontext in Ordnung sei, über die stereotypen Darstellungen in *Alles auf Zucker!* zu lachen, sie sich in einer ‚normalen' öffentlichen Kinovorführung jedoch gefragt hätten, wie und über wen ihre Sitznachbar*innen eigentlich lachten. Hier wird deutlich, wie ambivalent und doppelbödig auch der ironische Einsatz von Stereotypen ist.

53 Böttcher, Elisabeth: Antisemitismus und Antiziganismus als beständige Krisenideologien der Arbeitsgesellschaft, in: Busch, Charlotte / Gehrlein, Martin / Uhlig, Tom David (Hrsg.): Schiefheilungen. Zeitgenössische Betrachtungen über Antisemitismus, Wiesbaden 2016, S. 83–110, hier S. 100.

# Tagungskommentar: Film ist eine Ware mit großem Einfluss

Antonia Schmid

Liebe Teilnehmerinnen und Teilnehmer der Konferenz „Antiziganismus und Film",
werte Veranstalterinnen und Veranstalter,
liebe Interessierte,

über die Einladung, das abschließende Statement zu dieser so wichtigen Konferenz geben zu dürfen,[1] freue ich mich und fühle mich geehrt. Gleichzeitig bringt eine solche Aufgabe auch eine gewisse Verantwortung mit sich. Vorweg deshalb ein Disclaimer: Es ist leider nicht möglich, in solch einem Kommentar alles wiederzugeben, was wichtig war und wäre. Das Augenmerk liegt im Folgenden auf einigen *milestones* der Konferenz: darauf, was immer wiederkehrte, was Konsens war und wo es Dissens gab, auf *„dos and don'ts"*. Einige Fäden sollen zusammengeführt und Desiderate aufgezeigt werden. Der Tagungskommentar erhebt jedoch keinen Anspruch auf Vollständigkeit und ist zwangsläufig durch subjektive Wahrnehmung perspektiviert.

Sicher aber ist es bemerkenswert, dass eine Konferenz zu diesem wichtigen Thema die erste ihrer Art ist, und das sogar auf internationaler Ebene. Dieser Pionierleistung gebührt großer Respekt. Konzeptuell haben wir sie vor allem dem Einsatz und der inhaltlichen Expertise dem Einsatz und der Expertise des engagierten Konferenzteams zu verdanken. Diese ansonsten unsichtbare Arbeit soll an dieser Stelle unbedingt gewürdigt werden.

In diesem Zusammenhang ist auch das durchweg sehr hohe Niveau der Vorträge und der Diskussionen auf dieser Tagung hervorzuheben. Als Filmwissenschaftlerin, die disziplinär in die Politikwissenschaft migriert ist, finde ich ebenfalls bemerkenswert im positiven Sinne, dass die Rolle des Films hier

---

[1] Dieser Kommentar wurde am Ende der Tagung als Vortrag frei gehalten. Für die schriftliche Version, die bereits auf der Webseite des Zentralrats Deutscher Sinti und Roma verfügbar ist, wurde der Audiomitschnitt transkribiert und überarbeitet; Schmid, Antonia: Tagungskommentar zur Tagung „Antiziganismus und Film", abrufbar unter: https://zentralrat.sinti undroma.de/tagungskommentar-zur-tagung-antiziganismus-und-film/. [Zugriff: 15.6.2020]. Die hier publizierte Version beruht auf der Webversion und wurde geringfügig erweitert.

sehr ernst genommen wurde, indem davon ausgegangen wurde, dass der Film ein Medium ist, das die Gesellschaft auch mit prägt und nicht nur abbildet.

Der jüdische Filmwissenschaftler Siegfried Kracauer, der 1933 erst nach Paris und 1941 nach New York emigrierte, definierte Film zum einen als „Spiegel der Gesellschaft", aber eben auch als ein Medium, das die Wunschträume oder „Tagträume" einer Gesellschaft ausdrückt.[2] Film ist dementsprechend nicht nur zu begreifen als Abbild der Gesellschaft, sondern auch als eine Art positives Zerrbild – als das, was die Gesellschaft gern sein und wie sie sich sehen möchte. Aber der Film besitzt gleichermaßen ein Ermöglichungspotential: Er kann durch den Kamerablick stellvertretend ein Sehen eröffnen, das über das Sehvermögen unserer eigenen Augen, über die jeweils eigene Perspektive hinausgeht und empathische Identifikation ermöglicht. Diese zwei Seiten des Films, die Möglichkeit abzubilden und zu konstruieren – positiv wie negativ –, bekommen gerade im Spielfilm noch einmal mehr Bedeutung: Durch seine besonderen Potentiale zur Emotionalisierung und zur Identifikation verstärkt er den Immersionscharakter, den Film als Medium sowieso besitzt, also die Möglichkeit, sich in eine Geschichte zu versenken, sich in ihre Figuren einzufühlen und in eine andere Welt einzutauchen. Diese besonderen Potentiale des Films, zu emotionalisieren und zur Identifikation mit seinen Figuren einzuladen, werden zusätzlich verstärkt, wenn dabei menschliche Kollektive repräsentiert werden.

Jacques Delfeld sen., stellvertretender Vorsitzender des Zentralrats Deutscher Sinti und Roma, hat problematisiert, dass diese Identifikationen für Sinti und Roma leider kaum möglich sind. So berichtete Anja Reuss, politische Referentin beim Zentralrat Deutscher Sinti und Roma, dass sich stattdessen schon Kinder, die der Minderheit angehören, aktiv von den gezeigten Negativrollen distanzieren müssen. Denn die Figuren, mit denen sich auf positive Weise identifiziert werden kann, sind in diesen Filmen eben nicht Roma oder Sinti, sondern Angehörige der Mehrheit, aus deren oft antiziganistischer Perspektive die jeweilige Geschichte erzählt wird. In Bezug auf diese Mehrheitsgesellschaften und ihre Minderheiten besteht dabei eine besondere politische Konstellation: In der Gegenwart hinkt nämlich die Kultur – besonders auch die politische Kultur – der politischen Struktur hinterher. Das bedeutet, dass zwischen der politischen Einführung von Veränderungen „von oben", wie etwa Antidiskriminierungsgesetzen, und deren Verankerung in der gelebten Alltagskultur eine oft jahrzehntelange Verzögerung besteht. Vor allem in den Workshopgesprächen mit Filmschaffenden, die sich in Dokumentarfilmen mit der Situation von Sinti und Roma auseinandersetzen, wurde auf dieser Konferenz deutlich, dass heute eine Situation besteht, in der die politische

---

2 Kracauer, Siegfried: „Die kleinen Ladenmädchen gehen ins Kino", in: Das Ornament der Masse. Essays, Frankfurt a. M. 1977 [1927], S. 279–294.

Gleichberechtigung in der Europäischen Union faktisch eigentlich hergestellt ist, aber auf kultureller, ökonomischer und politisch-kultureller Ebene trotzdem gravierende reale Ausschlüsse von Minderheiten stattfinden. Die gelebte Kultur und die gelebten Praktiken der Mehrheitsgesellschaft halten also mit rechtlichen Gleichstellungsmaßnahmen nicht Schritt.

Dort, wo politische Struktur und politische Kultur so auseinanderklaffen, kommt der Film ins Spiel. Wenn die politische Kultur, als Alltagshandeln von Angehörigen der Mehrheit gegenüber Minderheiten, den politischen Rahmenbedingungen wie beschrieben hinterherhinkt, bekommt der Film über seine sowieso sehr wichtige Rolle als prägendes Medium hinaus noch mehr Bedeutung. Das kann nicht genug betont werden: Es wird zwar im Wissenschaftsbetrieb manchmal ein wenig belächelt, wenn man sich mit Film beschäftigt – außerhalb der Filmwissenschaft natürlich –, aber Film ist das Medium, das der menschlichen Wahrnehmung am nächsten ist. Wir träumen in bewegten Bildern, wir erinnern uns in bewegten Bildern: Das, was uns ausmacht, was unsere Identitäten bestimmt, sind bewegte Bilder, die wir uns vorstellen. Film ist das Medium, das dem am nächsten kommt. Auch deswegen hat er so eine große Bedeutung in Bezug auf die Konstruktion von Wirklichkeit. Über die Relevanz des Films bestand auf dieser Konferenz Einigkeit.

## Inhaltliche Schnittmengen der Konferenz

Einigkeit bestand unter den Vortragenden außerdem darüber, dass die Darstellung von Sinti und Roma im Film auch heute noch rassistisch beziehungsweise antiziganistisch ist und an Stereotype anknüpft, die bis ins 16. Jahrhundert zurückgehen. Mehrfach fiel in diesem Zusammenhang der Name des Schriftstellers Miguel de Cervantes, der antiziganistische Inhalte früh literarisch verbreitet hat, etwa in seiner Novelle „La gitanilla" von 1613. Seitdem werden Sinti und Roma als das Andere der Mehrheitsgesellschaft konstruiert – eine Gegenfolie zur vermeintlich eigenen europäischen Identität, die vor allem als ‚weiß' imaginiert wird. Es ist kein Zufall, dass der Beginn der Verbreitung dieser Stereotype in die Zeit der Aufklärung fällt. Weil es auf dieser Tagung auch um den Zusammenhang antiziganistischer Stereotype mit anderen Negativbildern ging, ist ein kleiner Exkurs hier sinnvoll: Schon Max Horkheimer und Theodor W. Adorno haben in ihrer *Dialektik der Aufklärung*[3] ausgeführt, dass die Achsen der Kategorien Geschlecht und ‚Rasse' beziehungsweise Ethnie doppelt miteinander zusammenhängen, wobei die entsprechenden Subjektpositionen nicht

---

3 Adorno, Theodor W./Horkheimer, Max: Dialektik der Aufklärung. Philosophische Fragmente, Frankfurt a. M. 2003 [1944].

gleichwertig, sondern hierarchisch angeordnet sind. So ist etwa ein als ‚weiß' wahrgenommener Mann gesellschaftlich privilegierter als ein ‚schwarzer', der wiederum in dieser unbewussten Ordnung über einer ‚schwarzen' Frau steht. Diese Hierarchisierung wird auch von den Autorinnen Bini Adamczak und Bine Flick[4] aufgegriffen. Sie beschreiben, inwiefern das weiße, männliche bürgerliche Subjekt, das in der Aufklärung als solches konstruiert wird, an der Spitze dieser Hierarchie steht. Geschlecht stellt eine dieser Achsen dar, auf der männlich mit Kultur und weiblich mit Natur assoziiert wird. Dementsprechend sind all die Dichotomien, die daraus folgen – also Rationalität versus Emotionen, Kultur und Natur, Geist und Körper –, all diese geschlechtsbezogenen Gegensätze wiederum verschränkt mit der Achse der „Rasse". Während der ‚weiße Mann' der unmarkierte Maßstab, also die Norm ist, wird der ‚schwarze Mann' als besonders viril, also kraftvoll-männlich gedacht, wohingegen die ‚weiße Frau' als besonders weiblich und die ‚schwarze Frau' als sexueller und der Natur näher definiert wird als die besonders feminine ‚weiße Frau'. Es gibt also eine Verschränkung dieser rassistischen und sexistischen Diskurse, in denen sich auch das antiziganistische Stereotyp bewegt. Bemerkenswert ist, dass diese Achsen in Bezug auf Antisemitismus genau umgekehrt funktionieren: Der jüdische Mann wird als besonders weiblich und die jüdische Frau als ‚vermännlicht' vorgestellt.[5] Immer jedoch werden Abweichungen von der als Norm gedachten ‚weißen' Mitte als bedrohlich konstruiert.

## Das Stereotyp der ‚schönen Zigeunerin'

Auf ein Stereotyp möchte ich exemplarisch eingehen, weil es im Laufe der Tagung immer wieder aufkam und mit dem Stereotyp der ‚schönen Jüdin' zusammenhängt, nämlich das der ‚schönen Zigeunerin'. Die Slawistin und Osteuropaforscherin Sunnie Rucker-Chang von der University of Cincinnati hat von der ‚tragischen Mulattin' gesprochen, „the tragic Mulatto" – verschiedene Versionen des im Prinzip gleichen Topos, der die Figur zum einen rassifiziert und zum anderen besonders sexualisiert. Auffällig dabei ist, dass diese Figuren eigentlich ‚weißer' sind als ihre Herkunftsgemeinschaften: Die ‚Zigeunerin' – das hat der Vortrag des Historikers Frank Reuter von der Forschungsstelle Antiziganismus Heidelberg verdeutlicht – ist oft ‚weißer' als die anderen Mitglieder ihrer Gemeinschaft, sie ist aber dunkler als die Mehrheit. Sie wird besonders sexualisiert und als besonders attraktiv dargestellt. Ebenso wie die ‚schöne

---

4 adamczak, bini/flick, bine: Décadence naturelle. Rassismus/sexismus/antisemitismus oder die perversen ränder des hegemonialen körpers, in: Diskus 2 (2002), abrufbar unter: http://copyriot.com/diskus/02_02/04.html. [7.5.2018].
5 Gilman, Sander L.: Freud, Identität und Geschlecht, Frankfurt a. M. 1994.

Jüdin' und die ‚tragische Mulattin' dient sie dazu, sexualisierte Gegenbilder zur keuschen, entsexualisierten ‚deutschen' beziehungsweise europäischen Frau zu liefern. An diesem Stereotyp wird besonders deutlich, welche Funktion solche Bilder allgemein haben: Diese Zuschreibungen konterkarieren die Eigenschaften des idealen bürgerlichen, weißen europäischen Subjekts und stützen sie so gleichzeitig. Sie sind das Andere dieses Subjekts. Sichtbar wird daran aber auch, wie fragil dieses vermeintlich weiße, europäische Subjekt eigentlich ist, gerade weil es immer wieder als solches bestätigt werden muss: als ‚hell', als keusch und als statt von Trieben geleitet von Kultur bestimmt und beherrscht.

Einig waren sich alle Vortragenden und Diskutant_innen darüber, dass diese stereotypen Bilder in verschiedenen Formen auch heute noch existieren. Ähnlich sind auch die filmischen Mittel, die eingesetzt werden, um Andersheit zu erzeugen. Sie sind letztlich immer gleich und werden lediglich variiert. In verschiedenen Vorträgen wurde hervorgehoben, wie Kameraperspektiven Andersheit erzeugen. Ein Beispiel dafür ist etwa die Arbeit mit Aufsichten, mit denen rassifizierte Figuren in die Nähe von Tieren gerückt werden. Auch mit Licht wird hierarchisierend inszeniert: Was erhellt wird, wird positiv herausgehoben, was im Dunkeln liegt, wird visuell und symbolisch an die Seite gedrängt. Solche stilistischen Gemeinsamkeiten tauchen filmisch in Bezug auf Figuren, die als Anderes der europäischen Identität positioniert werden, immer wieder auf. Insofern unterscheiden sich die filmischen Mittel antiziganistischer Bilder aus einer filmwissenschaftlichen Perspektive nicht von anderen Strategien des *othering*. Markus End hatte in seiner Einleitungsrede die Frage aufgeworfen, was denn eigentlich spezifisch antiziganistische filmische Mittel sind. Nach der Tagung lässt sich diese Frage so beantworten: Zwar lassen sich keine spezifischen *Mittel* antiziganistischer Filme ausmachen, aber mit den gängigen filmischen Mitteln werden gleichwohl spezifische antiziganistische *Bilder* geschaffen.

## Unterschiede und Besonderheiten filmischer Stereotype

Eine Gemeinsamkeit antiziganistischer und antisemitischer Filmbilder besteht zwar darin, dass die Konstruktion rassifizierter Figuren mit den gleichen filmischen Mitteln passiert. Dagegen unterscheiden sich die Räume, mit denen Roma und Sinti im Film assoziiert werden, aber stark von denen, mit und in denen Juden und Jüdinnen gezeigt werden. Hilde Hoffmann von der Ruhr-Universität Bochum hat etwa sehr eindringlich gezeigt, dass Roma- und Sinti-Figuren im Film vor allem in mit ‚Natur' assoziierten Gegenden und Orten gezeigt werden: in ländlichen, vormodernen Settings, im Freien. Diese Orte erscheinen als der Natur näher, weil sie vermeintlich von den Dynamiken der Industrialisierung und Kapitalisierung frei geblieben sind, denen sowohl städtische als auch ländliche Räume in Westeuropa meist unterworfen waren.

Solchen Inszenierungen liegt oft gleichzeitig eine Strategie der – vermeintlichen – Authentisierung zugrunde. Es soll der Eindruck von ‚Wirklichkeit' entstehen. Doch der strukturelle und tief verwurzelte Antiziganismus führt zu Armut in einigen Gegenden Europas. Aber was sind die Folgen, wenn bestimmte Filmfiguren immer wieder in diesen gleichen, einseitig konnotierten Räumen gezeigt werden? Die visuell konstruierte ‚Rückständigkeit' wird so zum Bestandteil einer zugeschriebenen kollektiven Identität.

Diese Frage der Repräsentation ist elementar für das Thema Antiziganismus und Film: Wie angemessen ist die Darstellung der Wirklichkeit, wer wird davon vertreten, und als wie homogen wird eine Gruppe dabei dargestellt? Aus dem Publikum wurde wiederholt darauf hingewiesen, dass Roma und Sinti selbstverständlich kein einheitliches Kollektiv sind. Manche leben in der Stadt, manche in Dörfern, manche in Häusern und andere in Wohnungen, manche hier in Deutschland, manche in Tschechien oder Dänemark, genau wie andere Menschen in Europa auch. Das sollte nicht von der Thematisierung realer gesellschaftlich geschaffener Probleme und Diskriminierungen wegführen. Die Assoziierung mit den immer gleichen Bildern führt jedoch dazu, dass Sinti und Roma als Kollektiv ausschließlich mit einem bestimmten Raum und seinen Konnotationen assoziiert werden. Obwohl dieser ländliche Raum erst einmal nur ein filmischer Raum ist, wird er mit ganz bestimmten Eigenschaften verbunden: mit besagter Rückständigkeit, aber auch mit Authentizität, mit Emotionalität, Armut und ganz allgemein mit ‚Natur'. Hierin liegt auch der bedeutsamste Unterschied zu antisemitischen Bildern: Juden und Jüdinnen werden eher mit Urbanität assoziiert, mit Überzivilisiertheit, Abstraktheit und den negativen Aspekten des Fortschritts anstatt mit Dörflichkeit und Rückständigkeit – ein entscheidender Unterschied, der jenem zwischen Rassismus und Antisemitismus entspricht und dem auch eine unterschiedliche Zuschreibung von Macht entspricht.[6] So werden jüdische Figuren im antisemitischen Diskurs als übermächtig konstruiert. Dieser Topos ist grundlegend für Verschwörungsmythen von den „Weisen von Zion" bis hin zum ‚Finanzkapital', das angeblich die Fäden zieht. Er ist jederzeit aktualisierbar und basiert sowohl affektiv auf Neid als auch konzeptuell auf unverstandenen Widersprüchen der Moderne – dem Hass auf das ‚Abstrakte' –; Juden und Jüdinnen stehen für den *Auf*stieg durch erfolgreiche Emanzipation. Rassistische Konstruktionen, zu denen auch Antiziganismus zählt, ziehen Aggressionspotenzial dagegen aus der Angst vor dem projizierten *Ab*stieg: Diejenigen, die auf rassistische Weise dargestellt werden, erscheinen eben als ärmer, als weniger kulturalisiert, als machtloser.

---

6 Ich betone die Unterschiede und Gemeinsamkeiten zwischen antisemitischen und antiziganistischen Bildern hier kompensatorisch, weil sie Thema eines Vortrags gewesen wären, der leider ausfallen musste.

## Gemeinsamkeiten von Antiziganismus und Antisemitismus im Film

Die bisher angeführten Aspekte bezogen sich auf die filmische Wirklichkeit, auf die vom Film konstruierte Wirklichkeit. Gemeinsamkeiten von antisemitischen und antiziganistischen Ressentiments bestehen auch in Bezug auf die Bedingungs- und die Wirkungsrealität der Filme, also die Umstände ihrer Produktion und ihrer Wahrnehmung. Auffällig ist dabei etwa die Empörung der Filmschaffenden, wenn sie damit konfrontiert werden, dass ihre Filme möglicherweise antiziganistisch sind. Auch in Bezug auf Antisemitismus ist immer wieder zu beobachten, dass der Skandal letztlich nicht darin besteht, dass antisemitische oder antiziganistische Inhalte medial verbreitet werden, sondern darin, dass die dafür Verantwortlichen sich angegriffen fühlen, weil sie als Antisemit_in oder als Antiziganist_in bezeichnet werden. Dieser Vorwurf wird als „Schande" und Entehrung gewertet, der nicht auf sich und dem jeweiligen Kollektiv – vornehmlich der Mehrheitsgesellschaft – sitzengelassen werden soll. Meistens geht es in der anschließenden Debatte nicht mehr darum zu diskutieren, was das Antiziganistische, Rassistische oder Antisemitische an der jeweiligen Äußerung oder Darstellung war, sondern vor allem darum, diesen Vorwurf abzuwehren. Dieser Mechanismus ist als Täter-Opfer-Umkehr immer wieder zu beobachten. Letztlich geht es dabei um das archaische Konzept der Ehre, das in demokratischen Verhältnissen überwunden sein sollte. Ich kann hier auf diese Gemeinsamkeit in der Abwehr solcher ‚Vorwürfe', als die Kritik an Antiziganismus, Antisemitismus oder Rassismus oft wahrgenommen wird, nur hinweisen; Pavel Brunssen hat die entsprechende Dynamik der Empörung in seinem Vortrag über die Debatte um den Film *Nellys Abenteuer* ausführlicher beleuchtet.

## *Dos and Don'ts*

Was kann dagegen getan und was sollte besser unterlassen werden? Radmila Mladenova hat in ihrem Einführungsvortrag „Über ‚Zigeuner'-Filme und ihre Technologie der Wahrheitsproduktion" schon eine exzellente, sarkastische Version von *dos and don'ts* präsentiert, deren Witz und Schärfe hier kaum wiedergegeben werden kann. Ich möchte nur einige der wichtigsten Punkte nennen. Der Anspruch vieler Filme, *realistisch* zu sein, wird in der Filmwissenschaft Verismus genannt – eine Art von Pseudo-Authentizität, die jedoch besonders gefährlich ist. Denn Studien haben gezeigt, dass gerade Spielfilme durch ihren Immersionseffekt als realer wahrgenommen werden als Dokumentationen: Weil man als Zuschauer_in in der erzählten Geschichte besser aufgehen kann, sich stärker mit den Protagonist_innen identifiziert und mitgeht und dabei vergisst, dass man eine Geschichte erzählt bekommt, ist die Wirkung der ideologischen Inhalte im Spielfilm letztlich viel größer. ‚Realistisch' heißt in diesem Fall eben nicht, dass der Film dokumentarisch vorgeht, sondern dass der beschriebene Immersionseffekt besonders groß ist, das Publikum also besonders gut in die Geschichte eintauchen kann und das Gezeigte deshalb – zumindest unbewusst – für wahr gehalten wird. Dieser Effekt scheint bei vielen der Filme, mit denen sich im Laufe der Tagung auseinandergesetzt wurde, recht groß zu sein. Besonders problematisch ist dabei die schon angesprochene Repräsentationsfunktion der Filmfiguren, die stellvertretend für ihr Kollektiv stehen und meist mit dem Dunklen und Bedrohlichen verknüpft werden. Letztendlich dienen Roma- und Sinti-Figuren dabei vor allem als Projektionsfläche. Es geht in diesen Filmen nicht um ihre Perspektive, sondern um die der ‚europäischen' Mehrheit.

## Beteiligung von Roma und Sinti an der Filmproduktion

Das Reden über beziehungsweise das Zeigen von Roma und Sinti durch Nichtangehörige dieser Gruppe ist ein Punkt, der in diesem Zusammenhang kontrovers diskutiert wurde. Markus End hat zu Beginn der Tagung festgestellt, dass der reale Ausschluss aus der Mehrheitsgesellschaft sich hier wiederfindet. Ein trauriges Beispiel ist das Leben des bosnischen Rom Nazif Mujić, der im Film *Aus dem Leben eines Schrottsammlers* (Danis Tanović, BIH / SLO / F 2013) sich selbst spielte und dafür zwar den Silbernen Bären erhielt, aber nur eine geringe Gage, und der erfolglos in Deutschland Asyl beantragte. Als „Wirtschaftsflüchtling" wurde er 2014 mit seiner Familie abgeschoben und starb 2018 in großer Armut in Bosnien.

Mit Blick auf den Antiziganismus der ‚echten Welt' muss die filmische Realität wie auch die Produktionsrealität der Filme deshalb auch immer wieder auf ihre Inhalte und vor allem auf ihre Kontexte hin befragt werden: Reale Ausschlüsse von Roma und Sinti aus der Mehrheitsgesellschaft und ihren Repräsentationsformen in der nicht-filmischen Welt, der Bezugs- und der Wirkungsrealität, finden sich in den Produktionsrealitäten wieder und dann wiederum entsprechend in den Inhalten der Filme.

Ein Dissens war auf dieser Konferenz dabei jedoch in Bezug auf die Rolle zu beobachten, die der Identität der Filmemacherinnen und Filmemacher zugeschrieben wird: Schützt die eigene Herkunft und die Zugehörigkeit zu einer Minderheit vor Stereotypisierung oder nicht? Kirsten von Hagen verwies in ihrem Vortrag zum Beispiel auf den positiven und ihrer Meinung nach emanzipatorischen Gehalt der Filme von Tony Gatlif, der selbst Rom ist. Hilde Hoffmann widersprach dem; im Publikum gab es ebenfalls Stimmen, die diese Einschätzung nicht teilten. Auch Romani Rose bekräftigte in der Diskussion, dass nicht unbedingt Angehörige der Minderheit selbst diejenigen sein müssen, die gute im Sinne von emanzipatorische Filme machen. Dahingegen betonten die beiden ungarischen Referent_innen Eszter Hajdú und Sándor Mester im Workshop, wie wichtig sie es als Filmschaffende finden, Roma nicht nur als Sujet zu behandeln, sondern auch als Teil des Teams zu beteiligen.

Vielleicht ist es hilfreich, in dieser Frage zwischen Kausalbeziehungen in die eine und in die andere Richtung jeweils zu unterscheiden. Das heißt, dass die eigene Identität zwar keine Garantie dafür bietet, frei von Stereotypen zu kommunizieren. Es ist im Sinne eines Empowerments aber sicher wichtig, dass Bilder, die produziert werden, möglichst von multiplen Perspektiven geprägt sind anstatt nur von Mehrheitsansichten. Solange eine Minderheit nicht selbst ihr Bild zumindest mit prägt, wird sie weder politisch noch kulturell angemessen repräsentiert. Während deshalb die Mitwirkung von Minderheiten an Filmen über sich selber wünschenswert ist, verhindert sie nicht automatisch, dass stereotype Bilder produziert werden. Genauso können differenzierte und vielschichtige Filme durchaus auch von Menschen gemacht werden, die nicht selbst aus der jeweiligen gesellschaftlichen Gruppe stammen. In diesem Zusammenhang fiel mehrfach der Begriff der Internalisierung: Als Mitlieder der Gegenwartsgesellschaft mit ihrer rassistischen und kolonialen Geschichte haben wir alle antiziganistische beziehungsweise allgemein rassistische Stereotype verinnerlicht, und Herkunft allein schützt leider nicht davor, dieses Bilderrepertoire, das allen nur zu vertraut ist, selbst zu nutzen und zu reproduzieren, ob bewusst oder unbewusst. Insofern gilt der Aufruf zur Reflexivität für alle – gleich, welchem Kollektiv sie sich zugehörig fühlen und welche Erfahrungen sie gemacht haben. Mit Blick auf die Möglichkeit emanzipatorischer Veränderung bestünde eine Aufgabe der Filmschaffenden genauso wie der Filmschauenden darin, möglichst reflexiv mit dem bestimmten Material umzugehen und sich zum Beispiel den beschriebenen Immersionseffekt immer wieder bewusst zu machen; mit Bekanntem zu brechen und sich zu fragen: Was passiert eigentlich gerade mit mir, was sehe ich da, und wie und wohin nimmt mich das mit? Wir sind wohl durch diese produktive Tagung nun schon geschulter in Bezug auf einen solchen kritisch-reflexiven Blick als noch vor diesen drei Konferenztagen. Wir können und sollten jedenfalls nicht davon ausgehen, dass Herkunft für eine solche anzustrebende reflexive Perspektive auf Film und Stereotype bestimmend ist.

## Ausblick

Möglicherweise wäre es zielführender, anstatt nach der Herkunft oder gar ‚eindeutigen' Identitäten nach dem jeweiligen Subjekt und dem Objekt des Films zu fragen: Ist jemand lediglich Gegenstand des Gezeigten oder kann er oder sie auch als Subjekt an der Filmgestaltung teilnehmen? Das kann durchaus auch vor der Kamera sein. Wenn gefragt wird, ob es Filme gibt, die Menschen als Subjekte ihrer eigenen Geschichte zeigen, taucht in Bezug auf Roma und Sinti im Film eine *best practice* auf, die Peter Nestler mit seinem Film *Zigeuner sein* schon 1970 etabliert hat. Das Rad muss also nicht neu erfunden werden: Es gibt durchaus bereits Filmpraktiken mit Vorbildcharakter.

In Bezug auf die Verschränkung von Antiziganismus und Film scheint eine große Herausforderung allgemein darin zu liegen, dass Formen und Stile, das heißt filmische Strategien der Entmenschlichung durchbrochen werden müssen. In diesem Zusammenhang wurde im Laufe der Tagung wiederholt auf die Figur des oder der ‚Fremden‘ rekurriert, als die Roma und Sinti im Film allzu häufig inszeniert werden. Zu überwinden wäre unbedingt die Konvention, immer wieder vermeintlich ‚Fremde‘ zu zeigen und darüber ein europäisches Subjekt zu konstruieren, für das der oder die ‚Fremde‘ die Projektionsfläche liefert. Dazu gehört die Tendenz, in sich scheinbar homogene und einander ausschließende Wir-Ihr-Gruppen aufzumachen. Die Figur der Nelly als ‚deutsches Mädchen‘, das nach Rumänien kommt und sich mit den ‚exotischen Roma-Kindern‘ anfreundet, ist nur eine besonders aktuelle und auf Kinder zugeschnittene Variation solcher kollektivistischen Zuschreibungen, der Antiziganismus zugrunde liegt. Stattdessen wäre es Aufgabe eines emanzipatorischen Films, Figuren zu zeigen, die zur Identifikation auch mit den jeweils ‚Fremden‘ einladen und diverser sind. Film ist ein Medium, das es in Bezug auf die beiden Aspekte von Repräsentation, Darstellung und Vertretung, erleichtert, diese beiden zu vermischen. Für welche Gruppe steht die jeweilige dargestellte Figur als stellvertretend? Oder darf sie einfach für sich stehen?

## Markierungen

An dieser Stelle kommt die Frage von Sichtbarkeit und Unsichtbarkeit ins Spiel, die auch für Antisemitismus so wichtig ist: Woran ist überhaupt erkennbar, dass eine Figur ein Rom oder eine Romni ist, woran wird das oder das ‚Jüdische‘ festgemacht? Wenn Filmschaffende beginnen, diese Zugehörigkeiten visuell zu kennzeichnen, bewegen sie sich bereits auf einem schmalen Grat. Schnell werden so Kollektive mit bestimmten, ihnen zugeschriebenen Eigenschaften konstruiert. Ein Ausweg könnte sein, anstatt Gruppen und essentialistisch verstandenen Zugehörigkeiten zu diesen Gruppen eher Individuen in den Mittelpunkt zu stellen. Die zur Tagung eingeladenen Filmschaffenden haben diesbezüglich bereits *best practices* gezeigt. – Statt Homogenisierung und Kollektivierung, also statt Gleichmacherei und Vergemeinschaftung, müsste es darum gehen, Einzelne mit ihren Besonderheiten abzubilden. Statt einheitliche ‚Kulturen‘ zeigen zu wollen, die es dann jeweils auch zu schützen gilt, könnte mehr Heterogenität dargestellt werden, mehr Verschiedenheit untereinander – es sind nicht alle gleich. Weder sind alle Deutschen gleich, noch sind alle Roma gleich, auch die deutschen Sinti und Roma nicht und erst recht nicht die Roma in Deutschland. (Auch nicht in Rumänien!) Statt (Pseudo-)Authentizität wäre insgesamt mehr Mut zum Bruch wünschenswert: der Mut auch dazu, statt eines immersiven Verismus, mit dem ein Film als realistisch wahrgenommen wird, eher künstlerische Stilmittel zu verwenden, die es wagen zu irritieren. Auf dieser Konferenz wurden durchaus auch Filme präsentiert, die mit anderen Stilmitteln arbeiten, *Aferim!* zum Beispiel.

## Konzeptueller Antiziganismus?

Zu den Desideraten der Tagung gehört weiterhin die Frage, was es mit Figuren auf sich hat, die nicht offen markiert werden: Charaktere, die zwar nicht offen als ‚Zigeuner' gekennzeichnet sind, aber dennoch Elemente zugeschrieben bekommen, die das antiziganistische Stereotyp sonst beinhaltet. Ich habe dieses Phänomen in Bezug auf jüdische Figuren an anderer Stelle „konzeptuellen Antisemitismus" genannt.[7] Vielleicht gibt es auch einen konzeptuellen Antiziganismus, der ohne ‚Zigeuner' funktioniert. Unabhängig von der Benennung halte ich diese Frage der unmarkierten, konzeptuellen Markierung deshalb für sehr bedeutsam, weil sie die Frage berührt, wie Stereotype über Jahrhunderte auch latent weitergetragen und aktualisiert werden. Das ist offenbar nicht nur ein Problem in Filmen wie *Tiefland* von Leni Riefenstahl, die heute eher als historisches Artefakt gesehen werden, sondern auch in der Gegenwart markieren freischwebende Stereotype Figuren als ‚Zigeuner', mit allen damit verbundenen Exotisierungen und Abwertungen. Wie damit umzugehen ist, wäre noch zu klären.

## Auf dem Prüfstand: Was ist ein ‚guter' Film?

Möglicherweise wäre dazu auch so etwas wie ein „Bechdel-Test" für *race* denkbar. Dieser legendäre Test der feministischen und lesbischen Comiczeichnerin Alison Bechdel prüft, ob Filme oder Fernsehserien Frauen angemessen repräsentieren. Er besteht aus nur drei Fragen: Gibt es mindestens zwei Frauenfiguren? Wenn ja, sprechen sie miteinander? Wenn ja, sprechen sie über etwas anderes als einen Mann? Er lässt sich erweitern dahin, ob die

---

7 Schmid, Antonia: Ikonologie der „Volksgemeinschaft". ‚Deutsche' und das ‚Jüdische' im Film der Berliner Republik, Göttingen 2019.

Figuren auch *miteinander* handeln, ob es Haupt- oder Nebenrollen sind und so weiter. Ein solcher Test wäre ebenso in Bezug auf *race* und auch in Bezug auf *class* angebracht: Zu fragen wäre dann zum Beispiel, ob die Figuren, die wir als Schauende präsentiert bekommen, Diversität repräsentieren, ob sie Subjekte sind, und vor allem, ob diese Subjekte auch miteinander solidarisch agieren können – zunächst im Film.

Es wurden auf dieser Tagung noch einige andere Lösungen genannt, wie sich aus den beschriebenen antiziganistischen Kontinuitäten ausbrechen ließe: Sunnie Rucker-Chang hat etwa vorgeschlagen, Roma und Sinti nicht länger in politische Visionen der Filmschaffenden zu zwängen. Denn wenn jemand „von außen" einen Film machen will, der lediglich die Probleme von Sinti und Roma fokussiert, kann das eine Form von Instrumentalisierung sein, die vermeidbar ist. Zukünftige Filme müssten aus der Dichotomie von ‚Bedrohung' und ‚Opferschaft' herausgehen: Beides sind negative Konstruktionen, die der Subjektivität der Dargestellten nicht gerecht werden. Statt auf die Differenzen müsste vielleicht auch mehr auf die Gemeinsamkeiten geblickt werden und, um mit Maria Bogdan zu sprechen, vielleicht müsste es auch einfach mehr Heldinnen und Helden in diesen Filmen geben, die ganz nebenbei auch Roma und Sinti sind. Anstatt wie gehabt vermeintlich abgrenzbare Kollektive und Ethnien zu zeigen, die dadurch tendenziell immer vereinheitlicht werden, schlage ich vor, den Blick auf gelebte *Geschichten* zu richten, auf Erfahrungen und gelebte Praktiken. Denn wodurch konstituiert sich denn Roma- oder Sinti-Sein? Ganz bestimmt nicht durch ein Konstrukt wie ‚Rasse', wie Jacques Delfeld zu Recht anmerkte. Solche Zugehörigkeit stellt sich eigentlich am ehesten durch Erfahrungen her. Und ganz am Anfang der Konferenz, im Preview des Films *Politics of Photography*/Bildpolitik von André Raatzsch, dessen Anliegen es war, nicht nur antiziganistische Bilder zu kritisieren, sondern auch eine emanzipatorische Wende hin zu einer neuen Bildpolitik einzuleiten, ging es ja ebenfalls um Alltagsgeschichten: um Geschichten, die alle teilen können, weil jede und jeder dafür Empathie aufbringen kann. Statt um das Besondere und das Fremde kann es filmisch also gern auch um ganz normale Alltagsgeschichten gehen, in die sich andere Menschen leicht einfühlen können.

In Bezug auf angemessene Repräsentation und Bildpolitik, dem dieser Tagung unterliegenden Thema, hat Karina Griffith im letzten Panel mit ihrem Vortrag „Was bedeutet *produzieren für uns*" dankenswerterweise das Thema des Rassismus als Herrschaftssystem aufgeworfen, das auch die Rolle der Ökonomie berührt, und Machtstrukturen in der Gesellschaft kritisch beleuchtet, die über Symbole und Zeichensysteme hinausgehen. Film ist eine Ware, und wer diese Ware kauft, bestimmt indirekt über ihren Inhalt – auch wenn es nur vorgestellte Figuren sind, die sie kaufen: Das imaginäre

Publikum, also die mit einem Film anvisierte Zielgruppe, hat großen Einfluss bei den Leuten, die für diese Filme Gelder bereitstellen. Deswegen gehört zu den Strategien gegen Antiziganismus im Film neben Empowerment – zu dem auch Ironie gehört, möglichweise sogar Zynismus, wie William Bila gezeigt hat – auch, die Einflussnahme zu erhöhen. Das bedeutet, die Macht zu vergrößern, die wir auf Filmschaffende und auf die Gesellschaft als Ganze haben können. Dazu gehört zwar ebenso die Ökonomie, meistens in Form von Geld. Aber Einfluss kann genauso durch normative Macht ausgeübt werden. All das wünsche ich uns oder Ihnen – gerade wenn man sich die Bedingungsrealität dieser Filme ansieht, angesichts des Rechtsrucks in Europa, der auch Deutschland erreicht hat. Auch hier sitzt eine rechtsradikale Partei mittlerweile im Parlament. Das hat Folgen für die Erinnerungskultur, es hat Folgen für *alle* Opfer des Nationalsozialismus und für alle Opfer von Rassismus in der Gegenwart. Deswegen finde ich, gerade mit Blick auf Filmschaffende, dass es statt um Befindlichkeiten viel mehr um Verantwortung und Solidarität gehen müsste. Deshalb begrüße ich sehr, dass es eine Handreichung geben soll, die praktische Konsequenzen aus dieser Konferenz zieht, und möchte in meinen letzten Worten jetzt noch einmal allen daran Beteiligten danken und vor allem viel Erfolg und viel Resonanz für ihre und unsere Arbeit in der Zukunft wünschen. Um noch einmal den Bogen zu dem zu spannen, was Markus End ganz am Anfang der Tagung festgestellt hat: In der Auseinandersetzung mit Antiziganismus in der Wissenschaft, aber auch in der Politik gibt es immer ein aktivistisches Element. Diese Konferenz ist und war ein wichtiger Schritt im Kampf gegen Diskriminierung und Stereotypisierung. Ich wünsche uns allen auf diesem Weg mehr Geld, mehr Macht und mehr Einfluss. Dankeschön!

# Wer ist wer in diesem Tagungsband
# Who Is Who in This Volume

### Prof. Dr. Matthias Bauer | Universität Flensburg

Matthias Bauer lehrt Literaturwissenschaft an der Europa-Universität Flensburg, studierte Germanistik, Geschichte und Publizistik. 1992 Promotion zur Entwicklungsgeschichte des europäischen Schelmenromans; 2001 Habilitationsschrift: *Schwerkraft und Leichtsinn. Kreative Zeichenhandlungen im intermediären Feld von Wissenschaft und Literatur*; 2010 zus. mit Christoph Ernst *Diagrammatik. Einführung in ein medien- und kulturwissenschaftliches Forschungsfeld*; 2015: *Michelangelo Antonioni. Bild – Projektion – Wirklichkeit*. Arbeitsschwerpunkte: Romanpoetik, Kultursemiotik, Filmästhetik.

Matthias Bauer teaches literary studies at the European University Flensburg, studied German, history and journalism. 1992 dissertation on the history of the picaresque novel; 2001 habilitation: *Schwerkraft und Leichtsinn. Kreative Zeichenhandlungen im intermediären Feld von Wissenschaft und Literatur*; 2010 with Christoph Ernst *Diagrammatik. Einführung in ein medien- und kulturwissenschaftliches Forschungsfeld*; 2015: *Michelangelo Antonioni. Bild – Projektion – Wirklichkeit*. Research focusses: poetics of the novel, semiotics and film aesthetics.

### William Bila | La Voix des Rroms

William Bila wurde als Sohn slowakischer Flüchtlinge vor der Invasion des Prager Frühlings in New York geboren. Resultierend aus seiner multikulturellen nordamerikanischen Sozialisation war er schon immer stolz und neugierig bezüglich seiner Wurzeln. Derzeit ist er in zahlreichen ehrenamtlichen Positionen tätig. Hierzu zählen unter anderem: Präsident von La Voix des Rroms (Frankreich), Vorstandsmitglied des Roma Education Fund (Schweiz), Roma Education Support Trust (Großbritannien) und das Center for Intersectional Justice (Deutschland). Er war außerdem beteiligt an der ersten und zweiten Konferenz der European LGBTIQ Roma in Prag (2015; 2016). Er erhielt sein BSc-Diplom in Finanzwesen und International Business von der Stern School of Business an der New York University und einen MBA von der Booth School of Business an der University of Chicago.

William Bila was born in New York, the son of Slovak refugees fleeing the invasion of the Prague Spring. As the product of a multicultural North American upbringing, he has always been proud and curious about his roots. He currently serves in several volunteer positions, such as President of La Voix des Rroms (France), member of the board of Roma Education Fund (Switzerland), Roma Education Support Trust (UK) and the Center for Intersectional Justice (Germany). He also took part in the first and second European LGBTIQ Roma conferences in Prague (2015; 2016). He graduated with a BSc in Finance and International Business from the Stern School of Business at New York University and an MBA from the Booth School of Business at the University of Chicago.

### Tobias von Borcke | Bildungsforum gegen Antiziganismus, Berlin

Als Projektmitarbeiter des Dokumentations- und Kulturzentrums Deutscher Sinti und Roma hat Tobias von Borcke von 2016 bis 2019 das Bildungsforum gegen Antiziganismus mit aufgebaut. Dort war er unter anderem an der Vorbereitung und Durchführung der Tagung „Antiziganismus und Film", die in diesem Band dokumentiert wird, beteiligt.

Working for the Documentation and Cultural Centre of German Sinti and Roma from 2016 to 2019, Tobias von Borcke helped establish the Educational Forum Against Antigypsyism. Among other things, he was involved in organising the conference "Antigypsyism and Film" documented in this volume.

### Prof. Dr. Hans Richard Brittnacher | Freie Universität Berlin

Lehrauftrag am Institut für Deutsche Philologie der Freien Universität Berlin. Forschungsschwerpunkte: Intermedialität des Phantastischen, die Imago des Zigeuners in der Literatur und den Künsten sowie die Literatur- und Kulturgeschichte des Goethezeitalters und des Fin de siècle. Zuletzt erschienen von ihm: *Leben auf der Grenze. Klischee und Faszination des Zigeunerbildes in Literatur und Kunst.* Göttingen: Wallstein 2012; *Phantastik. Ein intermediales Handbuch*, hg. von H. R. Brittnacher und M. May: Stuttgart: Metzler 2013; *Seenöte, Schiffbrüche, feindliche Wasserwelten*, hg. von H. R. Brittnacher und A. Küpper. Göttingen: Wallstein 2018.

Lecturer at the Department of German Philology, Free University of Berlin. Research interests: Intermediality of the fantastic, the Imago of the Gypsies in the literature and the arts as well as the literary and cultural history of the Goethe era and the fin de siècle. Most recent publications: *Leben auf der Grenze. Klischee und Faszination des Zigeunerbildes in Literatur und Kunst.* Göttingen: Wallstein 2012; *Phantastik. Ein intermediales Handbuch*, ed. H. R. Brittnacher and M. May: Stuttgart: Metzler 2013; *Seenöte, Schiffbrüche, feindliche Wasserwelten*, ed. H. R. Brittnacher and A. Küpper. Göttingen: Wallstein 2018.

## Pavel Brunssen | University of Michigan

Pavel Brunssen is a Ph.D. student in the Department of Germanic Languages and Literatures at the University of Michigan. Among the main areas of his research interests are antisemitism, antigypsyism, and European football fan cultures. Pavel earned his M.A. from the Center for Research on Antisemitism at the Technische Universität Berlin and his B.A. in social work and social pedagogy from the Hochschule Düsseldorf. Pavel is the former editor in chief of *Transparent*, a magazine for football and fan cultures. In September 2017, the Central Council of German Sinti and Roma published his review of the children and youth film *Nelly's Adventure* which, in conjunction with the criticism by the Central Council, led to a public debate on antigypsyism in film.

Pavel Brunssen promoviert in German Studies an der University of Michigan. Seine Forschungsschwerpunkte sind Antisemitismus, Antiziganismus und Fußball-Fankulturen. Pavel absolvierte sein Bachelorstudium in Sozialer Arbeit und Sozialpädagogik an der Hochschule Düsseldorf und sein Masterstudium in interdisziplinärer Antisemitismusforschung am Zentrum für Antisemitismusforschung an der Technischen Universität Berlin. Pavel war von 2012 bis 2017 Herausgeber und Chefredakteur von „Transparent", einem Magazin für Fußball und Fankultur. Im September 2017 veröffentlichte der Zentralrat Deutscher Sinti und Roma sein Gutachten zum Film *Nellys Abenteuer,* welches Teil des Anstoßes einer öffentlichen Debatte über Antiziganismus im Film war.

## Dr. Ismael Cortés | Central European University

Ismael Cortés ist Kulturtheoretiker und Philosoph. Er studierte Literatur, Anthropologie und Philosophie an der Universität von Granada. Er promovierte am UNESCO Chair of Philosophy zu internationalen Konflikten und Entwicklungsstudien mit internationaler Auszeichnung. Sein Forschungsinteresse liegt auf den Verbindungen zwischen Recht, Kultur und Aktionsprogrammen, welche er im Hinblick auf die Beeinflussung von Rechtsnormen und Aktionsprogrammen durch Ideologie untersucht. Während seiner akademischen Karriere war Ismael als Gastwissenschaftler an der School of Critical Theory in Nottingham, dem Forschungsinstitut für Frieden und Konflikt an der Universität von Andalusien sowie am Fachbereich für Kultur- und Sozialanthropologie der CEU tätig. Er hat von 2016 bis 2018 als politischer Analyst für OSF mit RIO und OSEPI gearbeitet. Ismael publizierte unter anderem für *HuffPost, Le Monde Diplomatique, Euractive* oder *El País.*

Ismael Cortés is a cultural theorist and philosopher. He completed an M.A. in literature, anthropology and philosophy at the University of Granada. At the UNESCO Chair of Philosophy, he gained his Ph.D. on International Conflicts and Development Studies with an international award. His research interest focuses on the relation between law, culture and politics, by analysing how ideologies constitute legal norms and action programs. During his academic career, Ismael has been a visiting researcher at the School of Critical Theory of Nottingham, the Institute for the Study of Peace and Conflicts in the International University of Andalusia and the Department of Cultural and Social Anthropology at CEU. He has worked as a policy analyst for OSF from 2016 to 2018, both with RIO and OSEPI. He collaborates with different media at the national and European level with publications in *HuffPost, Le Monde Diplomatique, Euractive* or *El País* among others.

## Jacques Delfeld | Verband Deutscher Sinti und Roma, Landesverband Rheinland-Pfalz

Geboren 1951, in Luxemburg viersprachig aufgewachsen. Seit 1988 vertritt er als geschäftsführender Landesvorsitzender die Interessen der ca. 10.000 in Rheinland-Pfalz lebenden Sinti und Roma. Diverse Referate, Publikationen, Veröffentlichungen und Leitung von Arbeitsgruppen zu den Themen: Vorurteile in der Gesellschaft, Rassismus und Antiziganismus, Minderheitenschutz, diskriminierende Behördenpraxis, Diskriminierung in den Medien, Entschädigung, Jugendarbeit und kulturelle Identität der ethnischen Minderheit. Stellvertretender Vorsitzender des Zentralrats Deutscher Sinti und Roma, Mitglied im Fachbeirat zur Gedenkarbeit in Rheinland-Pfalz und im Rundfunkrat des SWR.

Born in 1951, raised speaking four languages in Luxembourg. Since 1988, he has represented as an executive chair the interests of the approximately 10,000 Sinti and Roma living in Rhineland-Palatinate. Various presentations, publications and chairing of working groups on the topics of prejudice in society, racism and antigypsyism, protection of minorities, discriminatory institutional practice, discrimination in the media, compensation, youth work and cultural identity of the ethnic minority. Deputy Chairman of the Central Council of German Sinti and Roma, member of the advisory board for the memorial work in Rhineland-Palatinate and of the Broadcasting Council of the SWR.

## Dr. Markus End | Zentrum für Antisemitismusforschung, Technische Universität Berlin

Markus End ist Sozialwissenschaftler und beschäftigt sich schwerpunktmäßig mit dem Phänomen des Antiziganismus. Derzeit fungiert er als Mitglied der Unabhängigen Kommission Antiziganismus am Bundesministerium des Innern und als Vorsitzender der Gesellschaft für Antiziganismusforschung. Er ist Autor und Herausgeber mehrerer einschlägiger Publikationen, zuletzt gab er 2019 zusammen mit Ismael Cortés den Band *Dimensions of Antigypsyism in Europe* heraus.

Markus End is a social scientist with a research focus on the phenomenon of Antigypsyism. Currently he serves as a member of the Independant Commission on Antigypsyism at the Ministry of the Interior and presides over the Society for the Research of Antigypsyism. He is author and editor of a number of pertinent publications, recently he edited *Dimensions of Antigypsyism in Europe* together with Ismael Cortés.

### Dr. Habiba Hadziavdic | Hamline University

Habiba Hadziavdic lehrt deutsche Sprache, Kultur und Film an der University of Saint Thomas und Hamline University in St. Paul, Minnesota, USA. Seit 2003 ist ihr Forschungsschwerpunkt Antiziganismus und Film. Aktuell arbeitet sie zusammen mit Hilde Hoffmann zu Romani-Sklaverei in Radu Judes *Aferim!*

Habiba Hadziavdic teaches German language, culture and film at the University of Saint Thomas and Hamline University in St. Paul, Minnesota, USA. Since 2003, her research focus is antigypsyism and film. She is currently working with Hilde Hoffmann on Romani slavery in Radu Jude's *Aferim!*

### Prof. Dr. Kirsten von Hagen | Universität Gießen

Kirsten von Hagen, Studium der Romanistik, Komparatistik, Germanistik und Anglistik an den Universitäten Bonn, Oxford und Reims. Habilitation Universität Bonn 2006; von 2012–2013 Akademische Rätin am Romanischen Seminar der Universität Mannheim, seit September 2013 Professorin für Romanische Literatur- und Kulturwissenschaft am Institut für Romanistik der Justus-Liebig-Universität Gießen; 2015–2017 Prodekanin des Fachbereichs 05 an der Justus-Liebig-Universität in Gießen, seit November 2017 Studiendekanin. Arbeitsschwerpunkte u. a.: Französische und Spanische Literatur und Kultur des 19. und 20. Jahrhunderts, Französische Literatur des 18. Jahrhunderts bis zur Gegenwart, Spanische Literatur des 17. Jahrhunderts, Intermedialität, Interkulturalitätsforschung, Poetik des Briefromans, Inszenierungsformen von Oper in Literatur und Film, Literatur und Medizin um 1900, der französische Autorenfilm, populäre französische Theaterformen.

Kirsten von Hagen studied Romance, Comparative, German and English studies in Bonn, Oxford, and Reims. Habilitation at the University of Bonn in 2006; Academic Councillor of the Romance Seminar at the University of

Mannheim from 2012 to 2013; since 2013 professor of Romance Literature and Culture at the Institute of Romance Studies at the University of Giessen; from 2015 to 2017 Vice Dean of Department 05 at the Justus Liebig University Giessen; since November 2017 Dean of Studies; main research includes French and Spanish literature and culture of the 19$^{th}$ and 20$^{th}$ century, French literature of the 18$^{th}$ century until today, Spanish literature of the 17$^{th}$ century, intermediality, research of interculturality, poetics of the epistolary novel, forms of opera production in literature and film, literature and medicine around 1900, the French film *d'auteur*, popular French forms of theatre.

### Rebecca Heiler | Deutsche Film- und Fernsehakademie Berlin

Rebecca Heiler (geb. Podlech) studierte Slavistik und Geschichte in München und Prag. Ihre Masterarbeit beschäftigt sich mit den Filmemacherinnen der tschechischen Neuen Welle und weiblicher Sprengkraft innerhalb eines dominanten patriarchalen Systems. Strategien gegen Othering / VerAnderung sind hier ein zentrales Thema. In den letzten Jahren arbeitete sie freiberuflich für verschiedene Filmfestivals und koordinierte das goEast-Projekt OPPOSE OTHERING! Rebeccas Hauptinteresse gilt subversiven Elementen im Film. Derzeit arbeitet sie bei NEXT WAVE, einem Projekt der Deutschen Film- und Fernschakademie Berlin, das sich innovativen Strategien im Filmmarketing, in der Publikumsentwicklung und der Kuratierung widmet.

Rebecca Heiler, née Podlech, studied Slavic literatures, film, and history in Munich (Germany) and Prague. Her master's thesis examines women filmmakers in Socialist Czechoslovakia and their subversiveness from within an oppressive patriarchal system. Strategies against othering are a central issue in her thesis. Over the last years, Rebecca worked for several film festivals and coordinated the goEast project OPPOSE OTHERING! Her main area of interest is subversive elements in film. Currently she works for NEXT WAVE, a project of the German Film and Television Academy Berlin, dedicated to innovative strategies of film marketing, audience building and curatorship.

### Prof. Dr. Sarah Heinz | Universität Wien

Sarah Heinz ist Professorin für Englische und Anglophone Literatur an der Universität Wien. Sie lehrte Anglistik und Kulturwissenschaften an den Universitäten Passau und Mannheim und an der Humboldt-Universität zu Berlin. Sie erhielt ihren Ph.D. für eine Studie über postmoderne Identitäten in A. S. Byatts Romanen und habilitierte sich 2014 zu Critical Whiteness Studies und Intersectionality in irischer Literatur und Film. Ihre Forschungsinteressen umfassen Studien zum kritischen Weißsein, Postkolonialtheorie, zeitgenössische irische, englische und anglophone Literatur und Filme, Identitätstheorie und zeitgenössisches Drama. Zu ihren Veröffentlichungen gehören Artikel über irisches und britisches Drama, Film und Roman, viktorianische Lyrik und späte viktorianische Krimis, zeitgenössische Adaptionen von Shakespeare und das Unterrichten von englischer Literatur im Klassenzimmer der Universität.

Sarah Heinz is Professor for English and Anglophone Literatures at the University of Vienna, Austria. She has taught English Literary and Cultural Studies at the Universities of Passau and Mannheim, and at Humboldt-University, Berlin. She received her Ph.D. for a study on postmodern identities in A. S. Byatt's novels, and she finished her habilitation on Critical Whiteness Studies and intersectionality in Irish literature and film in 2014. Her research interests include critical whiteness studies, postcolonial theory, contemporary Irish, English, and Anglophone literature and film, identity theory, and contemporary drama. Her publications include articles on Irish and British drama, film and the novel, Victorian poetry and late Victorian detective fiction, contemporary adaptions of Shakespeare, and on teaching English literature in the university classroom.

### Dr. Hilde Hoffmann | Ruhr-Universität Bochum

Hilde Hoffmann lehrt und forscht am Institut für Medienwissenschaft, Ruhr-Universität Bochum. Sie war Gastprofessorin an der University of Minnesota und der Universität Wien. Arbeitsschwerpunkte: Medien und Geschichte / Gedächtnis; (Dokumentar-)Film; Rassismus, Antiziganismus und Postkoloniale Theorie. Aktuell arbeitet sie zusammen mit Habiba Hadziavdic zu Romani-Sklaverei in Radu Judes *Aferim!*

Hilde Hoffmann teaches and conducts research at the Institute for Media Studies, Ruhr-Universität Bochum. She was a visiting professor at the University of Minnesota and the University of Vienna. Main fields of research: Media and History / Memory; (Documentary) Film; Racism, Antigypsyism and Postcolonial Theory. She is currently working with Habiba Hadziavdic on Romani slavery in Radu Jude's *Aferim!*

### Dr. William Hope | University of Salford

William Hope ist Dozent für italienische Sprache und Film an der University of Salford (UK). Er ist Mitherausgeber der Journals *Studies in European Cinema* und *Transletters*. Er war Co-Koordinator des Forschungsprojektes „A

New Italian Political Cinema?", welches vom Arts and Humanities Research Council gefördert wurde. Zu seinen Veröffentlichungen zählen: *Giuseppe Tornatore: Emotion, Cognition, Cinema* (2006), *Italian Film Directors in the New Millennium* (2010), and *Un nuovo cinema politico italiano?* Bd. 1 und 2 (2013/2014).

William Hope is a lecturer in Italian language and film at the University of Salford, UK. He is a member of the Editorial Boards of the journals *Studies in European Cinema* and *Transletters*. He co-ordinated the research project "A New Italian Political Cinema?", funded by the Arts and Humanities Research Council. His publications include the volumes *Giuseppe Tornatore: Emotion, Cognition, Cinema* (2006), *Italian Film Directors in the New Millennium* (2010), and *Un nuovo cinema politico italiano?* Volumes 1 and 2 (2013/2014).

### Radmila Mladenova | Universität Heidelberg

Radmila Mladenova ist Literatur- und Filmwissenschaftlerin und lebt in Heidelberg. Zurzeit schließt sie ihre Promotion zum Thema *The 'White' Mask and the 'Gypsy' Mask in Film* am Slavischen Institut in Heidelberg ab. 2018 koordinierte sie das Projekt „Stigma ‚Zigeuner'. Visuelle Dimensionen des Antiziganismus" an der Forschungsstelle Antiziganismus an der Heidelberger Universität, und 2019 veröffentlichte sie ihre Studie *Patterns of Symbolic Violence: The Motif of 'Gypsy' Child-Theft across Visual Media* (heiUP). 2014 erwarb sie ihren M.A. an der Universität Mannheim und wurde für ihre Masterarbeit *On 'Gypsy' Representations in Literature and Film* ausgezeichnet. Bevor sie nach Deutschland kam, arbeitete sie in Bulgarien für mehrere Menschenrechtsorganisationen. Außerdem kuratierte sie 2008 die Open-Air-Ausstellung *360° Bulgarien – 120 Luftaufnahmen von Alexander Ivanov*.

Radmila Mladenova is a literary and film scholar based in Heidelberg. She is currently finalising her Ph.D. project, *The 'White' Mask and the 'Gypsy' Mask in Film* at the Heidelberg Institute of Slavic Studies. In 2018, she coordinated the project *The Stigma 'Gypsy'. Visual Dimensions of Antigypsyism* at the Research Centre on Antigypsyism in Heidelberg, and in 2019, she published her case study *Patterns of Symbolic Violence: The Motif of 'Gypsy' Child-Theft across Visual Media* (heiUP). In 2014, she earned her M.A. at Mannheim University with her thesis *On 'Gypsy' Representations in Literature and Film*. Before moving to Germany, she had worked for several human-rights organizations in Bulgaria. In 2008, she curated the open-air exhibition *360° Bulgaria – 120 aerial photographs by Alexander Ivanov*.

## Peter Nestler | Dokumentarfilmemacher, Schweden

Peter Nestler wurde 1937 in Freiburg im Breisgau geboren. 1955 fuhr er zur See (damals eine Alternative zum wieder eingeführten Militärdienst), studierte später Malerei in München, war manchmal Schauspieler und begann 1961 Filme zu drehen: Freelance und zwei Produktionen im Auftrag des deutschen Fernsehens (ARD). Nachdem es ihm in der Bundesrepublik nicht mehr gelang, weitere Filme zu finanzieren, zog er 1966 nach Schweden um, dem Land seiner Mutter. Von 1968 bis 2000 hat er für das schwedische Fernsehen gearbeitet, wo eine große Anzahl seiner Dokumentarfilme entstand, oft in Zusammenarbeit mit seiner Frau Zsóka. Mit der Zeit hat ihm auch das deutsche Fernsehen wieder Filme finanziert, erst der WDR, dann SWF und 3sat.

Peter Nestler was born in 1937 in Freiburg im Breisgau. In 1955, he went to the merchant navy (then an alternative to the reintroduced military service), later studied painting in Munich, was sometimes an actor and began making films in 1961: free-lance as well as two productions for German television (ARD). In 1966, when he was no longer able to finance his films in the Federal Republic, he moved to Sweden, the birth country of his mother. From 1968 to 2000, he worked for the Swedish television, where he made a large number of documentary films, often together with his wife Zsóka. Over time, German public television again provided him funding for films, first the WDR, then SWF and 3sat.

## Dr. Andrea Pócsik | Pázmány Péter Catholic University

Andrea Pócsik promovierte in Film, Medien und Kulturtheorie und ist Dozentin an der Pázmány Péter University in Budapest. Ihre Forschungsschwerpunkte sind Film, Kulturwissenschaften und Roma-Studien sowie Medienarchäologie. Ihre letzten Forschungsergebnisse über Roma-Repräsentationen in Film und Medien wurden kürzlich als Buch mit dem Titel *Passings. The (An)archaeology of Roma Image Making* publiziert. Ihre akademische Arbeit widmet sich der Produktion kritischer Wissenschaft und der Herstellung von kulturellem Widerstand durch die Ausarbeitung neuer pädagogischer Konzepte in den Medien- und Kulturwissenschaften. Im Jahr 2011 war sie Mitbegründerin des Roma Visual Lab an der ELTE Universität. Sie war außerdem als Filmkuratorin bei zahlreichen Filmevents und zuletzt als wissenschaftliche Expertin beim RomArchive tätig.

Andrea Pócsik (Ph.D. in Film, Media and Cultural Theory) is a senior lecturer at Pázmány Péter University. Her main research areas are film, cultural and Romani studies, and media archaeology. Her most recent research about Roma representation in film and media has been just published in a book titled: *Passings. The (An)archaeology of Roma Image Making*. Her academic activities are devoted to purposes of domesticating engaged scholarship and building cultural resistance, working out new higher education methods of teaching film, media and cultural studies. In 2011, she founded Roma Visual Lab, a methodological innovation at ELTE University. She has been working as a film curator in many film events and recently as an academic expert in RomArchive.

### André Raatzsch | Dokumentations- und Kulturzentrum Deutscher Sinti und Roma, Heidelberg

André Raatzsch wurde 1978 in Ilmenau geboren und ist Angehöriger der deutschen und ungarischen Sinti-und-Roma-Minderheit. Er wuchs in Ungarn auf und lebt seit 2007 in Deutschland. Seit 2007 beschäftigt er sich mit dem Blickwechsel in der Repräsentation der europäischen Sinti und Roma in den Medien. 2019 kuratierte er für die RomArchive den Archivbereich „Bilderpolitik".

André Raatzsch was born in 1978 in Ilmenau and is a member of the German and the Hungarian minority of Sinti and Roma. He grew up in Hungary and as of 2007 lives in Germany. Since 2007, he has been working on the change of perspective in the representation of European Sinti and Roma in the media. In 2019, he curated the Archive Section on Politics of Photography at the RomArchive, the Digital Archive of the Roma.

### Anja Reuss | Zentralrat Deutscher Sinti und Roma, Berlin

Anja Reuss studierte Geschichte mit einem Fokus auf Nationalsozialismus, Genozid-Forschung, Migration und Minderheitengeschichte an der Humboldt-Universität zu Berlin. Von 2011 bis 2014 war sie Koordinatorin eines Forschungsprojekts zur deutschen Besatzungs- und Vernichtungspolitik in Belarus, 1941–44, an der Humboldt-Universität zu Berlin und Mitherausgeberin eines Gedenkbuchs über in das Minsker Ghetto deportierte Berliner Juden. Gegenwärtig sind ihre Schwerpunkte: die Dimensionen des Antiziganismus, Erinnerungspolitik, Minderheitenrechte, Polizeiarbeit, Hasskriminalität und Datenerfassung. Sie ist Mitglied der Gesellschaft für Antiziganismusforschung und veröffentlichte 2015 eine Studie zu Antiziganismus in Deutschland nach 1945.

Anja Reuss is a political advisor at the Central Council of German Sinti and Roma. She completed her Master's degree in Educational Science and Modern European History with a focus on National Socialism, Genocide Studies,

Migration and Minority History at the Humboldt University in Berlin. From 2011 to 2014, she was the coordinator of a research project on the German occupation and extermination policy in Belarus, 1941–44, at the Humboldt University in Berlin and co-editor of a memorial book on Berlin Jews deported to the Minsk ghetto. Her current work and research interests are: the dimensions of Antigypsyism, memory politics, minority rights, policing, hate crime and data collection. She is a member of the Society for Antigypsyism Research and in 2015 published a study on Antigypsyism in Germany after 1945.

### Dr. Frank Reuter | Universität Heidelberg

Von 1993 bis 2017 Historiker im Dokumentations- und Kulturzentrum Deutscher Sinti und Roma (Heidelberg). Seit Januar 2018 wissenschaftlicher Geschäftsführer der Forschungsstelle Antiziganismus am Historischen Seminar der Universität Heidelberg. Arbeitsschwerpunkte: Geschichte der „Zigeuner"-Bilder, NS-Völkermord an den Sinti und Roma, Erinnerungskultur. Kurator von Ausstellungen und zahlreiche Veröffentlichungen, darunter die Monografie: *Der Bann des Fremden. Die fotografische Konstruktion des „Zigeuners"*. Göttingen 2014 (Wallstein Verlag).

From 1993 to 2017, Frank Reuter worked as a historian at the Documentation and Cultural Centre of German Sinti and Roma in Heidelberg. Since January 2018, he is scientific director of the Research Centre on Antigypsyism at Heidelberg University's History Department. His research focusses mainly on the history of "Gypsy" images, National Socialist genocide against the Sinti and Roma, and memorial culture. In 2014, Wallstein published his book *Der Bann des Fremden. Die fotografische Konstruktion des „Zigeuners"*.

### Romani Rose | Zentralrat Deutscher Sinti und Roma, Heidelberg

Romani Rose wurde 1946 in Heidelberg geboren. Dort war er bis 1982 selbständiger Kaufmann. Bei der Gründung des Zentralrats im Jahre 1982 wurde er von den Delegierten der Mitgliedsorganisationen – damals neun, heute 16 Landesverbände und regionale Vereine – zum Vorsitzenden gewählt und seither alle vier Jahre auf den Mitgliederversammlungen in seinem Amt bestätigt. 1991 übernahm Rose die Geschäftsführung des Dokumentations- und Kulturzentrums Deutscher Sinti und Roma in Heidelberg. Er ist bei den Regierungen von Bund und Ländern und auch im Ausland seit vielen Jahren bekannt für seine Entschlossenheit, und für seine konsequente und unnachgiebige Arbeit.

Romani Rose was born in Heidelberg in 1946. Until 1982, he lived there as an independent businessman. When the Central Council was founded in 1982, he was voted to the position of Chairman by the delegates of the member organizations – then nine, now 16 state and regional associations – and since then has been confirmed in his post every four years at the member meetings. In 1991, Rose overtook the management of the Documentation and Cultural Centre of German Sinti and Roma in Heidelberg. For years, he has been known by the federal and state governments for his resoluteness and for his persistent and unyielding work.

### Dr. Sunnie Rucker-Chang | University of Cincinnati

Sunnie Rucker-Chang ist Assistenz-Professorin für Slawistik und Osteuropastudien am Fachbereich Germanistik und Direktorin des Studiengangs Europastudien an der University of Cincinnati. Ihre Forschungsschwerpunkte sind aktuelle kulturelle Bewegungen und Identitätsbildung in Zentral- und Südosteuropa. In ihrer Arbeit untersucht sie, wie Literatur und Film zu Kulturlandschaften beitragen und gewährt Einblicke in die Formation von Nationen und Nationalitäten, insbesondere im Zusammenhang mit der Konstruktion von Mehrheiten-Minderheiten-Beziehungen und Differenzkonstruktionen. Des Weiteren forscht sie zu Émigré- und Exil-Literatur sowie der Anwendung postkolonialer Theorie auf postsozialistische Kontexte.

Sunnie Rucker-Chang is an Assistant Professor of Slavic and East European Studies in the German Studies Department and Director of the European Studies Program at University of Cincinnati. Her primary interests lie in contemporary cultural movements and identity formation in Central and Southeast Europe. In her work, she examines how literary and filmic works contribute to cultural landscapes and offer insight into the formation of nations and nationalities, particularly as they relate to the construction of minority-majority relations and formations of difference. Other research interests include émigré and exile literature and the application of postcolonial frameworks to post-socialist contexts.

### Dr. Antonia Schmid | Referentin auf Bundesebene im Bereich jüdisches Leben und Antisemitismusbekämpfung

Antonia Schmid, geboren 1978, studierte Medien- und Kommunikationswissenschaft mit Schwerpunkt Film sowie Soziologie und Geschlechterforschung in Göttingen und promovierte im Fach Politikwissenschaft an der FU Berlin und am Walther Rathenau-Kolleg des Moses Mendelssohn Zentrums Potsdam. Sie hat an den Universitäten Göttingen, Wuppertal, der HU Berlin und der HSU Hamburg gelehrt und geforscht und im Deutschen Bundestag gearbeitet. Seit 2018 arbeitet sie auf Bundesebene im Bereich jüdisches Leben und Antisemitismusbekämpfung.

Antonia Schmid, born 1978, studied media and communications with a focus on film as well as sociology and gender studies in Göttingen and took a doctorate in political science at the Free University of Berlin and at the Walther Rathenau Kolleg of Moses Mendelssohn Centre Potsdam. She has taught and researched at the Universities of Göttingen, Wuppertal, Humboldt University of Berlin and the Helmut Schmidt University Hamburg, and worked in the German Bundestag. As of 2018, she works at federal level in the field of Jewish life and the combating of antisemitism.

### Dr. Lea Wohl von Haselberg | Filmuniversität Babelsberg

Lea Wohl von Haselberg ist Film- und Medienwissenschaftlerin und forscht und schreibt zu deutsch-jüdischen Themen und Erinnerungskultur. Nach dem Studium der Theater-, Film- und Medienwissenschaften in Frankfurt am Main promovierte sie in Hamburg und Haifa mit einer Arbeit über jüdische Spielfilmfiguren im westdeutschen Film und Fernsehen. Ihre Forschung ist an der Schnittstelle von Medienwissenschaften und jüdischen Studien angesiedelt. Forschungsschwerpunkte liegen auf der Repräsentation jüdischer Themen in bundesrepublikanischen Diskursen und (audiovisuellen) Erinnerungskulturen. Sie ist assoziiertes Mitglied des Zentrums Jüdische Studien Berlin-Brandenburg und Mitherausgeberin des Magazins *Jalta. Positionen zur jüdischen Gegenwart*. Seit Oktober 2017 arbeitet sie an einem Forschungsprojekt zu Arbeitsbiographien jüdischer Filmschaffender in der BRD.

Lea Wohl von Haselberg is a film and media scholar and researches and writes on German-Jewish topics and culture of remembrance. After studying theatre, film and media studies in Frankfurt am Main, she earned her doctorate in Hamburg and Haifa with a thesis on Jewish feature film characters in West German film and television. Her research is at the interface of Media Studies and Jewish Studies. Research focuses on the representation of Jewish topics in discourses of the Federal Republic and (audio-visual) cultures of remembrance. She is an associate member of the Centre for Jewish Studies in Berlin-Brandenburg and co-editor of the magazine *Yalta. Positions on the Jewish Present*. Since October 2017, she is working on a research project on the working biographies of Jewish filmmakers in Germany.